# RETROSPECT AND PROSPECT ON THE DEVELOPMENT OF THE EUROPEAN UNION
Selected Papers to Celebrate the 30th Anniversary of the Shanghai Institute for European Studies

# 欧洲联盟发展回顾与前瞻
## 上海欧洲学会成立30周年纪念文集

徐明棋·主 编
杨海峰·副主编

时事出版社
北京

图书在版编目（CIP）数据

欧洲联盟发展回顾与前瞻：上海欧洲学会成立30周年纪念文集/徐明棋主编，杨海峰副主编.—北京：时事出版社，2021.8
ISBN 978-7-5195-0357-4

Ⅰ.①欧… Ⅱ.①徐…②杨… Ⅲ.①欧洲联盟—发展—纪念文集 Ⅳ.D814.1-53

中国版本图书馆CIP数据核字（2021）第111721号

出 版 发 行：时事出版社
地　　　址：北京市海淀区彰化路138号西荣阁B座G2层
邮　　　编：100097
发 行 热 线：（010）88869831　88869832
传　　　真：（010）88869875
电 子 邮 箱：shishichubanshe@sina.com
网　　　址：www.shishishe.com
印　　　刷：北京良义印刷科技有限公司

开本：787×1092　1/16　印张：29.75　字数：470千字
2021年8月第1版　2021年8月第1次印刷
定价：170.00元

（如有印装质量问题，请与本社发行部联系调换）

# 序言一

上海欧洲学会是中国大陆省市地方一级第一个也是迄今唯一的规范并职能具备专事欧洲研究交流的学术团体，至今已成立30年了。

上海欧洲学会是应运顺势而诞生。20世纪80年代末90年代初，中东欧和苏联先后爆发严重政治动荡，尤其是东西德国的统一、苏联解体以及东西冷战终结，彻底改变了欧洲战后将近半个世纪固有地缘经济和政治格局。其时已经成立整整40年的欧洲共同体，当时还是局限在传统资本主义西欧地区的12个国家的共同市场国家联合体，它们审时度势地抓住这千载难逢的大好时机，决心把欧洲一体化从整合深度和地域宽度上大大扩展深化，欧共体一方面从内部把"建立统一的内部大市场"既定目标正式落实，明确赋予共同体"货币职能"，加快单一货币欧元诞生部署；另一方面，欧共体又决心加速与欧洲自由贸易联盟国家谈判联合建立"欧洲经济区"进程。正是这内外两大一体化进程推进指日可待，欧共体12国经过两年频繁反复地谈判协商一致，决定把欧洲经济和货币一体化以及政治一体化推向新的突破，于1991年12月11日在荷兰马斯特里赫特小城举行的第46届欧共体首脑会议上签订了建立欧洲联盟的条约（简称《马约》），这是欧洲一体化发展史上具有里程碑意义的大事，标志欧洲一体化走向又一个巅峰，开创了欧洲联盟历史新阶段。这就是当时立足中国最大最繁华的与欧洲经贸关系最发达的国际大都市，上海欧洲学会宣告成立的历史背景。

上海欧洲学会是随着欧洲一体化不断发展和扩大，以及中欧关系相应日益加强和成熟，走过了迅速成长壮大的30年，学会队伍尤其是中青年学者年年增加，其活动能量及其影响力蒸蒸日上，目前已成为国内外知名的欧洲研究学术交流的活跃平台。在这30年里，尤其是进入21世纪以来，欧洲一体化空前加速膨胀，欧洲联盟异乎寻常地曲折前行，在欧洲共同体基础上，独树一帜，艰难探索，在欧洲建构区域性超国家型欧洲国家共同治理崭新模式的架构和运行机制，这种前所未有的区域共同治理目前正处在新一轮探索转型关键时期。

众所周知，欧洲一体化不仅是欧洲人几百年来从理念争取成为了现实，具有欧洲历史里程碑意义的伟大事业；从欧洲共同体发展成为欧洲联盟，也是人类历史上在建设人类命运共同体征途中，在国际关系、国际合作、国际联盟发展进程中，探索、开拓、创新、实践一超国家性成员命运与共的区域经济、政治、安全、社会和法制诸多领域走向全方位区域共同治理的一种全新历史构建的实验。这是人类历史上前人从未涉足过的国家治理规模巨大、意义深远并涉及公民权益、政治权力以及国家主权行使、转让和共享等具实质性的突破和体制、制度创新。以欧洲一体化为形式，无论是在世界范畴还是区域范畴，毫无疑问，欧盟区域共同治理模式在人类世界历史发展进程中具有划时代性里程碑意义。

作为历史创造性的新生事物，欧洲一体化70年历史是从幼稚探索起步，在取得成效基础上一步一步地走向成熟。回顾欧洲一体化70年历程，有一体化发展的高潮，也有因遭遇内外种种危机侵袭干扰的低潮和挫折；欧洲一体化的发展几乎就是伴随危机和挫折逐步在数量和质量上，在宽度和深度上不断向前发展，时有个别的局部的突破，也有曲折和反复；危机几乎成了一体化突破的催化剂，各种矛盾纷争的协调和妥协，绝对是一体化得以前行和突破的基础和必要保证。

然而，进入21世纪以来，欧盟自从"制宪"受挫夭折，危机连续不断，这对欧盟一体化走向欧洲联邦和欧洲合众国的终极目标是致命打击，自此以后一体化发展的高潮难以再次出现。近几十年里，欧盟内外形势日益严酷恶化，欧洲债务危机、欧元危机、难民移民危机……频频来袭，英国脱离欧盟更加证实了欧盟一体化发展的曲折反复，甚至可以出现逆转和倒退。欧盟处在异乎寻常的困境中，内部充斥迷茫、困惑和悲观，一体化的生命力和凝聚力频现严峻挑战，现实危机叠加和成员国中再国家化的抬头，无怪乎法国总统马克龙在2019年说出，欧洲正处于"悬崖边缘"，人们公开议论欧盟"生存危机显现"。

与此同时，国际局势越来越瞬息万变，不确定性蜂拥冒头，国际秩序和国际格局处于错综复杂的重大剧变、转折和重构之中，欧洲已经丧失国际竞争大国博弈的中心主战场地位，东升西降，竞争博弈日益向东向印太地区转移，中美博弈竞斗日趋激化，显示出延续持久性，欧洲存在被边缘化危险。但是对于中国而言，欧洲的发展变革态势绝不应该边缘化，欧盟和欧洲国家在国际秩序和国际格局重构变革中，在中美欧经贸大三角和大国博弈中都具有不可或缺的重要地位和独特作用。我深信欧洲联合和欧盟一体化具有很强的生命力和适应形势变革的灵敏活力，欧洲一体化在百年未有大变局中，在世界多极化格局中都具有不容置疑的重要战略地位和不可轻视的积极作用。

显而易见，综上所述，充分表明欧洲一体化、欧洲联盟和众多欧洲国家从理论、实践到现实情势是如此的纵横交错、经纬万端，其中是非曲直、利害得失，扑朔迷离，不知端倪，正留待我们深入调研、思考、探讨和深究。我们上海欧洲学会肩负使命，承担职责肯定是任重而道远，我坚定深信上海欧洲学会一定能够负重致远。

值此上海欧洲学会为纪念成立30周年，决定出版论文集和近年来学术动态纪要，以志向关心和支持我们工作的同人们汇报；我作为一名有近60年学习和调研欧洲问题的老学人和上海欧洲学会的创始会员，怀着无比喜悦心情对于我们学会过去30年取得的显著发展成就，共享欢乐，敬表祝贺，深信我们上海欧洲学会前程必定佳绩日增，更担重任。

伍贻康

2021年3月31日

# Foreword One[1]

The Shanghai Institute for European Studies (SIES) is the first and the only provincial level academic society in Chinese mainland that is specialized in academic research and foreign exchanges in the field of European studies with a complete organizational structure and full operational functions. 30 years have passed since its establishment.

The establishment of SIES was a timely response to situational changes. At the turnover between 1980s and 1990s, political turmoil broke out in the Soviet Union andthe Central and Eastern Europe. The unification of Germany, the collapse of the Soviet Union, and the end of Cold War changed the previous geopolitical and political patterns of the Europe that had lasted for nearly half century. At that time, the European Community had been operating for 40 years, but it was still a common market within 12 traditional capitalist countries of the Western Europe. Feeling the surging tide of history that may bring a new era, the leaders of these countries made up their minds to grasp the great opportunity emerging from these changes that may only appear once in every hundred years. They decided to deepen and expand the European integration. On the one hand, the European Community took measures to

---

[1] These Forewards are Translated into English by Dr. Xin Hua and Proofread by the Authors.

fulfill the objective for "building up an integrated internal market", and granted the "monetary function" to this community, so as to accelerate process for setting up the European Single Currency, the Euro. On the other hand, it initiated negotiations with countries of "European Free Trade Alliance" for constructing an "European Economic Area". The new institutional edifices for both internal and external aspects of European integration were right on the horizon. Encouraged by this promising prospect, the 12 countries of the European Community strived forward to make new breakthroughs for the European Economic and Monetary Union, after considerate consultations with each other. On December 11$^{th}$ 1991, the Treaty of the European Union (which is referred to as the Treaty of Maastricht later on) was signed at the 46$^{th}$ summit of European Community in the small city of Maastricht of the Netherlands. This is a milestone in the history of European integration, representing a new peak and starting a new stage for history. This situation was the historical background of the establishment of SIES, which is based in Shanghai, the biggest and most prosperous metropolis of mainland China at that time.

The development and expansion of the SIES have always been in pace with the strengthening and maturing of the China – Europe relations for the past 30 years, at a fast pace. Now its team of young and middle – aged scholars has been growing, and its capacity and influence are being expanded, year by year. Now it is an energetic academic platform that is participated in by renowned Chinese and foreign scholars of European studies. During these 30 years, and particularly since the beginning of this new century, the European integration has become ever more accelerated but the European Union encountered more and more twists and turns on its path. Starting out from the basis of European Community, it continues the hard but unique work for constructing a new model of regional supranational governance for European countries through well-designed structure and operational mechanism. At present this unprecedented system of regional common governance is on a critical stage for new transformation.

It is known to all the European integration is a great cause that realized the ideal of many Europeans in the past several hundred years and contains the landmark-style historical significance. From the European Community to the European Union, this process is also a wholly new experiment in human history for constructing a community with a shared future for mankind after countless trials and errors from the explorations, pioneering, innovations and practices in the development of international relations, international cooperation, and international alliance. This experiment contains a series of substantial breakthroughs on the transfer and joint operation of state sovereignty and also a set of institutional and regime innovations. It is undoubted that the regional common governance model of European Union through its process of European integration is a landmark with great historical significance in human history.

As a brainchild from historical innovations, the European integration has experienced a step-by-step process from immature explorations to maturity in the past 70 years. In this process of 70 years, there were not only climaxes of development, but also low tides and frustrations brought by numerous crises inside and outside the Europe. The deepening and expansion of the European integration have always pushed by and paralleled with crises and frustrations. Sometimes there were partial breakthroughs, and sometimes there were twists and turns. Crises became the catalyst that nurtures breakthroughs of this process. Compromises and coordination for disputes and confrontations have become the absolute driving force of European integration that lays the foundation and guarantees the pace.

However, in this new century, the European Union has been impacted by constant crises ever since its "constitutional crisis", which dealt a fatal blow to the ultimate objective of building a United States of Europe in federacy. These crises mean that it is difficult to witness a new climax of the development of integration in the near future. In recent years, the internal and external situations of the European Union have become deteriorated as the crises of sovereign debt, euro, and refugees were attacking the Europe one after another. Brexit further certifies that the European integration process is full of twists and turns, and may even encountered setbacks and retreats. Now the European Union is in exceptional difficulties, and a mood of perplexity, puzzlement, and pessimism is filling the air. The vitality and solidarity of European integration are faced with severe challenges. Stirred up by these crises, there is a rise of renationalization intentions in member states. It is no wonder that French President Macron said in 2019 that the Europe is "on the edge of cliff". People are now talking of "European Union's crisis of survival".

At the same time, the changes of international situations become faster and faster, with huge numbers of uncertainties emerging. The existing international order and pattern are experiencing fundamental transformations, turnovers, and restructurings. The Europe is no longer a central place or a core actor in the strategic competitions of big powers. The games of big power rivalries are shifting to the Indo – Pacific region and there is an intensification of U. S. – China strategic competitions, which may extend forward for a long time in future, while at the same time, there is a danger that the Europe may be marginalized. However, from China's perspective, the European integration should not be marginalized, the European Union, and the Europe as a whole, still occupy a unique and important position in the restructuring of international order and the complex games of trilateral relations between China, U. S. and the Europe. I sincerely believe that European integration has both tenacity and agility to get itself adapted to the situational changes. In the great transformation of the whole world in the next hundred years, the Europe still enjoys an undoubted strategic status and will still play an active role that can not be neglected by the rest of the world.

It is obvious that, from the previous analyses, it can be concluded that there is a crisscrossing complexity with huge numbers of dilemmas, conundrums, quandaries, and impasses in both theories and practices of the European integration. Therefore, it is necessary for us to take in – depth investigations, researches, contemplations, and probes into this field for the purpose of judging the right from the wrong, telling the truth from the false, calculating the gains and loss, and revealing the essence of the development of this process. Entrusted with this meaningful mission, our SIES has a long, long way to go. I firmly believe that our SIES will complete its mission perfectly.

All in all, on this 30[h] anniversary of the establishment of the SIES, it is joyful to see the publishing of this anthology and chronicle of academic activities of recent years, which is a report to all of our colleagues who care of us and support our work. As an senior academician that has spent over years studying and contemplating the issues of European studies, I feel especially delightful to witness the development of our academic society of European studies. Hereby I want to express my great euphoria and whole – hearted congratulations on all the achievement made by our SIES. And I sincerely believe that our SIES will make more accomplishments and take up even more important missions in future.

WU Yikang
Former President of SIES
March 31$^{st}$, 2021

# 序言二

上海欧洲学会出版纪念成立30周年的论文集，编者嘱我为之写篇序文，深感荣幸，欣然命笔。

上海欧洲学会成立以来，对本地区及我国的欧洲研究发展，做出了独特和重要的贡献。众所周知，上海是我国欧洲研究的发祥地，具有在北京之外我国最为深厚的欧洲研究力量。作为地方性学术研究团体，上海欧洲学会聚集了各高校和研究单位的相关学者，经常单独或与相关单位联合举办各种会议和研讨活动，跟踪欧洲事态和中欧关系进展，形成了一个强劲的"上海"声音。极其可贵的是学会还通过组织课题研究和"青年论坛"等平台，形成自身的研究力量和梯队，保持了上海欧洲研究力量的经久不衰。正因为此，在上海社联历年的社团评比中，学会多次被选为先进。作为最年长的会员之一，我为学会的成就感到高兴。

学会的这30年，见证了欧洲一体化的一个重大转折。20世纪80年代后期以来，欧洲一体化经历了其历史上最辉煌的发展，完成了内部大市场，统一了货币，并开始了欧洲联盟建设；实现了数次扩大，使欧盟具有了真正的欧洲规模。然而正当人们企盼欧盟攀登新高峰的时候，2008年的全球性金融危机将它带入了一个断崖式的跌落：债务危机、经济危机、难民危机、社会危机……，接二连三；南北差异、新老分歧、英国脱欧……，矛盾迭起。危机与矛盾或不足为奇，但问题是在这些危机与矛盾面前，欧盟显得那么束手无策，无可作为，以致人们甚至开始怀疑欧盟是否会解体，欧洲一体化还能不能继续走下去？欧洲一体化30年间出现的强烈反差，恐怕不是就事论事所能说明白，值得我们从深层次上探究其根源。

学会的这30年，还见证了中欧关系的一个重要转折，即由高速增长向成熟稳定的过渡。对于新常态中欧关系的特征，或许可以以一句话来概括：经贸关系不会太坏，政治关系不会太好。经贸关系是中欧关系的基石，中国与欧盟发展至互为最大贸易伙伴绝非偶然，虽时有竞争和摩擦，但互补性依然很大，而且还有许多合作领域有待开发和深化。中欧全面投资协定如能顺利生效，此关系更可望提升一个台阶。政治关系则因为双方价值观差距太大，杂音不断，难以调和，而且受第三方因素严重干扰，不时偏离正轨。中欧关系的操作是门艺术，对它的发展我们可能得荣辱不惊。

总之，欧洲研究任重道远，由衷地期盼过了而立之年的上海欧洲学会，在协调、组织和促进上海的欧洲研究上，百尺竿头更上一层！

戴炳然<br>2021年3月24日

# Foreword Two

An anthology is going to be published for the 30th anniversary of the establishment of the Shanghai Institute for European Studies (SIES). On this moment, the editor of this anthology asked me to write a foreword. It is an honor and a pleasure to me, so I write down these words.

Since its establishment, the SIES has made unique and important contributions to the development of the discipline of European studies in this region and in the whole country. It is well-known to all that Shanghai is the birthplace of the discipline of European studies in China and it is the only place outside Beijing where there is a substantial concentration of competent researchers devoted to this academic field. As a provincial-level academic society, the SIES gathers scholars of this field from different universities, research institutes, and think tanks all over Shanghai, frequently sponsors a variety of events, either independently or in collaboration with other institutes, and highlihts the latest situations of the Europe and the development of China – Europe relations. As a result, a strong "voice of Shanghai" is often heard in China's academia on Europe – related issues. It is particularly commendable that the SIES has organized a series of research projects and operates the "Young Scholars' Forum" and other platforms. In this way, it forms a team of its own researchers and guarantees the continuation of Shanghai's research capacity in the field of European studies. Therefore, the SIES has been awarded the prize for excellent academic society for many times by the Shanghai Federation of Social Science Associations. As one of the most senior members of SIES, I'm really pleased to see that it has made a lot of accomplishments.

In the past 30 years, the SIES witnessed several grand turnovers of the European integration. Since late 1980s, grand achievements have been made in the process of European integration: the European Internal Market was completed, the currencies of a large part of the Europe were unified, and the European Economic and Monetary Union was established. After several rounds of expansion, the European Union has been upgraded to the scale of the whole Europe. Nevertheless, when people were expecting to see new peaks of its achievement, it was dragged into a free fall from high cliff by the 2008 global financial crisis. Since then, a string of crises have impacted the Europe one by one, including the sovereign debt crisis, economic crisis, refugee crisis, and social crisis. These crises ignited a complexity of disputes and conflicts, such as strife between north and south, divergence between new and old Europe, and the Brexit. What is unusual is not the emerging of all these crises and conflicts, but the inaction and incapacity of the European Union, which make people wonder whether the European Union may be disintegrated in future, and whether the integration process may be continued. All these disparities and imbalances originated from the grand transformation of the past 30 years, and deserve an in-depth analysis from the roots of this process. Superficial discussions on present situations may not offer a convincing explanation.

In the past 30 years the SIES also witnessed an important turnover in the China – Europe relations. In other words, the China – Europe relations has been transformed from a state of high – speed growth to the present state of maturity and stability. This is a new normalcy that can be summarized in one sentence: the bilateral economic relations will not become toobad, while the political relations will not become too good. The economic relations is the cornerstone of China – Europe relations. There still exist great complementarities and there are still many fields in economy and trade that have potentials for China – Europe cooperation, so it is not accidental that China and Europe become each other's largest trade partners, despite of mutual competitions and frictions. It is anticipated that this set of bilateral economic relations may be uplifted to a higher stage once the China – EU Comprehensive Agreement of Investment (China – EU CAI) takes into effect. On the other hand, there is so large a gap between China and the Europe in ideology and value that it is difficult to reconcile between the two sides, and third – party interference would inevitably disturb or even disrupt the China – Europe political relations. Management of China – Europe relations is an art, so we shall keep calm on any change in it.

All in all, there is still a long way in front of the discipline of European studies. I sincerely hope that the SIES will make more achievement in its work of coordinating, organizing and promoting the European studies in Shanghai!

DAI Bingran
Honorary President of SIES
March 24th, 2021

# 序言三

上海欧洲学会即将迎来成立30周年的诞辰，学会为了纪念成立30周年出版的这一论文集是学会部分成员最新的欧洲研究成果。推动上海欧洲研究学界的学术研究和交流，为中国及上海改革开放提供理论参考和决策咨询服务是上海欧洲学会作为一个学术团体成立的初衷。30年来，学会始终不忘初心，在欧洲研究的学术探索和服务社会上努力耕耘。

20世纪80年代末和90年代初，是世界风云变幻，地缘政治和世界经济发生重大变革的时期。在欧洲，苏联和东欧国家发生了政治体制巨变，柏林墙倒塌，苏联解体，影响世界格局的重大事件接踵而至。在这样的背景下，欧洲共同体在践行经济一体化43年的基础上决心往更高水平的一体化方向发展，于1991年12月签署了《马斯特里赫特条约》，成立了欧洲联盟，为欧洲一体化进一步深化和向东部扩展奠定了制度基础。

正是在这些历史重大变革发生的重要时点上，上海欧洲研究的前辈学者们敏锐地感受到加强研究的重要性，决心创立上海欧洲研究的学术团体，成立上海欧洲学会。于是在上海国际问题研究所（上海国际问题研究院前身）所长陈佩尧先生支持下，联合复旦大学、上海社会科学院等研究机构和高校的欧洲研究学者，于1992年1月份正式成立了上海欧洲学会。首任会长是时任上海国问题研究所欧洲研究室主任朱正圻先生，副会长晏小宝先生、秘书长刘苹先生。后来学会领导经历多次换届，伍贻康教授、戴炳然教授先后接任会长，带领学会不断深化欧洲研究，提高上海欧洲研究的学术水平，使上海欧洲学会不仅成为全国唯一的省市级专门研究欧洲的学术团体，而且是除北京之外最为繁荣、学术影响力最大的欧洲研究学术团体。学会的秘书处先后在秘书长曹子衡博士、杨海峰博士的领导下，承担了联系学者，组织学会交流和学术研讨等各类学术活动的职能，使得上海欧洲学会在上海各类社会科学学术团体的评选中，连续多届获得优秀学会的称号。作为现任会长，我由衷地为有前辈学者开创的良好基础以及优秀的秘书处团队感到骄傲，为有上海广大欧洲研究学者和同仁热心学会的学术交流和学术研讨活动感到欣慰和自豪。同时，我也由衷地对全国各地以至海内外的同行与友人的长期支持表示感谢。

30年弹指一挥间，但是世界已经发生了重大的变化，正迎来百年之大变局。除了中国崛起和中美关系发生重大变化外，欧洲也正在发生重大变革，面临着70多年来一体化最严峻的考验。在欧盟一体化机制建设不断取得进展，东扩的步伐稳步推进后，欧盟在新的世纪遭受了主权债务危机、恐怖袭击、难民危机以及英国退出欧盟的多重危机冲击。2020年的新冠肺炎疫情更让欧洲陷入了近百年来最严重的经济衰退，在应对疫情冲击上，欧盟现有的一体化机制捉襟见肘，矛盾重重。在一系列危机和经济衰退的冲击下，欧洲内部的民族主义和民粹主义思潮泛滥，疑欧的情绪高涨。人们对欧洲一体化究竟能够走多远产生了怀疑。但是，欧洲一体化在危机冲击下又呈现出让人不能忽视的韧性。欧债危机使得欧洲中央银行的职能突破了原有的限制，成功转型为欧盟的最后贷款人，担负起了欧洲金融稳定的守护者职能。恐怖袭击和难民的涌入，使得欧盟成员国的社会协调机制得到增强，欧洲共同边界的概念变得更加清晰，维护欧盟共同边界的努力被提上议事日程。英国脱欧让欧盟财政协调机制反而少了一大障碍，欧盟其他成员似乎变得更加团结。新冠肺炎疫情的冲击，让欧盟最终排除了内部种种分歧，迈出了发行共同债券、在跨国之间实现财政转移的重要步伐；欧盟复苏基金的创设，奠定了欧盟迈向财政一体化的基石。因此，欧盟区域共制的一体化机制，是一个复杂的多面体，是欧洲面临内外形势变化试图走出一条新的治理模式的创新，其理论和实践意义值得欧洲研究学者不断探索。欧洲还是一个出思想、出观念、出议题的区域，欧盟在国家治理和全球治理上的软实力似乎也不能小觑。深入研究欧盟的软实力的来源、投放和影响，对认识欧洲在全球格局中的地位和作用，看清欧洲的走向也是非常重要的研究内容。在我们的论文集中，学者们从不同的层面对此都有涉猎。

欧洲是中国的最重要的贸易投资伙伴，中欧关系对双方意义重大，也对处于变革中的世界格局具有举足轻重的影响。中欧一方面贸易投资关系持续发展，在全球治理和维护多边主义上有着不少共识，视对方为战略伙伴；另一方面在近年出现了更多的意识形态纷争，在内部治理和社会制度上存在不言自明的竞争。这就导致中欧关系也进入了一个重大的调整期。中美关系的博弈和变化，也使得中欧关系变得更为复杂。欧美之间存在着传统的大西洋联盟，但是在经济和科技上的利益分歧和竞争却在不断加大。美国特朗普政府时期将美欧的利益争执放在首位，美欧关系陷入动荡。拜登上台后试图重新修复大西洋联盟，搁置双方的经济利益纠纷，并试图将大西洋联盟的矛头对准中国。欧洲在复杂的大国博弈形势下如何处理和发展中欧关系，不仅影响中欧双方，也将影响世界格局。剖析把握世界和欧洲的变革和发展趋势，在纷杂的欧洲经济、文化、社会以及一体化新的动态和事件中认清规律，找准中欧关系的定位和发展方向，是我们欧洲研究学者在百年不遇大变局中理应承担的责任。上海欧洲学会将发挥既定的学术平台职能，团结上海的欧洲学界，为此做出应有的贡献。

30年对于一个学术团体而言并不短暂，学术团体的持续繁荣需要靠不断更新的新鲜血液。值得庆幸的是上海欧洲学会有一大批专有所长的年轻学者，他们在欧盟及其成员国的经济、政治、社会、文化等领域深入耕耘，取得了丰硕的研究成果，是使我们上海保持全国欧洲研究学术重镇的重要力量。我们的论文集中有超过一半的论文是这些中青年学者提供的。他们积极参与学会的学术讨论和交流，已经成为上海欧洲学会的骨干。这些中青年学者未来将擎起上海欧洲学界的大旗，为欧洲研究学术的繁荣，承前继后，再创崭新的佳绩。

徐明棋

2021年4月5日于上海

# Foreword Three

The Shanghai Institute for European Studies (SIES) is going to celebrate the 30th anniversary of its birth, and this anthology is part of this celebration, which gathered the latest research outcomes of the members of SIES in the field of European studies. When it was founded, the SIES was positioned as a platform to promote academic researches and exchanges in the field of European studies in Shanghai, and to provide policy advice and theoretic references to the government officials and policy makers of Shanghai aswellas China in the process of reform and opening. In the past 30 years, the SIES has always adhered to this original purpose and endeavored to the academic explorations and serving social affairs related to the field of European studies.

At the turnover of 1980s and 1990s, fundamental changes took place in geopolitics and world economy and the whole world was transformed by these changes. In Europe, the political regimes of the Soviet Union and the Central and Eastern Europe dramatically changed and the Berlin Wall was pulled down. Landmark events happened one after another, which reshaped the overall pattern of the world. Under such circumstances, the European Community decided to uplift itself onto a higher stage of integration after 43 years of practices of economic integration. In December 1991, the Maastricht Treaty was signed and the

European Union was established. Therefore, an institutional foundation was laid for the deepening and eastward enlargement of the European integration.

Right on this historically important moment when great changes were emerging, the Shanghai scholars of European studies at time sensed the impulse of epic change and acutely felt the unprecedented importance of European studies. They made up their mind to establish an academic society in Shanghai specialized in European studies. Starting out from this strategic consideration, under the support of Mr. Chen Peiyao, then president of the Shanghai Institute of International Studies (the predecessor of the present Shanghai Institutes for International Studies, SIIS), a group of scholars of European studies from Fudan University, Shanghai Academy of Social Sciences, and other academic institutions contacted each other and formally established the Shanghai Institute for European Studies (SIES) in January 1992. The first president of the SIES was Mr. Zhu Zhengqi, who was also director of the European Studies Section of the Shanghai Institute of International Studies. The first vice president of SIES was Mr. Yan Xiaobao, while its first secretary – general was Mr. Liu Xin. Later on, the leadership of SIES has been re – elected for several terms. Prof. Wu Yikang and Prof. Dai Bingran were elected the president of SIES in the succeeding periods. Led by these different leaders, the research depth and capacity of Shanghai scholars of European studies have been upgraded substantially. The SIES has become the only provincial – level academic society in China that is devoted to European studies. It is also the most influential and most prosperous non – Beijing based academic society of European studies within this country. The secretariat head by Dr. Cao Ziheng and

Dr. Yang Haifeng during this period performed well on its work for connecting scholars, sponsoring seminars, and organizing academic exchanges. Because of their well-done work, the SIES has been awarded the prize for excellent academic society for many times among all academic societies of social science. As the current president of SIES, I'm genuinely proud that we have a solid academic foundation laid by our predecessors and a competent team of executive management. Also, I feel really gratified and joyful that the SIES is supported by our colleagues all over Shanghai, who are eminent scholars specialized in European studies, and by our friends all over the world.

30 years are just an instant in history, but the world has changed enormously and is now entering a dramatic transformation that has not appeared for a hundred years. In pace with the rise of China and the fundamental changing point of China - U. S. relations, the Europe is also experiencing drastic structural changes and faced with the challenges that are more severe than any previous ones in the past 70 years. Despite of a steady progress of the integration and the fruitful eastward enlargement, the European Union was impacted by multiple crises, including the sovereign debt crisis, several waves of terrorist attacks, the refugee crisis, and Brexit. Even worse, the COVID - 19 pandemic of 2020 dragged the Europe into a recession that is the most serious one in the past 100 years. The current integration mechanism of the European Union turns out to be ineffective and is cracked by multiple disputes and confrontations. Fermented by these crises and economic recession, nationalism and populism become widespread and ever more powerful than before, and the Euro - skepticism is on the rise. People are wondering how far the process of European integration would go. However, the Eu-

ropean integration showed resilience in dealing with crises in the past, which can never be neglected. Pressed by the sovereign debt crisis, the European Central Bank broke through the existing limitations to its capacity, and successfully transformed itself into the lender of last resort of the European Union. It is now performing the role of safeguard for protecting financial stability of the whole Europe. Terrorist attacks and in-flows of refugees forced EU member states to strengthen their social coordination mechanism. The idea of "European common border" becomes more clarified and a plan to jointly protect this border was listed into formal agenda. Brexit removed a big obstacle to the fiscal coordination mechanism of the European Union and its internal solidarity was strengthened. In the face of the COVID-19 pandemic, the EU crossed the fiscal threshold and began to operate cross-border fiscal transfer and issue bonds for common debt, after quarrels and disputes for a long time. The establishment of EU's Recovery Fund has laid the cornerstone for its fiscal integration. All in all, the integration mechanism of the European Union for common governance of the Europe is an integration mechanism that can be viewed as a complex polyhedron, which reflects a European effort to create a new and innovative model for handling internal and external changes. The theoretical and practical meanings of this effort deserve continuous explorations by our scholars of European studies. The Europe is a region that always generates new ideas, new perceptions, and new issues, and the soft power of European Union in state and global governance should not be underestimated. Therefore, it is important for us to take sufficient and effective researches on the sources, projections, and influences of the European Union's soft power and to establish an accurate understanding of its status, role, and trends in the whole globe. In this anthology, our scholars touched all these issues from different perspectives.

The Europe is China's most important partner in trade and andinvestment. China – Europe relations contains profound meanings for both sides and also for the whole world that is in a process of fundamental transformation. On the one hand, China – Europe trade and investment relations has been developing forward in a sustained way and both sides have reached a number of consensuses on the issues related to global governance and multilateralism. So they regard each other as strategic partners. On the other hand, more and more ideological disputes and confrontations have occurred in recent years and there are inevitable bilateral competitions on governance model and social system. This means the China – Europe relations also enter into a period of transformation. Furthermore, the China – U. S. competition and rivalry make the China – Europe relations ever more complicated. Although the transatlantic alliance is still there, the U. S. – Europe divergences and competitions in economy and technology are increasingly intensified. The Trump administration took economic interest as a priority considering transatlantic relation and caused many conflicts that dragged transatlantic bilateral relations into turbulence. Since its inauguration, Biden administration takes an effort to repair the transatlantic alliance and put aside their disputes in economic issues, with an attempt to construct a U. S. – Europe coalition against China. Under such complex circumstances, Europe's intentions and measures to deal with China – Europe relations will not only influence China and the Europe, but also reshape the whole world. Therefore, it is our scholars' responsibility to analyze the trends and characteristics of the change and development of the Europe and the whole world, to clarify regularities buried in the complex and miscellaneous incidents and changes of economy, culture, and society in Europe, and to give an accurate appraisal on the positioning and direction of China – Europe relations. The SIES should perform its function as an academic platform that connects all scholars of European studies in Shanghai, and make its deserved contribution.

30 years are not a short period for an academic society and it needs to be replenished with new blood so as to sustain its prosperity. It is lucky that the SIES owns a big numbers of relatively young scholars who have their own specializations of research and who have made substantial achievements in the researches of the economy, politics, society, and culture of the European Union and its member states. They are an indispensable part of the strength that keeps our Shanghai's status as a top location in the field of European studies of the whole country. Over half of the papers in this anthology are written by these relatively young scholars. Through active and innovative discussions and exchanges, they have become the backbone of the field of European studies in Shanghai. In future, this younger generation of scholars will hold the flag of Shanghai's European studies and make ever more outstanding accomplishments for the prosperity of the field of European Studies.

XU Mingqi
President of SIES
Shanghai, April 5th, 2021

# 目　录

## 欧盟内政

后疫情时代欧盟一体化的发展及与中欧竞合关系的
　　互动 ……………………………………………… 徐明棋（3）
新冠肺炎疫情下欧洲的经济表现及政策应对 ……… 丁　纯　罗天宇（16）
欧盟绿色演进历程及其当前动向 …………………… 郑春荣　倪晓珊（30）
欧盟区域政策三十年：历次扩大背景下的改革与
　　演变趋势 ………………………………………… 臧术美（50）
全球化背景下的欧盟"合法性赤字"：机构改革的
　　现状和未来 ……………………………………… 吉　磊（69）
欧盟新外资审查框架下投资东道国政府的政策选择
　　——基于博弈论视角 ……………… 李　佳　余子晶　雍　媛（79）
论欧盟《另类投资基金管理人指令》单一护照制度：
　　进程、障碍、改革与前景 ……………………… 王达坡（97）
德法关系发展及其新特点 …………………… 王志强　戴启秀（122）
从肯·列文斯通到鲍里斯·约翰逊：伦敦创意产业
　　策略回顾与评析（2004—2014） ……………… 陈　琦（134）
中东欧国家人工智能产业竞争力分析 ………… 张　琳　尚宇红（146）

1

## 欧盟外交

从"国际规范权力"到"欧洲主权"：欧盟地缘政治
　　角色的演变 ………………………………………… 崔宏伟（171）
浅析欧盟从"战略自主"到"开放性战略自主"的
　　政策演变 ………………………………………… 张迎红（186）
欧盟外交与安全危机管理体系和能力的发展评析 …… 杨海峰（207）
欧盟外部治理模式的困境评析 ……………………… 宋黎磊（228）
拜登出任美国总统后美欧关系走向浅析 ……………… 叶　江（242）
欧美等强权在西巴尔干地区的介入及对我国的影响 … 简军波（257）
欧盟在中亚的能源互联互通：进展与挑战 …………… 戴轶尘（269）
中欧关系发展、双边经贸合作现状及建议 ……… 杨逢珉　田洋洋（285）
国际战略竞争压力下的欧盟新产业战略及其对中欧
　　关系影响 …………………………………………… 忻　华（306）
百年未有之大变局下中法关系的再定位
　　——国际关系创新的伙伴 ……………………… 张　骥（320）
中国—丹麦全面战略伙伴关系演进与深化路径 …… 夏立平　葛倚杏（335）
中国与（中）东欧国家关系70年发展
　　——从同志到构建战略伙伴关系 ……………… 高晓川（358）

## 学术动态

欧洲议会选举与民粹主义新动向 ………………………………（379）
新形势下的欧洲与中欧关系 ……………………………………（385）
上海欧洲学会2019年年会暨"新形势下欧盟面临的新挑战"
　　学术研讨会综述 …………………………………………（394）
"新形势下欧盟面临的新挑战"第十届上海欧洲研究青年
　　论坛综述 …………………………………………………（401）

欧盟专业委员会成立暨疫情下的欧洲经济和中欧经济
  关系研讨会 …………………………………………………（407）
当前英国外交与中英关系 ……………………………………（411）
转型中的欧盟及其对中欧关系的影响 ………………………（414）
历史交汇期的中欧俄关系 ……………………………………（420）
打造中欧绿色与数字合作伙伴关系：路径与前景 …………（425）
上海欧洲学会2020年年会暨"变局中的欧洲与中欧关系"
  学术研讨会综述 ………………………………………（431）
"变局中的欧洲与中欧关系"第十一届上海欧洲研究青年
  论坛综述 ………………………………………………（436）

# Contents

## Domestic Policy and Internal Affairs

Post Pandemic EU Integration and Its Interaction with EU – China
　Cooperative and Competitive Relations ·············· Xu Mingqi (3)
Economic Performance and Policy Responses in Europe under
　COVID – 19 ······················· Ding Chun /Luo Tianyu (16)
Green Evolution of the European Union and Its Current
　Development ················· Zheng Chunrong / Ni Xiaoshan (30)
EU's Regional Policy in the Past 30 Years: Reforms and
　Evolution in the Context of Enlargements ·············· Zang Shumei (50)
EU Legitimacy Deficit in the Era of Globalization: the
　Institution Reform and Its Direction ······················ Ji Lei (69)
The PolicyChoice of Host Government under the New EU foreign
　Investment Review Framework—Based on the Perspective
　of Game Theory ················ Li Jia / Yu Zijing / Yong Yuan (79)
EU Marketing Passport Regime of Alternative Investment Fund Managers
　Directive: Process, Obstacles, Reform and Prospects ······ Wang Dapo (97)
The Recent Development and New Characteristics of the
　France – Germany Relations ··············· Wang Zhiqiang / Dai Qixiu (122)
From Ken Livingstone to Boris Johnson: Review and Analysis
　of London Creative Industries Policies 2004 – 2014 ············ Chen Qi (134)

An Analysis of CEEC's AI Industry's
　　Competitiveness ·················· Zhang Lin / Shang Yuhong（146）

# Foreign Policy and International Relations

From "International Normal Power" to "European Sovereignty":
　　Changing Role of Geopolitics of EU ·············· Cui Hongwei（171）
Analysis on the Policies of "Strategic Autonomy" and "Open
　　Strategic Autonomy" Adopted by EU ············ Zhang Yinghong（186）
The Development of the EU's System and Capacity for Foreign
　　and Security Crisis Management ················ Yang Haifeng（207）
Comment on the Dilemma of the EU's External Governance
　　Model ········································· Song Lilei（228）
A Tentative Analysis of the Trend of US – European Relations
　　in the Future after Joe Biden Became President of the
　　United States（POTUS）························· Ye Jiang（242）
International Powers' Engagement in Western Balkans and Its
　　Implication for China ·························· Jian Junbo（257）
EU's Energy Connectivity in Central Asia: Progress and
　　Challenges ···································· Dai Yichen（269）
The Development of China – EU Relations, the Status of Bilateral Trade
　　Cooperation and Suggestions ········ Yang Fengmin / Tian Yangyang（285）
The New Industrial Strategy of the European Union within
　　International Strategic Rivalry and Its Influence on the
　　China – Europe Relations ························ Xin Hua（306）
Re – orienting China – France Relationship under the Profound
　　Change Unseen in A Century: A Partnership of Promoting
　　Innovation of International Relations ·············· Zhang Ji（320）
The Evolution and Deepening Path of China – Denmark
　　Comprehensive Strategic Partnership ········ Xia Liping / Ge Yixing（335）

70 Years of Relations among China and CEE Countries—from
　　Comrades to Building Strategic Partnership ............ Gao Xiaochuan （358）

## Summary of SIES Event

General Election of European Parliament and New Trends on
　　Populism ............................................................................ （379）
Europe and Sino – European Relations in the New Situation .............. （385）
A Summary of the 2019 Annual Meeting and the Symposium on
　　New Challenges Facing the European Union under the New
　　Situation .......................................................................... （394）
A Summary of the 10th Shanghai Youth Forum for European
　　Studies – New Challenges Facing the European Union under
　　the New Situation ................................................................ （401）
The Ceremony of the Establishment of the Academic Committee
　　for EU Studies and the Discussion Meeting on the European
　　Economy and China – EU Economic Relations under the
　　Epidemic .......................................................................... （407）
Current UK Foreign Policy and China – UK Relations ...................... （411）
The Transformational EU and its Impact on China – EU Relations ......... （414）
China – EU – Russia Trilateral Relations in the Period of
　　Historical Convergence ........................................................ （420）
Building China – EU Green and Digital Partnership: Paths and
　　Prospects ......................................................................... （425）
A Summary of the 2020 Annual Meeting and the Seminar on
　　Europe and China – EU Relations in Changing Times .................. （431）
A Summary of the 11th Shanghai Youth Forum for European
　　Studies – Europe and China – EU Relations in Changing Times ......... （436）

# 欧盟内政

# 后疫情时代欧盟一体化的发展及与中欧竞合关系的互动

徐明棋[*]

[内容提要] 本文论述了新冠肺炎疫情及其背景下大国博弈关系对欧盟一体化的影响以及中欧既合作又竞争关系与欧盟一体化进程的互动影响。本文认为,疫情作为一种危机,严重冲击了欧盟的一体化进程,但是如同历次危机一样,欧盟的一体化经受住了危机冲击,并且在经济一体化上取得了新的进展。但是本文也指出,欧盟的政治一体化在疫情冲击下面临严重的考验与困难,这也与大国博弈的新格局有关。中美之间的竞争博弈关系以及美俄关系,都对欧洲的共同外交和安全政策构成了严峻挑战,欧洲政治一体化进程遭到破坏。不过,中欧合作尽管出现了欧洲内部重新评估和负面评价,但是总体战略合作的大趋势不仅不会改变,而且也与欧盟的一体化存在良性互动关系。本文还就如何在后疫情时期发展中欧关系进行了探讨。

[关键词] 后疫情时代 欧盟一体化 中欧竞合关系

---

[*] 徐明棋,上海社会科学院欧洲研究中心主任、上海欧洲学会会长。

# 一、新冠肺炎疫情对欧盟一体化带来的
## 　　冲击与影响

新冠肺炎疫情严重冲击了欧盟的经济和政治结构，对于经济受到的冲击，有关研究分析很多，数据展示得也比较明显。比如，疫情导致欧盟经济陷入了第二次世界大战后最严重的衰退，经济下降的幅度超过美国，金融市场遭受的打击也比美国更为严重。欧盟作为一个整体，经济下降的幅度在2020年高达7%，欧元区更严重可能下降7.2%，远远超过美国－3.4%和世界经济－3.5%的幅度。疫情的冲击还使得欧盟成员国之间的经济差距被进一步拉大。在欧盟成员国中，意大利、西班牙、希腊等南欧国家的情况更加糟糕，一方面是经济下滑的幅度超过欧盟平均水平，另一方面是政府的开支不断增加，负债率攀升。

在这样的背景下，欧洲一体化也遭到了严重的冲击。而对于新冠肺炎疫情冲击欧洲一体化的影响，学者的分析结论却是比较复杂和多元化的。[①] 因为尽管欧盟建立了统一的大市场，但是经济的国家属性仍然是非常明显的，

---

① 比如 Cato 研究所的研究员 Doug Bandow 就认为，疫情严重损害了欧盟一体化的建设，参见 Doug Bandow（2020）："One Victim of Covid－19 Pandemic：European Integration", https：//www.theamericanconservative.com/articles/one－victim－of－the－covid－19－pandemic－european－integration/。但是也有学者认为新冠疫情给了欧洲一体化新的动力，参阅 Stephanie Laulhe Shaelou："Covid－19 Pandemic is EU's Chance to Revive the Project of European Integration, https：//scroll.in/article/964743/covid－19－pandemic－is－eus－chance－to－revive－the－project－of－european－integration. 不同的学者从挑战和机遇不同的视角，分析了新冠肺炎疫情对欧洲一体化带来的正面和负面不同的影响。因此不能简单认为，新冠肺炎疫情会导致欧盟一体化倒退或者进一步增强。比较客观的看法是在经济领域的一体化将会延续和推进，但是在社会政治层面的一体化可能会出现收缩。

财政和社会福利制度以及各国居民的民生，仍然受到各个民族国家经济的制约。所谓"大难来时各自飞"，在疫情冲击下各国应对危机的能力存在巨大差异，普通民众受到的影响有很大的不同，各国政府抗击疫情初期在物资的抢购和配置上也自然以本国优先，相互之间抱怨指责，在限制人员流动以及动员财政和金融资源抗击疫情上，都出现了逆一体化的措施和倾向。悲观者看到了欧洲一体化的这些负面影响，对欧洲未来的发展感到担忧。[1] 但是更多的学者和欧洲民众则认为新冠肺炎疫情作为一种危机，反而促进了欧洲内部应对危机的团结精神[2]，对欧盟现有机制的信任反而增加了。民意调查显示，尽管青年人失业率较高，但他们对于欧盟机构的信心和信任度反而比老年群体高，达到52%，高于对本国政府的信任度（50%），而在学生中对欧盟的信任度更高达58%。[3] 因此，他们认为新冠肺炎疫情是欧洲一体化的一个机遇。

新冠肺炎疫情的确严重冲击了欧盟各个成员国的经济，导致欧盟成员国之间的差距加大。由于北欧和西欧成员国的经济相对比较发达，财政状况比较好，应对疫情冲击，维持经济社会稳定的能力较强，而南欧和中东欧成员国的情况比较糟糕。意大利、西班牙、希腊等南欧国家经济下滑的幅度超过欧盟平均水平。意大利的负债率上升至160%，西班牙超过110%，希腊更是飙升至190%。这种差距必然导致相对困难的成员国对于欧盟提供救助的诉求要远远超过西欧和北欧成员国，一旦这种诉求落空，去一体化和疑欧情绪就会上升。也正因为此，欧盟的领头羊德国和法国在疫情冲击欧盟的关键

---

[1] 参阅 Claire Busse, Rafeal Loss, Jana Puglierin, Pawel Zerka (2020) 等人的文章 "The Crisis that Made European Union: European Cohesion in the Age of Covid", https://ecfr.eu/wp-content/uploads/The-crisis-that-made-the-European-Union-European-cohesion-in-the-age-of-covid.pdf.

[2] 参阅 Akasemi Newsome (2020) "Covid-19: Could a Perfect Storm Test European Integration?" https://www.laprogressive.com/european-integration/.

[3] Massimiliano Mascherini and Eszter Sandor (2020) "History Repeaating Itsslef? The Impact of of the Covid-19 Crisis on Youth", https://www.socialeurope.eu/history-repeating-itself-the-impact-of-the-covid-19-crisis-on-youth.

时刻,携手推动了 7500 亿欧元的欧洲复苏基金的设立,并且协调各成员国在如何筹措资金和分配资金上达成了妥协,对陷入困境的意大利、西班牙、希腊等南欧国家分配的资金数额予以了倾斜,让欧盟机制在危难中展现了一体化的韧性。欧盟还就 2021—2027 年总额高达 1.074 万亿欧元的预算达成了一致,使欧盟的财政合作和一体化程度踏上了一个新台阶。当然,超国家的欧盟财政能力以及成员国之间的财政转移支付仍然非常有限,欧盟的财政一体化还只是刚刚起步。[①]

欧洲中央银行在此次危机中发挥了重要作用。在 2020 年 3 月份疫情冲击欧盟经济的背景下,欧洲中央银行迅速在原来每个月购买 200 亿欧元债券的基础上,启动了新的 7500 亿欧元的量化宽松计划,随后于 2020 年 6 月和 12 月又分别决定增加 6000 亿欧元和 5000 亿欧元,将总量化宽松规模扩大至 1.85 万亿欧元,时间延续到 2022 年 3 月底。这给陷入债务困境的南欧成员国提供了融资的有力支持,让它们避免了重蹈 2009 年主权债务危机的覆辙。由于欧洲中央银行的积极干预,发挥了与美联储相似的为欧盟金融问题提供资金的最后贷款人职能,以金融市场价格作为指标衡量的欧盟货币金融一体化程度在加深。[②]

因此,欧盟的一体化在新冠肺炎疫情危机的冲击下显示了韧性和活力,欧洲一体化再次在危机中得到重生。欧洲的很多学者认为欧洲一体化就是在危机中不断前行的。[③] 欧盟诞生于欧洲面临各种外部和内部危机的时刻,不

---

[①] 在欧盟成员国讨论设立欧洲复苏基金以及发行共同债券来筹措资金的过程中,荷兰以及北欧成员与意大利等南欧成员在无偿划拨和贷款份额以及如何划分等具体问题上曾出现重大分歧,使得协商谈判过程并非一帆风顺,也被外界一些评论认为是欧盟一体化的困境,但是在德法轴心的带领下,尤其是在德国总理默克尔的斡旋之下,最终还是取得了欧盟一体化的重要步伐。这也正是欧洲一体化在危机中艰难前行的重要例证。

[②] 参阅 Borgioli, S, C-W Horn, U Kochanska, P Molitor and F P Mongelli (2020), "European financial integration during the COVID-19 crisis", ECB Economic Bulletin 7, November.

[③] Buti, M (2020), "A tale of two crises: Lessons from the financial crisis to prevent the Great Fragmentation", Vox EU, 13 July.

用追溯至70年之前，最近的一次重大危机是欧洲主权债务危机，导致了欧盟《财政契约》的签署和欧洲银行业联盟的诞生，欧洲中央银行则拓展了最后贷款人的职能，变成了真正的欧盟中央银行。因此，新冠肺炎疫情客观上推动了欧盟经济一体化的深化。

但是，新冠肺炎疫情对欧洲政治一体化的影响却是复杂的，这种复杂性是在欧盟内部本来就存在的成员国之间的社会政治制度差异受到疫情冲击被扩大后所导致的。在社会治理、民主制度运行等方面，西欧成员国与中东欧成员国存在差异，在抗击疫情的过程中，成员国限制公民隐私权利的举措也不尽相同。这些都导致欧洲政治一体化的机制建设出现了新的困难。在一些欧盟治理的重要议题上，维谢格拉德集团以及北欧成员国就与西欧国家存在不少分歧。欧盟在共同外交与安全政策上一体化的推进还面临着大国博弈结构变化这一新的挑战，陷入了进退维谷的境地。

## 二、疫情时期大国博弈新格局对欧洲一体化的影响

新冠肺炎疫情背景下大国博弈新格局的叠加因素对欧洲一体化发展带来了新的挑战。大国博弈是国际政治视角的分析框架，博弈在国际关系层面主要是大国通过地缘政治、经济、意识形态和制度体制的争夺来取得国际制度、国际体系的主导权，以便实现其国家利益。目前大国博弈的焦点在于我们所谓的"百年未有之大变局"下中美和美俄之间的激烈竞争和角逐，原来相对和平的竞争走向了局部的严重冲突。

中美博弈竞争和矛盾加剧的原因比较复杂，多数学者的解读是老大老二在争夺国际体系的主导权，"修昔底德陷阱论"是这方面的突出

代表。① 也有人认为中美冲突本质上是意识形态的冲突，是政治制度的冲突。② 也有人从亨廷顿文明冲突的角度来解读中美博弈是两种文化的竞争。③ 当然，所有的这些解读都不否认中美竞争博弈是一种在多个层面矛盾冲突掩盖下的国家利益竞争。

作为大国博弈的主线，中美矛盾加深必然会对世界格局和主要国际行为体产生影响，也必然会对欧盟与美国以及欧盟与中国的关系产生影响。欧盟作为美国原来的盟友，在对全球格局具有影响力的博弈主线当中，加入哪一方、对博弈的内容采取什么样的政策，对中美双方和世界都具有重要影响。从改变和影响大国博弈的结构和权力平衡角度看，盟友加入到博弈的任何一方，都可能会改变博弈的力量对比。总体上看，在中美冲突涉及的多个层面，欧盟多数成员国在感情上是站在美国这一边的。在地缘政治上，中欧虽然不像中美那样存在老大老二的利益之争，没有直接的利益冲突，但是对于美国这个老大构建的制度，以及美国在其中扮演的领导地位，欧盟是接受并且适应的，而且从中获利颇多。对于中国将成为未来国际体系新的构建者以及中国未来的选择，欧洲缺乏认知也缺乏信心，而且就当前来看它还没有认

---

① "修昔底德陷阱"本质上是老大老二之争的学说。参阅［美］格雷厄姆·艾利森：《中美注定一战——中国没能避免修昔底德陷阱吗》，上海人民出版社，2019 年 1 月版。美国宾夕法尼亚大学沃顿商学院院长 Geoffrey Garret 也认为中美之间存在世界领导权的争端，但他认为中国长期处于世界的顶端，美国试图用传统地缘政治的手段来遏制是无法取胜的。参阅 Geoffrey Garret："沃顿商学院院长：中美博弈的本质是什么"所发表的观点，http://opinion.jrj.com.cn/2018/10/24081225251926.shtml。我国不少学者也认为，当中国的 GDP 达到美国的 70% 时，美国遏制中国发展，中美之间的矛盾便不可避免地产生。遏制中国发展，不让中国超过美国是中美博弈的核心。阎学通试图从领导力和道义角度阐释中美竞争，其隐含的前提仍然是国际体系领导地位的竞争，参阅 Xuetong Yan："Leadership and the Rise of Great Powers", Princeton University Press，2019 – 5 – 9。

② 参见刘建飞：《中美新型大国关系中的国际秩序博弈》，《美国研究》2016 年第 5 期。

③ 参见宋念申：《冲突的是权力，建设的是文化——中美博弈中的"文化冲突"》，《外交评论》（外交学院学报）2010 年第 2 期。

可。在政治制度和意识形态上中欧不存在共识，欧洲和美国属于一个阵营，尽管欧美在民主制度上存在一些差异，但是这个差异要远远小于西方国家与中国的差异。

但是，在对待全球化及其带来的问题以及与中国加强战略合作以应对全球性挑战上，欧盟成员国却存在明显的差异。德、法、意等大国具有比较宽泛的全球视野，试图在加强跨大西洋关系同时强调欧盟的战略自主，要继续推进与中国的战略合作，加强全球治理。但是欧盟的波罗的海成员国和东欧成员国，却对此并不积极，它们仍然希望更加紧密地与美国合作试图抵御来自俄罗斯的压力。

在特朗普执政时期，美欧关系由于特朗普民粹主义的倾向，不再为了拉拢欧洲而放弃对欧洲经济利益的诉求，在全球治理上美国放弃了原有的承诺和义务，不断退出现有国际机制，比如退出《巴黎协定》，退出世界卫生组织（WHO），阻挠世界贸易组织（WTO）争端解决机制上诉法官的遴选和任命。特朗普政府在欧洲看重的一些基本原则，比如应对气候变化、支持帮助贫穷不发达国家、维持现存的国际贸易金融体制稳定等方面，都有完全不同的看法，这导致欧盟与美国的矛盾也在增加。这对欧盟内部外交政策的一体化带来新的挑战，欧盟成员国的对美国外交出现了明显的差异化倾向。德、法等国对美国的不满明显增加，而东欧成员国则似乎乐意进一步加强与美国的政治和防务关系。拜登上台后，美国试图恢复大西洋盟友关系，在气候、健康防疫以及WTO多边机制等问题上美欧的分歧可能得到弥合，但是大国博弈的结构性矛盾仍然存在，欧盟推进战略自主的努力仍然困难重重。

大国博弈的另一个因素，美俄的战略竞争对欧盟的政治一体化也产生了严重的负面冲击。如何对待俄罗斯是欧盟内部的一个痛点。德、法等西欧成员国倾向于发展与俄罗斯的关系，尤其是能源供应上的合作。"北溪－2线"天然气管道的建设得到了德国的全力支持，但是东欧和波罗的海成员国从抵御俄罗斯的视角对此表示反对。美俄之间的博弈竞争在新冠肺炎疫情危机的背景下不但没有减缓，反而有了更多激化因素。拜登上台后也对德、法与俄罗斯改善关系的企图表示反对，继续制裁参与建造"北溪－2线"管道的公司。这不仅给欧盟与美国改善关系蒙上了新的阴影，而且也给欧盟共同外交政策和战略自主带来了严重挑战。

## 三、中欧竞争合作发展趋势及与欧盟一体化的互动关系

受悲观情绪民族主义思潮的影响以及美国在舆论和外交上的推动，欧盟议会、成员国议会、欧洲一些智库和媒体对中国的评价趋于负面。另外，在美国特朗普政府将疫情责任"甩锅"中国的舆论影响下，普通欧洲民众对新冠肺炎疫情和中国之间的关系也存在越来越多的负面情绪。除了美国"甩锅"舆论的影响之外，欧洲普通民众由于羡慕、妒忌中国快速有效地控制了疫情，经济恢复增长，也产生了一种抱怨的情绪。在疫情发展的过程当中，他们对中国的疫情管控认知和采取方法的评价也存在很多不同的理解[1]，最后发展成中国与欧洲媒体的互相批评。还有中欧双方在疫情应对过程当中采取的各种保护性措施，在经济、法律层面也被对方解读成保护主义的措施。

也是在这样的背景下，原来在中国有比较多投资和贸易利益的欧洲工商界受到疫情冲击以后，对中国的认知、评判也出现了往负面走的倾向。本来欧洲工商界是积极支持中欧扩大经贸关系的，现在似乎开始增加了抱怨中国的声音，呼吁中国要扩大开放。[2] 欧盟不同成员国在抗击疫情过程中所获得

---

[1] 比如，比利时的欧盟议会议员 Hilde Vautmans 最近撰文要求欧盟在后疫情时代采取措施捍卫自己的立场。他对中国处理新冠肺炎疫情至今仍然有着负面评价，认为中国对不同政见者和民众的自由进行限制，在处理疫情的措施上缺乏透明度。参阅 Hilde Vautmans："Post-Covid is a different world-EU needs to secure a role" *Euobservor*, Brussel, 28 Oct, 2020. https://euobserver.com/stakeholders/149875。

[2] 在 2020 年 10 月 16 日上海举行的一次研讨会上，欧盟中国商会副会长卡洛·德安德烈亚（Carlo D'Andrea）就强调，中欧经贸对双方有利的看法是不错，但是也要看到很多欧洲企业在中国做生意越来越难，获利很少，他们对中国的抱怨很大，认为没有获得欧洲给与中国企业进入欧洲的对等待遇，有些领域仍然不对欧洲企业开放。所以，在双方的投资协定谈判中，欧盟坚持要有对等的开放待遇是欧洲企业的一致看法，并不是欧盟政治上的一种强硬表现。

的物资情况不一样，这主要是因为渠道不一样或者由于这样那样的原因引起的物资配置多寡，在欧洲主流媒体上也会有这样那样的歪曲或者片面理解，一些欧洲媒体宣传中国有意识地分化它们，由于疫情的冲击，中国在"一带一路"建设项目上的投资计划和进展也可能发生变化，这也使得欧盟一些成员国的媒体发表负面评价。①

尽管在新冠肺炎疫情冲击下欧盟对于如何发展中欧关系存在一些负面因素，但欧盟成员国对于中欧关系的总体把握和判断存在共识，加强与中国的合作始终成为主流观点。② 从这个意义上看，中国并没有成为欧盟一体化发展的负面因素，而是欧洲一体化的积极促进因素。而中国政府也一直将欧盟一体化看成是世界和平发展和多极化的积极力量，自始至终予以积极评价和支持。也正是基于这样的事实，中国在与欧盟成员国开展双边合作、次区域合作（17＋1）的同时，也不断地深化与欧盟整体的合作。2020年底在新冠肺炎疫情严重冲击的背景下，中国与欧盟完成了长达7年的《全面投资协定》签署，便是双方合作深化的一个象征。

中欧之间存在着比较重要的合作基础。第一，尽管欧洲内部对中国存在各种不同的评价，但是总体上看，欧盟成员国有一个基本共识，就是中欧之间的贸易投资关系是互利共赢的关系，中欧经济存在互补的性质。尽管不像特朗普上台以后那样，全面否定中美经贸关系合作互赢的性质，但是拜登政府似乎也不想改变这一错误的判断。尽管欧洲也认为在中欧经济关系上中国获利多，但是欧洲并不否认在这个关系中自己也是获利方，这点与美国政府是完全不同的。特朗普政府试图让中美全面脱钩，拜登政府只是要进行有选择的脱钩。而欧盟迄今为止没有推动与中国脱钩，只不过欧盟认为中欧的经贸关系在利益上存在不平衡、不对等，在经贸关系上要求更加对等的待遇。

---

① 比如德国的一些学者对于中国在"一带一路"国家的投资导致碳排放增加就表示担忧，对"债务陷阱"之说尽管不赞成，但是对于中国应该在对非洲国家债务减免上更加慷慨提出了委婉的批评。

② 欧盟战略文件中，尽管对华判断增加了"新的经济科技的竞争者"和"制度的对手"的判断，但是第一位的"战略伙伴"的判断并没有放弃，而且强调中欧经贸关系仍然是双方的主要共同利益。

第二,中欧对全球治理有着基本认同,就是维护多边主义,维护第二次世界大战的基本国际秩序的稳定,这也是欧盟共同外交政策的基本原则。尽管未来在国际组织和机构改革的具体内容,甚至一些原则上欧洲与中国仍然有不同看法,但是欧盟不主张"退群",欧洲想通过改革来推进国际机制和国际组织的完善。中国也赞成推动改革,双方合作的意愿是明确的。比如在WTO问题上,美国阻挠上诉法官遴选,使上诉机制瘫痪,中欧则主动合作,与其他国家一起推出了一个临时的上诉机制。这说明中欧在全球治理、全球秩序的稳定运行上存在着共同利益。

第三,中欧都认为发达国家和有能力的国家,要为世界上最贫困、最不发达国家提供援助和公共产品,承担相应的责任。欧洲在做这方面的努力,中国也在帮助一些贫困国家。欧洲认为中国为发展中国家提供的一些经济发展项目具有积极意义。欧洲对"一带一路"的出发点表示认可,认为中国为沿线国家提供了经济发展的机会,不像美国那样对"一带一路"全面否认。只不过对"一带一路"在推进过程中出现的一些问题欧洲也比较直接地批评,比如说环境保护的标准不足、一些国家负债过重、存在"偿债陷阱",等等。[①] 当然,欧洲媒体也有一些过分的解读和偏见,但总体来说欧洲不像美国,并不认为中国"一带一路"建设是用"新殖民主义"的一套来建立自己的势力范围。

因此,中欧加强合作不仅是双方互利共赢的需要,而且是基于欧盟一体化对外关系认知基础上的共同行动。而中国也一直支持欧盟的一体化,并且在发展与欧盟成员国的双边以及次区域合作的同时,尊重欧盟一体化的规制

---

[①] 参阅:Peter White "China's belt and road needs to turn Green soon, or cause huge harm?", https://rethinkresearch.biz/articles/chinas – belt – and – road – needs – to – turn – green – soon – or – cause – huge – harm. 作者认为,中国在非洲和南亚大规模的基础设施,尤其是能源项目的投资,将使这些国家的碳排放急剧增加,如果现在计划的140多个基础设施项目全部实施,这些国家的碳排放带来环境和气候的负面影响将无法挽救。因此,他认为这些投资应该更多地转向于风能、太阳能等再生能源项目,否则后果不堪设想。

和关切,维护欧盟的一体化利益①,成为推动欧盟一体化的积极因素。

## 四、后疫情时代欧洲一体化发展与中欧合作的走向

欧盟一体化经受了新冠肺炎疫情的冲击,经济一体化程度进一步提高。这个趋势在疫情后的经济复苏中也将继续发展。而以欧盟共同外交和安全政策为核心的欧盟战略自主以及政治一体化,在后疫情时代可能会面临进一步的考验,尤其是在拜登政府重新构建"跨大西洋伙伴关系",具有想把欧盟重新纳入其全球战略的企图,将对欧盟的外交和防务一体化形成新的压力。而在欧盟内部,如何重新界定和发展与俄罗斯的关系,也将对其政治一体化提出挑战。在这样的背景下,中欧关系的发展,无论对于中欧双方的利益还是大国博弈的结构,都会产生重要影响。

虽然欧盟愿意进一步加强中欧合作,但是欧盟内部受本身的意识形态影响以及与美国盟友关系的制约,在人权和意识形态上对中国的负面批评仍会坚持。但是由于欧洲在经济上与中国存在巨大的共同利益,不可能也不愿意像美国那样与中国发生大的冲突。因此会在未来继续批评中国的同时,与中国发展贸易投资关系,扩大双方在全球治理上的协调与合作。

欧盟内部存在不同的利益集团矛盾。在多数国家内部存在着不同的利益集团和政治谱系。同时欧盟内部还有一些社会政治机构,比如民间非政府组织、宗教团体等,它们发出的对华合作声音也是有差异的。如果我们偏听偏信,就可能会受到误导,忽略欧盟整体上仍然是强调与中国加强合作的。欧盟层面的各个机构以及成员国的领导人正在经历换代,老一辈的领导人,如德国的默克尔等是从冷战时代走过来的,有历史纵深感,对中国的关系相对来说比较务实,也比较温和,他们亲眼目睹中国改革开放一步一步取得的成

---

① 中国2018年12月出台的战略文件和中欧建交45周年举行的双边峰会上,习近平主席都强调了中国一贯支持欧盟一体化的政策立场。

就，对中国整体的态度比较友好。新一代领导人是在新的历史背景下诞生的，他们是在西方所谓的"新自由主义"取得统治地位、苏联垮台的政治背景之下接受的西方"新自由主义"教育。"一边倒"的意识形态对他们影响比较深。他们政治上的右转方向和整个欧洲政治偏右转是有着密切联系的。中欧关系的发展需要克服这一代领导人对中国和世界认知上的差异。

欧盟不同成员国之间在对中欧合作持正面态度的同时，在合作的重点和诉求上存在差异。一些国家看重意识形态，对中国持比较多的批评。西欧是传统的西方意识形态的发源地，对中国的批评可能较多。一些东欧国家由于苏联的历史原因，也可能对中国有较多误解。南欧经济发展相对比较落后，在经济上对中国的期望值比较高，所以会对中国更加友好一些。所有这些都在一定程度上影响着中欧关系未来的发展方向。但是，正如欧洲一体化的发展趋势不可逆一样，中欧合作的大趋势也是不可逆的，中欧在后疫情时代的合作也将在双方的努力下迈上新台阶。

## 五、结语：后疫情时代加强中欧合作的政策建议

在后疫情时代，我们要让中欧关系克服前面提到的各种新因素的挑战，拓展合作的空间，夯实合作的基础。

第一，要努力尽快完成《中欧全面投资协定》的法律批准程序，使其尽快生效。由于欧盟内部仍然存在不同利益集团的杂音，要通过各种途径做工作，比如加强对欧盟主要成员德国、法国、意大利以及北欧国家的企业界的工作，加强与这些大企业的合作和联系，让它们感受到中国市场进一步开放给它们带来的投资和贸易商机。这些国家的大企业在经济政策，甚至在政治政策上都有比较大的影响力。欧盟成员国的一些大企业由于在中国有较重要的市场份额，对中国国内市场进一步开放是欢迎的，一旦让它们感到中国的开放会有新的机会，就会增加在中国的投资和经济合作，支持《中欧全面投资协定》的尽快生效。与此同时，也要做欧盟成员国中小企业的工作，

比如加强与这些国家的商会和行业协会的联系，传达积极正面的信息，让它们打消中国在欧洲投资带来的负面竞争的压力，欢迎与中国企业合作，能够通过合资和合作开拓中国市场。

第二，要做欧盟议会各个党团机构的工作，通过政协、人大恢复和建立更多的政策咨询和交流，传递中国正确的声音和信息。要利用疫情后的各种社会活动恢复的契机，邀请欧盟议会的各个政策小组，尤其是在贸易投资政策上有重要影响力的各类委员会访问中国，让它们感受中国进一步改革开放、双循环新的发展格局给欧洲可能带来的发展机遇，从而积极推动《中欧全面投资协定》的批准。

第三，需要进一步加强与德国、法国、意大利、西班牙这些主要国家的智库和大学的交流，疫情后要迅速恢复原有的各种交流关系。要尽量鼓励学者和这些智库、大学举行网上的各种学术会议和智库讨论。现在国内学者参与国际学术讨论交流的动力在疫情冲击下有所减弱，要建立新的机制鼓励我们的大学和研究机构扩大与欧盟成员国的广泛学术交流。

第四，对于欧盟以及成员国的一些领导人在美国的压力之下或者内部的政治博弈过程中发表的一些对中国不太友好的言论，听其言更要观其行。有些政客为了讨好选民言不由衷地说一些话，我们要有一定的客观评价和容忍度。要搞国际统一战线，做这些政客的工作，只要他们没有做出格的和损害中国利益的具体事情，我们还是要团结一些说过错话的欧洲政治人物。

第五，继续与欧盟在抗击疫情、疫苗的研发和生产上加强合作，疫情后可以逐步将重点转移至与中东欧和其他第三方对疫苗的供应和生产合作上。

第六，在 WTO、WHO、IMF 等国际组织和机构的改革上，增加与欧盟的交流和协调，将我们的底线和诉求与欧盟的底线和诉求进行比对，寻求公约数，率先在公约数领域开展合作，从而推动中欧在全球治理上的合作空间，为维护后疫情时代的世界经济和政治稳定发展做出贡献。

# 新冠肺炎疫情下欧洲的经济表现及政策应对

丁　纯　罗天宇[*]

[内容提要]　2020年的两波新冠肺炎疫情对欧洲经济和社会造成了全方位的冲击。欧洲疫情程度严重导致欧盟经济严重下滑、失业增加、通货紧缩、外贸下降、财政赤字骤升和公共债务猛涨。欧盟及其成员国在应对疫情的同时，全力维持经济平稳运行和民生的延续。欧盟和成员国层面均全力通过财政政策大力纾困，维持就业，同时辅之以欧央行的量化宽松政策。其中名为"下一代欧盟"施救政策因包括财政转移实质的拨款而广受关注。相关经济应对政策的效果如何，最终仍取决于欧盟的抗疫效果。

[关键词]　新冠肺炎疫情　欧盟经济　经济政策

---

*　丁纯，复旦大学欧洲问题研究中心主任、欧盟让－莫内教授、中国欧洲学会副会长；罗天宇，清华大学社会科学学院博士生。本文部分内容曾已发表，曹雪琳对本文亦有贡献。

## 一、欧洲疫情与抗疫措施回顾

2020年暴发的新冠肺炎疫情给欧洲经济和社会带来了严峻的挑战。就疫情规模而言，欧洲的疫情严重程度在全球范围内仅次于北美。根据欧洲疾控中心（European Centre for Disease Prevention and Control，ECDC）的数据显示，截至2021年2月18日，在欧盟、欧洲经济区（EEA）及英国范围内（包括欧盟27国、英国、列支敦士登、挪威与冰岛计31国），累计确诊新型冠状病毒感染病例21113083例，死亡515119例，占全球确诊病例的19.3%。

在不到一年的时间里，欧洲先后经历了两波疫情的冲击，世界卫生组织于2020年3月13日和10月26日两度宣布欧洲处于疫情的"震中"。欧洲两波疫情的特点略有不同：第一波疫情自西欧国家开始传播——1月24日，法国境内首次报告新冠病毒感染病例。此后疫情主要集中于西欧国家，中东欧国家受疫情冲击较小，疫情总体呈现"西重东轻"的特点。第二波疫情则在欧洲范围内全面暴发，几乎没有地域区别，多国单日确诊人数远远高于第一波疫情期间，对全部欧洲构成严峻挑战。[①]

面对来势汹汹的疫情，欧洲早期的应对并不理想。尽管早在2020年1月17日，欧盟下属的健康安全委员会（The Health Security Committee）就召集各成员国与欧盟疾控中心评估了疫情风险，并于当月下旬启动危机综合响应机制。[②] 但是此时欧盟及成员国并未意识到疫情的严重性，一方面欧盟及各成员国认为疫情未必会蔓延至全欧洲，另一方面它们也自信于欧洲的公共

---

[①] 丁纯、纪昊楠：《新冠肺炎疫情下的欧盟经济与中欧经贸关系》，《当代世界与社会主义》，2020年第6期，第31—39页。

[②] European Commission, "Timeline of EU Action", https://ec.europa.eu/info/live-work-travel-eu/health/coronavirus-response/timeline-eu-action_en.

卫生能力。① 即使在 2020 年 3 月初，意大利疫情已成为"爆点"后，欧盟委员会和理事会的工作重心仍在土耳其边境的难民涌入问题上。欧盟对此的轻忽也可源于公共卫生领域并非是欧盟传统上的核心权能②，欧盟本身就缺乏在该领域约束与惩戒成员国的能力。在这样的心态下，第一波疫情袭来之时欧洲整体缺乏协调，各国表现得各自为战，甚至部分成员国的政策还有以邻为壑之嫌。德国禁止出口医用口罩和呼吸机，法国干脆简单粗暴地扣押了境内的口罩。也正是因此，欧盟委员会主席冯德莱恩在向意大利致歉的时候表示："刚开始时确实没有人真的（对这场疫情）做好准备。"整体而言，在疫情之初，欧洲各国囿于分散制衡、效率有限的权力结构和追求自由、厌恶限制的民众心态，都只能在有限的社会动员范围内，尽力减少医疗系统的压力，而难以真正压制乃至消除域内新冠肺炎疫情。

但是随着欧盟认识到顶层设计、跨国协调的重要性后，渐渐开始采取一系列行动应对窘境。切断疫情的传播渠道是应对疫情首先需要采取的措施，因此欧洲各国无不把封锁边境作为应对疫情的首要措施。欧盟亦很快出台了边境管理措施指导方针，2020 年 3 月 17 日，欧盟成员国同意在最初 30 天内限制前往欧盟的非必要旅行。欧盟委员会（简称欧委会）随后建议三次延长限制，直至 6 月 30 日。③ 3 月 19 日，欧委会决定建立一个欧洲民防医疗设备储备（European civil protection stockpile of medical equipment），包括呼吸机和防护口罩。欧盟最初的储备预算为 5000 万欧元，随后增加到 8000 万欧元。这些医疗设备的分发将在欧盟一级进行管理。4 月 2 日，欧盟委员会提出了一个立法提案（自 4 月 15 日开始实施）。该法案旨在激活和扩展紧急支持工具（Emergency Support Instrument）的范围。欧盟准备从预算中划出 30 亿欧元直接代表成员国购买医疗设备，并为医疗设备的运输、跨境患

---

① 金玲：《世界秩序演变中的欧盟一体化前景》，《人民论坛》，2020 年第 22 期，第 32—34 页。

② 赵晨：《新冠肺炎疫情与欧洲一体化》，《国际政治研究》，2020 年第 3 期，第 60—66 页。

③ https：//www.oecd.org/coronavirus/country-policy-tracker/.

者的输入等协调措施提供财政支持。① 同时，欧盟还利用"地平线计划"等现有科技框架积极研究疫苗，并在美国退出世界卫生组织等单边行为下积极倡导多边合作。这一系列行为有效缓解了第一波疫情，同时也展现了欧盟的"韧性"。第一波疫情在2020年4月之后逐渐趋缓，随着疫情逐步好转，欧洲国家开始分阶段、分人群谨慎渐进地解除相关限制性措施，推动复工复产，逐步放开内部与外部的边界。2020年6月11日，欧委会建议自7月1日起逐步放开边境限制，这标志着欧盟对第一波疫情的成功应对。

但因为疫情长期化和防控常态化使一些欧洲民众滋生疲惫和懈怠情绪。防疫松懈以及人们出于压抑和麻木而不愿遵守防疫规定，导致疫情迅速反弹。② 这也直接催生了在某种程度上更为严重的第二波疫情。可以预计的是，欧盟既无法承担再次实施严格封锁措施的经济成本，也不可能完全对疫情放任自流。再如，第一波疫情之时英国、瑞典等以"群体免疫"的说法来掩盖自身应对疫情上的失职是令国民难以接受的。如西班牙《国家报》报道所言，第二波疫情的病死率已然超过了第一波，尽管疫苗的出现可能带来希望，但是欧盟需要正视这个问题。③ 在这种矛盾的心态下，欧盟需要在维持经济发展与控制防疫之前找到最合适的平衡点。可以预计，欧洲政治、经济在很长一段时间内仍然需要将疫情问题一并考虑。疫情常态化极有可能成为欧洲必须面对的现实。

## 二、新冠肺炎疫情下欧洲的经济特征

2020年，新冠肺炎疫情在全球暴发，本有望实现小幅增长的欧盟经济

---

① https://www.oecd.org/coronavirus/country-policy-tracker/.
② 新华网：《欧洲第二波新冠疫情趋于缓和》，http://www.xinhuanet.com/world/2020-11/18/c_1126756067.htm.
③ 《每天有5000个家庭痛失亲人，欧洲第二波疫情致命性已超春季》，《参考消息》网，http://www.cankaoxiaoxi.com/world/20201209/2426710.shtml.

遭遇了20世纪30年代以来最为严重的衰退，经济、贸易、投资均遭受重挫。尤其是2020年第二季度以来，各国普遍实施控疫封锁政策，制造业和服务业停摆，失业率飙升，多国GDP遭受创纪录下跌。

新冠肺炎疫情并非导致欧洲经济疲弱的唯一因素，欧洲经济的疲软可以追溯至2019年，而2020年暴发的疫情又将欧洲往深渊中狠踹了一脚。就2020年而言，尽管因为及时应对，欧盟经济第三季度实现小幅回升，但第二波疫情复燃使其再次遭受重创。自第二季度以来，欧盟经济整体呈现"四负""四高"的发展特征，即负增长、负利率、负收益率、负能量；高债务、高杠杆、高强度政策刺激、高风险。可以预见，欧洲经济社会将在较长一段时间内承受疫情及相应措施带来的压力。

回顾2020年的欧盟经济，我们不难看出疫情对其经济发展的影响。

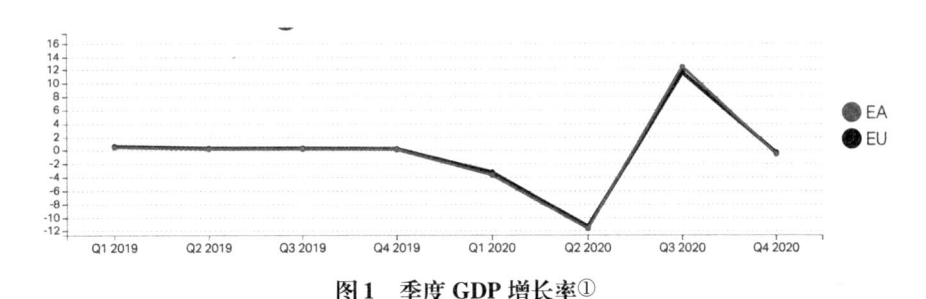

**图1　季度GDP增长率**[①]

资料来源：Eurostat/recovery–dashboard.

第一，从GDP增长来看，欧盟（欧元区）经济在2020年遭受创世纪衰退。年初新冠肺炎疫情暴发后，一时间欧洲多国按下"暂停键"，经济停摆，尤其是2020年第二季度（见图1），欧元区GDP环比断崖式下跌11.7%（金融危机时期2009年为3.1%），欧盟环比下跌11.4%。曾是"一枝独秀"的德国也陷入困境，跌幅达-7.1%。经大规模"禁足"后，欧洲疫情一度得到控制，经济也快速回暖，第三季度欧元区GDP环比大幅上涨12.4%，欧盟环比上涨11.5%。但放松管制及重启经济后疫情快速反弹，

---

① Eurostat, European statistical Recovery Dashboard, https://ec.europa.eu/eurostat/cache/recovery–dashboard/.

"二次疫情"的到来给欧洲经济和社会带来了更加严峻的挑战。第四季度欧盟及欧元区GDP再次出现下跌,跌幅分别为0.4%与0.6%。

第二,各国面临持续性通货紧缩,失业率增速缓于经济降速(见图2、图3)。2019年欧盟通胀率始终保持在1%以上。2020年在疫情冲击下,通胀水平开始下跌,3月份以来下降态势明显,8月欧盟通胀率接近零点,欧元区则直接跌破零点,出现持续性通缩态势。2019年,欧盟失业率保持在6%左右,欧元区失业率降至近年来最低水平7.4%。2020年春季疫情期间,欧盟区内各国失业率连续多月上涨,7月份达到峰值,欧盟各国平均失业率高达7.7%,欧元区失业率升至8.6%。但由于各国出台救济措施,包括短工计划等,失业率得到了较为有效的控制,其整体增速小于GDP跌速。同时,第二波疫情并未带来失业率的大幅上升,表现出欧洲各国在应对疫情上逐渐积累了经验。

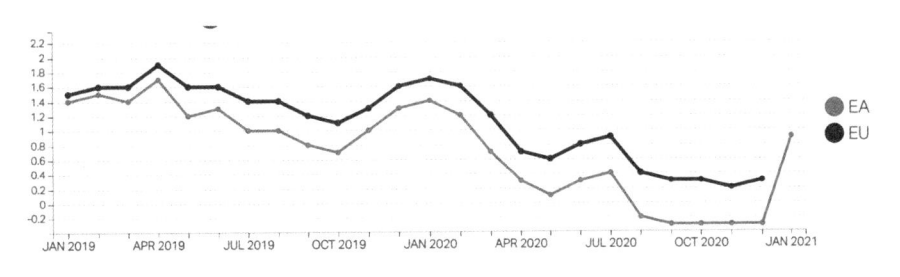

**图2　通货膨胀率(月度)**

资料来源:Eurostat/recovery – dashboard.

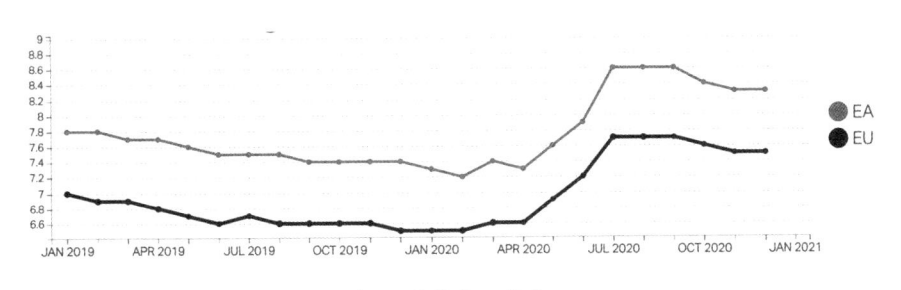

**图3　失业率(月度)**

资料来源:Eurostat/recovery – dashboard.

第三,财政赤字增长,高债务和高杠杆下的债务危机一触即发。经过较长时间的努力和管控，欧盟整体的债务状况和公共财政在疫前得到了较好的控制。2019年欧盟以及欧元区内政府赤字率均呈现下降趋势。2020年在疫情影响下，欧盟各国均实施一揽子救助计划（见图4），据欧盟统计局数据，第二季度欧盟和欧元区财政赤字率达历史新高，分别为11.2%和11.7%（欧债危机时最高达到8.1%和8.7%）。第三季度欧盟和欧元区财政赤字率有所缓解，分别为5.3%和5.7%。与之相对的，欧盟和欧元区公共债务与GDP的比率在2019年基本保持了平缓，甚至在第四季度还出现明显的下降趋势。但是2020年疫情暴发以后，负债率呈明显上升趋势，在2020年第三季度欧盟和欧元区这一比率分别达到了89.8%和97.3%（见图5），已经超过了欧债危机以来的峰值（欧债危机以来最高曾达到87.5%和94%）。而这导致本就债台高筑的国家将更加不堪重负，面临十分严峻的债务风险，其中意大利的政府债务杠杆达到154%，希腊的债务杠杆接近200%，法国、葡萄牙、比利时和西班牙也均超过100%。即使一直以来经济表现出色的德国，债务杠杆也达到了70%。

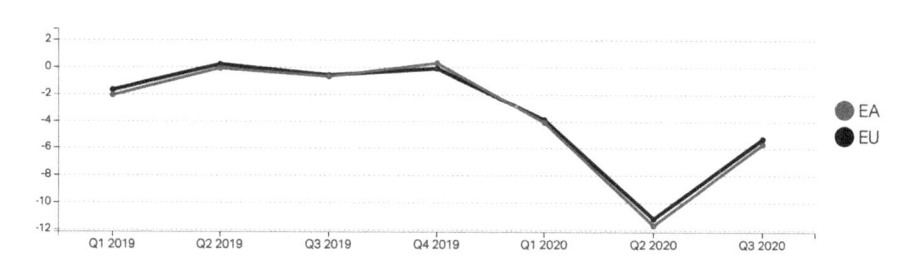

**图4　政府盈余/赤字（占本地生产总值的百分比）**

资料来源：Eurostat/recovery – dashboard.

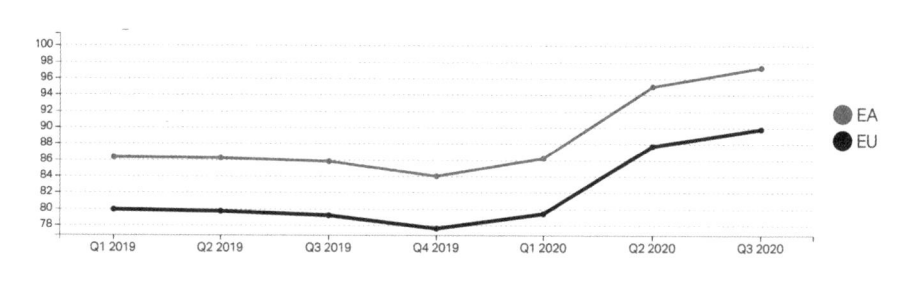

**图5　政府债务总额（占本地生产总值的百分比）**

资料来源：Eurostat/recovery – dashboard.

第四，商品贸易受疫情影响，短时出现明显动荡。2019 年欧洲商品贸易出口基本保持平缓，但是 2020 年 3 月和 4 月出现显著下降。3 月欧盟和欧元区商品出口环比分别下降 8.1% 和 7.9%，4 月达到极值 24.1% 和 25.9%。5 月以后随着对疫情的防控渐入正轨，欧洲对外货物出口开始出现增长（见图 6）。与此同时，从进口来看，波谷也出现在 2020 年 3 月和 4 月。3 月，欧盟和欧元区商品进口分别环比下降 9.5% 和 9.6%，4 月这一数值分别是 9.7% 和 13.3%（见图 7）。总的来看，商品贸易进出口主要在第一波疫情期间（2020 年第二季度）受到影响，第二波疫情并未对此造成显著影响。

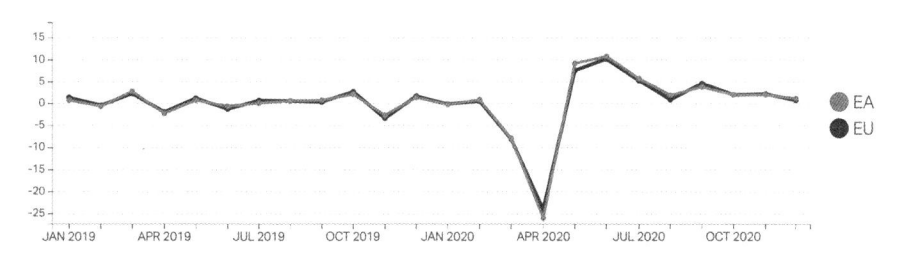

**图 6　货物出口增长率**

资料来源：Eurostat/recovery‑dashboard.

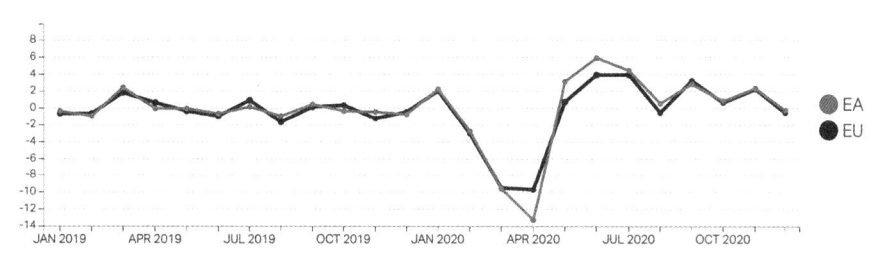

**图 7　货物进口增长率**

资料来源：Eurostat/recovery‑dashboard.

第五，对外投资和利用外资遭受重创。受全球不确定性增加、新兴经济体需求减弱，企业投资意愿下降和欧盟外资法制化加强等影响，欧盟和欧元区 FDI 的流量和存量自 2018 年起开始下滑，2019 年欧盟 FDI 和 OFDI 的流量和存量均稳步回暖，同比分别增加 5.7% 和 24.1%；欧盟 OFDI 存量和流量同比增加 24.1% 和 4.3%。但 2020 年暴发的疫情再次重挫了欧盟的外资流入。根据联合国发布的《2020世界投资报告》预计，2020年在疫情危机的影响下，流向欧洲的直接投资将下降30%—45%，大大超过了流向北美和其他发达经济体的对外直接投资的跌幅。

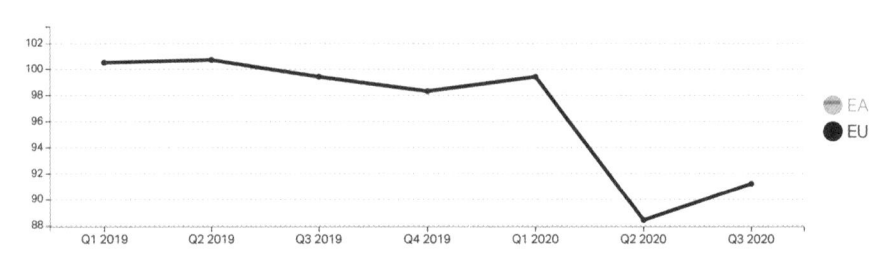

**图8 贸易占GDP比率**

资料来源：Eurostat/recovery–dashboard.

总体而言，如默克尔所言，"新冠肺炎疫情给欧盟带来了前所未有的挑战"。[①] 这种挑战并非仅存在于公共卫生领域，而是对欧盟经济产生了全方位的冲击与影响。蔓延性疫情下，欧洲各国的人员、货物流动限制措施对欧洲内部的正常生产生活造成了巨大的限制，全球疫情的冲击也通过供应链传导到欧洲，使得本就相当脆弱的欧洲经济陷入内外交困的境地。与美国、日本等发达经济体相比，欧盟经济受到疫情冲击最为严重，经历了惨重的衰退。同时，疫情扩大了欧盟国家之间的经济差距，致使成员国之间分歧加剧，动摇了欧盟存在的基石。

## 三、欧洲应对疫情的经济政策

因疫情对欧洲造成的冲击远远超过了公共卫生领域的范畴，随着疫情的持续蔓延，社会生产生活、人员与商品流通受到严重干扰，企业停工、个人

---

① 高乔：《德国担任欧盟轮值主席国 欧盟能否再次团结起来？》，《人民日报（海外版）》2020年7月2日。

失业问题日益突出。对欧盟及成员国而言，不仅要采取措施控制疫情，更要想办法复苏经济，保护企业和雇员，力图维护社会稳定。总体上看，这些措施呈现出以下特点：行动主体上，以成员国为主，欧盟为辅；政策工具上，以财政政策为主，货币政策为辅。[①]

就欧盟层次而言，经济政策主要分为两类：

第一类是借助欧元区货币政策制定者欧央行来出台综合举措稳定市场信心，维持信贷供给。尽管因利率调整空间有限，欧央行采取的一系列措施仍有其积极意义。其主要货币手段为：资产购买计划、信贷宽松计划、重启互换协议、放松监管。

1. 资产购买计划。欧洲中央银行公布的资产购买计划涵盖两部分：第一部分为常规资产购买计划（APP），即每月新增1200亿欧元的购债规模。第二部分为紧急抗疫购债计划（PEPP），由初始购债规模7500亿欧元增至1.35万亿欧元后，进一步增加到1.85万亿欧元，购债计划期限也延长至2022年3月。

2. 信贷宽松计划。欧央行再次进行"长期再融资操作"（TLTRO Ⅲ）和"大流行紧急长期再融资操作"（PELTROs），前者至今累计发放贷款规模为1.65万亿欧元。后者未设规模上限，向市场注入267亿欧元流动性。另外，欧央行资产负债表从2020年2月份的4.7万亿欧元到12月底已增至7万亿欧元。

3. 重启互换协议、放松管制。2020年3月欧洲重启与美联储和其他主要央行的美元互换协议。4月份又与克罗地亚、保加利亚等众多非欧元区的中东欧国家达成欧元互换协议。欧央行还放松了监管政策，放松了资本流动性和操作方面的监管要求。

第二类欧盟的经济政策为欧盟层次的救助计划，主要有以下五种：

1. 加速抗疫物品流通。2020年4月30日，欧委会主席决定暂时免征自第三国（非欧盟国家）进口医疗设备和防护设备的增值税。

2. 降低失业。欧委会发行了总额高达1000亿欧元的首个社会债券——

---

① 丁纯、纪昊楠：《新冠肺炎疫情下的欧盟经济与中欧经贸关系》，《当代世界与社会主义》，2020年第6期，第31—39页。

"缓解失业风险紧急援助"项目（SURE），缓解疫情对劳动力市场造成的巨大冲击。初始发行规模为170亿欧元，包括100亿欧元的10年期债券和70亿欧元的20年期债券。社会债券发行以来，吸引众多机构投资者认购，订单总额超过2330亿欧元，认购倍数达13倍。

3. 为成员国财政纾困松绑。欧委会首次启动了《稳定与增长公约》的一般免责条款，放松预算规则，允许成员国充分运用财政政策。该政策为财政赤字大开绿灯，各成员国政府可暂停执行原本的财政赤字和政府债务要求，自由向经济注入财政资源。此外，欧盟委员会还推出了支持疫苗研发等一系列拨款措施。

4. 执行5400亿欧元抗疫救助计划。2020年4月9日，欧盟各成员国财长同意实施金额为5400亿欧元的大规模救助计划。该计划包括三个方面：1000亿欧元用于保护劳动者和个体商户免受失业冲击；2000亿元用于扶持企业渡过难关；2400亿欧元用于帮助成员国政府应对财政压力。

5. 推出名为"下一代欧盟计划"的欧洲复苏基金。2020年7月21日，在原财政框架（MFF）的基础上，欧盟各国领导人就高达7500亿欧元的"复苏基金"达成协议。其中，3900亿欧元以直接拨款形式向经济遭重创的成员国发放，受援国无须偿还；剩余3600亿欧元以贷款形式予以发放。"欧洲复苏基金"的提出，旨在缓解由疫情带来的欧元区各国经济发展的不平衡，为负债沉重和发展缓慢的国家纾解因债务进一步增加而引致的危机，调节不平衡的发展趋势。复苏基金协议的达成，也意味着欧盟朝着加强财政政策协调迈向了重要的一步。但受制于欧盟复杂的内部程序，复苏基金的落地还存在变数。

同时，欧委会也通过外经贸措施提振全球对欧盟经济增长的信心。此类对外经贸措施既包括与墨西哥自由贸易协议的"升级"谈判，也包括在2020年底完成的"中欧投资协定"谈判。

据欧盟内部权能分工，财政政策实施的主体落在了各成员国层面上。各成员国应对疫情的救助计划主要包括：（1）向银行提供流动性以便为宽松企业信贷；（2）发放短期补贴、减免和延迟税费征收、救助劳动力市场；（3）出台税收递延以及减免措施；（4）收紧资产保护，加强对关键企业和技术的收购审查等。控制失业和避免大规模倒闭潮是欧盟各成员国抗疫期间财政政策的主要目标。①

各成员国采取的财政政策规模可谓空前绝后。如德国的一揽子救助计划包括：在提供借款1560亿欧元并设立6000亿欧元的欧洲救助基金后，又增加1300亿欧元的补充财政刺激计划；2020年8月26日德联邦政府决议，将短工补贴发放时间由12个月延长到24个月。规定指出企业员工可缩短工作时长，员工现有雇主发放收入与每月原有净收入差额的60%由政府的"短时工作补贴"来支付。法国为应对疫情的财政预算不断增长，主要包括增加价值约为3150亿欧元的银行贷款担保和贷款计划，将用于危机的财政预算额度由原来的1100亿欧元提高到1360亿欧元，9月3日又推出1100亿欧元的经济刺激计划等。意大利在出台800亿欧元的紧急救助计划后，陆续释放约7500亿欧元流动性，并向遇到困难的企业提供贷款担保。西班牙、葡萄牙、荷兰、克罗地亚、瑞典等其他欧盟成员国也出台了规模不一的经济救助和刺激计划。

## 四、展望与前景

新冠肺炎疫情使欧盟经济面临前所未有的危机，暴露了欧盟经济发展乃至欧盟及其成员国政治经济体制的弱点与问题。

首先，欧盟并非职能统一、行动高效的超国家行为体，欧盟机构与成员国职权分散、功能重叠，且过分强调"程序民主"和"欧洲价值观"。由于欧盟缺乏强制执行政策的能力，协调和交易的成本过高、耗时过长，"各扫门前雪"的政策考量成为成员国内部、成员国与欧盟之间博弈后的最优选择。这直接导致欧洲早期抗疫不利的窘迫局面。与美国不同，欧洲不少政治家早早意识到应对疫情的紧迫性和必要性，亦有很多有识之士不断发出呼

---

① European Commission, "Remarks by Commissioner Gentiloni at the Press Conference on the Autumn 2020 Economic Forecast," https：//ec.europa.eu/commission/presscorner/detail/en/SPEECH_20_2040.

呼。但欧盟本身的体制性问题，尤其是有限且分散的财政资源、成员国脆弱的政府财政和就业状况，加上选举政治对选民的讨好，部分防疫措施可能会带来经济问题，进而导致政治危机，现实问题和政党利益使得欧盟及成员国决策时"瞻前顾后"，严重拖累了欧盟的抗疫表现。而在民众最为关心的健康问题上所暴露出来的欧盟治理体系的深层危机，极有可能彻底动摇欧盟的合法性。

其次，部分成员国金融风险突出。自欧债危机以来，欧洲经济一体化不完善的固有症结——财政碎片化问题仍然严峻。面对汹涌而来的新冠肺炎疫情，欧洲无法像其他主权国家一样拿出"一揽子"财政纾困方案，只能等待欧盟峰会讨价还价的结果，再叠加欧盟对于西式"民主"程序的执着，决策效率自然不足，在应对需要快速反应的流行性疾病中尤为不利。而即使最终财政纾困政策出台，各国持续扩大的财政赤字，不得不令人担忧未来欧盟成员国政府的"后劲"。激增的政府财政赤字与公共债务无疑是在给欧洲复苏"埋雷"，制约其经济的复苏和一体化前行。

再其次，长期以来，欧盟的经济发展依赖出口。而新冠肺炎疫情是全球性的重大流行病，这使得出口导向的经济体会面临更大的经济危机。美国一直是欧盟的主要出口对象，而北美的疫情危机甚至更甚于欧洲，这无不为欧盟的经济复苏更蒙上一层阴影。

最后，随着欧盟不断扩张，其内部本身就存在发展不平衡的问题。这一问题在欧债危机中已然有所体现。疫情之后，欧洲的经济复苏极可能出现参差不齐的态势，疫情很可能扩大南欧与北欧国家之间的经济差距，以及成员国内部的收入差距。尤其是南欧国家的公共债务，更使其经济情况不容乐观。加上当前疫苗分配问题，随着疫情持续时间拉长，欧洲的民粹主义势力的政治呼声日益升高，这进一步考验了欧盟的团结和政策协调。

但是危机中往往也蕴含着机遇，疫情也为欧洲提供了反思其经济政策的机会，而在应对疫情之中，欧盟也确实展现出了一些值得称道的进步。当然，这一机遇的重要前提是欧洲疫苗已具备大规模接种的条件，这使得经济复苏有了可能。

第一，疫情下复苏基金的出台，包含债务共同化的实践，彰显了欧洲经济一体化的韧性和欧盟的凝聚力。尽管复苏基金离常态化仍有距离，并带有浓厚的应急色彩，但是复苏基金仍然在财政一体化的道路上迈出了重要一步，为日后可能出现的制度变革埋下了伏笔。

第二，疫情下欧洲央行基本维持了欧元的稳定，展现了欧洲货币一体化的优势，加深了各国让渡货币权的决心，欧洲央行的权威得以进一步确认，这有利于欧元区乃至欧盟经济疫情后的统筹发展。

第三，从疫情之初的"各扫门前雪"到其后的统筹应对、团结一致，欧盟加强了自身的韧性。很多国家也因此看到了欧盟存在的必要性和意义，对其未来的发展有着不言而喻的好处。

第四，新冠肺炎疫情的控制是决定欧洲经济前景的关键因素。正如欧盟委员会主席抗疫特别顾问、比利时病毒学家彼得·皮奥特（Peter Piot）指出的，欧盟及其成员国必须认识到，"这不是公共卫生与经济问题之间的对立，我们确实需要先解决健康问题才能让经济真正重启"。[①] 只有成功应对疫情，对于欧盟而言才谈得上经济的复苏。当前两波疫情对欧洲经济与社会的冲击说明在不解决疫情的前提下，经济复苏不过是空中楼阁。对于欧盟来说，成功应对疫情并非是这一波大动荡的结束，甚至不是结束的开始，而是开始的结束。疫情之后，欧盟能否及时调整自身制度，深化团结原则，才是对欧盟的关键考验。

---

① 《欧委会建议成员国加强快速检测与信息共享》，参见央视网，http：//m.news.cctv.com/2020/10/29/ARTITW8Frg8jku42TquB4mOm201029.shtml。

# 欧盟绿色演进历程及其当前动向

郑春荣　倪晓姗[*]

[**内容提要**]　20世纪60年代以来的欧盟绿色演进之路经历了两波浪潮：在内部，欧盟环境、气候与能源政策朝着一体化、主流化和全面化的方向发展；在国际层面，欧盟总体上是国际环境、气候与能源治理中拥有重要话语权乃至居于领导地位的行为体之一。然而，欧盟在绿色演进历程中也遭遇到了由政策制定和实施的阻碍、危机情况的掣肘、欧盟内部的分歧以及国际格局变化等带来的问题。在当前的危机背景下，新一届欧盟委员会提出"欧洲绿色新政"，旨在实现雄心勃勃的"2050目标"，在对内加强团结的基础上构建欧盟的全球领导角色。"欧洲绿色新政"并非一套全新的措施指南，更不是一次范式变迁，而是对现有战略、法规和措施的充实与更新，它是欧盟绿色演进第二波浪潮的延续。"欧洲绿色新政"的"新"，主要体现在其雄心程度、法律约束力、涉及广泛的脱碳转型部门、"公正过渡机制"的引入，以及通过地缘政治路径来应对全球性气候问题等方面。但是，"欧洲绿色新政"要取得成功，依然面临着一些欧盟绿色演进历史上固有的挑战。

[**关键词**]　欧盟　绿色政治　欧盟环境　气候与能源政策　欧洲绿色新政

---

[*] 郑春荣，同济大学德国问题研究所/欧盟研究所所长，教授，博士生导师；倪晓姗，上海理工大学德语系讲师。

20 世纪 60 年代以来,生态环境的持续恶化使环境问题成为西方国家最为关心的政治议题之一。此后,随着以欧洲为中心的一系列环境运动的产生和绿色政党的兴起,"绿色政治"(Green Politics)发展成为一股全球性的政治思潮。[①] 1983 年,德国绿党成为西方国家中第一个进入国家层面议会的绿党,昭示着欧洲的绿色政治开始进入传统政治体系核心。德国绿党提出的生态、社会公正、草根民主和非暴力"四大支柱",对于全球绿色政治的发展产生了深刻影响。[②] 英国的绿色政治倡导者德里克·沃尔(Derek Wall)在《严肃的绿色政治指南》一书中也使用这"四个支柱"来定义绿色政治,并且认为其首先是以环境与生态为主要对象的"生态政治"(ecopolitics),是一种旨在创建可持续发展社会的政治意识形态,但绿色政治并不局限于生态或环境范畴。[③] 例如,早期环境政策需要应对的是垃圾处理、化学品污染、物种灭绝等问题,随着化石燃料、煤炭、石油和天然气的使用,排放越来越多的二氧化碳,导致全球气候变暖、极端天气频发,气候和能源问题成为最受关注的全球性环境问题,并逐渐从环境政策中剥离出来,发展成专门的气候与能源政策。[④]

一直以来,欧盟是全球绿色政治领域的先锋,采取了一系列的政策与措施以回应绿色政治诉求的高涨,具体体现在欧盟环境、气候与能源政策的不断演进上。目前国内外学界普遍认为,欧盟的环境政策法规体系逐步完善、治理理念和手段不断创新、政策民主科学化程度也在提升,自 20 世纪 80 年代以来一直是全球环境治理的领导者,特别是 1992 年《联合国气候变化公约》颁布以来,欧盟的气候与能源政策朝着一体化方向发展,欧盟在国际

---

① Peter Newell, *Global Green Politics*, Cambridge: Cambridge University Press, 2019, p. 21.

② James GS Marshall, *What Does Green Mean?: The History, People, and Ideas of the Green Party in Canada and Abroad*, Victoria: Friesen Press, 2019, p. 93.

③ Derek Wall, *The No-Nonsense Guide to Green Politics*, Oxford: New Internationalist Publications, 2010, pp. 12–13.

④ Derek Wall, *The No-Nonsense Guide to Green Politics*, Oxford: New Internationalist Publications, 2010, p. 30.

气候谈判中也充当着领导角色。① 但是欧盟其后受到经济危机、欧债危机等的影响，有学者认为，从中长期来看，欧盟环境政策的雄心和行动意愿在减弱②；不过，依然有学者坚持认为，欧盟从未放弃对全球环境治理以及国际气候谈判的领导者角色追求。③

2019年12月11日，新一届欧盟委员会雄心勃勃地提出"欧洲绿色新政"（简称"新政"），旨在到2050年将欧洲打造成首个碳中和大陆。这似乎印证了欧盟推进绿色发展的雄心并未减弱，但是"新政"的实施前景如何，仍然需要实践的检验。本文认为，要正确认识"欧洲绿色新政"的内涵与意义，需要从欧盟绿色演进的历史脉络出发，回答"新政"是迄今绿色演进之路的延续还是变迁。与此同时，欧盟能否在全球环境、气候及能源治理中赢得话语权，还取决于其内部政策的推进结果，基于这种内外联动的逻辑，本文将从内外部双层视角出发，总结欧盟绿色演进历程及其在此过程中遇到的问题，在此基础上分析欧盟当前提出的"欧洲绿色新政"的内涵及所面临的挑战。

# 一、欧盟绿色演进历程

如果以欧盟内部标志性的环境立法、计划和战略政策文件，以及外部在

---

① 司林波、赵璐：《欧盟环境治理政策述评及对我国的启示》，《环境保护》，2019年第11期，第54—60页；巩潇泫：《欧盟气候政策的变迁及其对中国的启示》，《江西社会科学》，2016年第7期，第223—231页；Rüdiger Wurzel and James Connelly, *The European Union in International Climate Change Politics*, London: Routledge, 2017; Anthony R. Zito, Charlotte Burns and Andrea Lenschow, Is the trajectory of European Union environmental policy less certain?, in *Environmental Politics*, 28 (2) /2019, pp. 187–207.

② Charlotte Burns, Peter Eckersley and Paul Tobin, EU environmental policy in times of crisis, in *Journal of European Public Policy*, 27 (1) /2020, pp. 1–19.

③ Bertil Kilian and Ole Elgström, Still a green leader? The European Union's role in international climate negotiations, in *Cooperation and Conflict*, 45 (3) /2010, pp. 255–273.

重要的国际谈判中所扮演的角色为分界点,那么欧盟迄今的绿色演进进程大体经历了两波浪潮。第一波浪潮是从欧共体环境政策初步成型到发展成熟、直至被纳入可持续发展战略,欧共体对外也通过积极参与多边环境协定成功确立了在全球环境治理中的领导地位。第二波浪潮开启于欧盟开始聚焦气候与能源政策,并不断将其发展成熟,直到在后期经济危机、欧债危机削弱了欧盟的气候与能源政策,欧盟在哥本哈根气候会议中被边缘化,由此促使欧盟转向更加务实的内部改革,随着欧盟气候与能源政策的一体化发展,在全球气候治理中,欧盟的角色也转向务实、灵活。

(一)第一波浪潮:欧盟环境政策从初步成型到被纳入可持续发展战略

第一波浪潮可以分成两个阶段。在20世纪60—80年代的第一个阶段,欧共体实现从环境意识萌芽到政策初步成型,而且从70年代末起,欧共体积极参与国际多边环境协定。

20世纪60年代公害事件频发,欧共体环境治理意识开始萌芽。1972年的斯德哥尔摩联合国环境会议通过《人类环境宣言》后,欧共体各国首脑在巴黎峰会上提出形成共同体环境保护政策框架的要求。此后,欧共体通过三个环境行动规划建立起环境政策的初步框架:《第一个环境行动规划》(1973—1976)将保护环境列为共同体的基本任务,将预防、减少和控制环境污染、保持生态平衡和合理利用自然资源设定为最初的行动领域;《第二个环境行动规划》(1977—1981)将水、空气和噪声污染设定为优先项,并通过了水和废弃物相关的框架指令;《第三个环境行动规划》(1982—1987)要求将环境政策纳入共同体各部门政策,强调环境政策在经济和社会层面的影响。

在摸索建立共同体环境政策框架的过程中,欧共体从20世纪70年代末开始在联合国框架下参与并签署了多个多边环境协定。例如,由联合国环境规划署主持的1979年《保护野生动物迁徙物种公约》和1985年《保护臭氧层维也纳公约》,由联合国欧洲经济委员会主持的首个处理越境空气污染的公约,即1979年《远距离越境空气污染公约》。这标志着欧共体开始将具有法律约束力的条约作为参与全球环境治理的重要手段。①

20世纪80年代末至90年代初为第二个阶段，欧共体的环境政策从全面发展到被纳入可持续发展战略，同时期，欧共体确立了在全球环境治理中的领导地位。

1987年是欧共体环境政策的转折点，《单一欧洲法令》弥补了《罗马条约》不涉及环境问题的缺陷，为欧共体统一的环境政策奠定了法律基础。②《第四个环境行动规划》（1987—1992）强调环境保护是提升经济竞争力的工具，并首次提出基于激励的经济手段，例如环境税和可交易的排放许可的引入。1992年《马斯特里赫特条约》进一步要求将环境保护融入欧盟其他政策，促成了环境政策的主流化发展。③ 在"绿色先驱国家"④的推动下，欧盟拥有了一套涵盖可持续发展、废弃物管理和绿色采购，以及对空气、水和土壤进行监管的全面环境政策。⑤ 与此相应，《第五个环境行动规划》

---

① Tom Dereus, "Multilateral Environmental Agreements: A Key Instrument of Global Environmental Governance", in Camilla Adelle, Katja Biedenkopf and Diarmuid Torney (eds.), *European Union External Environmental Policy: Rules, Regulation and Governance Beyond Borders*, Basel: Springer Nature, 2018, pp. 19 – 20.

② European Parliament, Environment policy: general principles and basic framework, https://www.europarl.europa.eu/factsheets/en/sheet/71/environment – policy – general – principles – and – basic – framework（上网时间：2019年12月19日）。

③ Eileen Barrington, European Environmental Law: Before and After Maastricht, https://repository.law.miami.edu/cgi/viewcontent.cgi?article=1204&context=umiclr（上网时间：2019年12月19日）。

④ 欧盟的"绿色先驱国家"包括奥地利、丹麦、芬兰、德国、荷兰、瑞典和挪威。Mikael Skou Andersen and Duncan Liefferink (eds.), *European environmental policy. The pioneers*, Manchester: Manchester University Press, 1997.

⑤ Tom Dereus, Multilateral Environmental Agreements: A Key Instrument of Global Environmental Governance, in Camilla Adelle, Katja Biedenkopf and Diarmuid Torney (eds.), *European Union External Environmental Policy: Rules, Regulation and Governance Beyond Borders*, Basel: Springer Nature, 2018, pp. 19 – 20.

(1993—2000)将环境政策纳入欧盟可持续发展战略,欧盟经济开始由"传统模式"向"循环经济模式"转变,而且欧盟提出了设立环境中长期目标,促进环境政策从事后行动向事前防御发展。①

与此同时,从20世纪80年代末起,从《蒙特利尔议定书》到《巴塞尔公约》,得益于内部坚实的法律基础、涵盖广泛的行动领域以及行之有效的政策手段,欧共体不仅在目标实施过程中起到模范作用,还在多边环境协定的谈判中获得领导地位。②欧盟委员会在1992年5月向部长理事会和欧洲议会递交的《走向2000年的发展合作政策》中,将全球环境问题管理列为国际新秩序的"三大支柱"之一③,意味着以欧盟为整体从政策层面开始对全球环境治理予以高度关注。1992年的里约联合国环境与发展大会,是继斯德哥尔摩后又一里程碑式的环境会议,提倡以可持续发展替代传统发展模式,欧盟积极参与谈判、制定并签署了包括《气候变化框架公约》在内的5项文件,为保护全球生态环境和生物资源提供了指导,也为此后的气候变化和可持续发展谈判奠定了基石。

(二)第二波浪潮:气候与能源政策成为欧盟环境政策的关键优先项

第二波浪潮也可以划分两个阶段。从20世纪90年代到2008年经济危机爆发前为第一个阶段,是欧盟气候与能源政策逐步成熟和外部影响力逐渐

---

① Towards Sustainability, the Fifth Environmental Action Programme, https://ec.europa.eu/environment/archives/action-programme/5th.htm(上网时间:2019年12月19日)。

② Charlotte Burns and Paul Tobin, The Limits of Ambitious Environmental Policy in Times of Crisis, in Camilla Adelle, Katja Biedenkopf and Diarmuid Torney (eds.), *European Union External Environmental Policy: Rules, Regulation and Governance Beyond Borders*, Basel: Springer Nature, 2018, p.322.

③ Commission of the European Communities, Development cooperation policy in the run-up to 2020, SEC(92)915 final, Brussels, 15. May 1992, http://aei.pitt.edu/6855/1/6855.pdf(上网时间:2019年12月19日)。

成型的时期。

　　欧盟气候政策意识的萌芽源于外部驱动。在20世纪90年代初在《联合国气候变化框架公约》的谈判过程中，气候问题首次被提上欧洲理事会议程，欧盟领导人呼吁商定限制温室气体排放的目标和战略。但是在初期，欧盟气候政策发展十分缓慢，且受到诸多限制①，直到1998年，各成员国才一致通过关于《京都议定书》的欧盟减排承诺，并达成减排分配的责任分担协议。②"第一个欧洲气候变化计划"（2000—2004）的启动，意味着欧盟进入更富活力的气候政策制定阶段。③《第六个环境行动规划》（2002—2012）首次将气候变化确定为环境行动的优先领域。其后，"第二个欧洲气候变化计划"（2005—2012）提出要于2005年率先建立"欧盟排放权交易体系"（EU ETS），这也成功使欧盟成为全球气候治理的示范者。欧盟能源政策也在这一时期逐渐成熟，2006年的"能源政策绿皮书"提出将能源政策和气候政策进行整合。④ 2007年提出的《2020气候和能源一揽子计划》代表着欧盟气候与能源政策一体化的高潮，其中欧盟提出"20—20—20"目标，要求改革"欧盟排放权交易体系"，以欧盟单一的碳排放配额上限替代由成员国设置上限；在制定减排责任分担协议时，考虑到成员国的差异性，设定"欧盟排放交易体系"之外各部门的排放目标和可再生能源

---

①　1992年，欧盟委员会提出关于引入二氧化碳/能源税的提议，但因为未能获得足够的成员国支持而失败；1993年相继提出的关于促进可再生能源发展的"ALTENER计划"和关于提高能效以减少二氧化碳排放的"SAVE指令"在实施过程中被严重削弱，并不能对成员国起到约束作用。

②　EU honours commitment to early EU ratification of the Kyoto Protocol, IP/02/355, Brussels, 4. March 2002, https：//ec. europa. eu/commission/presscorner/detail/en/IP_02_355（上网时间：2019年12月19日）。

③　European Climate Policy – History and State of Play, https：//climatepolicyinfohub. eu/european – climate – policy – history – and – state – play（上网时间：2019年12月19日）。

④　Green Paper：A European strategy for sustainable, competitive and secure energy, COM（2006）105 final, Brussels, 8. March 2006, https：//eur – lex. europa. eu/legal – content/EN/TXT/? uri = legissum：l27062（上网时间：2019年12月19日）。

目标。[①] 2007 年,《里斯本条约》首次将应对气候变化列为欧盟的政策目标,而能源政策成为关注重点,并明确要在国际层面遏制气候变化。至此,欧盟气候与能源政策有了一套成熟的法律框架。

在国际层面,从 1995 年的《柏林授权书》到 1997 年的《京都议定书》,欧盟积极参与推动一项具有约束力的全球气候治理法律文件的谈判,并提出了不同于美国的雄心勃勃的减排方案,欧美开始出现对全球气候话语权的争夺。在《京都议定书》签署、生效的谈判过程中,欧盟利用美国在气候变化议题上的消极作为,采取灵活策略处理发展中国家与发达国家间的分歧,在碳税和共同履约等方面做出让步,特别是在 2001 年美国宣布退出后,积极游说俄罗斯,最后促成《京都议定书》在 2005 年的签订,欧盟也顺利成为全球气候治理中的绝对领导者,这一角色一直延续到 2008 年。[②]

第二个阶段从 2008 年经济危机爆发到 2019 年容克领导下的欧盟委员会任期结束。在此期间,欧盟对内部进行更加务实的改革以重塑对气候政策的重视;在外部影响力方面,从哥本哈根气候会议上遭受边缘化后,欧盟的影响力开始回升。

2008 年经济危机使欧洲出现前所未有的经济衰退,以促进经济复苏与增长、推动就业为目标的低碳经济转型举步维艰。接着,2009 年的欧债危机很快席卷欧盟各成员国,尽快恢复经济发展成为这一时期欧盟内部的工作重点。在此背景下,欧盟内部围绕是否要将减排目标提高到具有示范性的 30% 分裂为两大阵营。[③] 内部分裂,加之外部受到美国力量回归和以中国为代表的南方力量上升的挤压,欧盟转向专注更加务实的内部机构改革和政策制定。2010 年,欧盟委员会将气候从环境委员管辖范畴中独立出来,设立欧盟委员会气候行动委员一职,专门负责制定和实行气候政策、监测各成员

---

[①] 2020 climate & energy package,https://ec.europa.eu/clima/policies/strategies/2020_en(上网时间:2019 年 12 月 19 日)。

[②] 叶江:《试论欧盟的全球治理理念、实践及影响——基于全球气候治理的分析》,《欧洲研究》,2014 年第 3 期,第 82 页。

[③] 以波兰、罗马尼亚和匈牙利为代表的东欧国家出于本国经济考虑坚决反对这一目标。

国的排放量，以保证欧盟在全球气候治理中行动一致。① 与此同时，《第七个环境行动规划》（2014—2020）首次将打造低碳经济列为环境行动的主要目标，强调欧洲经济的可持续发展和竞争力取决于经济增长与资源利用的脱钩。② 同年通过的"2030 气候和能源框架"作为欧盟的中期目标，③ 根据《巴黎气候协定》上调了"2020 目标"，要求各成员国制定"国家能源和气候计划"及国家长期战略，为欧盟的低碳经济发展开辟道路。

在国际谈判方面，欧盟在后京都时期致力于成果输出，期望在谈判的目标设定、议程设置方面发挥主导权。但是，在内部分歧无法消除和谈判策略失误的情况下，被美国与以中国为代表的"基础四国"联手排挤，在哥本哈根气候大会上，从全球气候治理的领导者沦为旁观者。④ 此后，欧盟开始改变谈判战略，在积极促成南北合作的过程中重视同发展中国家的交流与合作。⑤ 在 2010 年的坎昆气候大会中，欧盟提出创建"绿色气候基金"以解决"南北矛盾"。在 2011 年的德班气候大会中，欧盟主动推动和达成"德班路线图"，使其获得"气候谈判推动者"的美名。随后不久，虽然由于内部分歧，⑥ 欧盟

---

① Directorate – General for Climate Action, https：//ec. europa. eu/clima/about – us/mission_ en（上网时间：2019 年 12 月 30 日）。

② Environment Action Programme to 2020, https：//ec. europa. eu/environment/action – programme/（上网时间：2019 年 12 月 19 日）。

③ European Council, Conclusions on 2030 Climate and Energy Policy Framework, SN 79/14, Brussels, 23 October 2014, https：//www. consilium. europa. eu/uedocs/cms_ data/docs/pressdata/en/ec/145356. pdf（上网时间：2019 年 12 月 19 日）。

④ 高小升：《欧盟后哥本哈根气候政策的变化及其影响》，《德国研究》，2013 年第 3 期，第 32—44 页。

⑤ 巩潇泫：《欧盟气候政策的变迁及其对中国的启示》，《江西社会科学》，2016 年第 7 期，第 225 页。

⑥ 《20 年依旧"扯皮"不断 多哈气候大会：越谈越尴尬》，http：//www. china. com. cn/international/zhuanti/2012 – 12/06/content_ 27330445_ 2. htm；《波兰气候大会身陷"煤炭门"》，https：//world. cankaoxiaoxi. com/2013/1113/301270. shtml（上网时间：2019 年 12 月 19 日）。

一度丧失主导谈判的能力。不过在巴黎气候大会前，欧盟各成员国不仅就重塑领导角色的目标达成一致，率先向联合国递交减排承诺，还在大会期间与中美构建起合作领导关系，成功推动《巴黎气候协定》的达成[①]，被视为欧盟在全球气候治理中发挥领导力的又一次成功实践。

## 二、欧盟绿色演进过程中反映出的问题

回顾欧盟绿色演进历程，从内外环境治理联动的视角来看，在欧盟内部，从环境到气候和能源，逐步实现了从单一政策领域到三者的一体化，并且不断促进环境、气候与能源政策在其他政策领域的主流化、全面化发展；在国际层面虽有起伏，但总体上欧盟是国际环境、气候与能源治理的拥有重要话语权的行为体之一。但是，在欧盟环境、气候与能源政策不断向前演进的同时，也遇到了由于政策制定和实施的阻碍、危机情况的掣肘、欧盟内部的分歧以及国际格局的变化等带来的问题。

1. 政策制定和实施的阻碍

在环境、气候与能源政策的演进过程中，欧盟基于对政策实施效果的评估不断填补空白，进行政策修正。但是，有些目标只是以建议的形式提出，对成员国没有约束力，无法完全融入成员国的国家政策或立法；有些政策间甚至出现不兼容的情况，不仅很大程度上未能发挥政策间的协同作用，反而削弱了其效果；政策实施过程中还往往遭遇资金困境，这些也是导致部分"2020目标"未能实现的原因。例如，欧盟委员会为实现"20—20—20"目标，在2009年通过《可再生能源指令》，其中对生物燃料进行补贴的做法促进了其大规模生产，却也给生物多样性、土壤和水等其他环境问题带来负面影响。关于对《第七个环境行动规划（2014—2020）》的中期评估也指出，欧盟和成员国两级资金不足、公共和私人资金未能足额增加，是欧盟无

---

[①] 刘宏松、解单：《再论欧盟在全球气候治理中的领导力》，载《国际关系研究》，2019年第4期，第94—116页。

法完成部分目标的主要原因之一。①

2. 危机情况的掣肘

从历史演进过程来看，一旦欧盟陷入经济危机或者处于经济下行阶段，工作重心就会从环境、气候以及能源问题转向经济问题，并转向由于经济危机导致的欧盟内部团结问题。但是鉴于经济发展与气候应对、能源使用和环境治理的紧密关系，环境、气候与能源政策也可以是改善欧盟经济绩效、提升经济竞争力的重要工具。就当前阶段而言，气候变化是全球最大的地缘政治挑战之一，欧盟始终坚持《巴黎协定》的多边框架，但是自美国退出后，这种气候多边框架的凝聚力在下降，单边主义、民粹主义，加之全球经济下行压力加大和众多国家主要谈判代表更迭，增加了未来气候政治和谈判的不确定性。

3. 欧盟内部的分歧

伴随着欧盟的扩大和一体化的发展，欧盟在应对环境、气候和能源问题的内外决策过程中，都面临着越来越多的阻碍。无论是哥本哈根大会之前无法就排放标准达成一致，还是在多哈和华沙会议上由于内部分裂导致欧盟丧失谈判主导能力，这当中都可以看出，以波兰为代表的东欧国家对于支持欧盟雄心勃勃的环境和气候目标的意愿不强，欧盟内部对于全球绿色政治缺乏共识。如果无法弥合东西分歧，强行推进欧盟环境、气候与能源政策，可能使内部裂痕扩大，在缺乏内部团结的情况下，最终也不利于欧盟在全球治理中的领导力发展。

4. 国际格局的变化

欧盟绿色演进历程表明，只有在欧盟层面形成合力，用一个声音说话，才能使欧盟在全球治理的领导力角逐中脱颖而出。自哥本哈根之后，欧盟由于美国力量的回归和以中国为代表的南方力量的上升，无法再像《京都议定书》时期一样获得稳定的领导力。一方面，欧盟面临着技术挑战，必须通过数字技术推动绿色发展，以榜样作用督促其他发达国家一起做出更大的减排贡献；另一方面，在全球环境治理议程——从减排扩展到发展援助、绿色投

---

① Implementation of the 7th Environment Action Programme Mid – term review, https://www.europarl.europa.eu/RegData/etudes/STUD/2017/610998/EPRS_STU(2017)610998_EN.pdf（上网时间：2019年12月30日）。

资、技术转让的背景下，如果欧盟无法实现对发展中国家的投资援助和相关技术转移，也无法在全球环境治理的议程中谋取话语权，甚至领导角色。

## 三、"欧洲绿色新政"的内涵及其挑战

根据欧洲环境署2019年年底的评估报告，欧洲当前面临着的气候和其他环境挑战有着前所未有的规模和紧迫性，欧盟不仅未能完全实现大部分"2020目标"，而且，如果在接下来的十年里不采取紧急行动，甚至无法实现"2030目标"。[①] 环境和气候问题一直是欧洲民意的晴雨表，从格蕾塔·桑伯格（Greta Thunberg）在2018年8月的斯德哥尔摩议会前首次示威，到以"周五为未来"（Fridays for Future）为口号的欧洲青少年气候保护运动席卷欧洲，欧盟亟须提出应对气候变化的措施，以回应欧盟公民，特别是欧洲年轻人对于气候问题前所未有的关注。2018年11月，欧盟推出了更加雄心勃勃的"2050长期战略"，提出到2050年完成欧洲作为气候中和型经济体转型的愿景，并提出需要从电力到工业、交通、建筑、农业和林业的跨部门合作、确保社会公正过渡、加强绿色外交和地缘政治力量方面做出努力。[②] 继欧洲议会在2019年11月28日通过决议宣布进入"气候紧急状态"后，12月11日，以乌尔苏拉·冯德莱恩（Ursula von der Leyen）为首的新一届欧盟委员会提出"欧洲绿色新政"。[③]

---

① EEA, Briefing of EEA, The European Environment—State and Outlook 2020, https：//www.eea.europa.eu/soer–2020（上网时间：2019年12月19日）。

② European Commission, Communication from the commission, A Clean Planet for all, COM（2018）773 final, 28.11.2018 https：//eur–lex.europa.eu/legal–content/EN/TXT/? uri = CELEX：52018DC0773（上网时间：2019年12月30日）。

③ European Commission, The European Green Deal, COM（2019）640 final, Brussels, 11. December 2019, https：//ec.europa.eu/info/sites/info/files/european–green–deal–communication_en.pdf（上网时间：2019年12月15日）。

"新政"主要由四个部分构成：第一部分，阐述"新政"作为一项经济增长战略能够为欧盟带来独特机遇；第二部分，具体介绍支持欧盟经济绿色转型、实现可持续发展的一系列政策措施；第三部分，强调必须使欧盟成为全球气候治理的领导者；第四部分，呼吁启动一个欧洲气候公约，调动所有利益攸关者的参与，以使"新政"取得成功。从内容来看，"新政"主要是一份对内行动计划，以气候中和为核心目标，涵盖生物多样性在内的其他环境问题，涉及建筑、交通、产业等多个领域的低碳转型，以及社会公正问题，旨在将当前深陷各种危机中的脆弱的欧盟团结在一起，以实现更加雄心勃勃的"2050目标"。"新政"也提出了全球层面的行动内容，主张通过加强"绿色外交"发挥欧盟的地缘政治力量。

第一，"新政"以将欧洲打造成首个气候中和大陆为核心目标。

"新政"要求在2020年3月前提出首部欧洲气候法，将2050年"气候中和"目标纳入法律提案，为欧盟的长期气候政策奠定法律基石，以使得欧盟目标的实施对于成员国更具法律约束力。但是在立法阶段必须充分考虑气候法和欧盟现有气候和能源以及其他环境立法的兼容性、欧盟层面立法和成员国国家层面立法的协调性，这样才有利于改变由于政治繁杂导致的执行效率低下，甚至相互矛盾的历史困境，最大程度发挥政策间和行为体间的协同作用。

除气候外，"新政"也涉及其他环境问题。一方面是对欧盟目前尚未实现的"2020目标"进行补缺补漏；另一方面，在对现有法规和政策进行系统性研究的基础上进行改进和升级。例如，"新政"提出尽快制定生物多样性战略，通过量化目标增加受保护的生物多样性的陆地和海域覆盖范围，加强成员国间的跨境合作，并通过立法等措施改善受损的生态系统。"新政"还提出为包括土地、森林和海洋在内的生态系统制定保护战略，加强法律框架、审查和监管框架，透明、高效地确保民众和环境免受有害化学物质的侵害。但是，很多目标是以建议或战略的形式提出，依然可能面临对成员国约束力不足的问题；"新政"提出的法律和计划许多预计在2021年才进行制定或只是展开辩论，行动上缺乏紧迫感，无法应对当前环境和气候问题的紧迫性；另外，一些措施的表述使用模糊化替代明确量化，不仅可能会降低执行效率，还存在埋下"懒政"种子的风险。

第二,"新政"以能源系统的进一步脱碳为目标,旨在促进与资源利用脱钩的绿色经济转型。

"新政"将基于循环经济的新产业战略放在首要位置,主要关注资源密集型产业(例如纺织、建筑、电子和塑料),还包含一项基于循环设计的"可持续产品战略",并提出通过数字化手段提高产品信息的可获取性,以降低"漂绿"[①]风险。此外,关于发展基于租赁和共享商品和服务的新商业模式颇具发展潜力,停止欧盟的废弃物出口的建议有利于全球长期的可持续发展,跨部门的可再生能源、能源效率和其他可持续解决方案的智能集成,则有助于以最低的成本实现欧盟经济体的脱碳转型。但是,就当前发展来看,上述倡议或建议在具有巨大潜力的同时也是欧盟面临的巨大挑战,不仅需要欧盟尽快制定具体的措施和方案,并且有赖于创新技术的支持和基础设施的部署,同时还需要相关的法律支持,可谓任重道远。

其中,数字化在"新政"中发挥着关键作用。冯德莱恩在上任伊始就将数字化战略作为施政重点之一,力图使欧盟赶上数字化转型的浪潮。"新政"中也强调了建设数字化欧盟能源市场的重要性,翻新建筑物、提高交通能效也离不开数字动力,产业转型也有赖于一个以可持续发展和绿色增长为核心的数字部门。容克所领导的欧盟委员会在2017年就提出向智能、安全和可持续的能源系统过渡的要求,这种转变首先需要在能源和数字经济之间架起桥梁。但是欧盟各成员国长期以来在数字化领域各自为政,数字信息技术发展不平衡。在当今世界蓬勃发展的数字经济中,基础设施落后、数据过度保护、产业发展缓慢严重制约了欧盟整体的发展。2019年4月,欧盟曾经推出一份人工智能伦理准则,[②] 但是想领导全球数字化发展仅仅停留在道德规范层面是不够的,技术和商业落地是核心,数字技术在能源生产、运

---

① "漂绿"(Green Washing)是指对产品、服务、技术或公司实践的环境效益提出未经证实或具有误导性的主张的做法,使其看起来比实际更环保。

② European Parliament, Briefing of European Parliament, EU guidelines on ethics in artificial intelligence: Context and implementation, September 2019, https://www.europarl.europa.eu/RegData/etudes/BRIE/2019/640163/EPRS_BRI(2019)640163_EN.pdf(上网时间:2019年12月26日)。

输和分配中广泛使用使得网络安全成为一个关键问题。2020年2月19日，欧盟委员会发布了一份《数字战略文件和人工智能白皮书（草案）》并征求意见，旨在建立单一数据市场，创建欧盟云计算平台联盟，利用内部的海量非个人数据，在交通、医疗等行业为欧盟数字化发展培育新一波的创新力量。这份白皮书能否助力欧盟在数字化竞争中取得优势，进一步推进"新政"的成功实施，还有待观察。

第三，"新政"致力于实现欧盟内的社会公正。

绿色转型可能导致业务模型、技能要求和相对价格发生重大结构变化，欧盟内不同社会群体、产业、地区和国家会受到不同程度的影响，为此，"新政"创新性地提出"公正过渡机制"，其中包含一个"公正过渡基金"，重点关注受过渡影响最大、依赖化石燃料或碳密集型的欧盟地区和部门。能源部门的转型首先触及以波兰为首的一些东欧国家，它们严重依赖煤炭发电并且经济发展水平相对较低，在历史上对于欧盟高要求的减排目标一直持反对态度。但对于欧盟而言，这涉及内部绿色凝聚力的问题。"新政"公布的第二天，欧洲理事会在布鲁塞尔召开会议，其结论文件中写道："欧洲理事会赞同根据《巴黎协定》在2050年前实现欧盟气候中和的目标。"但文件也补充道："一个成员国（指波兰）在现阶段无法承诺实现这一目标。"[①]

从历史演进过程来看，常常由于欧盟和国家两级的资金不足以满足当前需求，公共和私人资金也没有根据需要实现增加，从而限制了绿色项目执行的效果。"公正过渡机制"能否真正发挥作用依然面临着资金支持的问题。"公正过渡机制"基于公正过渡基金、"投资欧洲计划"的资金流以及由欧盟预算支持的欧洲投资银行贷款三根支柱。"新政"提出后仅一个多月，欧盟委员会提出一份"欧洲绿色交易投资计划"，旨在在未来10年内吸引至少1万亿欧元的公共和私人投资，将欧盟下一个多年度财政框架中的75亿欧元指定为"公正过渡机制"的种子资金，并提出由欧盟凝聚政策一部分

---

① European Council, European Council meeting (12 December 2019) – Conclusions, EUCO 29/19, Brussels, 12. December 2019, https://www.consilium.europa.eu/media/41768/12 – euco – final – conclusions – en. pdf（上网时间：2019年12月19日）。

的"欧洲区域发展基金"和"欧洲社会基金+"提供资金补充。[1] 但是，当前德国和荷兰等国都不愿意增加对欧盟预算的贡献，[2] 各成员国仍在就欧盟下一个七年预算进行艰难的谈判。[3] 有人质疑这一举措将以牺牲"欧洲凝聚政策"为代价，欧盟在2021—2027的中长期预算提案中对于欧盟凝聚政策的份额已经削减7%。[4] 所以，确保公正过渡的资金来源仍存在不确定性。

历史上，欧盟的绿色发展往往得益于"绿色先驱国家"的推动。近年来，先驱国家推动和领导欧盟气候能源行动的意愿在降低，[5] 并不同程度地经受着绿色转型带来的社会反冲力。例如，煤炭在德国电力结构中占比巨大，"退出核电"迫使德国放缓彻底摆脱煤炭的行动，加上农业和交通业持续的高碳排放，德国甚至无法完成2020年的减碳目标，[6] 彻底放弃煤电

---

[1] Europe's one trillion climate finance plan, https://www.europarl.europa.eu/news/en/headlines/society/20200109STO69927/europe-s-one-trillion-climate-finance-plan（上网时间：2019年12月19日）。

[2] LEAK: Finland's EU budget proposal limits expenditure to 1.06% of GNI, https://www.euractiv.com/section/future-eu/news/leak-finlands-eu-budget-proposal-limits-expenditure-to-1-06-of-gni/（上网时间：2019年12月19日）。

[3] EU 2020 budget boosts climate action spending, https://www.climatechangenews.com/2019/11/19/eu-2020-budget-boosts-climate-action-spending/（上网时间：2019年12月19日）。

[4] Just Transition Fund won't come 'at the expense' of Cohesion, EU's Ferreira claims, https://www.euractiv.com/section/economy-jobs/news/just-transition-fund-wont-come-at-the-expense-of-cohesion-eus-ferreira-claims/（上网时间：2019年12月19日）。

[5] 傅聪：《欧盟气候能源政治的新发展与新挑战》，《当代世界》2019年第3期，第46页。

[6] Germany's greenhouse gas emissions and climate targets, https://www.cleanenergywire.org/factsheets/germanys-greenhouse-gas-emissions-and-climate-targets（上网时间：2019年12月19日）。

45

的日期也被延迟到2038年。① 法国总统马克龙也曾试图将法国定位为全球气候领导者，但是其政府试图通过提高燃油税，降低化石燃料的使用，促进可再生能源的发展，最后由于触及法国低收入群体的生活成本，导致"黄马甲"群体在2018年底走上街头，马克龙关于修正能源政策的考虑也最终在法国民众的抗议声中被迫放弃。"黄马甲"运动不是孤立现象，"新政"很可能成为民粹主义者的"出气筒"，2020年关于气候政策的辩论也存在加深欧盟内部的地理和社会分化、引发反环境民粹主义反弹的风险。

第四，"新政"寻求一种更具地缘政治意义的路径来应对全球性气候问题。

作为目前唯一提出到2050年实现碳中和的行为体，欧盟如何使其他国家和地区参与应对气候变化的紧迫挑战，对此，"新政"提出要"开展更强大的绿色新政外交"。欧盟邻国仍是"绿色外交"的重点对象，除了正在与西巴尔干地区进行绿色议程谈判外，欧盟还计划与南部邻国和东部伙伴建立强有力的绿色伙伴关系；非洲以及拉丁美洲、加勒比海、亚洲和太平洋地区等发展中国家和地区也仍是"绿色外交"的关键。除了一如既往采取发展援助政策外，"新政"还强调借助贸易政策，并提出任命首席贸易执行官负责在欧盟贸易协定中促进绿色商品和服务的贸易和投资，以及气候友好型公共采购，加强监管合作，消除可再生能源领域的非关税壁垒。

从历史发展来看，发展援助政策有助于为欧盟争取来自不发达国家和地区的盟友支持，以提升欧盟在国际谈判中的领导力。"新政"提出协助非洲更广泛地部署可再生能源和清洁能源，以提高非洲的可再生能源使用率和能源效率。但是，"新政"未就欧盟发展援助政策可能遇到的问题提出应对之策。欧盟的绿色援建首先遇到来自成员国的掣肘。2009年10月的欧盟各国财政部长会议上，各成员国就援助资金数额分歧严重，未能就欧盟气候变化资金援助方案达成一致，这也是欧盟在哥本哈根大会期间无法形成一致立

---

① German commission proposes coal exit by 2038, https://www.cleanenergywire.org/factsheets/german-commission-proposes-coal-exit-2038（上网时间：2019年12月19日）。

场，进而被削弱谈判能力的原因之一。其次，援助资金来源的桎梏。欧盟在拓宽以及寻找新的援助资金来源方面力度不足。根据上文，欧盟在为内部绿色转型提供足够资金方面尚且存在难题，在欧盟预算框架内为欧盟对外气候援助提供足够的融资更是难上加难。最后，援助机制过于复杂。欧盟通过法律、组织、财政、信息、政治与文化等条件综合协调来推动气候技术创新和转让的模式，在受援国眼里的吸引力越来越低。[1] 有观察者认为，欧盟"面临着来自中国的激烈竞争"，特别是中国能够承担更大的投资规模，并且来自中国的投资并不附加任何条件。[2]

此外，气候变化对于全球地缘政治的影响还可能对欧盟现有的外交伙伴关系造成影响。欧盟是天然气的最大消费国之一。减少对天然气的依赖可以提高欧盟的工业竞争力，但是减少天然气消耗势必影响欧盟与天然气生产国的外交关系。[3] 此外，"新政"提出征收碳边境税的做法引起较大争议。首先，欧盟作为全球自由贸易的拥护者，征收碳边境税的行为有陷入贸易保护主义的风险。其次，征收碳边境税与世界贸易组织的规则相冲突，欧盟将面临与主要贸易伙伴发生大量贸易摩擦的风险。以中国为例，作为欧盟最大的进口贸易伙伴，同时仍是碳排放大国，征收碳边境税或对中欧贸易带来负面影响。最后，只有所有成员国按统一税率征收碳边境税才能达到实现减排目标和公平贸易的结果，一旦就税率难以达成一致，可能破坏欧盟作为单一市场的发展，而统一税率的协商也由于欧盟内部各国产业结构和经济状况的差异性，面临不小的政治阻力。

---

[1] 冯存万、乍得·丹莫洛：《欧盟气候援助政策：演进、构建及趋势》，《欧洲研究》，2016 年第 2 期，第 36—51 页。

[2] China's investment largesse may dwarf EU in Africa，https：//www.euractiv.com/section/africa/news/chinas–investment–largesse–may–dwarf–eu–in–africa/（上网时间：2019 年 12 月 20 日）。

[3] A Green Deal for Europe will fail unless it confronts natural gas，https：//www.euractiv.com/scction/climate–strategy–2050/opinion/a–green–deal–for–europe–will–fail–unless–it–confronts–natural–gas/（上网时间：2019 年 12 月 25 日）。

## 四、结语

欧盟绿色演进从20世纪60年代开始到2019年容克领导下的欧盟委员会任期结束，经历了两波浪潮。在此过程中，欧盟的环境、气候与能源政策不断向前演进，朝着一体化、主流化和全面化的方向发展；在国际层面，欧盟总体上是国际环境、气候与能源治理中拥有重要话语权乃至居于领导地位的行为体之一。

与此同时，历史发展过程也体现出欧盟绿色演进遇到的问题：在政策的制定和实施过程中，目标的提出对成员国缺乏约束力，政策间的不兼容削弱协同作用，资金困境阻碍政策实施；危机时期，欧盟内部的工作重心从环境、气候与能源政策流向与危机相关的其他领域，导致欧盟内部治理的绩效下降，从而影响欧盟在全球治理和国际谈判中的影响力；随着欧盟的扩大，东欧地区由于受到经济结构和发展程度的制约，使欧盟内部就环境、气候与能源政策的发展产生东西分歧而无法在欧盟层面形成合力，不利于强有力的绿色外交的发展，将削弱欧盟在全球环境治理和气候变化问题上的领导力。

在当前贸易保护主义兴起、多边主义受侵蚀以及大国竞争加剧的背景下，新一届欧盟委员会为实现雄心勃勃的"2050目标"，提出"欧洲绿色新政"。通过对"新政"内容的解读可以看出，"新政"并非一套全新的措施指南，更不是一次范式变迁，而是对现有战略、法规和措施的充实与更新，它是欧盟绿色演进第二波浪潮的延续。"新政"的"新"主要体现在其雄心程度、法律约束力、涉及广泛的脱碳转型部门、"公正过渡机制"的引入以及通过地缘政治路径来应对全球性气候问题等方面。但是，"新政"的成功实施还必须解决一些欧盟绿色演进历程固有的问题。具体而言，欧盟必须促进自身数字化技术的研发和整合，推进商业落地和持续创新，同时确保数字化技术应用的安全；当前欧盟仍未完全摆脱欧债危机、难民危机等挑战的影响，同时处于民粹主义盛行、经济承受下行压力的时期，必须保障有足够的内部行动力和财政资源，来发展环境、气候与能源政策，并将其转化为化解危机的动力；公正过渡是解决欧盟东西分歧的有力手段之一，但前提是能够成功动员公私部门，获得充足的资金保障；为了在全球环境治理和气候谈判中争取更多盟友，欧盟不仅要克服在对不发达的国家和地区进行绿色发展援助时可能遇到的阻碍，还要避免在使用贸易和税收手段时损害当前的合作伙伴关系，只有"以合作代替竞争"才是欧盟未来在国际环境、气候与能源治理中获得更大话语权的有效途径。

# 欧盟区域政策三十年：历次扩大背景下的改革与演变趋势

臧术美[*]

[内容提要] 欧盟区域政策（欧盟凝聚政策）是欧盟政策体系中非常重要的一项跨部门的综合性政策，对于强化欧盟凝聚力和竞争力发挥着不可替代的重要作用。欧盟（欧共体）的扩大始终是推动欧盟区域政策改革的重要因素之一。根据欧盟（欧共体）历次扩大的时间以及欧盟区域政策的重要改革时间，欧盟区域政策的发展进程可分为5个阶段，并呈现出较为连贯和一致的演变趋势：结构基金数量和比重的不断提升，"凝聚力"（公平）与"竞争力"（效率）的双重强化，程序的不断简化以求更高的效率，不同层级之间"合作"的加强与职权的明晰，不断朝向更加"绿色、智慧与亲民的欧洲"。不过，欧盟区域政策仍然有很多不足之处，需要不断改进和完善。

[关键词] 欧盟　区域政策　凝聚政策　欧盟扩大

---

[*] 臧术美，华东师范大学国际关系与地区发展研究院副研究员。部分内容参考臧术美著：《欧盟区域政策研究：改革、效应与治理》，北京：时事出版社，2020年版。

欧盟区域（地区）政策（regional policy），也称欧盟凝聚政策（cohesion policy），是欧盟政策体系中非常重要的一项跨部门的综合性政策，对于强化欧盟凝聚力和竞争力发挥着不可替代的重要作用。本文对欧盟区域政策过去三十年（主要是1988年改革至今）的回顾，主要围绕这样一个问题展开：欧盟（欧共体）的不断"深化"（以欧盟区域政策改革为例）与历次"扩大"之间是否有内在关联呢？对此，笔者认为答案是肯定的。欧盟（欧共体）的每次扩大都对其深化改革提出了更高的要求。欧盟（欧共体）的扩大始终是推动欧盟区域政策改革的重要因素之一。本文将以欧盟历次扩大与欧盟区域政策改革的内在关联为线索，分析欧盟区域政策的主要发展阶段及其演变的特点和趋势。

# 一、欧盟区域政策的重要改革与发展阶段：以历次扩大为背景

欧盟历次扩大对欧盟区域政策的深化改革提供了重要的推动力，而欧盟区域政策的发展也反过来推动了欧盟凝聚力和竞争力的提升。作者对这种"扩大"与"改革"的内在关联做了一个梳理，浓缩在了如下的表1[①]中。

表1 欧盟区域政策改革与欧盟历次扩大的内在关联

| 欧盟（欧共体）扩大 | 相关背景 | 欧盟（欧共体）区域政策的重要改革 |
| --- | --- | --- |
| 1972年：英国、爱尔兰和丹麦加入 | 20世纪70年代的经济危机 | 1975年欧洲结构基金的建立 |
| 向南欧的扩大：1981年希腊加入、1986年西班牙和葡萄牙加入 | 1986年欧洲统一白皮书，欧洲共同市场的建立 | 1988年改革 |

---

① 臧术美：《欧盟区域政策的改革及发展趋势——以历次扩大为背景》，《上海行政学院学报》，2009年第3期。

续表

| 欧盟（欧共体）扩大 | 相关背景 | 欧盟（欧共体）区域政策的重要改革 |
|---|---|---|
| 1995年向北欧和中欧地区的扩大：奥地利、芬兰、瑞典 | 1992年《马斯特里赫特条约》 | 1993年改革 |
| 2004—2013：中东欧国家的加入 | 1997年颁布《2000年议程》 | 1999年改革 |
| | （2000年）里斯本战略和哥德堡战略（2001年）；欧盟2020战略 | 2004—2006年改革；2014—2020与2021—2027最新规划期的调整 |

下面笔者根据欧盟（欧共体）历次扩大的时间以及欧盟区域政策的重要改革时间，将欧盟区域政策的发展进程分为以下五个阶段。

### （一）1957—1975年：欧共体区域政策萌芽和初步形成

这一阶段是欧共体在区域政策方面"相对不作为"（relative inaction）的时期。1957年3月由法、德、意、比、荷、卢6国共同签署的《罗马条约》，标志着欧洲共同体的成立和欧洲一体化的全面展开。该条约并没有对欧共体区域政策做出明确的规定，欧洲的地区发展不平衡问题主要由各个成员国负责。[①] 不过，在《罗马条约》里，也以一定形式提到了地区发展不平衡问题（第2条）：欧洲经济共同体的基本目标之一就是要促进成员国经济活动的和谐发展，以及持续、均衡的扩张。另外，还有其他几个条款涉及了不同地区之间的差距问题：第118条、第125条分别提到了关于农业地区间差距、就业和社会保障（设立欧洲社会基金）等社会事务的成员国合作等相关问题，以及在第130条中专门规定设立欧洲投资银行，向落后地区提供融资便利以促进成员国经济的平衡发展。这些规定都还是相对分散、不成体

---

① 20世纪50年代之前只有意大利和英国具有一定的区域政策基础，其他成员国在50年代形成了区域政策发展的一个高潮，但各成员国之间还缺乏协调。

系的，欧共体区域政策并没有真正建立起来，只能被称为欧共体共同区域政策的"萌芽"。

到了20世纪70年代，欧洲关税同盟已经取得一定效果，欧洲经济与货币联盟计划已经开始实施。但是，由于各成员国家间的经济差距，阻碍了这一计划的顺利实施。而且随着英国、丹麦和爱尔兰三国的加入，使得欧共体各国之间的差距进一步扩大，这就加剧了建立一个统一的欧共体区域政策的客观需要。与此同时，第一次石油危机正好在1974年爆发，引发了许多地区工业萧条、失业率上升等问题，加剧了欧洲内部经济发展不平衡，这就使得欧共体各成员国越发认识到建立统一区域政策的必要性。而且，随着英国的加入，为了更好地调节较为富裕的英国与落后国家之间的财富差距，欧共体也急切需要一个新的共同政策工具。[①] 就是在这样的背景下，欧洲地区发展基金（ERDF）在1975年得以建立，这也标志着欧共体区域政策的初步形成。在这一时期内，欧共体有关区域发展的统一指导机构"DG Regio"于1967年成立。

（二）1975—1988年：欧共体区域政策的建立与完善

这一阶段是欧共体区域政策正式建立和不断成长的时期，标志性事件是欧共体向南欧的扩大（希腊、西班牙和葡萄牙）、《单一市场法案》的发表和欧共体区域政策1988年的改革。1986年2月，欧共体各成员国签署了《单一市场法案》（Single European Act，SEA），为欧共体区域政策在1988年的全面改革奠定了基础。在1988年2月的布鲁塞尔会议上，各成员国决定以《单一市场法案》为蓝本对欧共体区域政策进行根本性改革（欧盟理事会2052/88号决议）。通过这次改革，欧共体区域政策形成了完整的政策体系，建立了完整的法律框架、指导原则和制度安排。1988年改革可以称作是一次里程碑式的改革，其具体内容表现在：

---

[①] 为减少英国对成为"纯支出国"的恐惧，在英国加入欧共体之时设立了相关的附属条款，也就是英国对欧共体的贡献不应该超过它所获得的财政补贴。由此，由于在农业方面所获得的补贴低于对欧洲共同农业政策的贡献，英国为此获得了额外的补偿。

1. 确定政策目标

1986年《单一市场法案》(第130条)中就已经明确规定了结构基金的5个目标。目标(Objectif)1:促进共同体经济落后地区的发展,主要对象是人均GDP不到共同体平均水平75%的地区。目标2:工业衰退地区的经济转型和结构调整,主要包括煤矿钢铁、纺织和造船业等就业严重衰退的地区。目标3:解决长期失业及未满25岁的求职者的就业问题,为年轻人提供工作机会,使失业工人重新进入劳动力市场,消除人们被劳动力市场排除在外的危险。目标4:培训适应产业调整和新技术的劳动力。目标3和目标4地区覆盖整个共同体。目标5(a):加快农业和林业产品生产过程和市场结构的适应性改变;目标5(b):促进农村地区的发展。

2. 确立政策原则

1986年的《单一市场法案》(第130条)明确规定了使用结构基金的四项基本原则。

第一,集中性原则(concentration)。指把结构基金的使用集中在落后地区和人群,即已经确定的5个重点区域里。而结构基金的不同种类,其所集中使用的领域和目标也有所不同(参见表2)。

表2  1989—1993年规划期欧盟基金与目标之间的分配

|  | 欧洲地区发展基金 | 欧洲社会基金 | 欧洲农业指导与保证基金指导部分 | 欧洲投资银行 | 欧洲煤钢联盟 |
| --- | --- | --- | --- | --- | --- |
| 目标1 | + | + | + | + | + |
| 目标2 | + | + |  | + | + |
| 目标3 |  | + |  | + | + |
| 目标4 |  | + |  | + | + |
| 目标5(a) |  |  | + |  |  |
| 目标5(b) | + | + | + | + |  |

资料来源:CEC[1989]第14页。

第二,规划性原则(programmation)。所谓规划性,就是制定一个延续几年的长期规划。第一个规划只有5年:1989—1993年;第二个规划是6年:1994—1999年。之后,每一期规划都固定在7年:2000—2006年、

2007—2013年、2014—2020年和2021—2027年规划期。这种规划是欧洲区域政策的一个重要变革，为保持该政策的稳定性、连续性和有效性提供了一个良好的政策基础。

第三，伙伴关系原则（partnership/partenariat）。伙伴关系原则是指欧共体、成员国和地方三个层次之间保持协调和配合，以提高结构基金的使用效率。

第四，附加性原则（additionnalité）。该原则是指结构基金不能取代国家层次相关基金的使用，而是对成员国金融政策的补充，成员国必须始终让公共开支维持在每个规划初期的水平。

3. 提高预算比例、调整资金结构

首先，从资金比例上看，欧共体区域政策工具占欧共体财政预算的比例得到很大提升。从绝对数量上看，1988年布鲁塞尔欧共体理事会在"德洛尔（Delors）计划"框架内规定欧共体结构基金在这第一个规划期将得到双倍提高（参见表3）。

表3　1988—2006年欧盟资金预算分配情况（%）

| 类别 | 1988 | 1993 | 2000 | 2006 |
| --- | --- | --- | --- | --- |
| 农业政策 | 60.7 | 50.9 | 45.2 | 43.7 |
| 结构基金 | 17.2 | 30.8 | 36.1 | 37.4 |
| 内部事务 | * | 5.7 | 6.3 | 7.1 |
| 对外事务 | * | 5.5 | 6.8 | 6.6 |
| 行政管理 | * | 4.7 | 4.6 | 4.6 |
| 其他 | * | 2.2 | 1.0 | 0.4 |

资料来源：Le Budget de l'Europe, LDGJ, 1997.

（三）1989—1999年：走向成熟的欧盟区域政策

这一阶段跨越了最初的两个规划期（1989—1993年，1994—1999年），其标志性事件是：欧盟第三次扩大与1993年改革。但1993年改革并不是欧盟区域政策一次根本的变革，而是对1988年改革成果的巩固和修订。改革背景主要是《马斯特里赫特条约》(简称《马约》)的签署以及1992年爱丁堡(Edimbourg)欧盟理事会的召开。《马约》则正式把"经济与社会发展凝聚力"作为一个优先政策目标规定下来。《马约》提出要"强化经济及社会的团结":(第130条a款)"共同体为了促进其整体协调的发展,发展强化其经济和社会团结的行动。特别是共同体将以缩小多种区域发展水平的差距以及包含农村地区等最落后地区的后进性为目的。"《马约》重申了区域政策的重要性,指出共同体和成员国都必须积极参与实现这一总体目标,其中包括对结构基金的有效使用。这样,欧盟区域政策的地位得到了进一步提升。1993年改革做出的调整表现在以下几个方面:

首先,目标区域的调整。扩大了"目标1"的范围,用于该目标的资金将扩大2/3。同时还扩大了"目标2"的含义,在其中加入了青年就业一体化的内容;将"目标3"和"目标4"合并成新的"目标3",增设了新的"目标4",并在新的"目标4"中明确了专门帮助劳动者适应产业变化,对人力资源进行培训的内容,针对1995年新入盟的奥地利、瑞典和芬兰创设了一个新的"目标6",以促进这些国家尤其是后两个国家人口密度极低地区的经济发展与结构调整(参见表4)。

表4 1994—1999年欧盟基金与目标分配

| 类别 | 欧洲地区发展基金 | 欧洲社会基金 | 欧洲农业指导与保证基金指导部分 | 渔业指导基金 |
| --- | --- | --- | --- | --- |
| 目标1 | + | + | + | + |
| 目标2 | + | + | | |
| 目标3 | | + | | |
| 目标4 | | + | | |
| 目标5(a) | | | + | + |
| 目标5(b) | + | + | + | |
| 目标6 | + | + | + | + |

资料来源:http://www.europa.eu.int/.

其次,预算的增长。对于1994—1999年规划期而言,结构基金预算几乎在原来的基础上增长了40%,从450亿埃居(ECU)增加到超过900亿埃居。欧盟总体上对结构基金和凝聚基金的援助超过1600亿埃居。[①]

再次,基金工具的充实与整合。这段时间基金工具的充实主要体现在欧洲渔业指导基金和凝聚基金的创立。同样是基于欧盟第三次扩大的背景,为了吸收瑞典、芬兰和奥地利入盟,欧盟于1993年根据欧洲经济共同体(EEC)2080/93号决议,增设了欧洲渔业指导基金(Financial Instrument for Fisheries Guidance,FIFG)。1994年还创设了一个新的基金项目——凝聚基金(Cohesion Fund)(欧盟理事会1164/94号决议)。此外,欧洲地区委员会(Committee of Region,CoR)还在这一时期得以创立。

(四) 2000—2013年:欧盟区域政策的深化发展

进入21世纪,欧盟经济发展过缓导致其竞争力下降,欧盟东扩又进一步加剧了其内部发展不平衡问题,进一步限制了欧盟凝聚力和竞争力的增强。在这样的背景下,欧盟区域政策先后经过了1999年和2003年两次大的调整和改革,以求实现"里斯本战略"和"哥德堡战略"目标。欧盟区域政策1999年改革主要是为2000—2006年规划期做准备,主要内容如下。

第一,目标的调整。为精简目标区域和政策工具以实现集中性原则,欧盟区域政策将原来的6个目标缩减为3个新的目标(参见表5):"目标1"仍然被定义为"促进经济发展滞后地区的发展和结构调节",基本原则仍然要求人均GDP低于欧盟平均水平的75%,原"目标6"和属于有关成员国的最外围地区也被纳入新的"目标1"。该目标所用的工具有欧洲地区发展基金、欧洲社会基金、欧洲农业指导和担保基金以及渔业指导基金;"目标2"为"支持面临结构性困难地区的经济与社会转变……尤其包括工业与服务部门中正在发生社会与经济变迁的地区、衰落中的乡村地区、处于困境中的城市地区和依赖捕鱼业的萧条地区"。该目标所用的工具有欧洲地区发展基金和欧洲社会基金;"目标3"旨在"支持教育、训练和就业政策与体制的调整并使之现代化"。该目标所用的工具仅限于欧洲社会基金。从表5可

---

[①] Charpin Jean-Michel, *L'élargissement de l'Union européenne à l'est de l'Europe: des gains à escompter à l'Est et à l'Ouest*, la documentation française, paris, 1999.

以看出，无论是从目标还是工具层面而言，整个结构基金的运作都被大大简化了。

表5 2000—2006年欧盟基金与目标分配

| 类别 | 欧洲地区发展基金 | 欧洲社会基金 | 欧洲农业指导和担保基金 | 渔业指导基金 |
| --- | --- | --- | --- | --- |
| 目标1 | + | + | + | + |
| 目标2 | + | + | | |
| 目标3 | | + | | |

资料来源：欧盟官方网站。

第二，基金的小幅增长。迫于部分老成员国（以德国、法国和英国为代表的净支出国）的压力，以及欧盟自身预算的限制，欧盟理事会规定，在第三期规划（2000—2006年）中，结构基金在欧盟总预算中的比例将维持在1999年占欧盟15国国民生产总值（GNP）0.46%的水平，不再增加。2000—2006年第三期规划的结构基金总额为1950亿欧元（1999年价格），其中用于新的"目标1""目标2"和"目标3"地区的相应比例分别为69.7%、11.5%和12.3%，用于共同体倡议行动（CIS）及技术创新资助的比例分别为5.35%和0.65%。区域政策的预算安排中还包括在同期内向4个"凝聚国家"（爱尔兰、希腊、西班牙、葡萄牙）提供180亿欧元的凝聚资金，并规定任何成员国所得到的区域政策资助额不得超过该国GDP的4%。

第三，新成员国的凝聚政策。具体包括：PHARE计划，目标是申请各国的法令整治、各国参加共同体计划、地区开发与社会开发、产业再建和中小企业振兴等；SAPARD计划，即入盟前农业援助手段，目标是实现农业现代化和农村开发；ISPA计划，即入盟前结构政策手段，这一政策支援基础设施的政治和环境保护（二者具有同样的重要性）。

随后，2006年7月的欧盟理事会通过了关于欧洲地区发展基金、欧洲社会基金以及凝聚基金的相关协议（欧盟理事会1083/2006号决议），确定了欧盟区域政策在2007—2013年规划期的改革内容：

第一，精简目标区和政策工具、制定新的预算安排。本次改革将原有的国家倡议、共同体倡议以及凝聚基金的援助目标综合起来简化为三个目标：第一个目标是"趋同"目标，接近于第三规划期的"目标1"，旨在加快经济落后但潜力大的地区的发展；主要包括人均GDP低于欧盟25国平均水平75%的地区、受统计影响的地区，① 以及人均国民总收入（GNI）低于欧盟25国平均水平90%的地区。② 第二个目标是"地区竞争力和就业"目标，目的是在全欧范围内加强地区竞争力和促进就业，主要包括所有"趋同"目标以外的地区，也包括虽然仍在"趋同"目标之内，但到2007年将退出该目标的地区。第三个目标是"欧洲领土合作"目标，代替了原有的共同体倡议中欧洲地区合作（INTERREG）相关内容。

此外，此次改革把欧洲农业指导与担保基金（EAGGF）和渔业指导基金（FIFG）分离出去，只保留了欧洲地区发展基金、欧洲社会基金以及凝聚基金作为政策调节工具。同时出台了相关规则来协助"目标3"地区合作项目的顺利进行。具体政策工具和预算分配参见表6。

表6　2007—2013年规划期欧盟基金与目标分配

| 目标 | 欧洲地区发展基金 | 欧洲社会基金 | 凝聚基金 | 援助额度 |
| --- | --- | --- | --- | --- |
| "趋同"目标（接近于原目标1内容） | + | + | + | 2837亿欧元 |
| "地区竞争力和就业"目标（接近于原目标2和目标3内容） | + | + |  | 309亿欧元 |
| "欧洲领土合作"目标（原共同体倡议INTERREG内容） | + |  |  | 80亿欧元 |

资料来源：根据DG regional and Urban Policy, Infoview database 2016年4月14日数据制作。

---

① 指那些因欧盟扩大致使统计基数变化而使人均GDP超过了欧盟25国平均水平75%的国家，而实际上其人均GDP仍低于欧盟15国平均水平的75%。这些地区被纳入新的"趋同"目标是为了照顾原有受益国，但这些地区将在计划内逐步减少补助到正常水平。

② 指凝聚基金影响地区，其中也包括受统计影响的地区，这些地区也将在计划内逐步减少补助到正常水平。

第二，对新成员国的援助。2004年6月，欧盟委员会正式通过决议实施结构基金策略以援助10个新成员国。2004—2006年，欧盟从预算中拨出240多亿欧元作为结构基金和凝聚基金给10个成员国，其中1/3强（85亿欧元）分配给了凝聚基金。2006年7月17日召开的欧盟理事会决定（1085/2006号决议）建立一个入盟前援助政策（Instrument for Pre-accession Assistance，IPA），作为2007—2013年规划期发展新的入盟国家的指导政策。该政策整合了以前的PHARE计划、SAPARD计划和ISPA计划，以及跨边界合作计划（CBC）、CARDS计划等。主要干预内容包括以下5个方面：制度转型、跨边境合作（与欧盟成员国以及其他IPA合作国）、地区发展（交通、环境和经济发展）、人力资源、农村地区发展。

### （六）2014—2020年规划期与2021—2027年规划期的调整

按照欧盟官方网站的表达，2014—2020年规划期的欧盟区域政策进入到一个"战略性投资的新时代"（a new era of strategic spending）。2014—2020年规划期做出了三个方面的改革：（1）为项目增设"前期条件"（ex-ante conditionalities），保证实施效率。欧盟各项资金使用之前，会紧紧围绕仅有的几个战略性投资优先目标（strategic investment priorities），采用更新的"前提条件"，项目开始实施以后将采用更细致的监管措施，从而确保各项基金用到最需要的地方。（2）智慧的专业化（smart specialisation）与"分权化"（decentralisation），调动和凝聚研究机构、商业、高等教育、公共机构以及市民社会等各种地方力量，以加强对地方潜力和市场机会的把握。（3）更注重结果导向（result-orientation）。①

此外，2014—2020年规划期的改革措施还包括以下内容。

1. 新的、更简化的规则（New, simpler rules）。将增强不同基金工具之间的协调性，增强不同政策领域（科技与创新、共同农业政策、教育和就业等）之间互补性；更加简化的规则（包括120项左右的简化措施），可以使政策受益者更容易明了基金运作情况，减少操作中的失误。

---

① 欧盟委员会第七次经济、社会与地域聚合报告，第Xxiv页。

2. 通过落实区域政策投资的明晰的、可操作的目标（clear and measurable targets），欧盟成员国和地区可以证明其为实现欧洲2020规划目标（Europe 2020）关于可持续发展和创造就业机会方面所做的贡献。比如，COSME中的"零官僚性"（zero bureaucracy）方案，以及电子业务办理（e-submission）、电子报告（e-reporting）等方面的进展。程序简化有助于各项商贸活动更集中于自身核心业务，具有更大的创新性和竞争力。

3. 欧盟区域政策的实施机制将在一个更加稳定的框架内拥有更多的灵活性和更简易的规则。具体表现在：（1）在相类似的项目中，为欧盟区域政策和欧盟资金工具建立一个单一规则手册（A single rulebook），为资金受益者提供更多便利。相同的规则与更明晰的界限，确保了上述资金与欧洲战略投资基金（European Fund for Strategic Investments，EFSI）的互补性。（2）修正了基金分配的条件，增加了对地区财富、人口变化、失业率、移民和气候变化等方面的关注。（3）增加了国家出资在共同出资（co-financing）中的比例。（4）在每一个预算周期的初始，保留一个不确定的基金分配额度，以应对预期之外的新挑战。

4. 欧盟委员会第七次经济、社会与地域聚合报告（以下简称聚合报告）[①]强调欧盟需要更多的、更有意义的投资，以求达到2030年增加共享新能源、降低温室气体排放量的发展目标。该报告指出，需要把两个要素——《联合国气候变化框架公约》第21次缔约方会议（COP21）协定与联合国2030可持续发展目标——纳入考量范围。该报告建议欧盟区域政策应该坚持在所有的欧盟地区进行投资，但主要集中于三个目标的实现：（1）支持各地区经济转型、创新、工业现代化和技术提升；（2）降低失业率，增加在技术和贸易发展方面的投资，与社会排斥和社会歧视作斗争；（3）支持结构性改革，提升公共管理能力，扩大投资的积极效应。

---

① 欧盟委员会经济、社会与地域聚合报告，1996年起每三年颁布一次。第七次经济、社会与地域聚合报告（7th Report on Economic, Social and Territorial Cohesion）：http://ec.europa.eu/regional_policy/en/information/publications/reports/2017/7th-report-on-economic-social-and-territorial-cohesion。

与此同时，2017年3月份颁布的《欧洲未来白皮书》，[①] 对2021—2027年新规划期的欧盟区域政策做出了指导。

1. 欧盟区域政策的投资将继续分三类地区——欠发达地区（less-developed regions）、过渡地区（transition regions）和较发达地区（more-developed regions）开展。地区发展投资将重点关注"目标1"和"目标2"。根据成员国自身的相对财富支撑能力，65%—85%的地区发展基金和凝聚基金将会投入到这两个目标之中。各项投资将主要基于人均GDP水平，但需要更加关注几个新的条件（年轻人就业、教育水平、气候变化和移民接收与融入），以更好地反映当地情况。边远地区（Outermost regions）将继续接受欧盟特殊基金的帮助。

2. 更加关注本土化的城市可持续发展，6%的地区发展基金（ERDF）将会投入到城市可持续发展当中，设立一个新的欧洲城市倡议项目（European Urban Initiative），以推动城市管理者们的能力建设，构建网络管理平台。

3. 更加简单高效明细的规则。具体包括80项简化措施。[②] 单一规则手册（A single rulebook）涵盖了7项（与欧盟成员国共同管理的"shared management"）欧盟基金。增加对成员国体系的依赖，扩大"单一审核程序"（single audit），避免重复监管（avoid duplication of checks）。

4. 更加灵活的运行框架。既保证投资的稳定性，也要保持一定的灵活性，以应对变化。结合现有目标的落实情况、各项目的执行情况以及成员国最新的特殊建议，中期评估（A mid-term review）将会决定是否在项目执行期的最后两年做出调整。在一定条件下，有些项目的资源调配可以不经过欧盟委员会的正式批准。

5. 与欧盟其他政策工具之间的协同性将会增加。单一规则手册（A single rulebook）涵盖了凝聚政策基金、避难和移民基金（Asylum and Migration

---

[①] European Commission "White Paper on the Future of Europe Reflections and Scenarios for the EU-27 by 2025"，COM（2017）2025 of 1 March 2017.

[②] https://ec.europa.eu/regional_policy/sources/docgener/factsheet/new_cp/simplification_handbook_en.pdf.

Fund），将会在欧盟资金的协同支持下，设立有关地方性移民融入战略。避难和移民基金将主要处理移民到达时的短期需要，而凝聚政策将主要支持他们的社会和职业融入。欧盟各项基金——比如共同农业政策、Horizon Europe、LIFE 以及"Erasmus +"之间的协作也会有所增加。

6. INTERREG 项目：设立欧洲跨边界机制（European Cross – Border Mechanism），支持边界融合与创新项目。进一步推动地区间的跨边界的合作，将会帮助推动一个地区更加便利地使用其自身资金来实现与其他地区间的合作。基于 2014—2020 年规划期已经成功实施的"先锋行动"（pilot action），将设立地区间创新投机基金（Interregional Innovative Investments）。对于符合"智慧特性"（smart specialisation）优势的地区，将会给予更多的支持，以创建一个有关大数据、循环经济、高端制造业以及网络安全等方面的"泛欧集聚群"（pan – European clusters）。

7. 完善欧盟各项基金的执行体系。所有的项目将会继续在一个执行框架内（performance framework）开展。这个新的执行框架将采用年度执行评估（annual performance review），该评估由项目执行主体与欧盟委员会通过政策对话（policy dialogue）的方式完成。为确保透明性、方便市民了解和跟踪项目执行信息，成员国需要每两个月提供所有的执行数据。

8. 增加各项金融工具的使用，并吸引更多私人资本，以更加适应市场需求。

9. 进一步推动与民众之间的互动与交流。创建一个更加亲民的欧洲，需要进一步与民众沟通欧盟区域政策的积极效应。比如，可以组织一些活动公开展示欧盟资助的项目。为方便展示和交流，欧盟资金项目将设立统一的数据平台。

## 二、过去三十年欧盟区域政策演变的<br>特点与趋势

通过第一部分的分析可以看出，欧盟区域政策随着欧盟的历次扩大而不

断变革,并呈现出较为连贯和一致的演变趋势。①

(一)结构基金数量和比重的不断提升

从表 7 可以看出,欧盟区域政策的基金在欧盟 GDP 总量中所占的比例基本呈现上升趋势。不同形式的线条,分别代表欧盟区域政策的五个规划期:1989—1993 年、1994—1999 年、2000—2006 年、2007—2013 年和 2014—2020 年。每个规划期之所以会出现抛物线形状,主要是因为基本上在每个规划期的中间时段,基金投入达到最高。

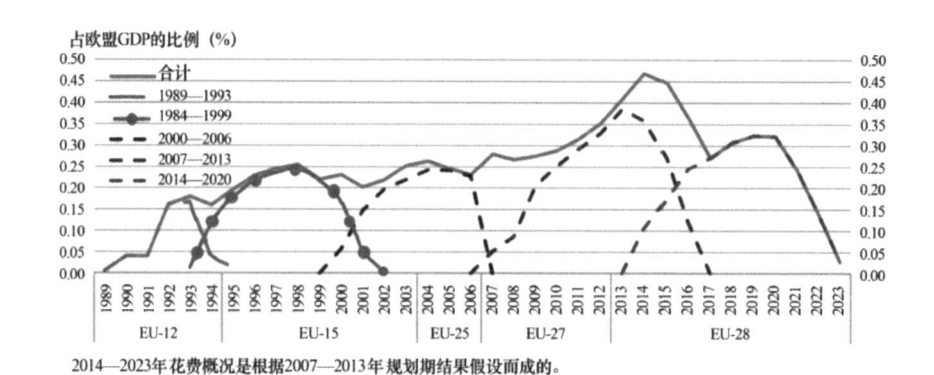

**图 1 1986—2023 年凝聚政策资金使用情况**

资料来源:DG REGIO 是历史数据。第七次聚合报告,第 178 页。

(二)"凝聚力"(公平)与"竞争力"(效率)的双重强化趋势

"凝聚力"与"竞争力"的对立统一,本质上就是"公平"与"效率"之间的关系,这是任何一个国家或地区的发展政策都要面临的深层次困境。综合欧盟区域政策发展的几十年改革历程来看,欧盟是在走一条从以"凝聚力"为主到"凝聚力"与"竞争力"并重的路线。

---

① 臧术美:《欧盟地区政策改革的特点与趋势》,《现代经济探讨》,2009 年第 6 期。

## （三）程序的不断简化以求更高的效率

欧盟区域政策在不断完善和发展，其中一个非常重要的表现就是程序上的不断简化、欧盟区域政策工具的"集中化"运作与政策工具的整合（参见表7）。

表7　2000—2006年与2007—2013年规划期目标与基金工具的简化

| 2000—2006 | | 2007—2013 | |
| --- | --- | --- | --- |
| 目标 | 基金工具 | 目标 | 基金工具 |
| 凝聚基金 | 凝聚基金 | "趋同"目标 | ERDF |
| 目标1 | 欧洲地区发展基金（ERDF） | — | ESF |
| — | 欧洲社会基金（ESF） | — | 凝聚基金 |
| — | 欧洲农业指导与担保基金（EAGGF） | — | — |
| — | 渔业指导基金（FIFG） | — | — |
| 目标2 | ERDF | "地区发展与就业"目标 | ERDF |
| — | ESF | 地区层次 | ESF |
| 目标3 | ESF | 国家层次：欧洲就业战略 | — |
| Interreg * | ERDF | 欧洲地域合作 | ERDF |
| URBAN * | ERDF | — | — |
| EQUAL * | ESF | — | — |
| Leader + * | EAGGF | — | — |
| 农村发展与目标1之外的渔业重建 | EAGGF | — | — |
| | FIFG | — | — |
| 9个目标 | 6种工具 | 3个目标 | 3种工具 |

资料来源：欧盟官方网站。带有 * 标志的属于"共同体倡议"（CIS）内容。

## （四）不同层级之间"合作"的加强与职权的明晰

"合作"原则（Partnership）是欧盟区域政策自1988年改革以来最重要的原则之一。这一原则把不同的行为体在政策准备、执行、跟踪和评估等各个阶段都紧密联系起来。在2006年的欧盟理事会决议中,"合作"原则继续被作为重要原则确定下来(欧盟理事会决议1083/2006第11条):各项基金的目标在欧盟委员会和各成员国之间的紧密合作框架(以下称"合作"关系)内实现。与此同时,各成员国在严格遵守各国法规和实践的基础上,要积极开展与以下机构的合作:(1)地区政府、地方政府以及其他具有相当公共行政能力的政府组织等;(2)经济和社会合作伙伴;(3)其他公民社会团体、环保组织、非政府组织、促进男女平等的组织机构,等等。这些合作关系的运作,要充分尊重不同机构的制度、司法、财政基础。这一合作关系要贯穿于"执行项目"的制定、执行、跟踪和评估整个过程。

"合作"原则的实施与另一个"辅助性原则"(subsidiarity)有着内在的联系。欧洲地区委员会(Committee of Region,CoR)认为:"合作原则与辅助性原则之间的联系是非常深刻的。这两个原则要求在共同体政策制定和实施过程中赋予地区和地方层面更多的权责,也就是实行'分权化'(decentralisation)。"[①] 欧盟委员会在1996年的第一份聚合报告中也指出:"辅助性原则必须与广泛开展、富有成效的'合作'关系密切配合。"

最新的几个规划期中,欧盟区域政策通过实行更加彻底的"分权化"、进一步明晰不同层级的职权,使得"合作性原则"和"辅助性原则"得到进一步强化。具体表现在两个大的方面:一是欧盟委员会职权的集中,使得欧盟的作用更加集中在"策略"的制定和监督上;二是通过"分权化"强化成员国和地区层面的职权。

(五)努力推动构建一个更加"绿色、智慧与亲民的欧洲"

通过最新两个规划期的调整方向可以看出,欧盟区域政策正在努力推动构建一个更加"绿色、智慧与亲民的欧洲"。以对气候变化和"绿色欧洲"的关注为例,2014—2020年规划期中,欧洲地区发展基金与凝聚基金的21%投入到了有关气候变化方面,有约780亿欧元基金被投入到低碳经济、

---

① Rapport sur les pouvoirs régionaux et locaux, acteurs de l'Union politique de l'Europe, Rapporteur Jacques Blanc, 7 octobre 1996.

气候变化与危机预防、环境保护等方面。此外，欧盟已经推出相关措施以确保2050年前有效减少温室气体排放，这些内容在"2020气候变化与能源框架"与"2030气候变化与能源框架"（climate and energy framework）中都有具体体现。对于即将开始的2021—2027年新规划期，欧盟区域政策将围绕5个优先投资目标展开：（1）创造更加智慧的欧洲（Smarter Europe），加强创新、数字化、经济转型以及对中小企业的支持。（2）实现更加绿色的、无碳欧洲（Greener, carbon free Europe），实施《巴黎协定》，增加对能源转型、可再生能源、反对气候变化等方面的投资。（3）实现更加联通的欧洲（more Connected Europe），构建战略交通（strategic transport）和数字化网络。（4）塑造更加社会化的欧洲，保护公民社会权利，支持高质量的就业、教育、技能培训、社会融入和平等的医疗保险准入（equal access to healthcare）。（5）塑造一个更加接近民众的欧洲（a Europe closer to citizens），鼓励本土化的发展战略（locally - led development strategies）和可持续的城市发展。Eurobarometer Flash survey曾经对欧洲民众对欧盟地区政策的了解做过一个调查，81%的人相信该政策对他们的生活有积极影响，尽管他们之中只有40%的人对该政策的具体项目比较了解。欧盟委员会已经就新的规划期项目与社会各界展开交流，征求他们的建议。[1]

## 三、结论

欧盟的"扩大"与"深化"两个维度之间有着十分密切的内在关联。欧盟（欧共体）的历次扩大都为欧盟区域政策的深化改革提供了重要推动力。欧盟区域政策在欧共体产生初期仅处在边缘位置，直到1975年欧洲地区发展基金的诞生以及随后实施以《单一市场法案》为基础的1988年改革，才得以真正建立起来并逐渐形成了一个完善的政策体系。随后，欧盟区

---

[1] https：//ec. europa. eu/regional_policy/index. cfm/en/information/publications/studies/20

域政策经历了一系列的改革,同时注重"凝聚力"和"竞争力"的双重强化,资金数量和比重不断提高,不断简化程序、实行分权化管理、协调政策目标和工具,越来越致力于构建一个更加"绿色、智慧与亲民的欧洲"。总体来说,欧盟区域政策对于推动欧洲一体化的深化发展、提升欧盟凝聚力和竞争力发挥着不可替代的重要作用。但其本身也存在着很多不足之处,主要表现为:多层级之间的协作机制仍然需要完善,程序仍然较为繁杂,监管仍有不力之处,政策运行效率不够高,欧盟区域政策的经济、社会、地域和制度效应都有待进一步提升(作者在其专著《欧盟地区政策研究:改革、效应与治理》做过系统探讨,此处不展开)。总之,欧盟区域政策仍然需要不断地改进和完善。

# 全球化背景下的欧盟"合法性赤字"：
# 机构改革的现状和未来

吉 磊[*]

[**内容提要**]　近年来随着英国脱欧、欧洲民粹主义上升等挑战的兴起，围绕欧盟"合法性赤字"问题的讨论日益凸显。本文立足于对欧盟"合法性赤字"新表现、新特点的观察，探索了该问题演变背后的主要动力，以及欧盟面对挑战的应对努力，并展望了欧盟相应的机构改革在未来可能的发展方向。

[**关键词**]　全球化　欧盟　合法性赤字　机构改革

欧盟"合法性赤字"问题由来已久。从20世纪90年代初开始受到关注，2008年国际金融危机后发展至今，显现出了新的特点。本文认为，欧盟"合法性赤字"问题演变和加剧的主要动力是全球化的深入展开。本文介绍了国家主义、联邦主义和多层治理观三种视角关于欧盟"合法性赤字"的认识差异，总结了在这三种观点共同影响下，欧盟在降低"合法性赤字"方面的主要努力及存在的问题。最后展望了在全球化背景下，欧盟在降低"合法性赤字"方面可能的发展方向与建议。

---

[*]　吉磊，华东政法大学政治学研究院助理研究员。

## 一、欧盟"合法性赤字"的由来及发展

关于欧盟"合法性赤字"的问题，现有研究文献一般都会追溯到1979年英国工党学者马昆特（David Marquand）就欧洲议会应当由民众直选时指出的欧共体"民主赤字"问题。[①] 但这一讨论被广泛热议还要到1992年丹麦全民公决《马约》之后，欧盟基础条约重新修改屡屡遭遇全民公决之难，并在21世纪关于宪法条约以及后来的《里约》批准中达到了高潮。在此期间并时至今日，"民主赤字"问题在欧洲政界和学界越来越被重视，也形成了各种争论。争论当中，欧盟的"民主赤字"和"合法性赤字"都有大量的使用，但前者应是后者的一个重要组成方面和表现形式。特别是对于反思欧盟"民主赤字"的发展历程，理解近10年来欧盟这一政体在多重问题压力下的境况而言，"合法性赤字"应该可以提供更为全面的视角。

"合法性"概念本身也是含混不清的，但存在基本的共识：在法治之下适当运作的权力，能尊重社会共享价值观念，并获得大众的支持。[②] 一个政治体系何以获得合法性？在现代民主政体的语境下包括了输入合法性和输出合法性两个维度。[③] 前者包括了代议民主包含的代表制和问责制，以及在这些制度建立其上的集体认同；后者则主要指政治机构的治理效能或绩效。"民主赤字"问题主要表现在"输入合法性赤字"的维度上。

透过合法性概念的棱镜观察欧盟，可以发现欧盟"合法性赤字"问题从提出至今经历了明显的变化。（1）冷战期间民众对精英主导的欧洲建设

---

[①] Marquand, David, Parliament for Europe, London: Jonathan Cape, 1979. 国内文献参见李靖堃等学者的讨论。李靖堃：《"去议会化"还是"再议会化"？——欧盟的双重民主建构》，《欧洲研究》，2014年第6期。

[②] 简军波：《东扩与欧盟合法性》，《欧洲研究》，2008年第3期。

[③] F. W. Scharpf, "Governing in Europe: Effective and Democratic?" Oxford University Press, Oxford, 1999.

具有"许可共识"（permissive consensus），这种认可主要基于一体化带来的便利好处，即输出合法性。冷战结束后，随着一体化的深化和扩大，民主及集体认同问题，即输入合法性赤字问题越来越凸显。而2008年国际金融危机以来，在多重危机困扰下，欧盟出现输入合法性与输出合法性赤字，即民主赤字和效能赤字的双重"合法性赤字"并重的局面。（2）2008年之前欧盟"合法性赤字"问题的讨论主要集中在联盟层面。而近10年来，随着主张反精英反建制和激进民主主义的民粹主义的兴起，欧盟成员国的民主制度也广受挑战，这一现象与疑欧思潮甚至脱欧运动相伴随，因而出现了欧盟和成员国的民主代表性和治理效能都遭遇质疑的双层"合法性赤字"问题。（3）金融危机前的欧盟"合法性赤字"主要围绕全民公投受挫展开，"合法性赤字"问题不影响欧盟的日常运作和向前发展。近10年来多重危机和问题困扰下的欧盟在各个层面政治对抗加剧，政治共识缺乏，集体行动缓慢，民众愈加分裂，制度设计和运作的弊端凸显，英国脱欧和欧元区问题甚至带来欧盟解体的现实危险。慢性的"合法性赤字"演变为长期的"合法性危机"。

本文认为，欧盟"合法性赤字"问题演变和加剧的主要动力是全球化的深入展开。首先，顺应全球化逻辑的要求，欧盟一体化的深化和扩大，其事实上脱离了"管制国家"的范畴，政治性不断加强。欧盟权能不断扩大，共同市场建设不断完善并建立共同货币，一体化从经济领域向社会和政治领域扩展，欧盟对民众最为关切的税收和社会福利等问题的影响越来越大。同时欧盟制度和决策的复杂性也越来越强，强化了民众对其代表性、透明度和官僚主义的忧虑。另外成员国数量的激增，欧盟疆域的拓展也大大增加了利益和文化的差异性和冲突性，对集体认同和治理效能都带来巨大的挑战。其次，全球化负面影响的冲击加剧了欧盟的合法性问题。全球化发展促进了商品、资本、服务和贸易的流动，同时也带来了相关的跨国问题，甚至酿成危机。当前欧盟面临的欧元区债务、移民/难民、恐怖主义等问题，以及英国脱欧、民粹主义的政治危机，也是全球化这些负面影响在欧洲展开的表现，若治理不善即恶化输出"合法性赤字"，且进一步加剧输入"合法性赤字"的问题。最后，随着全球化兴起，西方国家新自由主义理念复兴，在主流政党中形成新的共识，贫富分化和不平等上升，同时移民改变着欧洲的社会和民族结构，选民从传统的阶级分化逐渐转向了围绕文化议题的分化。① 在经济危机和难民危机的双重压力下，欧洲边缘政党快速上升，欧盟及其成员国的民主性和效能都广受质疑。

## 二、欧盟降低"合法性赤字"的争论及实践

欧盟（欧共体）的发展在国家主义和联邦主义的争论和妥协中前行。关于欧盟合法性问题，合法性来源、"合法性赤字"及应对等，这两种视角当然有截然不同的观点。② 对于国家主义来说，欧盟的输入合法性最好定位于驱动一体化进程的成员国的民主制度。同时一体化源自促进成员国的经济福利，因此欧盟及成员国的政策绩效共同构成了输出合法性的维度。而联邦主义观点将欧盟看作是形成中的新型超国家，因此需要建立在欧洲集体认同之上的超国家的民主体制来提供欧盟的输入合法性，其中特别重要的就是欧洲议会的代议制。由于民主和效率之间的张力，联邦主义者强调输入的合法性胜于输出的合法性。而多层治理观试图折中超越以上两种对立的观点，把欧盟看作是发展中的多层级政体，具有权威分散的多中心结构。从输入合法性的角度，除了主张结合成员国和欧盟两个层级的代议民主合法性，同时注重技术专家、非政府组织等欧洲跨国利益集团在各层级和国家精英、欧盟机构之间的互动，从而形成的政策网络。这些组织化的跨国社会行动者是民众关心事务的中介，它们对政治过程的参与提供了欧盟输入合法性的重要来源。此外，多层治理观也强调输出的合法性，欧洲多层治理的成功与否取决于它的治理绩效的成败。

---

① Inglehart, Ronald, and Norris, Pippa, "Trump, Brexit, and the Rise of Populism: Economic Have-Nots and Cultural Backlash", SSRN Electronic Journal, January 2016. ［英］佩里·安德森：《新的旧世界》，上海人民出版社，2017年8月版，第67—73页。

② 参见迪奥尼西娅-塔姆瓦基：《欧洲政治体制中的多层合法性探讨》，《国际社会科学杂志》（中文版），2010年第3期，第60—77页。

表1 欧洲政治体制中的多层合法性机制

| | | 欧盟合法化的相关概念 | 欧盟合法化的相关机制 |
|---|---|---|---|
| 欧盟合法性模式 | 政府间主义 | 间接精英合法化<br>注重成员国家的欧洲 | 输出合法性：政策效力<br>输入合法性：借助各国议会的代表制 |
| | 联邦主义 | 直接民众合法化<br>注重各国国民的欧洲 | 输入合法性：借助欧洲议会的代表制；总括性欧洲认同 |
| | 多层治理观 | 间接精英合法化和直接民众合法化相结合<br>强调以利益组织化为代表的公民 | 输出合法性：政策效力<br>输入合法性：由利益集团实现的代表制，欧洲公民认同与国家认同兼容 |

资料来源：迪奥尼西娅-塔姆瓦基：《欧洲政治体制中的多层合法性探讨》，《国际社会科学杂志》（中文版），2010年第3期，第60—77页。

应对"合法性赤字"的问题，欧盟通过立法改革、制度设计、出台政策等方式做出了降低赤字的尝试和努力，反映了以上三种视角的博弈和综合。

从增强输入合法性即主要是降低民主赤字的角度来看，欧盟机构改革措施主要围绕欧洲议会、成员国和欧盟委员会展开。首先，通过几次条约的重大修改，欧洲议会相对于其他欧盟机构的权能大幅增强。《里约》明确了代议制民主是联盟运行的基础。在对行政机构即委员会的监督权方面，《马约》之后，原本由欧盟理事会垄断的委员会人事权力被打破，欧洲议会获得了委员会主席人选的咨询权，以及对委员会整体任命的否决权；《里约》进一步规定，欧盟委员会主席人选需考虑欧洲议会的选举情况，应经由议会多数选举。2014年欧洲议会选举开创了"热门人选"（Spitzenkandidaten）的实践，中右的人民党和中左的社会党两大政党党团各自推出了自己的欧盟委员会主席候选人，即容克和舒尔茨，还模仿美国大选中比较流行的电视辩论。欧盟理事会在进行委员会主席提名时，就"不得不"参考欧洲议会选举人民党党团成为第一大党团的结果。最终容克作为欧洲民意的代表当选了欧盟委员会主席。此外，欧洲议会对欧盟委员会还有质询、弹劾和审查年度报告等监督方式。在预算权方面，特别是《里约》取消了强制性和非强制性支出的区别，预算作为一个整体需同时得到欧盟理事会和欧洲议会的同意。在立法权上，从《马约》开始引入共同决策程序，此后该程序的适用范围不断扩大，《里约》之后占到了欧盟决策领域的95%，同时成为了一项普通立法程序。在立法中建立了理事会—委员会—议会的三角结构。一些学者认为欧盟在向"强两院制"方向发展。[1]

其次，在降低民主赤字的努力中，成员国议会的作用也得到了加强。《马约》开始承认成员国议会在欧盟体系中的地位，特别是关于成员国议会监督欧盟立法是否符合辅助性原则的权力。[2] 在《里约》当中这一权力被正式确立，成员国议会对欧盟委员会的立法动议拥有黄牌警告和橙牌警告的机制。另外，成员国议会和欧洲议会组成了"欧洲事务委员会议会间大会"（COSAC），但其实质影响仍很有限。

再次，在民主赤字的争论中，欧盟委员会的"官僚主义"承受了最多的质疑，一个不经选举的机构享有立法提案权，立法和决策很不透明，并且发布了太多并不必要的法律指令，蚕食着成员国的权力。在改革方面，欧盟委员会最重要的做法是积极把公民社会纳入欧盟多层治理的过程。如2001年发布的《欧盟治理白皮书》。通过公开协调方法、公开咨询、公民陪审团、思想库与学术论坛、网络化的公民对话、政治游说等方式，公民社会主要在第一支柱框架内参与欧盟治理，影响欧盟的政策制定。此外，欧盟委员会在运作中努力减少技术官僚性，更具政治性。容克当选欧盟委员会主席后任命了主张成员国、委员会和欧洲议会实现权力平衡的荷兰前外交部长提莫曼斯担任副主席，建立与欧盟理事会和欧洲议会的三方合作关系（tripartisan），在委员会的年度行动计划、多年度立法规划战略等方面展开了合作。他还宣布与成员国议会建立新的伙伴关系，重视来自成员国议会的批评委

---

[1] Caporaso, James, "The Emergence of the EU SUPERNATIONAL Polity and Its Implications for Democracy", in Sergio Fabbrini ed., Democracy and Federalism in the European Union and the United States, New York: Routledge, 2005, p. 61.

[2] Grant, Charles et al, How to build a modern Europe Union, Center for European Reform, October 2013. https://www.cer.eu/publications/archive/report/2013/how – build – modern – european – union（上网时间：2020年4月15日）。

员，鼓励委员访问欧元区国家议会，讨论欧盟委员会关于国家预算草案的意见。欧盟委员会也努力改善生产太多不必要法律的形象。例如容克大幅精简了欧盟委员会的行动计划提案数量，从原先每年100多项减到了不满25项。并允许废除前任巴罗佐欧盟委员会提出的不符合本届欧盟委员会优先事项的提案。

通过以上在制度建设和运作改进等方面的努力，欧盟的输入合法性赤字，即"民主赤字"才得到逐步的改善。但是仍面临着众多的批评。第一，欧洲议会的权力得到了很大的提升，但是它本身的代表性却饱受质疑。它的投票率从1979年第一次选举的62%不断下降，到了2014年只有42%左右，远低于成员国平均68%的投票率。从选举机制来说，欧洲议会选举仍然以成员国为框架，在国家政治的阴影下只是二级选举。第二，成员国议会的权力、参与和影响仍极为有限。在欧债危机的压力下，欧洲议会权力如预算权遭到了欧盟的侵蚀。第三，公民社会相对于私人团体特别是商业团体的力量弱得多。另外在欧盟多重危机下，政府首脑的磋商使得欧洲理事会获得了更多的决策权，一方面侵蚀了欧盟委员会的部分权力，同时欧盟委员会向其他领域进行了权力蔓延，遭到了众多成员国的批评和抵制。

2008年后在欧元区债务、难民潮、恐怖主义、英国脱欧等多重危机压力下，欧盟的输出合法性赤字，即欧盟运作和治理效能的问题也被放在了聚光灯下，欧盟面临的内外交困凸显出了其内部成员国差距显著、利益复杂、互信薄弱、协调困难、行动障碍等弱点。在欧元区问题上，成员国间经济发展的不平衡、欧元制度设计存在重大缺陷、德国等大国出于国内民意行动迟缓，以及债权国和债务国之间的尖锐分歧暴露无遗。尽管通过欧洲稳定机制、欧洲金融稳定工具、财政契约，以及欧洲经济与货币联盟计划等方式得到了稳定，欧盟和欧元区经济得以缓慢复苏，但近期意大利和西班牙等国的政治动荡又引发了新的担忧，欧元区的改革问题仍然悬而未决。在另一个重要的难民危机问题上，与长期存在的非法移民和欧盟内部人员流动问题相叠加，对欧盟的治理效能提出了严峻的挑战。都柏林机制有严重缺陷但改革难产、欧盟内部尖锐分歧、欧盟及成员国治理能力显著不足、议而不决、决而不行，带来了英国脱欧、众多成员国民粹主义力量崛起等严重后果。欧盟在应对这些危机时的效能赤字加剧了欧盟与成员国之间、不同成员国之间、民众与精英之间的矛盾分歧，削弱了民众对现有政治体系和政治秩序的信心和认同，加剧了欧盟的"民主赤字"，即输入合法性赤字问题。

## 三、全球化背景下欧盟的合法性未来

经济的复苏、难民问题的控制，以及德法大选的结果为欧盟加快改革，改善合法性赤字带来了窗口期。2017年9月法国总统马克龙在索邦大学的演讲[①]、欧盟委员会主席容克在欧洲议会的盟情咨文[②]先后发表了关于欧盟未来改革的蓝图，雄心共同指向更加紧密、更加高效和更加民主的联盟。首先，他们行动的出发点都来自与全球化相关的两个时代背景：一是克服欧洲当前困难的需要，气候、难民等日益严峻的跨国问题需要更紧密的合作和一体化；二是国际政治与经济竞争的要求，马克龙和容克等政治家认为，欧盟受到来自美国和中国的巨大挑战。这两股时代的力量共同构成了欧盟加深合作和融合的驱动力。其次，在这两方面的压力下，马克龙和容克更多的改革措施和未来展望在于增强欧盟在众多领域的治理能力，特别是在促进经济增长和繁荣的问题上。如马克龙批评现在的欧盟太慢、太弱、太低效。可见提升输出合法性的优先性要强于输入合法性。最后，在"民主赤字"问题上，马克龙和容克都认为在英国脱离欧盟的背景下，2019年的欧洲议会选举是引入新的选举方式的机遇，即采用跨国或泛欧的候选人名单。容克也曾表示正努力说服所在的人民党党团，但最终这种新的选举方式并未采用。而马克

---

① Macron, Emmanuel, "Initiative for Europe", Sorbonne speech of Emmanuel Macron, http：//international.blogs.ouest-france.fr/archive/2017/09/29/macron-sorbonne-verbatim-europe-18583.html（上网时间：2020年4月15日）。

② State of the Union speeches by President Jean-Claude Juncker 2017 and 2018. https：//ec.europa.eu/commission/priorities/state-union-speeches/state-union-2017_en; https：//ec.europa.eu/commission/priorities/state-union-speeches/state-union-2018_en（上网时间：2020年4月15日）。

龙 2018 年启动了建立 l'Europe en marche 的运动，在欧洲范围内就欧洲选举推动广泛的公民协商。不过在 2019 年的欧洲议会选举中，所谓建制派政党与民粹主义政党的力量消长仍然是喜忧参半。

马克龙雄心勃勃的改革倡议为欧盟在输入合法性和输出合法性两个维度的增强上提出了较为全面的规划。就输入合法性而言，除了欧洲议会选举中泛欧名单的引入，还包括通过大幅减少欧洲委员会专员的人数降低欧盟的官僚作风，以及通过教育方面的措施培养欧洲的认同和共同文化。在增强输出合法性方面，马克龙在加强德法关系、经济、安全、环境、难民/移民、社会政策等方面都提出了措施。但马克龙必须首先争取到德国的支持与合作，重新启动法德核心的领导作用。除此之外，还需要有更加广泛的成员国支持。在众多的改革议程当中，需要有行动的路线图。对于法德还有可能的改革盟友而言，欧元区的改革和振兴经济应当是最为优先的事项。法国的方案体现了更强的联邦主义和多速欧洲取向，希望设立一个欧元区财长、共同预算和负责监督的欧元区的议会。而德国和其他可能的改革盟友则更倾向一个政府间的和向所有成员国开放的方案。目前看来，后者可能更占据上风。

对于欧盟加强合法性的努力，可以预见有着以下的趋势：（1）在全球化背景下，欧盟在内部困境和外部竞争的压力下，将通过一体化与合作的深化改善自身的合法性，建设更加强大和民主的联盟。（2）提升输出合法性即增强治理效能的优先性要胜过增强输入合法性即改善"民主赤字"。（3）改革的最优先议程在于经济领域，特别是欧元区的改革。（4）其中法德的合作是核心，还需要争取到其他成员国尽可能广泛的支持。（5）机构的改革博弈更加有利于政府间主义和单速欧洲的主张。

在全球化背景下，以及在内部困境和外部竞争的双重背景下，欧盟将通过一体化与合作的深化改善自身的合法性。不过欧盟降低"合法性赤字"的努力仍将受到多重矛盾和张力的掣肘，需要谨慎处理和远瞻的应对：（1）效率和民主的张力。危机应对需要政治决断和快速行动。过去 10 年中在经济领域欧洲理事会成为首要决策机构。而欧盟委员会的权力也被认为在不断扩张。例如在欧债问题上，欧盟委员会、欧洲央行和国际货币基金组织组成的"三驾马车"要求衰退中的成员国削减政府开支并进行结构性改革。成员国议会和政府在经济政策上的权力受到了严厉的束缚。这助长了民粹主义和疑欧的力量，成就了最近意大利的民粹政府。输出合法性和输入合法性此涨彼落。但长期来看，紧缩政策是否一定能够增强输出的合法性也是值得反思的。（2）欧盟进一步降低合法性赤字的行动受到了当前合法性严重不足的压制，特别体现在民众对精英的不信任日益助长民粹主义力量，重构着政党政治的版图，使得改革的努力推进困难。治理绩效的提高能够在一定程度上对之加以改善，但是应当兼顾输入合法性方面的短期和长期的议程。（3）欧盟内部各种力量存在严重的不平衡。尽管多层治理理论认为欧盟政体的特点是权威的分散和多中心，但显然不同力量之间，如欧盟理事会、欧盟委员会和欧洲议会之间（理事会的首要决策作用）、大国和小国之间（法德核心）、债权国和债务国之间（争议的紧缩政策、预算权力）、商业团体和其他团体之间、大众和精英之间影响政治进程的能力差异很大，这可能会加剧合法性赤字，特别是民主赤字。（4）身份认同的巨大差异阻碍着合法性问题的改善，联邦主义和政府间主义在视野和路线上仍将继续博弈，还同时面临着民族主义甚至民粹主义力量的竞争。后者体现了在全球化的负面影响作用下，加剧的不平等和文化分裂主导着政治的风向。欧盟尤其需要一个公平、保护、包容且有效率的社会领域的合作议程。（5）此外，欧盟合法性提升的努力也需要一个清晰、务实和有远见的国际视野。欧盟近几年来的合法性危机与全球化密切相关，内部也产生了逆全球化的势力。欧盟需要抵制过分内向化和保护主义的诱惑，通过广泛务实的国际合作共同捍卫一个开放互惠共生的全球秩序。后者过去是、将来也是欧盟繁荣、稳定、安全、民主的立足之基。

# 欧盟新外资审查框架下投资东道国政府的政策选择
## ——基于博弈论视角

李 佳 余子晶 雍 媛[*]

[**内容提要**] 外资审查新框架是针对涉及欧盟境内敏感领域外资的一项审查机制，该框架的执行为中国投资者对欧盟成员国进行投资带来一定的不确定性。在新框架背景下，中国对欧盟投资表面上看是双方利益与政策的博弈，而潜在的是包括欧委会以及与中欧投资有关的国际组织在内的多方博弈。本文基于演化博弈模型，通过提取潜藏在多方参与主体背后、影响中方投资者与欧方东道国决策动机及相应政策选择的因素，并将其区分为收益因素和成本因素两大部分，来分析中国对欧盟投资博弈中东道国的最优策略选择，并在此基础上从投资的前中后三个阶段针对不同因素为中方投资者提供相应政策参考，以减少投资过程中的不确定性风险及不必要损失。除此以外，根据模型结论，通过加深中欧国际关系来扩大博弈过程中于己有利的影响因素的影响因子，也能在一定程度上促进欧方东道国接受中方投资，推动国际投资合作成立。

[**关键词**] 外资审查框架 博弈 影响因素 最优策略

---

[*] 李佳，上海理工大学管理学院副教授，研究生导师；余子晶，上海理工大学管理学院国民经济学硕士；雍媛，上海理工大学管理学院硕士。

目前，全球处于一个新旧交替的变革期，各国的不同制度、观念、市场深度交融，但同时很多不安定因素也层出不穷，贸易保护主义抬头、孤立主义倾向加剧、逆全球化趋势明显。[1] 在这种局势下，欧盟也面临很多动乱因素，英国脱欧削弱了欧盟整体实力，欧洲民族主义、民粹主义和种族主义等保守政治理念回潮不断阻碍欧盟一体化的进程。[2] 为保持欧盟领先的国际地位和经济实力，首当其冲的是需要团结各成员国以推动联盟持续、稳定的发展，完善内部机制，维护欧盟整体安全利益。基于此，欧盟委员会试图收拢更多权限以应对当下的时局变化和需求，尤其是外资审查领域的权限。

2020年3月以来，新冠肺炎疫情在欧洲暴发，欧盟各界都忧心外国竞争者会将并购目标对准本国受疫情影响较大的企业，进而许多成员国都开始强化外资审查机制，例如德国、意大利和西班牙都扩增了外资审查行业，将生物技术、医学研究、医疗保健和公共卫生等与民众最基本安全利益息息相关的领域纳入审查范围。[3] 欧盟委员会也提醒各成员国要灵活运用外资审查框架，以确保本国敏感领域的安全利益，以上这些做法都表明欧盟对外国直接投资的警惕意识已得到前所未有的提高。于2020年10月正式生效的外资审查框架，是在中国对欧盟直接投资迅猛增长这一背景下提出的，指向明确，因而其实施对中国有很大影响，给中国对欧盟投资带来了很多不确定性。新规制旨在通过审查外国直接投资来保护欧盟及其成员国规避关键领域和关键技术等安全范围的外资入侵，成员国依旧享有自主审查与最终决定的权利，加之国际组织和多边合作机制如"一带一路"倡议可能对投资活动进行扶持，进而东道国自身政策选择才是投资者需着重考量的因素。与此同时，欧盟整体态度仍是欢迎外国直接投资，并维护平等开放的投资合作，因而中国投资者在审时度势的同时也不必过于束手束脚。

---

[1] 韩雪晴：《理性偏好、共同体意象与国际制度性话语权的建构》，载《欧洲研究》，2020年第3期，第32—61、56页。

[2] 梁雪村：《欧盟为什么需要民族国家？——兼论欧洲一体化的理论误读》，载《欧洲研究》，2020年第1期，第1—26、169页。

[3] 赵爱玲：《中企如何应对外商投资审查制度收紧》，载《中国对外贸易》，2020年第5期，第15—17页。

博弈模型是一个推算博弈双方最优策略选择和最优策略演化路径的得力工具，将博弈模型运用到实际问题中来进行实证分析也已成为近几年实证研究的一个风潮。很多文献用博弈模型来解决国际投资问题，例如，陈闻君等通过建立演化博弈模型来研究中国和哈萨克斯坦之间新能源合作的可能性，通过模型分析得出促进中哈能源合作的政策建议；① 田柯研究博弈视角下我国双向国际直接投资制度安排，强调了完善的法律制度对于国际投资的重要性。② 除此以外，通过建立博弈模型来寻求解决问题的最优策略选择也运用广泛，比如，林志华在演化博弈的基础上增加了纳什均衡博弈来研究在平台监管角度和商家售假角度各自的最优策略，进而为打造良好的电商市场环境提出建议；③ 刘荣等针对网络信息安全问题中的攻防冲突行为，结合博弈树和复制动态方程变化曲线来设计演化博弈模型，研究攻防双方的最优策略，从而帮助有效控制网络攻击；④ Hedong Xu 等研究两家公司同时在市场上投资时的共享博弈，分析不同垄断程度对实现投资合作的影响。⑤ 鉴于博弈模型在解决国际投资问题和寻求最优策略选择上都十分有效，本文通过建立演化博弈模型来研究外资审查新框架下东道国的政策选择，旨在帮助中方投资者在未来更好地与欧盟各成员国进行合作交流，减少不确定性风险和不必要的损失。

---

① 陈闻君、刘萍：《中哈新能源合作演化博弈分析》，载《社会科学家》，2020 年第 5 期，第 46—52 页。

② 田柯：《博弈视角下我国双向国际直接投资制度安排研究》，载《中国软科学》，2019 年第 7 期，第 153—160 页。

③ 林志华：《电商市场演化博弈研究》，载《电子商务》，2020 年第 4 期，第 22—23 页。

④ 刘荣、王凤兰、王非：《基于演化博弈模型的网络攻防策略》，载《科学技术与工程》，2020 年第 21 期，第 8671—8675 页。

⑤ Hedong Xu, Suohai Fan, Cunzhi Tian, Xinrong Xiao, "Evolutionary investor sharing game on networks", *Applied Mathematics and Computation*, 1January 2019, p. 8, https：//doi. org/10. 1016/j. amc. 2018. 08. 023，last accessed on 15 November 2020.

# 一、欧盟外资审查新框架解析

为了巩固欧盟统一、促进各成员国之间信息交流以及维护欧盟各成员国和总体的安全利益，弥补在国际投资领域由于各成员国外资审查机制不一致而让其他国家挤占欧洲市场、侵入欧盟核心利益这一缺漏，欧盟在德法意等核心国的推动下开始实行外资审查新框架。

（一）外资审查新框架的含义

所谓"外资审查新框架"是指欧盟收拢外资审查权限，将原先各成员国自主审查进入本国的外资这一规则改为由欧盟来对进入其所属成员国的外资进行审查，确保其对欧盟整体或成员国的安全利益没有侵害。[1] 外资审查新框架的实施，赋予了欧委会更高的权限，让欧委会在国际投资领域有了更高的话语权。[2]

欧委会以对进入其成员国的外资进行审查并提出意见的方式来实行外资监管权。欧委会对东道国所提出的意见分为两种：一种是普通意见，一般是针对并没有涉及欧盟及其成员国关键安全利益的外资。就普通意见而言，东道国可以自行选择是否接受该外资，而无须附加额外的解释说明。另一种是专属意见，是针对触及欧盟及其成员国核心安全利益的外资，但其最终的决定权同样在于东道国。若是东道国选择不接受欧委会的意见，必须要做出额

---

[1] Leonie Reins, "The European Union's framework for FDI screening: Towards an ever more growing competence over energy policy," *Energy Policy*, 31 January 2019, pp. 665–672, https://doi.org/10.1016/j.enpol.2019.01.029, last accessed on 15 November 2020.

[2] 陈若鸿：《欧盟〈外国直接投资审查框架条例〉评析》，载《国际论坛》，2020年第1期，第129—141、160页。

外的解释说明,[①] 并在以后的投资交易中做出长期的报告和审查。

(二) 外资审查新框架流程

目前,在欧盟27个成员国中,包括法国、德国、意大利、西班牙、葡萄牙等国家在内的14个国家都建立了外资审查机制,其余13个国家还没有建立外资审查机制。新框架针对已经建立和没有建立外资审查机制的成员国的流程有所不同。已经建立了外资审查机制的国家在审查接受外来投资时主要分为三个阶段:第一个阶段是该成员国将该外资的情况通知给欧委会;第二个阶段是欧委会就该外资的情况进行审查并反馈信息给该成员国;第三个阶段是成员国基于欧委会的意见做出接受投资与否的决定。对没有建立外资审查机制的成员国,审查流程主要分为两个阶段:第一个阶段是欧委会自行审查进入成员国的外资并反馈意见给该成员国;第二个阶段是该成员国基于欧委会的意见做出接受该外资与否的决定。整个机制中欧委会将维持好适当的"度",对东道国只是辅助审查外资,并结合其他成员国的意见对该东道国提出是否应当接受该外资的意见,而最终的决定权在于该成员国。[②]

(三) 外资审查新框架严格外资审查范围

新框架对严格外资审查领域做了不详尽列举,主要包括欧盟各成员国的关键技术(人工智能、半导体、机器人、网络安全、量子、国防、航空航天、能源存储、核能、纳米和生物方面)、关键基础设施(能源、交通、水利、医疗、通信、媒体、数据处理和存储、航空航天、国防、电子或金融基础设施,以及对这些基础设施使用至关重要的敏感设施、土地和房地产投

---

[①] 卢进勇、李小永、李思静:《欧美国家外资安全审查:趋势、内容与应对策略》,载《国际经济合作》,2018年第12期,第4—9页。

[②] 张怀岭:《欧盟双轨制外资安全审查改革:理念、制度与挑战》,载《德国研究》,2019年第2期,第69—87、158—159页。

资),特别是针对于那些受第三国政府直接或间接领导控制的外资。① 新框架的实行给欧盟以外各国在欧洲地区的发展带来了巨大的不确定性,在不详尽列举的严格外资审查范围限制下,投资随时都有被拒绝或中断的可能。

## 二、新规制下中国对欧盟投资基于演化 博弈论的实证分析

在国际投资的过程中,东道国和投资方都是有限理性主体,双方所拥有的信息都是不完全的。在东道国和投资者的博弈中,双方遵循着"试探、学习、适应、成长"的行为逻辑,在不断试错的过程中寻找更好策略,这是一个动态的、不断调整的过程。② 为研究群体选择过程中策略的动态调整过程,人们提出了"演化博弈"概念,即具备不完全信息的有限理性参与者在重复博弈的过程中,会通过适应当前情况不断调整自己当前的策略来优化自己的既得利益,直到达到一种动态平衡,这种不断进化的过程就称为演化博弈,③ 并把与演化博弈最终所达到的动态平衡相对应的策略称为演化稳定策略(evolutionary stable strategy,ESS)。

外资审查新框架实施后,中国对欧盟投资时,双方都是基于不完全信息去选择策略。假设中方投资者和欧方东道国在投资过程中都是追求自身利益

---

① 蒋璇芳、张庆麟:《欧盟外国直接投资审查立法研究——从产业政策的角度》,载《上海对外经贸大学学报》,2019年第2期,第84—98页。

② 孙庆文、陆柳、严广乐、车宏安:《不完全信息条件下演化博弈均衡的稳定性分析》,载《系统工程理论与实践》,2003年第7期,第11—16页。

③ Christoph Hauert, Camille Saade, Alex McAvoy, "Asymmetric evolutionary games with environmental feedback", *Journal of Theoretical Biology*, 7February2019, p. 347 – 360, https://kns – cnki – net – 443. webvpn. usst. edu. cn/kcms/detail/detail. aspx? FileName = SJESC1029EB22B8662E7DFFB38A7D75893BF&DbName = SJES2019, last accessed on 15 November 2020.

最大化,但是由于国际环境的约束加上企业家们认知的局限性,双方的合作行为是有限理性,很难在博弈过程中快速找到稳定的均衡策略,只能在动态博弈过程中慢慢摸索均衡点。[①] 本文研究内容就是在演化博弈框架下,新规制实行后中国对欧盟投资的演化稳定策略及其动态变化过程。

(一) 演化博弈模型建立

根据演化博弈的概念,可建立一个能充分反映中国对欧盟投资过程中的演化博弈模型。在中欧双方的投资博弈中,中方投资者可以选择积极合作也可以选择消极合作,拒绝提供敏感信息,并且不接受长期审查。欧方东道国可以选择接受投资,也可以选择接受欧委会的意见拒绝投资。以下是对设计中国对欧盟投资演化博弈模型所需的各要素的解释说明。

1. 收益要素

(1) 双方独立运作收益:在博弈策略选择时,当中方投资者选择消极投资即放弃投资,或者欧方东道国选择不接受投资时,他们本来用于跨国投资合作的资金在本国进行生产经营和投资也会产生各自的收益,这部分收益称为双方独立运作收益,用 Pr (>0)、Gr (>0) 分别指代中方投资者和欧方东道国在合作协议无法达成情况下的独立运作收益。

(2) 双方合作额外收益:当中方投资者选择积极投资并且欧方东道国选择接受投资时,双方投资合作协议达成,他们各自的资金在合作的情况下所能获得的收益会超过他们独立运作时所能获得的收益,这也正是吸引企业家们选择进行对外投资的原因,而这部分超出的收益称为额外收益,用 Pe (>0)、Ge (>0) 分别表示中欧双方投资合作时产生的额外收益。

(3) 申诉时双方期望收益:假设在可申诉的条件下,中方投资者选择积极投资时东道国拒绝投资,中方投资者会进行申诉,双方会产生法律成本,中方投资者的法律成本为 f1 (>0),东道国的法律成本为 f2 (>0),并且假设中方投资者有 g (0<g<1) 的概率申诉成功,获得补偿 w (>0),则中方申诉的期望收益为 gw − f1,记为 t1;欧方的期望收益为 − gw − f2,记

---

[①] 陈闻君、刘萍:《中哈新能源合作演化博弈分析》,第46—52页。

为 t2（<0）。

（4）中方政府扶持：中国政府鼓励对外直接投资，在企业家们进行对外投资的时候，政府会通过税收减免、低息贷款以及专项基金等政策措施来扶持企业，用 Pa（>0）来表示中方投资者在对欧投资时接受的政府扶持。

（5）东道国"听话"福利：没有任何一个组织会不喜欢"听话"的成员，欧盟也同样。从长远来看，对于"听话"的成员国，欧盟背后的大国会给予更多庇护，这种潜规则是欧盟各成员国间的无形纽带，同时也是迫使各成员国"听话"的无形枷锁，用 Gf（>0）来表示东道国接受欧委会意见时从长远来看因为"听话"受到的补贴和扶持。

（6）国际组织补贴（丝路基金）："一带一路"为了扶持参与国家和地区经济协同发展，实现互利共赢的发展理念，成立了很多国际性专项基金，而欧盟国家作为"一带一路"地缘政治的重要一环，也有很多对应的专项基金来扶持其经济发展，如中国—中东欧基金、中欧共同投资基金、中国—欧亚经济合作基金等，[①] 这些基金旨在促进中欧友好合作、共同进步，会对能促进中欧合作的企业和项目提供国际补贴和扶持，以 V 来表示中国对欧盟投资时双方受到的国际组织补贴。

2. 成本要素

（1）中方隐私安全成本：中方投资者对欧方东道国进行投资时，要接受欧委会的审查，披露欧委会需要的包括该企业资金来源、所有权结构以及计划或已完成投资的融资来源（包括本国提供的补贴在内的投资资金信息）等准确、全面、可靠的信息，这些信息涉及投资者的隐私、敏感方面，可能会损害公司未来的长期发展，造成了一定的隐私安全成本，用 Pb（>0）来表示中方接受审查在信息方面的隐私安全成本。

（2）东道国额外解释成本：欧委会要求各成员国应在本国立法或相关政策的约束下最大限度地考虑欧委会的意见，如不采纳，必须做出相关解释，并对最终决策所产生的结果负全部责任，用 Gb（>0）来表示该额外解释成本。

---

[①] 刘作奎：《欧洲保护主义的兴起及其对"一带一路"建设的影响》，载《国际问题研究》，2018 年第 6 期，第 58—71、119 页。

(3) 中方国际关系损失：中方投资者在东道国选择拒绝欧委会意见接受投资时选择不合作，会造成与东道国之间国际关系的损失，这个国际关系损失会直接影响到该投资者未来与该成员国的合作交流，用 Pc（>0）来表示。

(4) 东道国国际关系的损失：在中方投资者积极投资的情况下东道国如果拒绝接受中方投资，会造成与中国之间国际关系的损失，这个损失会影响到该东道国未来在中国的发展，用 Gc（>0）来表示。

(5) 东道国"不听话"的损失：欧委会对待"听话"的成员国和"不听话"的成员国毫无疑问会存在偏差待遇，"不听话"的成员国受到的大国庇护和福利相对会少一些，这是欧盟对其成员国的压制和迫使其"听话"的变相约束，用 Gd（>0）来表示东道国违背欧委会意见时从长远来看未来会被"穿小鞋"所造成的损失。

基于上述要素设定，可以得出中欧双方投资博弈的支付矩阵表（参见表1）。

**表1 中方投资者与东道国的博弈收益矩阵**

| | | 东道国 | |
|---|---|---|---|
| | | 接受投资 | 拒绝投资 |
| 中方投资者 | 积极投资 | (Pr + Pe + Pa + V − Pb, Gr + Ge + V − Gb − Gd) | (Pr + Pa + t1 + V − Pb, Gr + t2 − Gc + Gf) |
| | 消极投资 | (Pr − Pc, Gr + V − Gb − Gd) | (Pr, Gr + Gf) |

## （二）演化博弈分析

假设中方投资者选择积极投资策略和消极投资策略的概率分别为 x 和 1−x，东道国选择接受投资策略和拒绝投资策略的概率分别为 y 和 1−y （0≤x, y≤1）。

根据上述支付矩阵可以得知中方投资者选择积极投资的期望收益为：

$$Ep_1 = y(Pr + Pe + Pa + V − Pb) + (1 − y)(Pr + Pa + t1 + V − Pb). \quad (1)$$

中方投资者选择消极投资策略时的期望收益为：

$$Ep_2 = y(Pr − Pc) + (1 − y)Pr \quad (2)$$

从而可以得到中方投资者的期望收益为：

$$Ep = xEp_1 + (1-x)Ep_2 \qquad (3)$$

欧方东道国选择接受投资策略时的期望收益为：

$$Eg_1 = x(Gr + Ge + V - Gb - Gd) + (1-x)(Gr + V - Gb - Gd) \qquad (4)$$

欧方东道国选择拒绝投资策略时的期望收益为：

$$Eg_2 = x(Gr + t2 - Gc + Gf) + (1-x)(Gr + Gf) \qquad (5)$$

从而可以得到欧方东道国的期望收益为：

$$Eg = yEg_1 + (1-y)Eg_2 \qquad (6)$$

由式（1）和式（3）可以得出中方投资者选择积极投资策略时的群体复制动态方程为：

$$F(x) = dx/dt = x(Ep_1 - Ep) = x(1-x)(yPe + Pa + t1 + V - Pb - yt1 + yPc) \qquad (7)$$

由式（4）和式（6）可以得出欧方东道国选择接受投资策略时的群体复制动态方程为：

$$F(y) = dy/dt = y(Eg_1 - Eg) = y(1-y)(xGe + V - Gb - Gd - xt2 + xGc - Gf) \qquad (8)$$

为了便于分析，将式（7）和式（8）中要素做简化整理，令 $Gb + Gd + Gf - V = M$，$Ge - t2 + Gc = N(>0)$，$Pb - Pa - t1 - V = S$，$Pe - t1 + Pc = H$。在国际贸易的过程中，一般交易双方合作产生的额外收益会比较大，这也是吸引众多企业进行跨国投资的主要原因。因此，中国对欧盟投资时，双方合作的额外收益 Pe 会比较大，正常情况下，$Pe + Pc > t1$，即 $H > 0$。

进一步可得：

中方投资者选择积极投资策略时的群体复制动态方程为：

$$F(x) = dx/dt = x(Ep_1 - Ep) = x(1-x)(yH - S) \qquad (9)$$

欧方东道国选择接受投资策略时的群体复制动态方程为：

$$F(y) = dy/dt = y(Eg_1 - Eg) = y(1-y)(xN - M) \qquad (10)$$

根据式（9）和式（10）可以得出中欧双方投资博弈演化过程中的 5 个均衡点：

$$\begin{cases} E1\ (0,\ 0) \\ E1\ (0,\ 0) \\ E3\ (1,\ 0) \\ E4\ (1,\ 1) \\ E5\left(\dfrac{M}{N},\ \dfrac{S}{H}\right) \end{cases}$$

当 $0 < \dfrac{M}{N},\ \dfrac{S}{H} < 1$ 时,E5 存在;此时,由于 H > 0,N > 0,所以 M > 0,S > 0,且 N > M,H > S。

（三）演化均衡稳定性分析

由式（7）和式（8）分别对 x,y 求偏导可以得出雅克比矩阵：

$$J = \begin{cases}(1-2x)\ (yH-S) & X\ (1-x)\ H \\ y\ (1-y)\ N & (1-2y)\ (xN-M)\end{cases} \quad (11)$$

从而由式（9）可得,雅可比矩阵的行列式为：

$$\det.\ J = (1-2x)\ (1-2y)\ ((yH-S)\ (xN-M)\ - \\ xy\ (1-x)\ (1-y)\ HN \quad (12)$$

雅可比矩阵的迹为：

$$Tr\ (J) = (1-2x)\ (yH-S) + (1-2y)\ (xN-M) \quad (13)$$

均衡解的稳定性条件为：

$$\begin{cases}\text{Det.}\ J > 0 \\ R\ (J) < 0\end{cases} \quad (14)$$

根据上述式（12）、式（13）、式（14）可得有关该博弈 5 个均衡点对应的雅可比矩阵的行列式和迹（见表 2）以及稳定性的类型判别（见表 3）。

**表 2　不同均衡点对应的雅可比矩阵的行列式和迹**

| 均衡点 (a, b) | Det. J | Tr (J) |
|---|---|---|
| E1 (0, 0) | MS | − M − S |
| E2 (0, 1) | M (H − S) | H − S + M |

续表

| 均衡点（a, b） | Det. J | Tr (J) |
|---|---|---|
| E3 (1, 0) | S (N - M) | S + N - M |
| E4 (1, 1) | (H - S)(N - M) | S - H + M - N |
| E5 $\left(\frac{M}{N}, \frac{S}{H}\right)$ | $-\left(M - \frac{M^2}{N}\right)\left(S - \frac{S^2}{H}\right)$ | 0 |

表3 均衡点类型判别

| 均衡点（a, b） | Det. J | Tr (J) | 稳定性 |
|---|---|---|---|
| E1 (0, 0) | + | - | ESS |
| E2 (0, 1) | + | + | 不稳定点 |
| E3 (1, 0) | + | + | 不稳定点 |
| E4 (1, 1) | + | - | ESS |
| E5 $\left(\frac{M}{N}, \frac{S}{H}\right)$ | - | 0 | 鞍点 |

通过上表可以看出，只有点（0, 0）和点（1, 1）是达到了演化均衡点，（0, 1）点和（1, 0）点没有达到演化均衡点，不具有稳定性，$\left(\frac{M}{N}, \frac{S}{H}\right)$点是一直在变化的点。

根据以上中方投资者和欧方东道国的投资博弈过程，可以画出中欧双方在新规制下的投资博弈相位图（见图1）。

如图1所示，鞍点E5$\left(\frac{M}{N}, \frac{S}{H}\right)$是一个动点，该点将该投资博弈的演化轨迹划分成了4个区域。

（1）当 $x < \frac{M}{N}$，$y < \frac{S}{H}$ 时，演化博弈落在Ⅰ区域，该博弈最终收敛于演化稳定点E1（0, 0），即中方投资者选择消极投资，欧方东道国选择不接受投资；

（2）当 $x < \frac{M}{N}$，$y > \frac{S}{H}$ 时演化博弈落在Ⅱ区域，该区域博弈收敛于点E5$\left(\frac{M}{N}, \frac{S}{H}\right)$，由于该点不是演化稳定点，博弈结果不确定，可能最终收敛

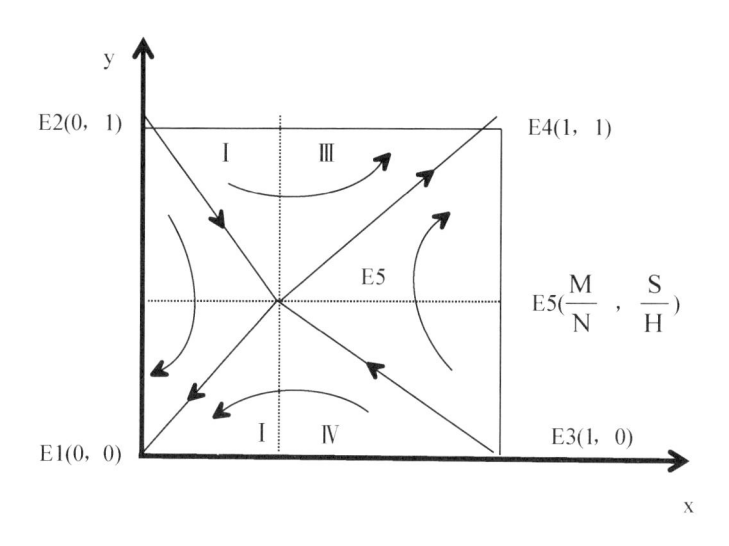

**图1 中方投资者和东道国演化博弈相位图**

于E1（0，0），即中方投资者选择消极投资，欧方东道国选择不接受投资，也可能最终收敛于E4（1，1），即中方投资者选择积极投资，欧方东道国选择接受投资；

（3）当 $x > \dfrac{M}{N}$，$y > \dfrac{S}{H}$ 时演化博弈落在Ⅲ区域，该博弈最终收敛于演化稳定点E4（1，1），即中方投资者选择积极投资，欧方东道国选择接受投资；

（4）当 $x > \dfrac{M}{N}$，$y < \dfrac{S}{H}$ 时演化博弈落在Ⅳ区域，该博弈收敛于点E5 $\left(\dfrac{M}{N}, \dfrac{S}{H}\right)$，由于该点不稳定，最终走向也是不确定的，可能最终收敛于E1（0，0），也可能最终收敛于E4（1，1），同（2）。

（四）演化博弈结论

1. 确定区域

从图1中可以看出，在新规制下中国对欧盟投资的动态演化博弈中，当初始策略选择落在Ⅰ区域时,博弈收敛于E1点;当初始策略落在Ⅲ区域时,博弈收敛于E4点。这两个点都是演化稳定均衡点,最终的策略选择都是确定的。①

2. 不确定区域

由图1可知,当初始策略选择落在Ⅱ区域和Ⅳ区域时,最终的策略选择都是不确定的,有可能收敛于E1点,也有可能收敛于E4点,概率大小取决于Ⅰ区域和Ⅲ区域的面积大小。

Ⅰ区域面积越大,则博弈最终收敛于E1点的概率越大,即M越大、S越大时,中方投资者更倾向于选择消极投资,欧方东道国更倾向于拒绝投资。M越大、Gb + Gd + Gf – V越大,即东道国不接受欧委会意见选择接受中方投资时发生的额外解释的成本、未来会被"穿小鞋"所造成的损失和接受欧委会意见时因为"听话"会受到的补贴和扶持越大,以及国际组织对该投资合作的扶持和补贴越小,表明欧委会对东道国施加的约束越大,而促进该投资成立的国际拉力越小,东道国自然会倾向于拒绝投资;S越大、Pb – Pa – t1越大,则表明中方投资者接受投资的隐私成本越大、积极投资受到的政府补贴越少以及积极投资时对有可能发生的被拒申诉收益越小,在这些因素的驱动下,中方投资者更倾向于消极投资。

Ⅲ区域面积越大,则博弈最终收敛于E4的概率越大,即M越小、S越小时,即Gb + Gd + Gf – V越小、Pb – Pa – t1越小时,中方投资者毫无疑问会更倾向于选择积极投资,因为积极投资的政府补贴和遭遇被拒时的申诉收益大、隐私安全成本小,这种情况下,国际投资巨大收益空间的吸引力会推动投资者去积极投资;而欧方东道国也更倾向于接受投资,因为此时欧委会对它的约束小,而促进合作达成的国际推动力大,利益驱动下,东道国更愿意在发展良好合作伙伴的基础上获取被投资收益。

---

① 苏士杰、雷娜、耿树海:《基于演化博弈论视角的中美贸易失衡、利益分配与政策选择》,载《商业经济研究》,2020年第20期,第145—148页。

## 三、东道国的政策选择

基于以上对演化博弈的分析可以看出,欧委会制定新框架对所属成员国的约束重点体现在三个方面:一是成员国拒绝听从欧委会意见选择接受中方投资者投资时所产生的额外解释成本;二是因为"不听话"从长远来看未来会受到在补贴和庇护等方面的偏差待遇;三是选择听从欧委会意见拒绝中方投资时因为顺从未来可能会受到更多的"偏爱"。其中,第一个方面的影响程度取决于新框架具体设计程序,尤其在于拒绝欧委会意见时所要提交的审查报告和材料的数量以及获取这些材料和做出报告的难易程度,其归根结底在于欧委会的态度。第二个方面和第三个方面是成员国听话与否的后果,其影响程度取决于欧盟一体化的程度和欧委会对新框架的推行力度。如果欧委会非常重视外资审查,宁肯"杀一儆百"严厉打压不听话的成员国也要对其他所属成员国形成示范效应,那么听话与否这两个因素的影响因子就会相对较大。在这种情况下,除了自身实力非常雄厚足以与欧委会相抗衡的成员国,一般成员国谁都不会想去做这个"出头鸟",从而欧委会对东道国的约束力度就会很大,可能会拉扯东道国做出拒绝中方投资者投资这一选择。总而言之,欧委会通过上述三个因素来对成员国施加约束,而成员国则要参照欧委会的态度以及自身实力和需要来做出自己的最优选择。

在欧委会对东道国施加约束的基础上,中方投资者基于自身利益也会通过各种因素来吸引东道国做出接受己方投资的选择。这几个因素重点包括双方合作达成时所能获得的额外收益、东道国政府拒绝接受中方投资者积极投资时被申诉遭受的损失以及与中国的国际关系损失三个方面。其中,额外收益的大小取决于投资项目以及收益规模的大小,东道国被申诉所遭受的损失取决于申诉成功的概率大小以及该投资项目的利益波及范围大小,而与中国的国际关系损失则取决于该东道国与中国的具体交往情况。

除了中方投资者和欧委会能影响东道国的选择外,在这个博弈中还有一个不可忽视的角色在起到重要作用,那就是中国参与的国际组织,例如亚投行、"一带一路"相关组织、金砖银行以及"17+1"平台等。作为中国地缘政治的重要一环,欧盟国家绝大部分都加入了上述组织,中欧合作是中国对外合作的关键部分,也是这些国际组织重点促进的部分。这些国际组织一方面能为中欧投资合作的重点项目提供专项基金补贴,另一方面可以通过为促进中欧合作的企业提供相应法律保障和制度保障来增加中方投资者申诉成功的概率,前者是通过利益吸引东道国做出接受投资的选择,后者是通过扩大损失概率来阻止东道国拒绝投资。总而言之,这些国际组织是站在世界和中国的立场上来促进中欧投资合作达成。

综上所述,可以看出新规制下中国对欧盟投资表面上看是中方投资者和欧方东道国双方的博弈,其实质是欧委会、东道国、中方投资者及中国参与的国际组织之间的四方博弈,欧委会通过"听话"的福利、"不听话"可能遭遇的亏待以及解释成本来约束东道国谨慎考虑中方投资,中方投资者通过合作利益、申诉损失以及国际关系筹码来拉动东道国接受投资促进合作成立,而上述中国参与国际组织则秉持促进各国利益与共的理念来推动中欧双方友好合作,但是最后的结果如何重点在于东道国自身的考虑。东道国需要参照欧委会的态度、自身的实力和发展需要以及多方利益得失来权衡利弊,综合考量最后的最优策略选择。

## 四、对中国政府对欧盟投资的政策建议

新规制的实施标志着欧盟对外资策略的收紧,给予欧盟以外各国对欧盟国家投资更多的限制,而中国作为欧盟外资审查新框架的重点盯防对象,[1]必须妥善思考应对策略,从投资各个阶段以及国际关系等多方面加以应对。具体如下:

---

[1] 张怀岭:《美欧强化外资安全审查及其影响》,载《国际问题研究》,2019年第5期,第65—85页。

第一，中方投资者在投资前期应该寻求东道国监管当局的意见，[①] 详细了解东道国政府的态度，虽然有新框架的制约，但是最终的策略选择权还是在于东道国本身，所以抓住东道国的投资取向对于促进投资成功有很大作用。抓住东道国的态度除了能够获知投资接受概率大小外，还可以深入了解东道国对于该项投资的疑虑所在，从而帮助投资者事先有针对性地打消东道国忧虑，提升投资成功概率。

第二，在投资期应该就投资具体事项做好详细说明，列好详细条款，尤其是先决条件部分，[②] 就投资项目被东道国中途否决等不利于中方企业的情况进行详细说明，在投资正式实施前规定好相应的补偿措施，使投资双方（尤其是中方）在损害降到最低的情况下尽可能全身而退，避免造成不必要的亏损。此外，在投资期中方投资者应该合理利用国际战略投资团队和投资顾问等专业人员和机构在投资过程中时刻进行风险评估，提前做好应对策略，在必要情况下及时抽身止损。

第三，在投资结束后也要完善投资过程中所有数据和财务报表等所有材料并合理保存，新规制规定外资审查新框架执行期已完成项目也要接受审查，为了避免后期审查因为资料缺漏造成重大麻烦和不必要的亏损，相应材料都要一式多份保存完好。同时，为了有可能发生的结束后审查造成的投资无效或要求撤销等情况发生，相应救济措施也要提前准备好。

第四，从博弈实证结果来看，中欧国际关系是影响中欧合作的重要因素，培养良好的中欧关系有利于促进双方合作，这是中方政府应重点关注的方面。结合本文研究，打造中欧良好国际关系应从以下三方面入手：一是改善欧盟及其成员国对中方投资者的信任状态。外资审查新框架针对中国企业格外强调国有资本因素，即补贴及受政府控制问题，所以中国企业在进行投

---

[①] 潘圆圆：《欧盟外资审查框架对中国的影响及应对策略》，载《国际贸易》，2019年第5期，第19—26页。

[②] 章少辉、张一凡：《欧盟外资审查制度对中国投资的影响》，载《中国外资》，2018年第15期，第34—38页。

资交易时必须要理清政企关系,[①] 在投资项目规章中详细说明资金来源以及与政府相关事宜,缓解欧盟各国对不公平交易的顾虑和不信任状态。二是提高中国在国际话语权和信誉。2020年1月正式实施的《中华人民共和国外商投资法实施条例》进一步扩大了中国对外开放规模,除去负面清单领域,外商皆可自由投资,以及11月刚签订的《区域全面经济伙伴关系协定》(RCEP),致力于降低贸易投资壁垒,这些都展示中国愿意解决外国"对等开放"需求的真诚态度和愿意平等合作的诚心。三是加强中国同欧盟各国交流合作和利益往来。充分利用现有的"一带一路"规划、中国—欧洲经济技术合作协会等,甚至可以与欧盟或其部分成员国建立类似RCEP的国际组织来促进区域内投资便利化,扩大对中欧投资的扶持力度,进而强化交易潜在价值,加大东道国拒绝中方投资时可能遭受国际关系损失因子,促使其积极接受中方投资,实现中欧经贸往来提速。

---

① 廖凡:《欧盟外资安全审查制度的新发展及我国的应对》,载《法商研究》,2019年第4期,第182—192页。

# 论欧盟《另类投资基金管理人指令》单一护照制度：进程、障碍、改革与前景

王达坡[*]

[内容提要] 欧盟《另类投资基金管理人指令》中的"单一护照制度"是整个欧盟金融市场"单一护照制度"的重要组成与示范，但该制度在推广与实施过程中，不少问题的暴露使其功用备受质疑，改革的呼声也越来越高。在延期了3年之后，2020年6月，欧盟委员会发布了对于《另类投资基金管理人指令》的审评意见，旗帜鲜明地指出了《另类投资基金管理人指令》"单一护照制度"存在的主要问题与改革要点，针对该制度的改革已是大势所趋。本文从欧盟《另类投资基金管理人指令》"单一护照制度"的发展历程与详细规则出发，探讨与总结该制度从诞生到实施至今发挥的积极效用与存在的主要问题，并试论未来的改革发展路径。

[关键词] 欧盟金融市场 欧盟基金市场 UCITS AIFMD 单一护照制度

---

[*] 王达坡，上海交通大学凯原法学院2020级法学博士研究生。感谢上海欧洲学会的老师对文章的支持，感谢外审专家对文章的评审，感谢荷兰莱顿大学（Leiden University）法学院Zeeshan Mansoor教授对文章的帮助。

## 一、问题的提出

欧盟基金市场中的"单一护照制度"（EU Marketing Passport Regime）是欧盟"单一基金市场"进程中的一项重要配套制度。该制度旨在实现欧盟基金管理人、欧盟基金自由流动的愿望，消除欧盟成员国之间的基金交易壁垒与额外的监管负担，推动欧盟基金市场一体化进程。欧盟的投资基金大体上可以分为两类：一类是从事可转让证券集合投资计划业务的投资基金；另一类是另类投资基金（Alternative Investment Fund，AIF）。[①] 这两类基金分别被两个欧盟基金指令所管理，一个是《欧盟可转让证券集合投资计划指令》（Undertakings for the Collective Investment in Transferable Securities，UCITS），另一个是《另类投资基金管理人指令》（Alternative Investment Fund Managers Directive，AIFMD）。欧盟基金市场的"单一护照制度"依据基金类型的不同，分别被制定在这两部基金指令之中，即 UCITS 的"单一护照制度"与 AIFMD 的"单一护照制度"。两者相比，后者制定得更晚，且在具体规则上更为开放大胆。此外，AIF 作为欧盟基金市场中风险程度较高、数量类型丰富基金类型，其制度价值自然也不言而喻。然而，AIFMD"单一护照制度"在推广与实施过程中，不少问题的暴露使得其功用受到了各方质疑，例如 AIFMD"单一护照制度"与欧盟各成员国"地方监管主

---

[①] 杨帆，David Williams，唐振伦：《欧盟如何监管私募基金》，载《中国证券报》2017年11月29日，第A04版。自2013年开始，欧盟通过《另类投资基金管理人指令》（AIFMD）正式规定了私募基金的概念，即"另类投资基金"，泛指从事下列投资行为的"集合投资计划"：从投资者处募集资金，并为了这些投资者的利益、根据已确定的投资策略进行投资；且该集合投资计划不属于需要按照欧盟《可转让证券集合投资计划》（UCITS）获得审批的基金（UCITS在欧盟广泛用于可以面向公众投资者募集的公募型基金，不但基金管理人本身需要获得牌照、UCITS基金本身也需要由监管机关进行实质审查和登记，因此这一规定就厘清了私募基金和公募基金的边界）。

义"的矛盾至今悬而未决,其仍未按计划开放对非欧盟的另类投资基金管理人（Alternative Investment Fund Managers，AIFM）及非欧盟 AIF 的延伸适用等。种种问题与矛盾的累积,加之新冠肺炎疫情对欧盟基金市场的冲击,针对 AIFMD"单一护照制度"的改革呼声越来越高。[①] 那么,AIFMD"单一护照制度"是什么？它在实施过程中遇到、产生的主要问题是什么？欧盟及 AIFMD 应如何改革,以期真正发挥"单一护照制度"的功用,化解矛盾？未来 AIFMD 的发展将会走向何方？这些均是本文所要探讨与尝试解决的问题。

## 二、欧盟基金市场"单一护照制度"总览

早在 1957 年《罗马条约》签订之时,欧洲共同体的创始国就将构建"单一市场"（The European Single Market）作为一项重要目标。[②] 所谓"单一市场",是指将欧盟所有成员国的领土整合起来,视为一个"单一领土",在这个"领土"里,欧盟各成员国的商品（Goods）、资本（Capital）、人员

---

① 针对各成员国较大的改革呼声,2020 年 6 月,欧盟证券与市场管理局等单位专门就某些 AIMFD 改革问题向欧盟委员会（European Commission）致信,信中共列举了 19 个具体的改革领域,其中就包括了 AIFMD"单一护照制度"改革意见。参见 European Commission, "Report from the Commission to the European Parliament and the Council assessing the application and the scope of Directive 2011/61/EU of the European Parliament and of the Council on Alternative Investment Fund Managers," https：//ec. europa. eu/info/publications/200610 – aifmd – application – scope – report_ en, last accessed on 3 January 2021.

② 6 个签字国即欧共体创始国,包括法国、意大利、比利时、荷兰、卢森堡和当时的联邦德国。创立欧共体的主要目标之一是建立"单一市场"。参见 European Parliament, "History：European Single Market," https：//multimedia. europarl. europa. eu/en/history – european – single – market_ V001 – 0021_ ev, last accessed on 30 August 2020.

（People）和服务（Services）可以自由流通，而不设立内部交易边界。① 欧盟"单一金融市场"进程是欧盟"单一市场"进程的重要组成部分。欧盟"单一金融市场"进程最早可以追溯到20世纪70年代。② 发展至今，"单一金融市场"的内涵与应用范围已经充分扩充，③ 其已不仅是简单的资本内部自由流动的问题，④ 根据欧盟委员会的界定，欧盟的"单一金融市场"现已囊括银行业、保险业、退休储蓄金业、电子财务、反洗钱等几乎所有欧盟金融相关产业于其中。⑤

在欧盟"单一金融市场"的发展进程中，有一项工具为其整合与统一起到了关键作用，这就是欧盟金融市场的"护照制度"（EU Marketing Passport Regime），也可称为欧盟金融市场的"单一护照制度"。⑥ 所谓护照，是指一国主管机关发给出国执行任务、旅行或在国外居住的本国公民的证件，

---

① European Commission, "The European single market," https：//ec. europa. eu/growth/single – market_ en, last accessed on 30 August 2020.

② 刘建军：《欧盟统一金融市场进程与"单一护照"制度》，载《证券市场导报》2002年7月号，第15页。

③ 欧盟委员会在"单一市场"进程中提出了许多新的构建方向，例如单一的数字网关（Single Digital Gateway），单一的市场治理与监管体系（Governance and Monitoring of the Single Market）等。单一市场所覆盖的范围在不断地更新与扩大。参见European Commission, "The European Single Market," https：//ec. europa. eu/growth/single – market_ en, last accessed on 30 September 2020.

④ European Commission, "Financial Markets," https：//ec. europa. eu/info/business – economy – euro/banking – and – finance/financial – markets_ en, last accessed on 30 September 2020.

⑤ Ibid., See also European Commission, "Banking and Financial Services," https：//ec. europa. eu/info/policies/banking – and – financial – services_ en, last accessed on 30 September 2020.

⑥ 关于"EU Marketing Passport Regime"的翻译问题，国内学界尚无统一定论。有学者翻译成"市场护照制度"，有学者翻译成"基金护照制度"，也有直接称为"护照制度"。本文为了与欧盟"单一市场"进程相呼应，统一将其翻译成"单一护照制度"，并将其具体化为AIFMD的"单一护照制度"或UCITS的"单一护照制度"，以便理解。

以证明其国籍和身份。① 申请护照是一国政府主管机关的行政许可行为,一国公民只需要在本国主管机关登记、申领护照,并办理相应签证,便可到东道国(目的地国)境内旅游、从事公务活动、短期或长期居住等,而不需要在东道国的主管机关那里再次申领一次该国护照。欧盟金融市场"单一护照制度"的基本原理与此相同。例如,一家欧盟成员国的金融公司只需要在其母国(Home Country)进行注册与核准,并履行通知(Notification)手续,便可到另一个非母国欧盟成员国(Host Country)境内从事金融活动,而不需要在该非母国成员国的金融主管部门那里重新履行注册与核准手续。②

"单一护照制度"是欧盟金融市场的特殊工具,截至目前,共有9种细分金融业务领域的"单一护照制度"正在运行,护照的适用范围涵盖了欧盟金融交易的方方面面。③ 这9种细分金融业务领域的"单一护照"大幅削减了欧盟内部金融活动的边界障碍,为金融要素在欧盟境内的自由流动提供了渠道,并将欧盟各成员国的金融监管纳入一个统一的、标准化的框架之中,也为欧盟非金融市场"护照制度"的构建提供了一个良好的制度示范。欧盟基金市场是欧盟金融市场的一部分,与此相应,欧盟基金市场也有其自有的"单一护照制度",它主要由前述9种细分金融业务领域的"单一护照

---

① 在线新华字典,http://xh.5156edu.com/html5/242960.html. (上网时间:2021年1月3日)。

② Matthias Haentjens & Pierre de Gioia–Carabellese,European Banking and Financial Law,Routledge Press,p.8.

③ 这9种护照制度分别规定于不同的欧盟法令中,应用于不同的金融业务领域。例如:金融工具"单一护照制度",主要服务于金融产品的跨境销售等(规定于法令MiFID);信用机构与投资公司的"单一护照制度",主要服务于金融投资公司、银行等的跨境活动(规定于法令CRD);欧盟单一市场支付服务的"单一护照制度",主要服务于支付服务的跨境提供(规定于法令PSD);欧盟可转让证券集合投资计划"单一护照制度",主要服务于可转让证券的跨境销售、管理等(规定于法令UCITS);另类投资基金管理人及另类投资基金"单一护照制度",主要服务于另类投资基金的跨境销售、管理(规定于法令AIFMD)等。

制度"中的 2 种构成,即由 UCITS 的"单一护照制度"与 AIFMD 的"单一护照制度"构成。

## 三、AIFMD 的"单一护照制度"详解

近几十年来,以对冲基金、私募股权基金为代表的新型集合投资方式异军突起,成为金融市场中不可忽视的一股力量。AIF 是指在传统的欧盟可转让证券集合投资计划之外的其他类型的基金。[①] AIF 一般是封闭式基金,包括证券化资产、对冲基金、私人股本基金等。[②] 其中证券化资产就包括了造成 2008 年世界金融危机的以次级房贷为基础的债券以及这些债券的衍生金融产品。这些基金由于风险大,不适合散户投资者(Retail Investors),因此一般只限于专业投资者和机构投资者。在经历了 2008 年的世界金融危机后,AIF 因其丑闻频频,并在历次金融危机中扮演着落井下石的角色而饱受诟病,也正因如此,全球金融市场对 AIF 的监管呈日趋严格之势。在这个大背景下,欧盟也加紧了对其境内 AIF 的监管改革。在欧盟"单一市场"政策的推动下,结合 2008 年世界金融危机后欧盟"一揽子"金融监管改革措施的推进,欧盟 AIF 监管改革水到渠成。2010 年欧洲议会通过了 AIFMD,进而消除了在欧盟全境建立统一的管理和监督 AIFM、AIF 的法律障碍。

AIFMD"单一护照制度"是指:任意一位 AIFM,只要取得其母国或参照成员国金融主管部门的核准,该 AIFM 便可在其他的欧盟成员国境内进行 AIF 的销售与管理业务,而不需要在东道国金融主管部门那里重新进行申请

---

[①] 杨友孙:《欧盟另类投资基金经理指令评价》,载《金融教学与研究》,2012 年第 3 期,第 61 页。

[②] 董新义:《论欧盟〈另类投资基金管理人指令〉的私募基金规制制度》,载《金融服务法评论》,2013 年第 2 期,第 83 页。

核准。① AIFMD 的"单一护照制度"是随着 AIFMD 的生效而生效的，AIFMD 于 2011 年 7 月 1 日正式发布于欧盟官方公报，并于 7 月 22 日起正式实施。② AIFMD 由 10 章 71 条和 4 个附录组成。有关 AIFMD "单一护照制度"的规定分别见于 AIFMD 第 6 章"欧盟另类投资基金管理人在欧盟境内销售和管理欧盟另类投资基金的权利"、第 7 章"与第三国相关的特别规定"、第 10 章"过渡条款和最终条款"以及附录一、附录三与附录四。AIFMD "单一护照制度"的适用范围较广，涵盖了在欧盟核准注册的 AIFM（以下简称欧盟 AIFM）、在欧盟核准注册的 AIF（以下简称欧盟 AIF）、不在欧盟核准注册的 AIFM（以下简称非欧盟 AIFM）、不在欧盟核准注册的 AIF（以下简称非欧盟 AIF）四大主体。在不同的交易场景下，AIFMD "单一护照制度"的适用方式有所不同。③ 以下分别介绍 AIFMD "单一护照制度"在不同情形下的规定与适用方式。④

（一）AIFM 在欧盟境内销售和管理 AIF 的相关权利

1. 在欧盟 AIFM 的母国境内销售欧盟 AIF 的单位或者份额的情形

根据 AIFMD 第 31 条第 1 款的规定，欧盟各成员国应确保，当某一成员国的欧盟 AIFM 获得其母国境内金融主管部门的核准之后，其便可在母国境

---

① Matthias Haentjens & Pierre de Gioia – Carabellese, European Banking and Financial Law, Routledge Press, p. 8.

② Directive 2011/61/EU of the European Parliament and of the Council of 8 June 2011 on Alternative Investment Fund Managers and amending Directives 2003/41/EC and 2009/65/EC and Regulations (EC) No 1060/2009 and (EU) No 1095/2010,（以下脚注简称 AIFMD），Article 70.

③ 朱炎生：《欧盟＜另类投资基金管理人指令＞介评》，载《证券市场导报》，2013 年第 1 期，第 12 页。

④ 本节有关 AIMFD 法条规定部分的内容，均参照 AIFMD 指令原文。对于条文的中文翻译，以中国证券监督管理委员会组织编译：《欧盟另类投资基金管理人指令》，北京：法律出版社，2013 年版为准。

内向专业投资者（Professional Investors）销售其管理的任何一只欧盟 AIF 的单位或者份额。① 欧盟 AIFM 应就其计划销售的任何一只欧盟 AIF 向母国境内主管部门发出通知。② 通知应包含 AIFMD 附录三所规定的信息。③ 当欧盟 AIFM 的母国主管部门收到完整的通知材料后，应在 20 个工作日内做出是否同意该欧盟 AIFM 销售某一只欧盟 AIF 的决定。④

2. 在欧盟 AIFM 的母国以外的欧盟成员国境内销售欧盟 AIF 的单位或者份额的情形

根据 AIFMD 第 32 条第 1 款的规定，欧盟各成员国应确保获得母国金融主管部门核准的欧盟 AIFM，可以在母国之外的欧盟成员国境内向专业投资者销售其管理的欧盟 AIF 的单位或者份额。⑤ 欧盟 AIFM 应就其计划销售的每只欧盟 AIF，向其母国的主管部门发出通知。⑥ 通知应包含 AIFMD 附录四所规定的信息。⑦ 欧盟 AIFM 的母国主管部门应在收到完整通知文件之日起 20 个工作日内进行审核，满足要求的，母国主管部门应向该欧盟 AIFM 计划销售的东道国的主管部门传送该通知文件。自收到母国主管部门的已传送通知文件通告之日起，该欧盟 AIFM 便可开始在东道国境内销售该欧

---

① 但如果该另类投资基金是联接型投资基金的，则该销售权利应当满足另一条件，即目标另类投资基金也是由一名获得核准的 AIFM 所管理。根据 AIFMD 第 4 条第 1 款第 h 项的规定，联接型另类投资基金是指符合以下条件的另类投资基金：（a）至少将资产的 85% 用于购买另一只另类投资基金的单位或份额；（b）至少将资产的 85% 用于购买多只具有相同投资策略的目标另类投资基金；（c）通过其他方式将至少资产的 85% 置于上述目标另类投资基金的风险敞口下。

② AIFMD, Article 31 (2).

③ Ibid.

④ Ibid., Article 31 (3).

⑤ Ibid., Article 32 (1). 与 AIFMD 的第 31 条规定类似，如果该另类投资基金是联接型投资基金的，则该销售权利应当满足另一条件，即目标另类投资基金也是由一名获得核准的 AIFM 所管理。

⑥ Ibid., Article 32 (2).

⑦ Ibid.

盟 AIF。[1]

3. 欧盟 AIFM 管理在其他欧盟成员国设立的欧盟 AIF 应遵循的规定

欧盟 AIFM 不仅可以通过 AIFMD "单一护照"，在母国与其他欧盟成员国境内"销售"欧盟 AIF，欧盟 AIFM 也可以通过该"护照"，"管理"在其他欧盟成员国设立的欧盟 AIF。欧盟 AIFM 计划开始从事在另一成员国设立的欧盟 AIF 的管理业务的，需要向其母国的主管部门提供材料进行备案。[2] 母国主管部门应在收到完整材料并核准后，将该材料传送给东道国的金融主管部门，并同时传送一份证明，证明该欧盟 AIFM 已经获得了资格核准。[3] 自收到母国主管部门的已传送资料通告之日起，该欧盟 AIF 便可开始在东道国境内提供管理服务。

值得注意的是，上述的"销售"AIF 应与"管理"AIF 严格区分，二者定义不同。根据 AIFMD 的规定，"销售"AIF 是指"AIFM 或其代表向住所地或注册地在欧盟境内的投资者，以直接或间接的方式要约或配售 AIFM 管理的 AIF 的单位或者份额"。[4] "管理"AIF，是指为一只及一只以上的 AIF 进行"投资组合管理"与"投资风险管理"。[5]

(二) AIFMD 的"单一护照制度"在欧盟境外第三国的适用情形

1. 欧盟 AIFM 管理的非欧盟 AIF 凭"护照"在欧盟境内销售应遵循的规定

根据 AIFMD 第 35 条的规定，除了满足 AIFMD 关于 AIFM 的规定外，满足一定的额外条件，获得核准的欧盟 AIFM 即可通过"单一护照制度"在欧盟境内向专业投资者销售其管理的非欧盟 AIF 的单位或

---

[1] AIFMD, Article 32 (2).

[2] Ibid.

[3] Ibid., Article 33 (4).

[4] Ibid., Article 4 (1) (x).

[5] Ibid., Article 4 (1) (w). See also AIFMD, Annex 1, Article 1 (a), 1 (b).

份额。① 满足条件的欧盟 AIFM 只需通过与上述条款相同的通知程序,在获得母国主管机构的核准后,便可开始在母国境内、或是其他欧盟成员国境内销售该非欧盟 AIF。②

2. 非欧盟 AIFM 凭"护照"在欧盟境内销售其管理的欧盟 AIF 应遵循的规定

根据 AIFMD 第 39 条的规定,满足一定的条件,获得核准的非欧盟 AIFM 可凭"护照",在欧盟境内向专业投资者销售其管理的欧盟 AIF。③ 值得注意的是,因为非欧盟 AIFM 的母国并非欧盟成员国,因此 AIFMD 为其设置了"参照成员国制度"(The Member State of Reference of A Non – EU AIFM)。根据 AIFMD 第 37 条第 4 款的规定,"参照成员国"的选择与设立,应当依据不同情况而定,例如,当非欧盟 AIFM 仅计划管理一只欧盟 AIF 或管理在同一欧盟成员国设立的多只 AIF 时,该一只或多只欧盟 AIF 的母国即为"参照成员国"。④

在建构非欧盟 AIFM 凭"护照"在欧盟境内销售其管理的欧盟 AIF 的基本法律框架时,AIFMD 采取了和前述欧盟 AIFM 凭"护照"在欧盟境内销售其管理的非欧盟 AIF 基本相似的监管程序要求。只不过在履行各类通知、核准义务时,将欧盟 AIFM 的"母国主管部门"替换成了非欧盟 AIFM 的"参照成员国"的主管部门。根据 AIFMD 第 39 条第 2 款的规定,非欧盟

---

① AIFMD, Article 35 (2). 一定的额外条件是指:(a)该欧盟 AIFM 的母国监管部门与该非欧盟 AIF 设立地所在的第三国监管机构间有适当的合作安排;(b)该非欧盟 AIF 设立地所在的第三国未被"反洗钱金融行动特别工作组"列入不合作的国家和地区名单;(c)该非欧盟 AIF 设立地所在的第三国需与欧盟 AIFM 的母国、该基金计划销售的成员国的主管部门签订恰当的税收协定,且该协定应符合《经济合作与发展组织关于对所得和财产避免双重征税的协定范本》(OECD Model Tax Convention on Income and on Capital)第 26 条规定的标准。

② Ibid., Article 35 (3), Article 35 (4).

③ 针对非欧盟另类投资基金管理人核准的详细标准,参见 AIFMD, Article 37, Article 38.

④ AIFMD, Article 37 (4).

AIFM 计划在其参照成员国境内销售欧盟 AIF 的,应就其计划销售的每只 AIF 向其"参照成员国"的主管部门发出通知。① "参照成员国"的主管部门应在收到完整通知的 20 个工作日内决定是否同意。② 自主管部门答复同意之日起,该非欧盟 AIFM 便可开始在其参照成员国境内销售该欧盟 AIF。当该非欧盟 AIFM 计划在其"参照成员国"以外的成员国境内销售欧盟 AIF 时,应就其计划销售的每只欧盟 AIF 向其"参照成员国"的主管部门发出通知。③ 参照成员国的主管部门应在收到完整通知的 20 个工作日内,决定是否向该非欧盟 AIFM 计划在其境内的销售的东道国的主管部门传送通知文件。参照成员国的主管部门在传送通知文件后,应立即告知该非欧盟 AIFM,自接到告知之日起,该非欧盟 AIFM 即可开始在东道国境内销售该欧盟 AIF。④

3. 非欧盟 AIFM 在欧盟境内凭"护照"销售其管理的非欧盟 AIF 应遵循的规定

根据 AIFMD 第 40 条的规定,除了满足 AIFMD 关于 AIFM 的规定外,满足一定的额外条件,获得核准的非欧盟 AIFM 即可凭"护照",在欧盟境内向专业投资者销售其管理的非欧盟 AIF。⑤ 非欧盟 AIFM 计划在"参照成员国"境内销售非欧盟 AIF 的,应向"参照成员国"的主管部门发出通知,⑥

---

① AIFMD, Article 39（2）. 该通知应包含 AIFMD 附录三所列的资料和信息。

② Ibid., Article 39（3）.

③ Ibid., Article 39（4）. 该通知应包含 AIFMD 附录四所列的资料和信息。

④ Ibid., Article 39（6）.

⑤ Ibid., Article 40（1）, Article（2）. 一定的额外条件是指:（a）该非欧盟 AIFM 的母国主管部门与该非欧盟 AIF 设立地所在的第三国主管部门之间有适当的合作安排;（b）该非欧盟 AIF 设立地所在的第三国未被"反洗钱金融行动特别工作组"列入不合作的国家和地区名单;（c）非欧盟 AIF 设立地所在的第三国需与非欧盟 AIFM 的母国、该基金计划销售的成员国的主管部门签订恰当的税收协定,且该协定应符合《经济合作与发展组织关于对所得和财产避免双重征税的协定范本》(OECD Model Tax Convention on Income and on Capital) 第 26 条规定的标准。

⑥ Ibid., Article 40（3）. 该通知应包含 AIFMD 附录三所列的资料和信息。

参照成员国的主管部门应在收到完整通知的 20 个工作日内，决定是否同意。① 自主管部门答复同意之日起，该非欧盟 AIFM 便可开始在其"参照成员国"境内销售该非欧盟 AIF。② 若计划在"参照成员国"以外的成员国境内销售的，则应就其计划销售的每只非欧盟 AIF 向其"参照成员国"的主管部门发出通知。③ "参照成员国"的主管部门应在收到完整通知的 20 个工作日内，决定是否向东道国的主管部门传送通知文件。④ 参照成员国的主管部门在传送通知文件后，应立即告知该非欧盟 AIFM，自接到告知之日起，该非欧盟 AIFM 便可开始在东道国境内销售该非欧盟 AIF。⑤

## 四、AIFMD 的"单一护照制度"的主要问题探析

AIFMD 的"单一护照制度"的顺利出台与成功实施，是欧盟金融市场中构建"单一基金市场"进程的一大步。相比于 UCITS，AIFMD 的"单一护照制度"更为大胆开放，且颇具"雄心壮志"。从规定上看，其不仅赋予了欧盟 AIFM 与欧盟 AIF 持有"护照"的各项权利，同时也赋予了非欧盟 AIFM 与非欧盟 AIF 持有"护照"的平等机会渠道。换言之，AIFMD 的"单一护照制度"实际上给来自非欧盟国家或地区的 AIFM 与 AIF 享受等同于欧盟 AIFM、欧盟 AIF 相一致的"欧盟单一基金市场"的福利，且各 AIFM、AIF 彼此之间"不论出身"，均是"平起平坐""平等竞争"的关系，加之欧盟废除各成员国"地方监管主义"的决心，令 AIFMD 的"单一护照制度"颇有在欧盟基金市场中建立"国民待遇原则"的味道。AIFMD 的"单一护照制度"相当于对外打开了整个欧盟另类投资基金市场，各个国家、

---

① AIFMD, Article 40 (4).
② Ibid.
③ Ibid., Article 40 (5). 该通知应包含 AIFMD 附录四所列的资料和信息。
④ Ibid., Article 40 (6).
⑤ Ibid., Article 40 (6).

地区的 AIFM 与 AIF，均有机会通过这项制度，加入资本量巨大、交易活跃的欧盟另类投资基金市场之中。这种规则制定模式符合欧盟所主张的"自由开放的基金市场"的立法深意。但"开放"的背后，实际上是以让渡欧盟 AIFM 与欧盟 AIF 的"先占优势""独占利益"为代价的。并且，AIFMD 的实施也很大程度剥离了欧盟成员国金融主管部门自身对于非欧盟 AIFM 与非欧盟 AIF 的监管自主权。AIFMD "单一护照制度"的开放导向，为其在今后实施过程中与欧盟成员国的矛盾埋下了导火索。

（一）AIFMD 的"单一护照制度"对非欧盟 AIFM、非欧盟 AIF 的延伸适用进程已停滞至今

欧盟于 2009 年 4 月 29 日发布监管 AIFM 的指令草案（Proposed Directive on Alternative Investment Fund Managers），并在经过约两年的多边协调后，于 2011 年 7 月 22 日正式开始实施 AIFMD。[①] AIFMD 正式实施后，欧盟各成员国有两年的过渡期，来转化、适用有关 AIFMD "单一护照制度"中对于欧盟 AIFM、欧盟 AIF 的相关规定。但针对"单一护照制度"适用于欧盟境外第三国的情形，AIFMD 则规定了更长的 4 年过渡期，即非欧盟 AIFM、非欧盟 AIF 及其母国的主管部门，有 4 年的时间来准备，以使其自身符合 AIFMD 对于 AIFM 及 AIF 的有关要求，并在这期间通过欧盟证券与市场管理局（The European Securities and Markets Authority，ESMA）核准进入欧盟另类投资基金市场的资格评审。[②] 同时，欧盟成员国也有 4 年时间，为非欧盟 AIFM、非欧盟 AIF 持有"护照"进行各项准备。表 1 是对 AIFMD 有关"单

---

[①] AIFMD, Article 70.

[②] 根据 AIFMD 根据 AIFMD 第 35 条、第 37 条与第 67 条的规定，同意非欧盟 AIFM、或非欧盟 AIF 持有"护照"的前提，首先是应由 ESMA 对该第三国的基金市场进行评估。评估的内容包括有投资者保护情况、市场扰乱情况、竞争及系统性危机监管等方面。只有 ESMA 对该非欧盟第三国的金融环境持肯定意见，那么该非欧盟第三国的 AIFM 与 AIF 才有可能获得任一欧盟成员国金融主管部门的核准，获得准入，进而获得 AIFMD "单一护照"。

一护照制度"缓冲期规定的梳理。

**表1　AIFMD对非欧盟AIFM与非欧盟AIF开始适用"单一护照制度"的缓冲期规定**①

| 时间 | 事由 |
| --- | --- |
| 2011年7月22日 | AIFMD生效并开始实施 |
| 2013年7月22日 | 各欧盟成员国应将AIFMD在该日期前转化为成员国国内立法 |
| 2015年7月22日 | ESMA应就AIFMD"单一护照制度"运行情况出具报告，并就其延伸适用至非欧盟AIFM与非欧盟AIF出具意见 |
| 2015年10月22日 | 欧盟委员会应在接到ESMA的肯定意见后，进行评估，评估通过后，应制定授权立法（Delegated Act），规定AIFMD"单一护照制度"适用于非欧盟AIFM与非欧盟AIF的规则在所有成员国的生效日期 |

从表1中可以看出，根据AIFMD的规定，按照原计划，在2015年10月22日欧盟委员会制定授权立法后，获得ESMA认可的，且获得"参照成员国"的主管部门核准的非欧盟AIFM，便可开始持有AIFMD的"单一护照"，在全欧盟境内进行AIF的销售与管理活动。同理，受核准的非欧盟AIF，也可以开始享有AIFMD"单一护照制度"所赋予的各项权利，在全欧盟境内被销售与被管理。

然而现实情况并非如此。AIFMD的"单一护照制度"对非欧盟AIFM、非欧盟AIF的延伸适用进程并未按照原计划进行，而是停滞在了"欧盟委员会制定授权立法"这个阶段。② 究其原因，是由于并非所有欧盟成员国对

---

① AIFMD，Article 66，Article 67，Article 69. 表格自制。

② European Commission，"Report from the Commission to the European Parliament and the Council assessing the application and the scope of Directive 2011/61/EU of the European Parliament and of the Council on Alternative Investment Fund Managers，" https：//ec. europa. eu/info/publications/200610 – aifmd – application – scope – report_ en，last accessed on 3 January 2021.

非欧盟 AIFM、非欧盟 AIF 适用 AIFMD"单一护照制度"持支持态度,因此 ESMA 在收集、调查各成员国有关延伸适用的相关情况时,实际上受到了不小的阻力,以致 ESMA 直到 2016 年 9 月(延期 1 年)才给出了针对 AIFMD"单一护照制度"是否应当延伸适用至非欧盟的 AIFM、非欧盟 AIF 的正式意见。① 在 ESMA 正式意见颁布直至今日,欧盟委员会仍未出台对此意见的授权立法(Delegated Act),规定延伸适用的具体生效日期。因此,AIFMD 第 35 条、第 37 条至第 41 条时至今日仍未真正发挥效力。② 目前所称的 AIFMD"单一护照制度",并非是 100% 发挥功用的"护照"制度,实际上仅有关于欧盟 AIFM、欧盟 AIF 的"护照条款"正在运行。

(二) AIFMD 单一护照制度在实施过程中受到了欧盟成员国"地方监管主义"的干涉

"地方监管主义"在 AIFMD 中表述为"欧盟成员国私募制度"(National Private Placement Regimes,NPPRs)。顾名思义,"欧盟成员国私募制度"是欧盟各成员国对于 AIFM 与 AIF 自行制定的监管规则,也可理解为"成员国单独监管规则"。AIFMD 的立法用意是为了逐渐消除欧盟成员国针对 AIFM 以及 AIF 的 NPPRs。根据 AIFMD 的规定,AIFMD 的实施意味着成员国对于欧盟 AIFM、欧盟 AIF 的 NPPRs 已经基本被消除;在 AIFMD"单一护照制度"对非欧盟 AIFM、非欧盟 AIF 的延伸适用未正式生效之前,NPPRs 是监管非欧盟 AIFM、非欧盟 AIF 的主要制度,也是它们在取得"护照"前

---

① ESMA/2016/1140, ESMA's advice to the European Parliament, the Council and the Commission on the application of the AIFMD passport to non – EU AIFMs and AIFs, 12 September 2016.

② European Commission, "Report from the Commission to the European Parliament and the Council assessing the application and the scope of Directive 2011/61/EU of the European Parliament and of the Council on Alternative Investment Fund Managers," https://ec.europa.eu/info/publications/200610 – aifmd – application – scope – report_ en, last accessed on 3 January 2021.

的一种临时替代制度。① 因为"护照"对第三国的延伸适用仍未实现，所以直至今日，NPPRs 仍然是欧盟对非欧盟 AIFM、非欧盟 AIF 的准入监管路径，各成员国可以根据自身的情况对其实施形式各异的单独监管。在 NPPRs 规则下，如若通过了某一欧盟成员国金融主管部门的核准，则任一非欧盟 AIFM 可以在该成员国境内销售与管理 AIF、任一非欧盟 AIF 也可以在该成员国境内被交易与被管理（因为无法取得护照，所以仅限该欧盟成员国境内）。

表2 AIFMD 对终止各欧盟成员国 NPPRs 的缓冲期规定②

| | |
| --- | --- |
| 2011 年 7 月 22 日 | AIFMD 生效并开始实施 |
| 2013 年 7 月 22 日 | 各欧盟成员国应将 AIFMD 在该日期前转化为成员国国内立法 |
| 2018 年 10 月 22 日 | ESMA 应出具第二份报告，报告内容为对终止欧盟各成员国对 AIFM 与 AIF 的 NPPRs 的意见 |
| 2019 年 1 月 22 日 | 欧盟委员会应当在接到 ESMA 的第二份报告后，进行评估，评估通过后，应制定授权立法（Delegated Act），规定终止欧盟各成员国对 AIFM 与 AIF 的 NPPRs 在所有成员国的生效日期 |

表2 归纳了 AIFMD 对于废除欧盟成员国境内 NPPRs 的原定时间计划表。按照计划，在 AIFMD "单一护照制度"被授权正式实施的三年后，③ 即 2019 年 1 月 22 日后，NPPRs 将被欧盟委员会在欧盟全境内终止。然而事与愿违，直至今日，NPPRs 在欧盟境内仍未被终止。实践中，AIFMD "单一护照制度"中的"统一监管规则"并未在所有欧盟成员国得到有效贯彻，

---

① Wendy Piergolam, AIFM Private Placement Solution, https://www.eisnerramper.com/piergolam-aifm-0818/, last accessed on 4 January 2021.
② AIFMD, Article 66, Article 68, Article 69. 表格自制。
③ AIFMD, Article 68（1），Article 68（6）.

不论是对欧盟还是非欧盟的 AIFM 与 AIF，各成员国中依然存在各式各样 NPPRs。① 产生这种现象的最主要原因在于各成员国对于 AIFMD 规则的解释机制（Interpretations）不同，所以在转化立法过程中，往往会出现细节规定不同的情形。② 例如在法国，即使通过 AIFMD "单一护照制度"，欧盟 AIFM 也需要提交一系列的额外文件给法国的金融主管部门 France AMF（The Autorité des Marchés Financiers of France），才可以最终顺利在法国境内进行 AIF 的销售与管理。③ 部分欧盟成员国通过设置严格的 NPPRs，限制、甚至是完全禁止非欧盟 AIFM 与非欧盟 AIF 准入，使得本国市场成为欧盟 AIFM 与欧盟 AIF 的天下。④ 此外，部分成员国也出现了规模较小的 AIFM 难以准入，而规模较大的 AIFM 较容易获得核准的不公平竞争的问题等。⑤

---

① European Commission, "Report from the Commission to the European Parliament and the Council assessing the application and the scope of Directive 2011/61/EU of the European Parliament and of the Council on Alternative Investment Fund Managers," https：//ec. europa. eu/info/publications/200610 – aifmd – application – scope – report_ en，last accessed on 3 January 2021.

② European Commission, "Commission Staff Working Document Impact Assessment on Cross – Border Distribution of Collective Investment Funds," https：//ec. europa. eu/info/law/better – regulation/initiatives/ares – 2017 – 3132069_ en#pe – 2018 – 1277，last accessed on 3 January 2021.

③ CMS, "2019 CMS Guide to Passporting – Rules on Marketing Alternative Investment Funds in Europe," https：//webcache. googleusercontent. com/search? q = cache：qSMe4irzGAMJ：https：//cms. law/en/media/local/cms – cmno/files/publications/guides/cms – guide – to – passporting – aif – 2019 + &cd = 1&hl = zh – CN&ct = clnk&gl = nl，last accessed on 3 January 2021，p. 15.

④ European Commission, "Report from the Commission to the European Parliament and the Council assessing the application and the scope of Directive 2011/61/EU of the European Parliament and of the Council on Alternative Investment Fund Managers," https：//ec. europa. eu/info/publications/200610 – aifmd – application – scope – report_ en，last accessed on 3 January 2021.

⑤ Ibid.

总而言之，AIFMD"单一护照制度"在实施过程中，受到了部分成员国 NPPRs 的干涉。不论是对 AIFM，还是对 AIF，部分欧盟成员国金融主管部门依然青睐于制定额外的监管要求，发挥其"地方监管"的自有权力。AIFMD 的"单一护照制度"仍未完成扫清成员国监管壁垒的任务。

（三）欧盟各成员国对于核准 AIFM 销售或管理 AIF 的收费标准仍未统一

ESMA 在提交欧盟委员会有关 AIFMD"单一护照制度"实施情况的 ESMA/2015/1235 意见中明确指出："AIFMD 存在一个很大的缺陷，即其单一护照制度对收费问题没有详细规定。"① 具体而言，AIFMD 并没有对各成员国金融主管部门关于核准 AIFM 与 AIF 的收费标准进行规定。以至直到现在，各欧盟成员国的收费仍不尽相同。例如，在向母国金融主管部门申请核准上，法国的 AIFM 需要对每一只 AIF 支付 2000 欧元的申请费用，而在马耳他，这笔费用变成了 3000 欧元；② 如果一位欧盟的 AIFM 想要在东道国进行 AIF 的销售与管理业务，那么某些额外的费用可能也需要支付给东道国的金融主管部门。例如，马耳他规定每只基金支付 450 欧元或者 500 欧元的额外费用等。③ 收费标准的不同不仅是 AIFM 经营成本的不同，亦折射出了欧盟成员国 NPPRs 的影子。

（四）AIFMD"单一护照制度"缺乏有效的欧盟层级的审查监管机制

AIFMD"单一护照制度"的实施很大程度上要依靠欧盟成员国的"自觉"。原因如下：第一，对于 AIFMD"单一护照制度"国内立法转化的审评

---

① ESMA/2015/1235, ESMA's opinion to the European Parliament, Council and Commission and responses to the call for evidence on the functioning of the AIFMD EU passport and of the National Private Placement Regimes, p. 21.

② Ibid.

③ Ibid.

（Review）程序，ESMA 只具有很小的审查权限。[1] 根据 AIFMD 的规定，完成审评程序的主体是欧盟委员会，然而，AIFMD"单一护照制度"的调研、制定、运行评价等均是由 ESMA 主持的。对于 AIFMD"单一护照制度"，ESMA 实际上出现了"权力真空"的问题，AIFMD 只在立法中授权 ESMA 就有关实施情况进行调研，并在关键时间节点提出建议。立法并未赋予 ESMA 在有关 AIFMD"单一护照制度"方面的监督权、执行权、处罚权等，而直接监管主体欧盟委员会对于相关进展情况，则很大程度上依赖于 ESMA 的调研报告与研究建议。这样的制度设计使得欧盟委员会对于 AIFMD"单一护照制度"的直接监督很难落到实处，而最适格的直接监督主体 ESMA 则不具有相应的监督权限。这就导致了 AIFMD"单一护照制度"的实施很大程度上需要各欧盟成员国的主动配合才可完全实现，在主动性不佳的情形下，往往会出现诸如 ESMA 建议"难产"，以及欧盟委员会就 AIFMD"单一护照制度"授权立法工作的"停滞"等问题。第二，诚如上述，NPPRs 依然是欧盟各成员国管理非欧盟 AIFM 与非欧盟 AIF 的主要制度。且对于欧盟 AIFM 与欧盟 AIF，NPPRs 仍具部分影响力。因此，成员国对于 AIFM 与 AIF 的自主监管权限依旧很大，而欧盟委员会亦较难对各成员国就 NPPRs 问题进行精确监管。相似地，由于制度架构的不完善，之于 ESMA，则有"望洋兴叹"之感。第三，尽管有部分成员国提议，欧盟至今仍未授权 ESMA 或其他相关职能部门对 AIFMD"单一护照制度"的"停滞"问题进行专项处理，也未授权 ESMA 额外的监管与执行权限等。不过，在延期了 3 年之后，2020 年 6 月，欧盟委员会根据 AIFMD 第 69 条的规定，姗姗来迟发布了对于 AIFMD 的审评意见，旗帜鲜明地指出了 AIFMD"单一护照制度"存在的主要问题与改革需要。[2] 根据审评文件精神，ESMA 被委以改革重任的可能性

---

[1] AIFMD, Article 69 (1).

[2] European Commission, "Report from the Commission to the European Parliament and the Council assessing the application and the scope of Directive 2011/61/EU of the European Parliament and of the Council on Alternative Investment Fund Managers," https://ec.europa.eu/info/publications/200610 - aifmd - application - scope - report_ en, last accessed on 3 January 2021.

在加大，而针对 AIFMD 的整体改革也已箭在弦上。

# 五、AIFMD"单一护照制度"未来改革发展路径初探

面对 AIFMD "单一护照制度" 向非欧盟 AIFM、非欧盟 AIF 延伸适用的"停滞"，以及 NPPRs 对 AIFMD "单一护照制度" 的干扰等问题，欧盟成员国的相关改革进程已经启动。

## （一）改革指令梳理

欧盟在 2019 年发布了 EU/2019/1160 指令，对 AIFMD 的部分规则进行修正。[1] 其中包括对 AIFM 对散户投资者进行销售、管理 AIF 的最低标准的制定，[2] 修法主要规定了 AIFM 的强制披露义务，例如对投资订单生成程序、支付回购程序和赎回收益程序的披露等。[3] 设立对散户投资者的最低保护标准，有利于解决针对散户投资者各成员国保护标准"参差不齐"的问题，一定程度上可以抑制 NPPRs 的发挥空间。但该修法并未完全禁止欧盟成员

---

[1] Directive (EU) 2019/1160 of the European Parliament and of the Council of 20 June 2019 Amending Directives 2009/65/EC and 2011/61/EU with regard to Cross – Border Distribution of Collective Investment Undertakings.

[2] D. Kam & W. Gowling, "EU AIFMD – New Marketing Requirements for Alternative Investment Funds," AIMA Journal, edition 121D, https://www.aima.org/journal/aima-journal---edition-121/article/eu-aifmd-new-marketing-requirements-for-alternative-investment-funds.html, last accessed on 13 January 2021.

[3] Directive (EU) 2019/1160 of the European Parliament and of the Council of 20 June 2019 Amending Directives 2009/65/EC and 2011/61/EU with regard to Cross – Border Distribution of Collective Investment Undertakings, Article 2 (1).

国 NPPRs 对于 AIFM 在对散户投资者销售与管理 AIF 时的适用，成员国依然可以制定更为严格的规则，规制 AIFM 对散户投资者的行为。这也是为什么在 2020 年 6 月欧盟委员会的审评意见中，屡次提及 NPPRs 在 AIFM 对散户投资者进行销售与管理 AIF 时普遍存在这一问题。[①] EU/2019/1160 指令对 AIFMD"单一护照制度"的规则也进行了修改。其规定"在 AIFMD 第 35 条、第 37 至 41 条生效之前，欧盟委员会应向欧洲议会和欧盟理事会提交一份报告，其中应包括对 AIFMD'单一护照制度'进行评估的结果，以及将该制度延伸适用至非欧盟 AIFM、非欧盟 AIF 的评估结果，且该报告应酌情附有一项立法提案。"[②] 从规定中可以看出，在制度建设层面，对 AIFMD"单一护照制度"延伸适用进程已经重启。

2020 年 6 月，在延期了 3 年之后，欧盟委员会对 AIFMD 的审评意见终于出炉。该审评意见是依据 AIFMD 第 69 条授权编写的。根据相关规定，欧盟委员会必须审查 AIFMD 的适用情况，总结其在实施过程中取得的经验与教训，并评估 AIFMD 对欧盟和第三国投资者、AIF、AIFM 的影响，以确定其所追求的目标在多大程度得以实现。[③] 该意见以欧盟委员会为发表主体，首次对 AIMFD 的运行情况进行全面评估，意义重大。因为，与 ESMA 的建

---

[①] European Commission, "Report from the Commission to the European Parliament and the Council assessing the application and the scope of Directive 2011/61/EU of the European Parliament and of the Council on Alternative Investment Fund Managers," https://ec.europa.eu/info/publications/200610 - aifmd - application - scope - report_ en, last accessed on 3 January 2021.

[②] Directive (EU) 2019/1160 of the European Parliament and of the Council of 20 June 2019 Amending Directives 2009/65/EC and 2011/61/EU with regard to Cross - Border Distribution of Collective Investment Undertakings, Article 2 (7).

[③] European Commission, "Report from the Commission to the European Parliament and the Council assessing the application and the scope of Directive 2011/61/EU of the European Parliament and of the Council on Alternative Investment Fund Managers," https://ec.europa.eu/info/publications/200610 - aifmd - application - scope - report_ en, last accessed on 3 January 2021. See also AIFMD, Article 69.

议文件效力不同，该审评意见将于正式发布后提交欧洲议会和欧盟理事会，且审评意见的发布意味着欧盟委员会对于 AIFMD 的改革问题已基本达成一致，对于意见中提到的主要问题，有望在接下来得到逐一解决。

（二）AIFMD 未来发展路径初探

第一，限制与终止 NPPRs 的进程已经重启并将加速。根据审评意见精神，欧盟应会重点解决 AIFMD "单一护照制度" 实施进程中的 "地方监管主义" 问题，加大限制并逐步终止欧盟各成员国的 NPPRs。① 消除 NPPRs 是一项系统工程。欧盟需要对 AIFMD 中的一些 "建设性模糊" 的规定进行立法解释，② 细化规则，减少欧盟成员国发挥 "司法能动性" 的空间。③ 例如对于 AIFMD 第 43 条进行立法释义等；同时，AIFMD 的立法解释机制自身可能也会发生变化。从 EU/2019/1160 对 AIFMD 的修改规定中可以看出，对于 AIFMD "单一护照制度"，已经引入了提交 "立法提案"（Legislative Proposal）的程序。因而，今后有关 AIFMD "单一护照制度" 的修改，可能不再采取 ESMA 对欧盟成员国调研、ESMA 提出建议、欧盟委员会审议、正式提出立法提案等这一系列较为冗长、繁杂与低效的程序，而是直接采取 "ESMA 从调研到给出立法提案" 这样的新的过程。此外，审评意见的颁布，意味着从欧洲议会、欧盟理事会层级的 AIMFD 修法即将实现，而这也将会更好地推动 NPPRs 在全欧盟境内的终止。

---

① European Commission, "Report from the Commission to the European Parliament and the Council assessing the application and the scope of Directive 2011/61/EU of the European Parliament and of the Council on Alternative Investment Fund Managers," https://ec.europa.eu/info/publications/200610-aifmd-application-scope-report_en, last accessed on 3 January 2021.

② 韩逸畴：《国际法中的 "建设性模糊" 研究》，载《法商研究》，2015 年第 6 期，第 171 页。

③ 章成：《论欧盟对外缔约实践的权限、程序与司法审查机制》，载《西北民族大学学报（哲学社会科学版）》，2019 年第 4 期，第 124 页。

第二，ESMA可能被赋予更多权限，而这些权限将用于AIFMD的改革。在欧盟"三局一会"的金融监管体系中，相较于其他几个欧盟金融监管组织，ESMA一直是一个较为弱势的监管机关存在。[①] 例如，ESMA并未拥有类似欧洲中央银行（The European Central Bank）那样，对欧盟最大型商业银行的直接监管权。[②] ESMA对于一些重要的、规模较大的证券基金公司没有直接监管的权力，这些监管权都纳入欧盟成员国各自的金融监管机制之中，由各成员国的金融主管部门负责监管，这也解释了为什么在AIFMD"单一护照制度"推进过程中，各成员国的"地方监管主义"气息浓厚，阻力较大。此外，在重要立法问题上，ESMA也往往扮演着"立法建议""信息收集"的角色。ESMA是整个AIFMD"单一护照制度"的有力推动者与适格监督者，但其权限与地位的不匹配，使其难以施展拳脚。实际上，关于ESMA的机构改革也在不断进行之中，其在基金领域的监管职权也在不断被细化与扩张，例如EU/2019/1160中"立法提案"步骤的引入。而在2020年6月的审评意见中，也指出了ESMA在AIFMD"单一护照制度"改革中所发挥的重要作用。未来，针对其改革的不同问题，ESMA可能被赋予更多权限，例如针对改革过程中的监督权、调查权、处罚权等，以此来加快AIFMD"单一护照制度"的推进。

第三，欧盟另类投资基金市场对第三国的限制将被逐步破除。不论是EU/2019/1160指令，还是2020年6月的审评意见都可以看出，重启AIFMD"单一护照制度"对非欧盟AIFM、非欧盟AIF延伸适用的进程，是目前AIFMD改革的核心焦点之一。此外，新冠肺炎疫情带来的国际金融市场大变局，也催生欧盟金融市场新一轮变革的可能。相较于美日等国，欧盟金融市场的韧性较好，在疫情冲击中恢复较快，欧元表现坚挺，整体向好。[③] 在

---

① 唐波、李秦：《系统性金融风险监管主体制度改革的国际实践与借鉴》，载《湖南社会科学》，2019年第6期，第87页。

② 于品显：《欧洲中央银行单一监管机制研究》，载《武汉金融》，2019年第6期，第58页；洪德钦：《欧洲央行独立性之研究》，载《台大法学论丛》，2004年第5期，第215页。

③ 丁纯、纪昊楠：《新冠肺炎疫情下的欧盟经济与中欧经贸关系》，载《当代世界与社会主义》，2020年第6期，第35页。

欧盟金融业利好的大背景下，进一步开放欧盟金融市场是吸引外资的必由之路。AIFMD"单一护照制度"对非欧盟AIFM、非欧盟AIF的延伸适用，是开放欧盟另类投资基金市场的重要渠道，也是较为安全的开放模式。

值得注意的是，开放渠道并非"来者不拒"。根据AIFMD第35条、第37条与第67条的规定，同意非欧盟AIFM、或非欧盟AIF持有"护照"的前提，首先是应由ESMA对该第三国的基金市场进行评估。[1] 评估的内容包括有投资者保护情况、市场扰乱情况、竞争及系统性危机监管等方面。[2] 因而，第三国如若想让其AIFM与AIF加入欧盟另类投资基金市场，应考虑国内基金市场的监管制度与保障制度的适配性问题。事实上，在2016年，ESMA在其ESMA/2016/1140评估意见中就已认为中国香港特别行政区的AIF可以持有AIFMD"单一护照"。[3] 并且，ESMA还特别提及对于中国大陆和台湾地区未能发表评估意见的原因，是由于欧盟与中国大陆和台湾地区尚未就另类投资基金市场合作签订谅解备忘录，或是目前中国大陆和台湾地区在欧盟境内的AIF及AIFM的运行数据尚未完全被收集与统计。[4] ESMA在其评估报告中特别提出，将会继续深化与中国的金融合作，争取打通另类投资基金市场跨境流通渠道。[5] AIFMD"单一护照制度"的改革与中国证券市场对外开放的改革具有很好的衔接性。2020年5月，中国人民银行、国家外汇局联合发布《境外机构投资者境内证券期货投资资金管理规定》，落实取消境内机构投资者额度要求，实施本外币一体化管理，大幅简化投资收益汇出手续。[6] 未来，合格境外投资者制度将是中国证券市场对外开放过程中一

---

[1] ESMA/2016/1140, ESMA's advice to the European Parliament, the Council and the Commission on the application of the AIFMD passport to non – EU AIFMs and AIFs, p. 7.

[2] Ibid., p. 8.

[3] Ibid., p. 45.

[4] ESMA/2016/1140, ESMA's advice to the European Parliament, the Council and the Commission on the application of the AIFMD passport to non – EU AIFMs and AIFs, page 106.

[5] Ibid.

[6] 中华人民共和国中央人民政府网，http://www.gov.cn/gongbao/content/2020/content_ 5525100.htm，（上网时间：2021年1月11日）。

项长期重要的制度安排。而合格境外投资者制度，也为中国内地投资者投资境外市场提供了通道，满足中国证券市场多样化的投资需求。在"引进来"的同时，中国也在积极地"走出去"。中国的基金公司海外探索已历经10年，随着中国金融领域对外开放进程的加速，中国股市及债市相继纳入国际主要指数体系，外资对中国金融市场的配置需求正不断增长，中国资本市场"引进来"与"走出去"渠道日益丰富，影响力不断提升，国际投资者对中国资本市场改革和中国经济长期健康发展具有极大信心。[①] 在此背景下，中国应继续完善对基金管理人、私募基金的监管法律制度，营造良好的国内投资基金市场环境，并适当加强对加入海外投资基金市场的可行性研究，实现中国基金市场的多向流通，提升中国基金市场的"国际化"与"市场化"。

---

[①] 上海市基金同业公会：《"走出去"再迎新机遇——"中国资产管理人欧洲拓展机遇"高层圆桌会顺利举行》，https：//www.sohu.com/a/361283956_120381437。（上网时间：2021年1月12日）。

# 德法关系发展及其新特点

## 王志强　戴启秀[*]

[内容提要]　本文首先从历史和现实的角度阐述德法合作的法律基础，在此基础上第二部分解析《亚琛条约》文本的核心内容，并以此分析德法合作的五大领域及其新特点。第三部分面向德法为抗击新冠肺炎疫情在欧洲的流行和维护欧洲政治社会稳定而提出的"共同救助基金"倡议措施，对之进行分析。最后评析在多重危机背景下德法合作并将继续发挥协同领导作用，推进欧洲一体化。

[关键词]　德法　合作　领导　一体化

在欧洲一体化进程中，德法合作机制发挥着促进欧洲一体化的重要作用。面对美国政坛变化对欧洲乃至世界的挑战、恐怖主义、经济萧条和新冠肺炎疫情、难民危机和气候危机等"多极危机"，[①] 德法进一步加强合作，在欧盟层面共同推出应对政策和行动计划成为两国共同的责任意识。面对在法国、奥地利和德国频繁发生的恐怖事件，德法强化合作，彼此协调，以此

---

[*] 王志强，上海外国语大学德语系教授，博导；戴启秀，上海外国语大学国际关系与公共事务学院教授。

① Ulrich Ladurner. Europa nach der US – Wahl. Nur einer kann Europa führen. In. Zeit – online vom 5. November 2020.

阻止恐怖主义和极端主义在欧洲蔓延。① 两国呼吁共同"反对极端主义和恐怖主义",② 认为欧盟需要达成"共同协调的答案",加强政府间协调,采取针对性措施,如联通数据库、加强申根地区的外部边境安全合作,制止互联网恐怖主义宣传,改革申根规定,保障申根地区内社会安定和安全。为使欧盟有效抗击新冠肺炎疫情,维护欧洲社会稳定和安全,2020年5月18日德法倡议建立欧盟"共同救援基金",以此摆脱新冠肺炎疫情对欧洲经济社会前所未有的挑战和冲击。在对外政策上,《亚琛条约》签订后,德法加强合作。如两国外长共同要求与美国新一届政府修复跨大西洋关系,修复在过去4年受到损害的机制和规则,建立新的跨大西洋关系,以此保障"我们的安全和福祉",③ 适应"全球性变局"。两国共同呼吁这一"新跨大西洋关系"应基于"彼此紧密关系、共同价值和彼此利益"。

鉴于此,基于德法合作的历史认知,本文对德法合作相关条约和行动计划进行阐述,以此为出发点,确定德法合作的五大领域和新特点,本文最后部分对德法提出的欧洲抗疫"共同救助基金"倡议进行阐述。

## 一、德法合作的法律基础

2019年1月22日,德法签订《亚琛条约》,重启欧洲一体化"双引擎"机制,发挥在欧盟的核心领导作用。深化两国关系既是德法共同的欧洲责任

---

① Maria Kotsev: Nach Paris, Nizza Dresden, Wien Müssen sich Berliner Muslime vom Islamismus distanzieren. Der Tagesspiegel vom 6. 11. 2020.

② Pressekonferenz von Bundeskanzlerin Merkel. www. die bundesregierung. de. 10. November 2020.

③ Heiko Maas und Jean – Yves Le Drian. Transatlantische Beziehungen. Es gibt keine besseren Partner. Zeit Online 16. November 2020.

意识，也是其超越历史的新意识。[①]

综观德法关系发展历程，德法关系不断走向机制化和法律化，形成了多层面多维度合作机制。1963年1月22日，德法领导人签订《德法友好合作条约》（史称《爱丽舍条约》）。在此之后，为加强两国合作，德法先后又签订了《德法2020议程》（2010年2月）、《柏林—巴黎：共同行动政治总则》（2013年1月22日）和《亚琛条约》（2019年1月22日）三份重要文件。相关议程、总则和条约为两国合作提供重要的政治保障。

1. 《爱丽舍条约》

1963年1月22日，德法领导人在巴黎签订了《德法友好合作条约》（《爱丽舍条约》）。这一条约为法德和解奠定了重要的政治框架，宣告了德国与法国的"世敌"历史的结束。德法成为欧洲最重要的伙伴，这也标志着两国合作的政治框架形成。按照条约规定，在外交政策方面两国政府建立磋商和协调机制，在防务政策以及教育和青年问题方面加强合作。为落实条约精神，两国定期举行两国政府代表会晤，共同协商彼此的外交政策、欧洲政策和防务政策，建立德法部长理事会，设立德法青年中心，重视学生交流、城市伙伴关系和交流，创建德法合作高等学校等。

由此奠定的"德法轴心在欧洲一体化进程中发挥了主导作用。政治和解的标志性成果是这一条约在国家制度层面制定的和解和合作的框架。在对欧洲走向联合和处理各类重大危机方面，德法两国联手共同努力，取得了令人瞩目的成果，被誉为"一体化的发动机、火车头"。[②]

为进一步深化德法合作，1988年，联邦德国总理科尔和法国总统密特朗对《爱丽舍条约》进行了合作内容的补充，建立了共同的金融经济理事会、环境和文化理事会、国防和安全理事会，进一步拓展了德法合作的领域。

2. 《德法2020议程》（2010年2月）

在《爱丽舍条约》签署47周年之际，为在政治层面进一步推进两国合

---

① 王志强、戴启秀：《德国国家治理模式研究：经济、社会与外交》，上海，同济大学出版社，2020年8月版。第8页。

② 伍贻康：《法德轴心与欧洲一体化》，《欧洲》1996年第1期。

作，2010年2月，德法通过了《德法2020议程》。① 作为两国未来10年关系可持续发展的重要行动纲领，《德法2020议程》确定了至2020年德法合作的核心领域。经济金融、能源环境、教育研究、外交安全、社会组织、联络机制被确定为两国合作的六大领域，涵盖80项合作项目。② 在经济金融方面，两国在二十国集团、金融市场监管和整治决定以及涉及欧盟对未来数年的财政框架谈判方面采取共同立场，推出欧盟成员国生活水平指标。建立由德法企业家组成的专家组，加强彼此合作。在能源环境方面，两国共同设计气象卫星，建立可再生能源联络处，在太阳能、风能、二氧化碳排放吸收处理领域共同资助标志性项目，建设跨境铁路，提高两国交通体系的效能，促进交通可持续发展。在教育研究方面，两国达成共识，增加德语、法语双语托儿所，至2020年新建200所双语幼儿园，促进学生交流，共同编写欧洲教科书，扩大高校德语、法语双语课程，为相关高校提供资金，推出学生实习学分互认制度。在外交安全方面，双方致力于欧盟危机管理合作，共同提出旨在拓展欧盟能力的建议，加强军队合作，提升"德法旅"行动能力。在社会组织方面，两国加强社会组织接触，促进2300个友好城市交流，减少对两国公民个人交流的法律干预和行政干预，扩大双边交流计划，建立德法青年中心，深化民间交流，巩固两国友好传统。在联络机制方面，加大对联络机制建设的力度，建立共同文化中心，两国外交部拟定未来外交家人才培养方案。

为落实以上六大领域的合作，《德法2020议程》要求两国设立德法关系政府联络人机制，确定合作项目负责人，并每年一次向德法部长理事会提交项目进展报告。

3.《柏林—巴黎：共同行动政治总则》（2013年1月22日）

基于《德法2020议程》，2013年1月22日，德法两国部长理事会在柏

---

① "Deutschlands Zukunft gestalten", Koalitionsvertrag zwischen CDU, CSU und SPD, 27. 11. 2013, pdf, S. 1 – 185, hier S. 165.

② Deutsch – Französische Agenda 2020, pp. 1 – 13, http：//www. deutschland – frank-reich. diplo. de/Deutsch – Franzosische – Agenda – 2020, 5854. html.

林通过了《柏林—巴黎：共同行动政治总则》。① 该总则明确了两国进一步发展双边关系的方向，确定了优先落实《德法2020议程》领域和项目，并为未来德法合作注入了新内容。《柏林—巴黎：共同行动政治总则》确定了75项内容，涉及德法经济社会层面合作、工业政策、能源政策和深化欧元区建设4个方面，并特别关注教育、培训、实习和人员流动方面的深度合作。以此为基础的德法可持续合作将进一步推进欧洲一体化进程。

在经济社会层面，德法进一步加强合作，"以便能更好地面对金融稳定、经济增长、就业（尤其是年轻人就业）、劳工条件和社会对话带来的共同挑战"；② 在工业政策方面，两国将未来合作重点放在资源、能源、数字化经济、电信服务、纳米技术、食品工业、健康和交通等领域；在能源政策方面，两国虽然有着不同看法，但彼此愿意更好地进行协调，在对混合能源保持自主选择权限下，两国继续致力于在欧盟层面通过可再生能源和智能技术发展的共同战略，其在此领域的合作应有利于可再生能源技术、智能电网的开发和二氧化碳排放，有利于相应欧洲企业的形成和发展；在欧元区建设方面，基于共同的历史责任，两国应深化欧元区建设，共同推进欧元区银行体制改革，通过两国财长长期合作，制订相应方案，促进欧洲经济货币联盟的建设。

4.《亚琛条约》——作为《爱丽舍条约》的2.0版

在《柏林—巴黎：共同行动政治总则》推出6年后，2019年1月22日，德法领导人在德国北部城市亚琛签署了《亚琛条约》。③ 这一德法合作新条约是对《爱丽舍条约》的补充，可被视为其2.0版。德法两国承诺，延续《爱丽舍条约》这一历史性条约奠定的基础，为德法两国合作注入新动力和新内容。通过紧密合作，倡导建设一个强大的、拥有行动能力的欧

---

① *Berlin – Paris*: *Politische Leitlinien für gemeinsames Handeln*, http://www.euractiv.de/wahlen – und – macht/artikel/berlin – paris – politische – leitlinien – fr – gemeinsames – handeln – 007126.

② Ibid.

③ 条约全称为：Vertrag zwischen der Bundesrepublik Deutschland und der Französischen Republik über die deutsch – französische Zusammenarbeit und Integration (1.22.2019).

洲，以及一个和平并以规则为基础的世界秩序，使两国更好地应对21世纪的诸多新挑战。

《亚琛条约》由7个章节（28条款）组成，涉及德法合作诸多领域。第一章面向欧洲事务，有2项条款（1、2）；第二章以和平、安全和发展议题为主，有6项条款（3、4、5、6、7、8）；第三章涉及文化、教育、研究和流动，有4项条款（9、10、11、12）；第四章是针对地区合作和跨境合作，有5项条款（13、14、15、16、17）；第五章是关于可持续发展、气候、环境和经济领域，有5项条款（18、19、20、21、22）；第六章是组织机构，有4项条款（23、24、25、26）；第七章涉及落实条约相关规定，有2项条款（27、28）。[①] 从内容角度看，欧洲事务成为德法合作优先领域；其次是和平、安全和发展议题；再次是文化、教育、研究和人员流动。如果说，前三章节涉及宏观层面的德法合作，第四、第五章则确定了德法两国的具体合作领域和行动计划。

基于这一德法合作新条约精神，德法将发挥两国在欧洲的发动机作用，彼此协调政策，提出共同倡议和建议，更好地应对欧盟面对的诸种发展不确定性，促进欧洲一体化；在对外政策方面，彼此协调政策，发挥合力和联合作用，强调欧盟共同对外政策。《亚琛条约》签订后，德法在国际事务方面合作更加深化，在重大决定前事先协调协商，达成共识，这种共识越来越得到两国政界的认同。为两国进行深度沟通，两国设立内阁会议和在涉及重大决定前有部长列席相关会议等政府间沟通协商机制。

## 二、德法合作五大领域及其新特点

如《亚琛条约》所示，德法新合作更加重视在欧盟层面的彼此合作，发挥两国欧洲一体化发动机作用，促进欧洲一体化；重视和平、安全、教育

---

[①] 条约全称为：Vertrag zwischen der Bundesrepublik Deutschland und der Französischen Republik über die deutsch–französische Zusammenarbeit und Integration（1.22.2019）.

和经济可持续发展以及边境地区的融合建设和发展。由此奠定的德法合作包括以下五大领域。

第一，加强德法在欧盟层面的合作，促进欧洲一体化。两国定期进行磋商会晤机制，如在欧洲议会、欧盟层面会晤前和《欧盟法》转化成国内法前，彼此协调立场，形成共同意见和立场。

第二，重视和平、安全和发展领域的合作，提升欧洲行动能力。和平、安全和发展被确定为德法未来合作重要领域。

在外交、防务、外部内部安全方面，两国进行深度合作，对重大决策加强磋商，形成共同立场。在需要时采取共同行动，维护共同利益。两国承诺恪守《北大西洋条约》（1949年4月4日）第5条、《欧盟条约》（1992年2月7日）第42条和《里斯本条约》（2007年12月13日），深化安全防务合作，强化北约集体安全体系，促进两国安全防务政策、目标和战略的趋同化发展，维护两国安全利益。为此，在一方遭受军事打击时，另一方有义务提供（包括军事手段在内）力所能及的援助。为维护欧洲地区的和平和安全，两国通过共同行动，强化欧盟和北约合作，两国加强军事合作，加快制订共同防务计划，确定伙伴范围，促进欧洲国防技术和国防工业的发展，提升欧洲竞争力。在相互信任的基础上，两国支持国防工业进行紧密合作，共同推进合作项目，制定武器出口规定，并拟建立德法防务和安全委员会。

在政治层面，两国同意建立全方位政治合作，促进两国外交部、外交使节和领馆及其他驻外机构的合作和交流；两国加强在联合国常驻机构、安理会、北约和欧盟常驻代表机构和欧盟事务机构层面的沟通和交流。在《联合国宪章》框架下加强联合国范围内合作，特别是在联合国安理会和联合国专业机构层面，协调政策，形成一致立场，履行欧盟在联合国层面为应对全球化挑战所承担的义务，并继续致力于联合国安理会的改革。在反恐、打击有组织犯罪、司法、情报机构和警察事务方面，两国加强双边合作，共同实施培训计划，建立第三国维和行动部队。

在发展合作方面，两国重视欧洲与非洲的伙伴关系，促进欧非在诸多领域的合作。如地区融合、教育和职业教育、性别平等、妇女自决、维和措施、非洲社会和经济发展、可持续性发展、善治、冲突处置预防和解决等。

在国际援助和其他政治层面建立欧非定期对话机制,促进两国对非政策计划和政策实施的协调。

第三,深化德法文化、教育、研究合作,促进人员流动。在德法伙伴关系中,文化和媒体发挥着重要的作用。两国强调,在文化和媒体方面加强合作,为德法在文化和媒体方面的交流创建一个具有自由和机会的共同空间。

第四,深化德法边境地区合作,将边境地区建设成"欧洲区"。鉴于是欧洲大陆重要的邻国,德法地区合作和跨境合作被确定为重要领域,共建"德法经济区"。

第五,重视可持续发展、研究和经济等领域合作。两国承诺,在《巴黎气候协定》和《联合国可持续发展"2030议程"》框架下,在可持续发展、全球化、卫生健康、环境保护和气候保护等全球性议题方面加强合作。

基于《亚琛条约》的德法合作有着其以下五大新特点:

一是全方位应对21世纪诸多新挑战。面对世界地缘政治格局不断变化,特别是特朗普政府的"美国优先"政策对现有国际政治经济体系的冲击,欧盟内部外部的威胁、难民移民危机、政治势力上升的民粹主义、英国脱欧和恐怖主义等21世纪的新挑战,作为欧盟核心成员国,德法更加意识到,作为重要的欧盟成员国,两国应发挥核心作用,为欧盟发展注入新动力。《亚琛条约》为德法两国确定了共同的政治战略、行动计划和前瞻性预案。如深化德法政治经济合作,共建"德法经济区";加强边境地区跨境合作,打造边境"欧洲区";深化两国政府间的磋商机制;在北约集体安全体系、欧盟条约框架下加强两国军事合作等。

二是建立全方位合作新机制。德法两国合作由政治层面转向经济、社会、文化、教育等层面。德法重视在国际层面的合作,在联合国范围内深化合作。在外交层面加强合作,推出两国驻外使节沟通和政策协商机制。在政府层面将政府间磋商机制拓展到地区和地方政府,打造全方位新合作机制,促进两国的地方交流和地区合作。

三是深化在欧盟层面的合作。在政治、经济、军事、议会等领域两国加强政治协商,致力于更为有效的欧盟共同外交和安全政策,提升欧盟行动能力。两国强调，恪守北约集体安全体系、欧盟条约精神，拟建立"德法防务和安全委员会"，为德法军事合作提供相应的机构保障。作为欧洲一体化"稳定锚"和欧盟核心成员国，德法的深度合作也有助于欧盟的政治稳定。

四是促进跨境地区合作，共建边境"德法经济区"和"欧洲区"。跨境地区合作成为德法合作的新领域。通过地区融合政策和行动计划，将两国边境地区建设成为"基于共同规则的德法经济区"和"欧洲区"。德法将推出趋同化经济政策、经济法和社会福利政策，促进德法边境地区经济融合和社会融合，提升边境地区经济竞争力。《亚琛条约》确定的具体行动计划有：改善边境地区数据网络、物理空间，促进交通设施融合，推进铁路公路建设。

五是德法重视多元化合作。这方面的合作涉及政治、经济、文化和地区合作、跨境合作等。德法在政治层面合作机制有：两国内阁定期会晤机制、德法防务和安全委员会、德法部长理事会、跨境合作委员会和德法合作理事会。在经济层面的德法合作机制有德法金融经济理事会。在文化和环保方面有环境和文化理事会、德法青年中心和德法未来中心等。

## 三、德法应对新冠肺炎疫情提出的共同倡议："共同救助基金"

为抗击新冠肺炎疫情在欧洲的流行，恢复和振兴欧洲经济，维护欧洲政治社会稳定和安全，2020年5月18日德法两国领导人共同宣布实施欧盟"共同救援基金"的倡议。两国就欧盟设立总额为5000亿欧元的"欧洲经济振兴基金"达成共识。按照德法达成的方案，欧盟委员会以欧盟名义从资本市场融资，由27个欧盟成员国共同承担债务，以帮助受新冠肺炎疫情影响最严重的国家、地区和行业。

如同默克尔强调的那样，新冠肺炎疫情是欧洲历史上最严重的危机。

"让欧洲更强大、更团结一致走出危机",[①] 以此摆脱新冠肺炎疫情对欧洲经济的冲击。德法共同倡议设立"共同救助基金"(欧洲经济重振基金),这为欧盟27个成员国达成一致提供了重要保障。此项基金计划的实施将使欧盟进行深刻改革,欧盟、欧洲单一市场和欧元区为保持其团结协调也需要基金。另外,这一倡议改变了德国多年来在欧洲层面始终坚持的经济紧缩理念和反对欧盟集体借贷的立场。在欧盟面临危机时,德法就"共同救助基金"倡议达成一致十分重要,这一债务共同承担的举措也体现了德法两国对欧洲一体化的重视和担当。

按照德法方案,欧盟"共同救助基金"为5000亿欧元。对之欧盟委员会再增加2500亿欧元,总额达到7500亿欧元。2020年7月17日,欧盟27个成员国在布鲁塞尔欧盟总部举行峰会,对此计划进行审议。会议原定两天结束,但因不同成员国、特别是欧盟"南北"国家的不同立场,峰会持续了4天4夜。

对于是否实施欧盟"共同救助基金",欧盟"南北"成员国态度对峙。丹麦、瑞典、奥地利、荷兰和芬兰"节俭五国"主张大幅度削减无偿赠款份额,要求限制南方国家处理公共支出的财政事权,对援助款项附加严格条件,接受援助国须严格控制支出,并用于符合欧盟经济制度和环境保护政策改革等"优先目标"的领域。经过近90小时的艰难谈判,2020年7月21日凌晨结束了这一"全体欧洲人在非常艰难的时刻进行的艰难谈判",27个欧盟成员国达成共识,决定通过借贷方式,向受新冠肺炎疫情影响严重的欧盟成员国提供7500亿欧元救助资金,其中3900亿欧元以拨款方式发放给疫区国家,3600亿欧元则以贷款形式发放。

此次"共同救助基金"方案的通过,得益于德国和法国的"力挺",同时也是欧盟27个成员国共同妥协的结果。面对前所未有的经济社会挑战和新冠肺炎疫情对欧盟的经济冲击,欧盟需要更加团结,通过协商妥协的方式,共同应对挑战,这将有助于欧盟更好地渡过危机,推进欧盟一体化。

---

① Ruth Ciesinger, Fragen des Tages Ein Rettungsfonds für Europa. Der Tagesspiegel, 18. 5. 2020.

## 结语：对德法合作的评析

德国和法国在战后建立的彼此合作关系和深度睦邻友好关系是基于两国的历史认知。回顾历史，在二战结束后，面对欧洲政治上的四分五裂，经济上因战争破坏而急需重建和复兴，德法两国意识到，原有的想法已不合时宜。美苏对峙又使欧洲成为冷战场，这使德法感到没有自主权和安全感。在这一历史背景下"欧洲自主"被提上欧洲政治议事日程。这是欧洲政治家不得不思考的问题。对二战的反思一方面给了欧洲统一运动强大的推动力，另一方面促进了人们对欧洲联合的探索与追求。[①] 在欧洲一体化进程中，德法合作已形成了具有机制性、规范性和可持续性特点的运作机制。两国合作不断深化，不仅涵盖两国政治机制、社会机构和经济建设，而且也包括国际治理，特别是欧盟的政治决策领域。

展望今天，在逆全球化背景下欧洲面临如恐怖主义、经济萧条和新冠肺炎疫情、难民危机与民粹主义的思潮以及气候危机等"多极危机"。特别是新冠病毒在全球大流行给全球经济发展带来严重挑战，恐怖主义、极端主义和民粹主义在欧洲蔓延，欧洲面临前所未有的安全压力和社会安全挑战，对此，欧盟在推出政治决策和行动纲领方面需要德法这两个核心成员国的支持。德法的合作和两国共同的欧洲政策对欧洲一体化具有引领性作用。这也成为德法加强彼此关系、深化两国合作的共同意识所在。

虽然德法在一体化发展的具体领域方面存在分歧，但两国都具有推进一体化、促进欧洲联合的共识。德法会一如既往按照《亚琛条约》精神，在欧洲一体化政策方面继续发挥协同领导作用。作为欧陆大国，法国的地理位置和战略意愿决定了法国势必要追求其欧洲大陆主导权和领导权。法国外交

---

① 戴启秀：《和解外交——超越历史的欧洲一体化》，《国际观察》2007年第4期，第34—41页。

政策的连续性也体现在"欧洲第一"这一核心原则，这与德国将欧洲一体化视为其外交政策第一支柱是相符的。在战略层面，德法有着较为广泛的共识。为了欧洲统一大业和实现欧洲永久和平、维持欧洲和平与安全，这依然是德法的共识和外交优先领域。

# 从肯·列文斯通到鲍里斯·约翰逊：
# 伦敦创意产业策略回顾与评析
# （2004—2014）

陈 琦[*]

[内容提要] 伦敦创意产业发展是历史与现实双重因素作用的成果，除了受到产业结构转型的内生动力驱动，政府长期以来的政策引导是不可忽略的因素。本文考察2004—2014年10年间伦敦市政府的创意产业政策，分析伦敦创意产业政策的总体战略、管理模式、实施过程及效果评估。

[关键词] 伦敦 创意产业 政党轮替 文化软实力

国际都市作为文化产品和文化服务重要的产出基地与消费场所，在跨国思想文化交流的过程中具有举足轻重、不容忽视的地位和作用。放眼环球，无论是美国纽约、英国伦敦，还是法国巴黎、日本东京，这些国际性大都市无一不以其雄厚的文化实力塑造着其所在国具有的国际形象，构成该国在国际综合国力竞争的舞台上所拥有的文化软实力。作为一座在文化方面具有世

---

[*] 陈琦，上海外国语大学英语学院副院长，副教授。本文获上海市浦江学者计划资助（项目编号：14PJC091）。

界影响的都市，伦敦自我定义为"世界文化之都"，一直吸引着来自世界各地的人才。20 世纪 90 年代，英国政府率先提出创意产业的概念，目的是增强英国在全球经济中的竞争力。政府的政策引导和扶持是英国创意经济发展的重要条件。当下，英国脱离欧盟之后，伦敦创意产业将往何处去？是否还具有竞争力？在"全球英国"的总体战略里将扮演何种角色？在思考上述问题之前，本文对 2004—2014 年间的伦敦创意产业策略进行系统回顾，为应对脱欧后的相关情况预判工作打下前期研究基础。

# 一、伦敦创意产业政策背景

二战后，英国经历了殖民帝国的瓦解和制造业竞争力的日益下降，政治经济实力与以往不可同日而语，但其文化和意识形态影响力依然保持着强势。在英国的国家战略规划中，文化是其在国际综合国力的竞争中争夺话语权、发挥影响力的重要手段，是失去殖民帝国之后依然跻身于世界大国俱乐部的重要筹码。英国政府关注并且有意识地提升其文化和意识形态的影响力，将文化影响力作为维护与别国关系的重要手段甚至作为一项发展战略，积极推动文化外交，塑造英国的正面形象。丰富的文化资源、帝国时代留下的无形资产、富有远见的战略与完备的管理体制、蓬勃发展的创意产业，确保英国在全球化的进程中始终保持着世界文化强国的地位。

凭借有效的文化产业政策与机制、成功的商业运作、科技和资金优势，英国成功地发展成为仅次于美国的世界第二创意产业大国，英国的创意文化产品和服务占有世界文化市场不容忽视的份额。

在英国能否保持世界文化大国地位这个问题上，伦敦扮演着举足轻重的角色。伦敦是英国传统的政治、商业、文化的中心城市。早在 16 世纪，伦敦凭借优越的地理位置和港口条件，成为西欧重要的国际转运贸易中心。19 世纪 30 年代，伦敦成为新兴铁路网络的枢纽，城市规模不断扩大，初具国际金融中心的雏形。1863 年伦敦建成世界上第一条地铁，标志着现代城市交通的开端。在第二次产业革命的影响下，20 世纪二三十年代，伦敦即拥有一系列当时的高新技术制造业部门，如电气机械、汽车、飞机工业等，制造业在伦敦经济中占据显著份额。然而，在二战后随着英国整体经济在西方世界的相对下滑，伦敦经济在国际经济中的地位也日趋下降。与此同时，工业化所导致的环境污染问题也恶劣到伦敦政府和公众不能不严肃对待的严重地步。20 世纪 70 年代以后，伦敦抓住后工业化和全球产业升级的时代机遇，率先进行金融创新，并大力发展包括咨询、广告、设计、教育、科研等在内的专业服务行业，作为信息化时代实现经济复兴的突破口。随着服务业迅猛发展，伦敦制造业的经济比重不断减少，服务业的比重不断增加。到了 20 世纪 80 年代，服务业就业人口占伦敦总就业人口的比重高达 82%。伦敦成功实现了后工业化时期的经济结构调整。金融服务成为伦敦的经济支柱，伦敦成为与纽约齐名的全球规模最大、最具国际化的金融中心。

自 20 世纪 90 年代以来，伦敦市政府制定了新形势下的文化战略，构建了目前国际上架构最完整的文化产业政策，积极引导扶持文化创意产业的发展。伦敦这座世界贸易、工业、金融中心业已成为全球文化创意中心，以及公认的文化之都、艺术之都、知识之都和创意之都。这座城市收藏着难以计数的艺术珍品，拥有 300 多个世界级的博物馆和艺术画廊，有着浓厚的艺术氛围和历史底蕴；同时，这座城市又吸引了全球艺术、时尚、电影、设计、音乐、戏剧等领域的尖端人才，创造着最前沿的当代文化，而伦敦卓越的文化实力巩固了这座城市在世界上的重要地位。就伦敦而言，创意产业对城市经济的贡献几乎可以匹敌金融业。文化产业在给英国经济带来实实在在利益的同时，也传播着英国的审美理念、价值取向、文化观念，在国际上塑造着英国的国家形象。

## 二、列文斯通工党市政府的创意产业策略

2004 年《伦敦文化之都：实现世界级城市的潜力》是伦敦市政府发布的第一份以文化战略为主题的官方文件。[①]时任伦敦市长的肯·列文斯通（Ken Livingstone）在序言中指出，伦敦的文化和创意产业是城市主要的经

济推动力之一，提供了超过50万个工作岗位，并为伦敦创造了仅次于金融服务业的社会财富；文化吸引力带动了旅游业等相关产业的发展；此外，文化创意还有助于解决社会不公的问题，为社会各阶层发出自己的声音创造条件。列文斯通的伦敦市政府认为，要把伦敦建设成示范性的、可持续发展的世界级城市，高质量的文化生活是实现这一愿景的关键因素。"伦敦文化的丰富性也许是世界上其他任何一个城市都难以匹及的，这种丰富的文化生活对伦敦人来说极其重要，也是我们多样化社区身份认同的中心。"① 伦敦文化战略小组主席加内特·阿诺德（Jennette Arnold）陈述该文件出台的背景——创意产业已经成为伦敦的核心产业，为了进一步的繁荣发展，有必要制定具有指导性的文化战略，而通过文化，伦敦可以保持自身的活力、吸引力和经济力量，以及作为"伦敦人"的身份认同感。② 如阿诺德所说："文化是一种有力的力量，可以促进互相理解和身份认同。它可以将不同背景的人们团结起来，超越阻碍，珍惜彼此的差异性，文化可以给人启发、给人教育、创造财富，并给每个人带来巨大的快乐。"③ 阿诺德声称，伦敦有着丰富的文化资源，传统与现代的结合使得伦敦拥有作为世界级文化城市的实力，政府制定文化战略就是为了保持并增强伦敦作为卓越的世界创意与文化中心的声誉。④

这份《伦敦文化之都：实现世界级城市的潜力》文件确定了伦敦发展世界一流城市文化的战略定位，提出实现文化战略的四个关键目标：卓越——增强伦敦作为世界级文化城市的地位；创造——提升创造力是伦敦成

---

① 参见2004年文件原文第11页："The city's cultural richness is unmatched, probably by any city in the world. This rich cultural life is extremely important to Londoners and central to the sense of identity of our diverse communities."

② 同上，第12页

③ 同上，第14页："Culture is a powerful force, promoting understanding and a sense of identity. It can bring together people with different backgrounds, transcending barriers and celebrating difference. Culture can inspire, educate, create wealth and give immense pleasure to everyone."

④ 同上。

功的关键；参与——确保所有的伦敦人都可以参与到城市的文化中来；价值——确保伦敦从它的文化资源中获取最佳利益。

要实现"卓越"这一目标，具体的政策包括：（1）伦敦需要确保它的文化机构和文化活动具有世界级的高水准。无论以何种标准衡量，伦敦拥有的文化设施和机构都是世界一流的，这些文化资产对伦敦的文化身份和世界地位至关重要；举办国际大型活动也会让伦敦获益良多，这些活动可以在世界媒体上展现城市积极正面的形象，团结来自各个社区的伦敦居民并创造一种共同的利益和文化感觉，刺激城市经济的发展。（2）基础设施和支持力度的提高是实现伦敦文化多样性创造潜力的必要条件。伦敦享有丰富的多元文化，多样性是构成伦敦创意产业竞争力的关键要素之一，要充分实现这种创意才华的潜力，伦敦必须支持文化基础设施的建设，包括场所、资金、社区所需的职业培训等，帮助它们获得实现可持续发展的资源。（3）伦敦需要发展自身的品牌，并推广自身成为世界文化城市和旅游目的地。伦敦每年吸引大约1300万海外游客，但伦敦依然容易受到全球政治经济波动的影响，因此伦敦需要发展出能够抵御这种负面影响的手段，其中文化在繁荣伦敦旅游业方面扮演重要角色，当然，在发展旅游业的时候必须注意可持续性。事实上，在全球各大城市吸引投资的竞争中，文化实力是伦敦所拥有的优势，文化是伦敦吸引全球投资的一个有力因素，伦敦需要在世界舞台上进一步提升和推广它的文化品牌并与其他国际大都市发展持续的文化对话。

要实现"创造"这一目标，具体的政策包括：（1）必须认识到创造力对伦敦发展经济和实现成功的重要性。全球经济的变革引导英国走向以智力或创造为标志的知识经济，在知识经济中伦敦有着显著的角色，虽然目前伦敦的创意产业比如广告、设计、音乐、传媒、影视等已经构成了经济的重要组成部分，但是伦敦依然面临着来自世界的激烈竞争，只有拥有创造力才能保持住竞争优势。（2）教育和终身学习应在创造力培养和提供就业渠道中扮演中心角色。要保证创意产业拥有源源不断的人才储备，需要在各层面上支持文化教育项目，这些项目可以由多种渠道提供，比如成人教育、社区项目、高等教育机构或继续教育机构等，其中非学历教育可以在这些领域起到重要作用。

要实现"参与"这一目标，具体的政策包括：（1）对文化的参与应该是所有伦敦居民的权利,政府将采取措施鼓励伦敦居民积极参加文化活动。(2)文化应该是发展伦敦社区的一种手段。公共庆典与公共文化活动有助于培养居民对城市的认同感、归属感、自豪感,有助于促进社会和谐和融合,有助于增强各个社区之间的联系和对话,有助于不同社区实现自我表达、不同社区之间互相尊重和欣赏,也有助于降低年轻人群反社会行为的风险,帮助年轻人群掌握团队合作的技能,培养他们的自信和公民意识。(3)应该有遍及伦敦和各级行政区——地方、次郊、郊区——的广泛而高质量的文化供给。伦敦大多数文化机构坐落于中心城区(central London),但3/5的伦敦人口分布在外伦敦地区(outer London),文化设施在中心城区的过分集中给交通带来压力并使得许多居民不能很好地利用伦敦的文化资源,政府需要在中心城区和外围地区的文化设施上实现更好的平衡,在外伦敦地区提供更多的文化供给。(4)文化活动应该在伦敦发展和复兴的过程中得到鼓励。在伦敦中心城区与外伦敦地区的文化设施上取得更好的平衡有助于改善城市不同地区间发展的不平衡性,鼓励居民参与文化活动有助于促进当地的商业并让当地更加宜居。(5)伦敦公共领域中的文化价值和潜能应当给以充分的重视。公共空间为文化活动提供平台,伦敦拥有丰富的公共空间资源,在社区利用这些空间从事文化活动时政府应当给予支持,特别是伦敦从罗马时代到当代的各式建筑,其本身就是伦敦文化实力的一部分,欣赏并理解这些建筑应当成为伦敦文化计划的一个重要组成部分;此外,公共绿地也可为伦敦文化活动提供场所。

要实现"价值"这一目标,具体的政策包括:(1)伦敦的文化事业应当获得与伦敦的人口、经济以及空间需求相一致的资源。对伦敦而言,文化在社会、经济和环境方面的影响是非常巨大的,但是这种重要性并不总是被理解,伦敦的资源并不是只有经济,文化领域的从业者也是整个城市成功的关键,伦敦需要改善文化行业的工作条件,保持并补充文化行业的人才贮备,确保获得这座城市应有的文化资源,这些都事关伦敦居民的生活品质。(2)组织结构和资金支持都应该考虑到所有的伦敦市民,在此基础上做出最优的配置。伦敦需要确保与周边地区乃至整个英格兰的有效合作,确保资源实现最大价值,伦敦的文化发展需要统一的战略。

文件指出,这些文化战略的总体设想是促进和加强伦敦文化和创造力的多样性，而多样性也是伦敦文化建设所应遵循的基本原则，只有在城市文化生活中积极反映伦敦多样化的社区，才能保证伦敦文化的卓越品质。① 文化包容性是世界城市的必要条件，建设世界级文化中心城市需要建构多元文化公平发展、交流融合的平台，这既是世界城市应有的文化品质，又为城市文化活力的彰显提供保障。多元文化环境有利于创造力的发挥，是吸引创意人才汇集的重要条件，也是激发创意的重要源泉。在城市文化的建设中，要可持续地开发利用城市文化资源，对城市文化的构成要素进行整合，实现从文化资源到文化资本的合理转化，构建一个以创意和知识为内生动力的城市文化生态。在这个文化生态中，创意与资本有机结合，共同推动伦敦城市的发展。综上所述，伦敦市政府2004年4月推出的文化战略文件《伦敦文化之都：实现世界级城市的潜力》确立了建设世界级文化都市的发展目标，提出要将伦敦打造成英国最具文化创意以及世界最具活力、最多元化的文化中心，将对创意文化的打造作为伦敦城市发展的核心动力，彰显了创意文化产业在经济发展中的支柱地位，并要求进一步激发伦敦城市文化的多元活力，实现伦敦城市的转型发展。这是顺应世界以知识为基础的文化、科技、经济一体化的发展模式：通过文化活动和创意产业的开展，塑造城市的文化形象，提升城市的文化活力，增强城市的国际竞争力。

在2004年文件的指导下，2008年3月伦敦发展署（the London Development Agency）发布了《伦敦：文化审计》（London: A Cultural Audit）的报告，② 将伦敦的文化资产与其他4个世界级都市纽约、巴黎、东京、上海做比较，这是伦敦当局发布的第一份关于伦敦文化资产的定量分析报告，旨在为企业商务决策和政府政治决策提供数据参考。③ 报告所采纳的关于文化和

---

① 见2004年文件原文第38—39页。

② 2008年文件原文网址：http://www.london.gov.uk/sites/default/files/cultural-audit.pdf。

③ 伦敦经济委员会此前的相关调查为伦敦发展署《伦敦文化审计》的报告奠定了基础。2004年的《伦敦创意领域》（London's Creative Sector: 2004 Update）对创意产业的统计方法做了探索；2007年的《伦敦创意领域》（London's Creative Sector: 2007 Update）跟进了伦敦创意产业的发展与数据更新，并凸显了创意产业与金融业间的密切关系。

知识经济的界定主要依据1986年联合国教科文组织和2007年经济合作发展组织所制定的标准。报告指出，伦敦优越的文化环境是伦敦拥有的重要资产，是伦敦城市竞争力的重要组成部分，但是这些优势并不是无条件存在的。伦敦必须保持并拓展自身的文化资产，支持文化多样性，并为所有的伦敦市民参与文化活动创造条件。①

## 三、约翰逊保守党市政府的创意产业策略

2008年，鲍里斯·约翰逊当选伦敦市长，并在2012年再次击败了工党的利文斯通成功连任。约翰逊执掌伦敦市政期间，也相当重视创意产业发展，出台了一系列相关政策：2010年11月《市长文化战略》（The Mayor's Cultural Strategy – 2012 and Beyond）、② 2012年8月《世界城市文化报告2012》（World Cities Culture Report 2012）、③ 2013年7月《商业街上的文化》（Culture on the High Street）、④ 2014年1月《世界城市文化报告2013》（World Cities Culture Report 2013）、⑤ 2014年1月《创意产业经济评估》（Creative Industries Economic Estimates）、2014年3月《文化都市——伦敦市长文化战略》（Cultural Metropolis 2014 – The Mayor's culture strategy for Lon-

---

① 见2008年文件原文第13页。

② 2010年原文文件网址：http://www.london.gov.uk/sites/default/files/Cultural-Metropolis.pdf。

③ 2012年原文文件网址：http://www.london.gov.uk/sites/default/files/WorldCitiesCultureReport.pdf。

④ 2013年原文文件网址：http://www.london.gov.uk/sites/default/files/Culture_On_The_High_Street_July13_0.pdf。

⑤ 2014年1月原文文件网址：http://www.london.gov.uk/sites/default/files/WCCR2013.pdf。

don)① 等。

2010 年的《市长文化战略》肯定文化创意部门对伦敦成为世界级都市所做出的重要贡献，主张对文化创意领域予以持续的支持和投资，特别是在经济不确定性加大、政府公共开支削减的背景下，伦敦文化生活如何继续保持繁荣甚至实现进一步发展。约翰逊在该报告里围绕若干关键问题展开论述：保持伦敦世界文化都市的地位，让更多人接触到优秀文化，教育、技能与职业，基础设施、环境和公共空间，2012 年文化和伦敦，实际实施文化战略的渠道。

报告正文分为 6 部分，第一部分论述如何保持伦敦世界文化都市的地位，从总体上对伦敦文化产业的规模和主要特点进行了评估，突出强调了目前存在的紧迫问题，特别是当前经济形势下面临的挑战。从拥有的文化资源来衡量，伦敦是当之无愧的 21 世纪世界一流的文化都市，伦敦的创意才华来自它扮演的全球中心的角色，国际贸易中心的历史传承、有利的法治环境、开放的精神和商业自由一起吸引着来自全世界最有才干、最富企业家精神的人们，伦敦的竞争力很大程度上正是得益于伦敦市民的知识与技能。特别是在文化和创意产业，绝大多数竞争力正是来自这座城市世界化的品格，正是文化的多样性激发着文化创意领域的活力和灵感。伦敦优质的高等教育也成功吸引了来自世界各地的学生，这不仅给伦敦带来了大约 15 亿英镑的经济利益，而且使得这些学生与伦敦这座城市建立了终身的联系。当然，作为英国首都，伦敦要保持活力也必须跟英国其他地区紧密合作。伦敦还应当利用好数字媒体。在资金方面，政府通过广泛的平台鼓励私人资金和公共资金共同投资文化事业。在政策方面，政府承诺审视并修订对文化发展有害的过多的规制性条款以建设一个平衡的规范的文化创意环境。通过多方合作，积极向世界市场推广伦敦的文化产品和服务。第二部分阐述伦敦的文化供给，人们参与文化活动的主要障碍，以及让更多伦敦居民参与文化活动的途径。政府将与文化机构、基金会、地方当局合作，解决文化资源不平衡的问题，确保整个伦敦地区都能享有高质量的文化供给；将支持高质量的文化

---

① 2014 年 3 月原文文件网址：http://www.london.gov.uk/sites/default/files/1065_CulturalStrategy2014_4web_1.pdf.

节、文化活动，扩大观众的数目、提高居民对文化艺术活动的参与度；将着手解决妨碍参与文化活动的交通问题。第三部分"教育、技能与职业"指出政府与相关机构需要培养年轻人、儿童对文化艺术活动的兴趣，鼓励他们积极参与文化艺术活动，通过课堂外的教育如音乐教育等全面提高他们的文化素养；伦敦文化创意产业竞争力很大程度上取决于从业者的才能和技术，政府将与雇主和公共基金会合作，致力于提高文化创意从业者的职业技能，而伦敦的高等教育机构以其雄厚的学术实力为伦敦文化创意事业的繁荣做出了积极贡献；政府允诺为立志从事文化创意工作的求职者提供专业有效的职业建议和指导，并积极为他们创造实习机会和参加志愿活动的机会。第四部分"基础设施、环境和公共空间"指出文化创意产业是城市复兴的有价值的因素，城市景观含有城市的历史和传统，需要加以保护，公共艺术活动、艺术节可以提高公众对伦敦历史的参与和理解，通过举办例如伦敦故事节（the Story of London festival）之类的活动，为文化机构提供展示它们历史和收藏的机会，鼓励所有伦敦市民欣赏伦敦的历史并为此自豪。第五部分专门讨论了2012年伦敦奥运会作为盛大的文化庆典给伦敦带来的机遇。筹办2012伦敦文化盛典是激发城市文化活力，彰显城市文化多样性的有效载体。奥运会被人誉为"世界节日"，从奥运会的发展历史来看，奥运会作为会展经济的重要组成部分在活跃城市文化氛围、推动城市文化经济发展中的作用日益明显。为了更好地彰显奥运会在文化层面的功能，伦敦政府成立了"文化奥林匹克"项目工作组，以政府组织的形式明确文化理念在伦敦奥运中的角色。"文化奥林匹克"与当代创意经济、体验经济和注意力经济的发展相适应，而围绕奥运会所举办的文化盛典，在广义来讲就是以文化体验为基础，以创意为核心，以吸引世界注意力为最终目标的文化产业。同时，为奥运会兴建的一些基础设施，如伦敦奥林匹克公园，也为今后会展、旅游经济的发展提供了平台。"文化奥林匹克"是具有可持续性、可操作性的行动计划和文化战略。第六部分具体阐述了如何实际落实这些政策。综上所述，这份2010年《市长文化战略》的文件奠定了约翰逊保守党市政府在文化战略方面的基调：拓展市民参与文化活动的渠道、强化文化创意教育培训、加强文化基础设施及公共空间建设、进一步释放城市文化活力。2014年伦敦政府发布了新版的《市长文化战略》，在保留2010年文件框架的同时，更新了数据并增加了许多新的案例。

2012年8月《世界城市文化报告2012》和2014年1月《世界城市文化报告2013》对世界主要城市的文化现状和文化政策做了数据考察和对比分析。该报告在2008年《伦敦：文化审计》调研的基础上，综合考察城市的60个文化指标，将这些指标分为六大主题：文化遗产、文学文化、表演艺术、电影游戏、人才与创意教育、文化活力与多样性。报告指出，通过这种形式的国际都市文化政策交流，可以更好地对文化供给和需求做出评估，并认为尽管每个城市的文化特色不尽相同，所有城市都达成一个共识，即文化对于国际都市的发展非常重要，同时国际都市对全球文化的繁荣也起着至关重要的作用。2014年文件在2012年文件的基础上，再将调查对象扩展到更多城市。此外，其他一些报告例如2013年的《商业街上的文化》、2014年《创意产业经济评估》追踪文化发展动向，介绍产业发展现状，进行行业数据分析，客观评估实施效果，这些基础研究为伦敦市政府制定相应措施提供可靠的、即时的意见参考，保证了政府的科学决策。

## 四、结论

通过梳理2004—2014年伦敦政府代表性的文化政策文件，我们可以看到，在伦敦文化创意产业发展过程中，政府公共政策起到了显著的推动作用，并且这种战略规划有其内在的延续性和连贯性，不受政党轮替的影响。伦敦市政府文化战略的宏观背景是整个英国国家经济转型：两个世纪的工业化对伦敦造成的负面效应不容忽视；而新兴经济体经济文化中心对伦敦构成的挑战也日益严峻。但是伦敦在竞争中不仅基本保住了原有的国际经济、金融、贸易中心的地位，而且发展成为世界顶级的文化创意中心。这既有城市产业结构升级而形成产业集聚区的内生动力，又离不开政府产业政策的导向推动。伦敦市政府扮演的角色是在宏观上制定文化发展战略，引导和加强对文化重要性的倡导，协调各类部门和机构，为文化繁荣发展提供硬件条件和有利的法治环境，同时充分保障文化主体的能动性和活力、充分发挥市场和非政府文化组织在文化发展传播中的主体地位，文化创意产业的经济价值和人文价值并重。在后工业时期产业结构转型的拉动作用下，伦敦市政府有意识的战略规划、伦敦文化创意卓越的组织管理、专业人才培养与创新氛围营造、资金支持与知识产权保护等综合因素有利于文化创意活力的激发与彰显，有力地促进了文化创意产业在伦敦的发展，共同确保了伦敦世界一流的文化创意实力。

# 中东欧国家人工智能产业竞争力分析

张　琳　尚宇红[*]

[内容提要]　本文首先从企业数量、规模、产业投资和核心优势等角度阐述中东欧人工智能产业发展现状，而后采用 WIOD 世界投入产出和 TiVA 增加值数据库，测算了中东欧国家 2000—2015 年的全球价值链地位指数及依赖度指数，从中东欧国家对区域内、欧盟发达成员国以及主要贸易伙伴三个角度入手，讨论了中东欧人工智能产业参与全球价值链的特征。结果表明，中东欧总体在人工智能服务领域优势明显，特别是希腊、立陶宛、波兰和爱沙尼亚四国通信服务处于价值链更为上游的位置。此外，中东欧与欧盟发达成员国已建立起较紧密的依赖关系，同时，区域内部分工合作不断加深，中国在该区域上游供给者地位凸显。

[关键词]　人工智能　中东欧　全球价值链

---

[*] 张琳，上海对外经贸大学副教授；尚宇红，上海对外经贸大学教授，国际经贸学院副院长。

# 一、引言

面临新冠肺炎疫情的第二轮冲击，中东欧地区经济依然面临较大的不确定性。与2020年第一季度相比，第二季度GDP呈负增长，总产出下滑明显。由于各国受疫情冲击程度不同，政府为控制疫情传播采取措施的严厉程度不同，导致各国总产出下降程度存在差异，其中新冠肺炎累计确诊人数最多的波兰和捷克受冲击较大，总产出分别下降11.8%和12.6%，而经济较为依赖旅游业等需要密切接触服务业的经济体，如克罗地亚和黑山GDP下降最为显著，较第一季度分别下降17.8%和21.8%。[①] 与之相对，中国与中东欧贸易的逆势上涨已成为后者缓解疫情冲击的稳定器之一，宁波航运交易所发布的"17+1"贸易指数报告显示，2020年前三季度，中国与中东欧国家进出口贸易额为733.40亿美元，同比上涨3.69%。排名前三位的国家（地区）分别是波兰、捷克、匈牙利，实现进出口贸易额分别为226.73亿美元、131.23亿美元、85.40亿美元，同比分别增长9.97%、3.91%、11.88%。[②] 在抗击新冠肺炎疫情中，人工智能、大数据等技术在疫情分析、病毒溯源、防控救治、资源调配等方面发挥了重要作用。目前，中国人工智能企业数量位居全球第二，全国人工智能企业融资总额占全球融资总额的70%，在人工智能应用领域实力较强，但基础理论和原创算法仍与国外存在较大差距。因此，深入分析中东欧各国人工智能发展及其细分领域的比较优势，对于进一步挖掘中国与中东欧国家在人工智能领域的合作具有重要意义。

---

[①] 作者依据欧盟统计局官网：https://ec.europa.eu/eurostat/data/database 数据整理计算。

[②] http://sti.msri.cn/xyDetailView?detailId=8a030335-f844-4407-83cf-57f33418b318&langType=ch&detailType=stiReport.

## 二、中东欧国家人工智能产业发展现状

### （一）中东欧人工智能企业数量与特征

2018年，中东欧地区共有人工智能企业438家、研究机构56家，其中波兰人工智能企业106家，居中东欧17国之首，捷克、匈牙利和罗马尼亚各有50家，以上四国AI企业数量占中东欧地区达58.4%。以波兰为例，至少拥有一项相关领域专利的企业有20家，占AI企业数量的18.9%。立陶宛、克罗地亚和匈牙利申请专利的企业占比分别为25%、23%和22%。而欧盟成员国中AI企业数量最多的英国（1766家）仅有149家企业申请了201项专利，申请专利企业占比仅为8.4%，表明英国AI产业发展相对成熟，已进入到技术应用和商业化为主的阶段，而中东欧国家人工智能仍处于技术发展与经济融合阶段。[①]

**表1　2018年中东欧国家AI机构、专利情况**

| 国家 | AI机构 企业 | AI机构 研究机构 | AI专利 专利申请企业 | AI专利 专利数量 | AI专利 企业平均专利数量 | 与经济指标相关的AI机构 AI机构/GDP（10亿欧元） | 与经济指标相关的AI机构 AI企业/BERD（百万欧元） | 与经济指标相关的AI机构 AI机构/人口（百万人） |
|---|---|---|---|---|---|---|---|---|
| 保加利亚 | 29 | 2 | 2 | 1.8 | 0.4 | 0.32 | 0.05 | 4.30 |
| 克罗地亚 | 13 | 1 | 3 | 8.0 | 2.7 | 0.20 | 0.05 | 3.31 |
| 捷克 | 50 | 7 | 7 | 15.2 | 1.7 | 0.21 | 0.02 | 5.41 |
| 爱沙尼亚 | 35 | — | 1 | 1.0 | 1.0 | 1.23 | 0.18 | 26.62 |
| 希腊 | 42 | 12 | 8 | 5.7 | 0.6 | 0.25 | 0.08 | 4.97 |

---

[①] 同为欧盟成员的中东欧国家中，仅爱沙尼亚（2.9%）和保加利亚（6.9%）的这一比例低于英国。

续表

| 国家 | AI 机构 企业 | AI 机构 研究机构 | AI 专利 专利申请企业 | AI 专利 专利数量 | AI 专利 企业平均专利数量 | AI 机构/GDP（10亿欧元） | AI 企业/BERD（百万欧元） | AI 机构/人口（百万人） |
|---|---|---|---|---|---|---|---|---|
| 匈牙利 | 50 | 4 | 11 | 4.8 | 0.4 | 0.28 | 0.03 | 5.48 |
| 拉脱维亚 | 11 | — | — | 0.0 | 0.0 | 0.30 | 0.19 | 5.54 |
| 立陶宛 | 16 | 1 | 4 | 6.5 | 1.5 | 0.27 | 0.09 | 5.82 |
| 波兰 | 106 | 13 | 20 | 26.0 | 0.9 | 0.16 | 0.03 | 3.13 |
| 罗马尼亚 | 50 | 10 | 8 | 21.7 | 1.0 | 0.16 | 0.03 | 3.02 |
| 斯洛伐克 | 12 | 1 | 2 | 2.0 | 1.0 | 0.11 | 0.03 | 2.40 |
| 斯洛文尼亚 | 6 | 4 | 1 | 2.3 | 1.0 | 0.20 | 0.01 | 4.85 |
| 波黑 | 5 | 1 | 1 | 2.0 | 2.0 | NA | NA | 1.57 |
| 北马其顿 | 1 | — | — | — | — | NA | NA | 0.48 |
| 塞尔维亚 | 12 | — | 4 | 4.5 | 1.1 | NA | NA | 1.69 |

数据来源：AI related indicators：JRC PREDICT – AI TES Dataset, 2019. Economic Indicators：EUROSTAT.

注：BERD 为企业 R&D 投入。

由表1可知，从相对指标来看，爱沙尼亚每10亿欧元GDP拥有的AI机构（包括企业和科研机构）数量最多（1.23），甚至高于英国（0.92）；其次为保加利亚（0.32）和拉脱维亚（0.3），这一指标高于德国（0.28）。按每百万人口计的AI机构数爱沙尼亚更是高达26.6家，远超其他中东欧国家，甚至超过德国（10.21）、法国（10.65）和荷兰（20.59）等西欧国家。给定企业R&D投入额（BERD），拉脱维亚和爱沙尼亚人工智能领域更为活跃。从专利申请绝对数量来看，波兰（26.0）罗马尼亚（21.7）和捷克（15.2）位居前三位，但在企业平均专利申请量方面，克罗地亚以每家企业2.7件专利排名第一，该数值高于瑞典（2.6）和德国（2.3），在欧盟28个成员国中，仅次于芬兰（5.2）和爱尔兰（3.4）而位居第三名。这表明各国人工智能产业发展战略和所处阶段的差异性。

欧盟前30个AI企业区域集群中，中东欧地区仅占2席，即波兰马佐夫舍省（Mazowieckie）和匈牙利中部地区（Közép - Magyarország），其中 AI 企业数量占欧盟 28 个成员国比重分别为 0.9% 和 0.8%。从企业成立时间来看，克罗地亚、斯洛文尼亚、拉脱维亚和爱沙尼亚 60% 以上的人工智能企业成立不到 5 年，而其他国家这一比例要小得多，如保加利亚和斯洛伐克的新企业仅占 11.8% 和 20.9%。如果考察成立不足 10 年的企业，除保加利亚、希腊、匈牙利和罗马尼亚四国外，其余国家新企业占比均超过 50%，爱沙尼亚甚至高达 88%，可见中东欧地区人工智能产业仅是最近 10 年逐步发展起来的（见图 1）。与此相对，保加利亚成立 11—20 年的企业占比高达 47.1%，表明其于新千年伊始即注重发展人工智能产业。

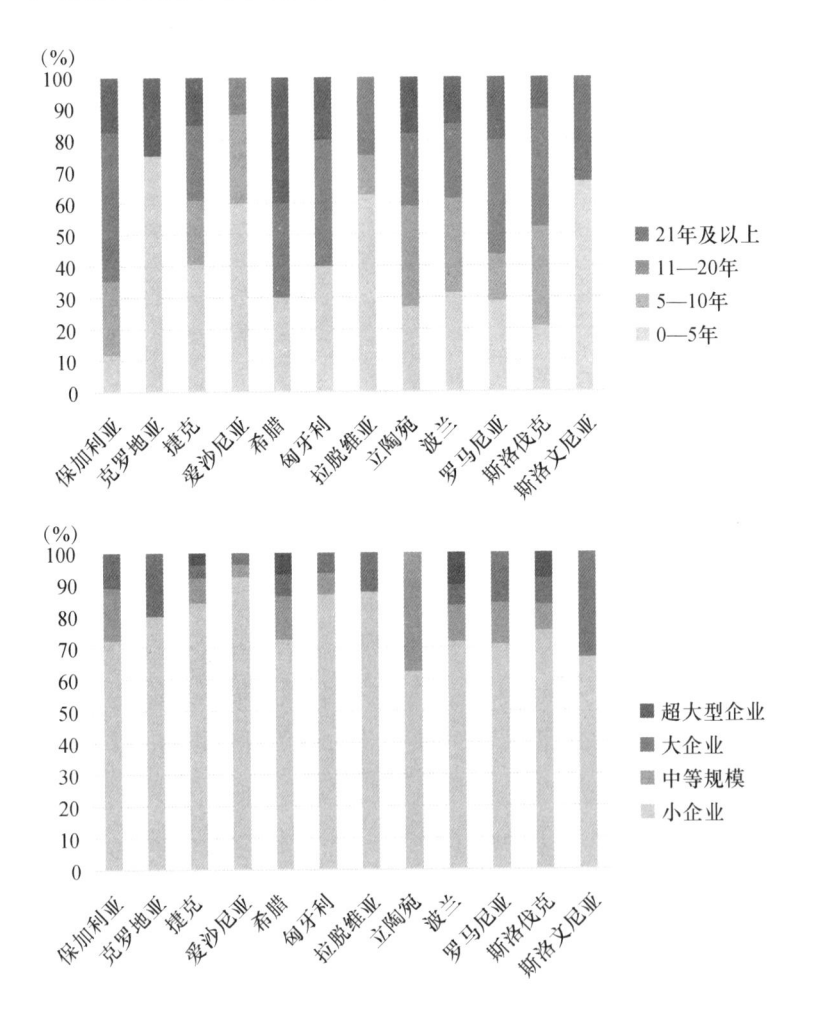

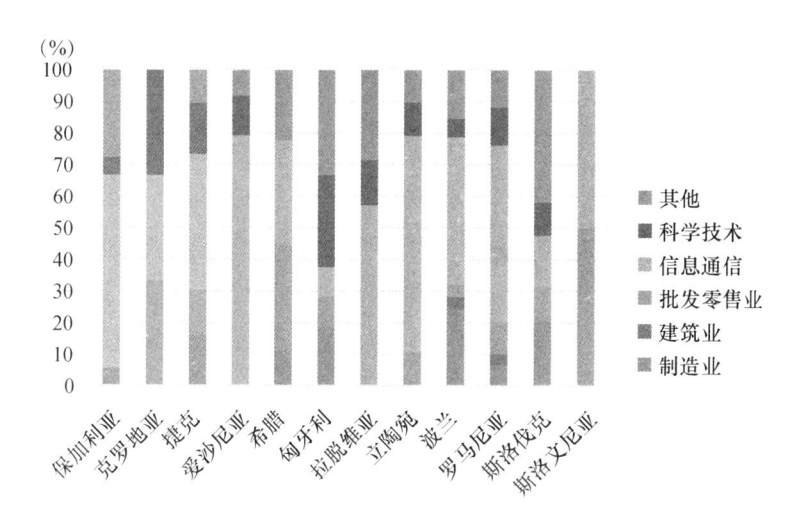

**图 1 中东欧 AI 企业成立年限、规模及所属行业特征**

数据来源：同表1。

从企业规模来看，中东欧地区人工智能产业以小企业参与为主，除立陶宛（62.4%）和斯洛文尼亚（66.7%）外，AI 小企业占比均超过70%，其中爱沙尼亚和拉脱维亚这一比例甚至高达92.4%和87.5%。[①] 从行业分布来看，人工智能企业集中在信息通信和科技活动领域，如爱沙尼亚以上领域企业占比高达91.7%，立陶宛和拉脱维亚这一比例均超过70%，这与后文分析得到的结论，即中东欧国家在 AI 服务领域具有较强的比较优势一致。比较而言，中国人工智能企业多分布在制造业（50%以上），这与中国在计算机芯片、电子器件和传感器等硬件方面的传统优势相关（Righi et al., 2017），同时使得中国在与制造业密切相关的人工智能领域，如计算机视觉、网联和自动驾驶方面具有较强比较优势。

---

① 企业规模的划分需至少满足以下各类标准之一。中等规模企业：营业收入至少为100万欧元、总资产至少为200万欧元、雇员人数15人及以上；大规模企业：营业收入至少为1000万欧元、总资产至少为2000万欧元、雇员人数150人及以上；超大规模企业：营业收入至少为1亿欧元、总资产至少为2亿欧元、雇员人数1000人及以上；不属于以上类型的企业为小企业。

## （二）产业投资规模与投资主体

2018年，波兰人工智能产业投资达到4.1亿欧元，居中东欧地区之首；其次为罗马尼亚，投资总额1.7亿欧元，两国合计超过中东欧地区AI投资的60%。捷克、斯洛伐克和匈牙利AI产业投资分别为0.91亿、0.85亿和0.65亿欧元。克罗地亚、斯洛文尼亚和保加利亚投资不足千万欧元，在欧盟28个成员国中，投资额仅略高于马耳他。如果将AI投资细分为技能与终身学习、市场应用和技术基础设施三大类，则人力资本投资规模最大，接近人工智能产业投资总额的71%；[①] 其次为技术基础设施占比接近20%，低于欧盟28个国家平均29.2%的水平，市场应用投资最少，中东欧12国仅有0.86亿欧元，占总投资额的9.3%（见图2）。

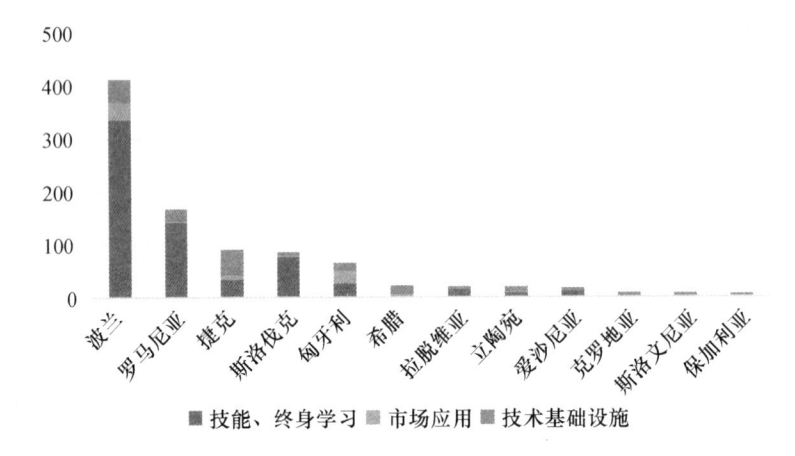

**图2　2018年中东欧国家AI投资（单位：百万欧元）**

数据来源：European Commission：Estimating investments in General Purpose Technologies：The case of AI Investments in Europe，2020.

从AI产业人均投资额来看，上述情况发生逆转，尽管爱沙尼亚总投资

---

① 技能与终身学习包括：ICT专家、高校教师和企业培训支出；市场应用指品牌、设计、R&D等无形资产支出；技术基础设施包括：计算机硬件、软件、数据库和通信设备等支出。

额仅为 1710 万欧元，其人均投资额达到 12.7 欧元，仅次于斯洛伐克的 15.5 欧元，在中东欧国家中排名第二。尽管如此，中东欧国家 AI 投资显著低于北欧欧盟成员国，如丹麦、爱尔兰和芬兰的人均投资额分别为 42.7 欧元、36.6 欧元和 36.4 欧元。此外，无论是总量还是人均投资，克罗地亚和保加利亚在中东欧地区均垫底，保加利亚人均投资不足 1 欧元（见图 3）。

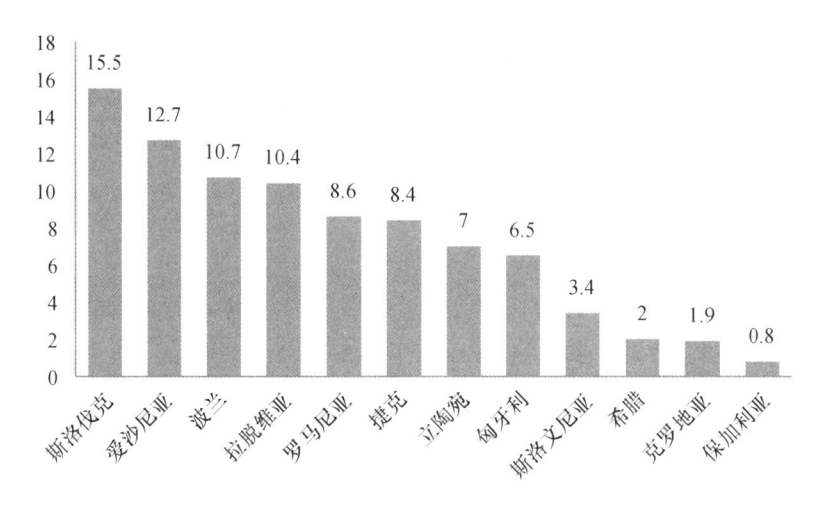

**图 3　2018 年中东欧国家人均 AI 投资（单位：欧元）**

数据来源：同图 2。

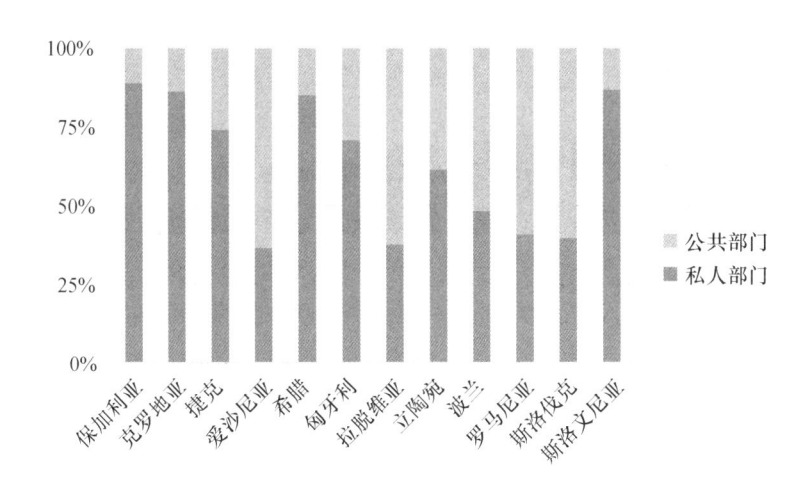

**图 4　2018 年中东欧国家各部门 AI 投资占比（单位：%）**

数据来源：同图 2。

如图4所示，从投资主体来看，波兰、罗马尼亚和斯洛伐克公共部门投资占比均超过50%，即人工智能投资以政府和高等教育机构为主；而斯洛文尼亚、克罗地亚和保加利亚三国私人部门（企业为主）投资比重超过86%，即政府投资不足、支持力度不够造成以上三国在AI领域投资规模小、发展速度较慢。

（三）核心技术与人才优势

本部分利用显性比较优势指数（Revealed comparative advantage index，RCA）来衡量中东欧各国人工智能细分领域表现出的比较优势，该指数剔除了国家总量波动和世界总量波动的影响，可以较好地反映某领域出口与世界平均出口水平比较而言的相对优势。一般认为当RCA指数值大于2.5时该产业具有极强比较优势，当RCA介于1.5—2.5之间时该产业具有较强比较优势，当RCA在0.9—1.5之间该产业具有中等比较优势，当RCA在0.9以下则处于比较劣势。中东欧国家各细分领域的RCA分布情况见图5（1）—图5（6）。

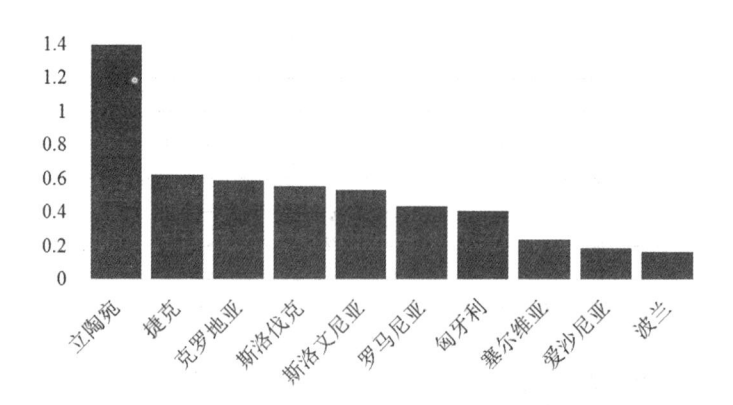

（1）计算机视觉

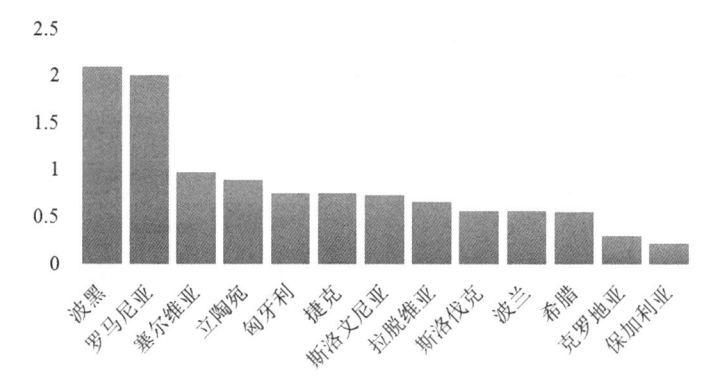

(2) 网联和自动驾驶

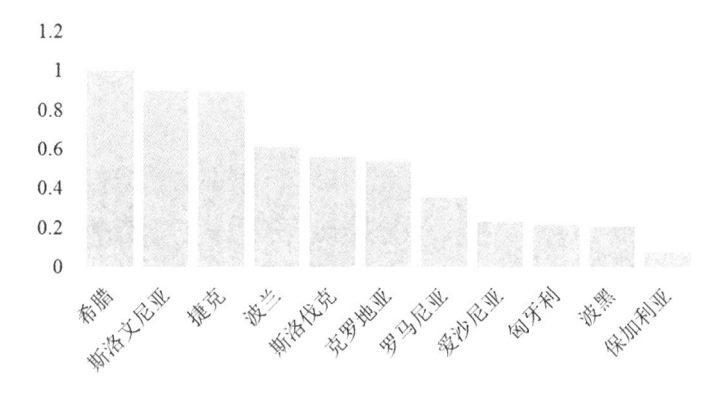

(3) 机器学习

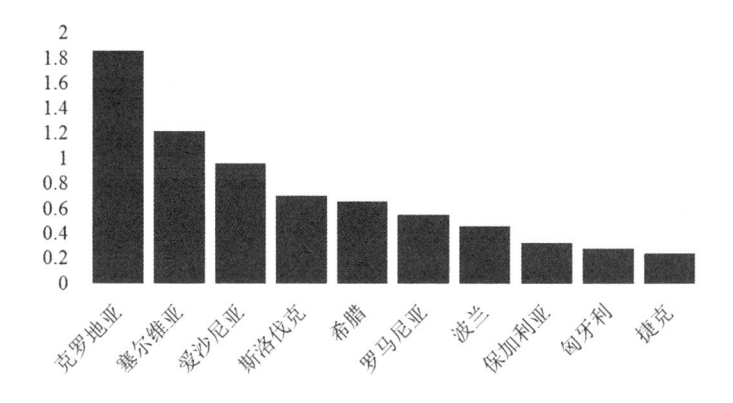

(4) 自然语言处理

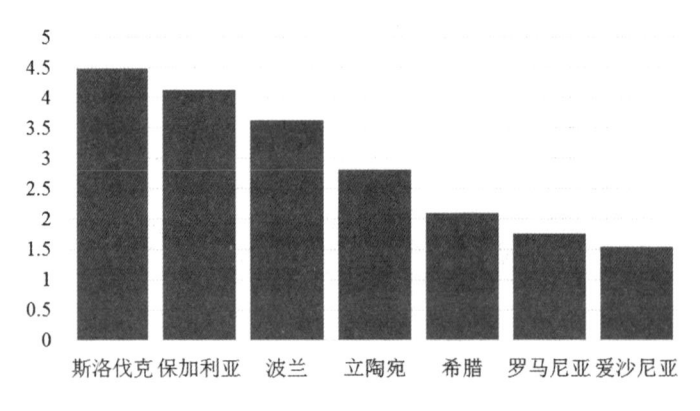

（5）机器人与自动化

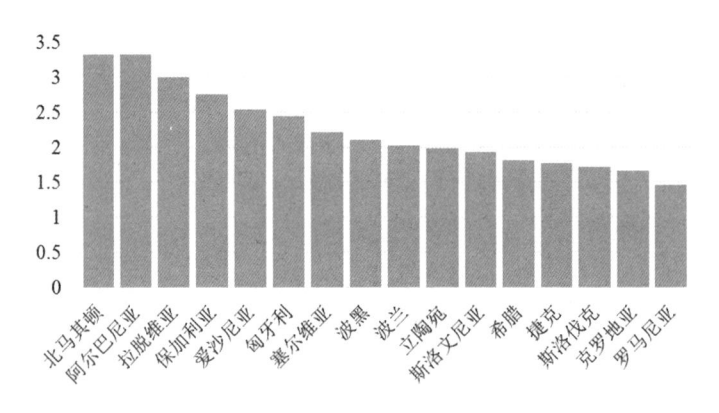

（6）AI 服务

**图 5　中东欧人工智能各领域 RCA 值**

数据来源：同表1。

注：部分国家部分领域无 RCA 值，因此各领域图形中并不一定包含 16 个国家，如阿尔巴尼亚仅有提供 AI 服务的 RCA 值。

从图 5 中可以看出，中东欧地区整体在人工智能服务领域优势明显，阿尔巴尼亚和北马其顿 RCA 值达到 3.33，尽管其所占世界份额不高。此外，斯洛伐克和保加利亚在"机器人与自动化"领域具有很强的竞争优势，其 RCA 值均超过 4，但仅占世界市场份额的 0.21% 和 0.1%；与此相对，尽管美国和中国在该领域 RCA 值不到 1.5，但该领域仍被美中两国主导，占比分别高达 34.8% 和 17.6%。计算机视觉领域，仅立陶宛一国具有比较优势；

罗马尼亚和波黑在"网联和自动驾驶"领域具有较强的比较优势，RCA 值略高于 2.0；希腊、斯洛文尼亚和捷克在"机器学习"领域的 RCA 值分别为 1.0、0.9 和 0.9，具有中等比较优势。克罗地亚在"自然语言处理"方面的优势明显强于其他中东欧国家，塞尔维亚该领域的 RCA 值为 1.2，具有中等比较优势。

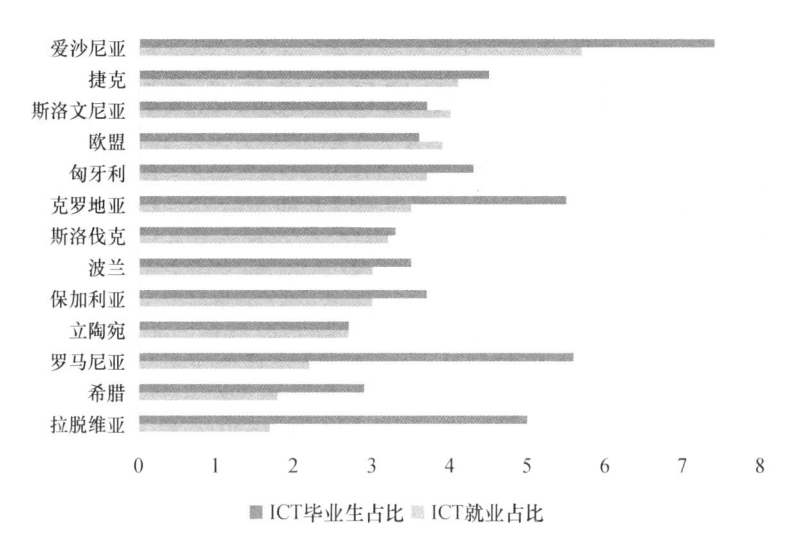

**图6 2019年中东欧国家技术人员就业比例及ICT专业毕业生占比（单位:%）**

数据来源：欧盟委员会，The Digital Economy and Society Index, https://digital-agenda-data.eu/datasets/desi。

2019年，欧盟58%的人具备基本的数字技能，较2015年提高3个百分点，但仍有大部分欧盟居民缺乏相应的数字技能。2018年，欧盟约有910万ICT专家，较4年前增加160万人，但仍然无法满足企业需求。一项调查显示，约有64%的大企业和56%的中小企业报告很难招募到合适的ICT员工，罗马尼亚和捷克的这一状况更为严重，至少80%的企业遇到类似的困难。欧盟成员国ICT人员占全部就业人员比重为3.9%，中东欧国家中仅爱沙尼亚、捷克和斯洛文尼亚高于这一比例，分别为5.7%、4.1%和4%。人才储备方面，爱沙尼亚、罗马尼亚、克罗地亚和拉脱维亚ICT专业毕业生占比均超过5%，显著高于欧盟3.6%的平均水平（见图6）。ICT就业人员存在巨大的性别差异，2018年欧盟男性ICT在职人员比重高达83.5%，匈牙利和捷克这一比例甚至超过90%，保加利亚和立陶宛女性比例较高，约为25%[①]。综合来看，爱沙尼亚人力资本方面居中东欧国家之首，仅次于欧盟成员国的芬兰和瑞典。

## 三、中东欧参与人工智能价值链的位置和依赖度

（一）全球价值链指标及数据库说明

本部分借鉴 WWYZ（2017a）全球价值链分解原理，通过构建"位置指数"和"依赖度指数"两个指标来衡量中东欧国家人工智能产业在全球价值链中所处的位置及相互依赖关系。[②] 采用欧盟于 2016 年 11 月最新发布的世界投入产出数据库（World Input - Output Database，WIOD）来进行指标的计算。该数据库的研究范围涵盖欧盟 28 个成员国和中国、美国、日本等 15 个主要经济体，共计 43 个国家或地区，研究对象涉及制造业和服务业中的 56 个部门，覆盖年度为 2000—2014 年。根据本文的研究目的，我们只选取国家层面的数据进行整理和计算。

1. 全球价值链地位指数

人工智能是利用数字计算机或者数字计算机控制的机器模拟、延伸和扩展人的智能，感知环境、获取知识并使用知识获得最佳结果的理论、方法、技术及应用系统，[③] 无法直接得到量化结果，因此可通过结合具体的生产环

---

① 欧盟委员会，Digital Economy and Society Index（DESI）2020，第 54 页。

② Zhi Wang, Shang - Jin Wei, Xinding Yu and Kunfu Zhu, "Characterizing Global Value Chains: Production Length and Upstreamness", NBER Working Paper 23261, 2017a.

③ 国家人工智能标准化总体组：《人工智能标准化白皮书（2018）》，2018 年 1 月，第 5 页。

节,对与人工智能高度相关的具体产业的全球价值链进行分析,说明经济体人工智能参与全球价值链的表现。[1] 根据世界投入产出数据库(WIOD)的产业分类,选择中东欧与人工智能密切联系的产业:制造业中的"电子产业"和服务业中的"信息服务业"。前者是支持人工智能发展的核心"硬件",包括计算机、芯片和半导体等;后者则是人工智能发展所必须的"软件",负责技术研发、标准制定等。[2] 通过考察中东欧国家以上产业参与全球价值链的位置,可大致得出其人工智能产业参与全球价值链的概况。此外,为了更直观地反映中东欧人工智能在全球价值链中的表现,本部分还选择与欧盟地区两大人工智能大国英国和德国,以及中国和美国做比较,对中东欧国家人工智能发展水平进行分析。

Wang et al.(2017)基于产业平均生产长度,提出测算一国某产业在 GVC 所处国际分工地位的具体指标——GVC 位置指数。该指数是用一国某产业的前向生产长度(距离价值链终点的长度),与该产业的后向生产长度(距离价值链起点的长度)进行比较,公式如下:

$$GVC\_Position_{ir} = \frac{PLv\_GVC_{ir}}{[PLy\_GVC_{ir}]}$$

其中,$GVC\_Position_{ir}$ 代表 $r$ 国 $i$ 产业在 GVC 国际分工中的地位;$PLv\_GVC_{ir}$ 表示 $r$ 国 $i$ 产业基于前向产业关联的平均生产长度,由 GVC 相关的国内增加值与其引致的总产出之比得到,该指标衡量的是中间品中包含的国内增加值从最初作为初级投入要素到形成最终产品和服务所经历的平均生产长度;$PLy\_GVC_{ir}$ 则表示 $r$ 国 $i$ 产业基于后向产业关联的平均生产长度,由 GVC 相关的国外增加值与其引致的总产出之比得到,该指标衡量的是进口中间品中包含的国外增加值从最初作为初级投入要素到最终形成某国生产的最终产品经历的平均生产长度。因此,$GVC\_Position_{ir}$ 数值越大,表明 $r$ 国 $i$ 产业处于 GVC 的"上游"环节,在价值链上所处的国际分工地位就越

---

[1] 黄郑亮:《全球价值链视野下的欧盟人工智能竞争力分析》,载《国际关系研究》,2020 年第 1 期,第 51—66 页。

[2] "电子产业"包括电脑、电子仪器和光学设备等(C17);"信息服务业"包括通信(C39)和技术研发(C47)等活动。

高；该指数越小，则表明该产业处于 GVC 的"下游"环节，在价值链上所处的国际分工地位就越低。

2. 全球价值链依赖度

通过测度本国出口的总增加值中国外增加值所占比例，可以得到全球价值链"依赖度"指数，如下式所示：

$$DI_{ir} = \frac{FVA_{ir}^j}{E_{ir}}$$

其中，$FVA_{ir}^j$ 为 $r$ 国 $i$ 产业出口中含有的 $j$ 国增加值，$E_{ir}$ 表示 $r$ 国 $i$ 产业以"增加值"统计的出口额。$FVA_{ir}^j$ 数值越高，说明 $r$ 国 $i$ 产业出口中嵌入的由 $j$ 国创造的增加值越多，$j$ 国作为 $i$ 国主要上游供给者的地位越明显。因此，在 GVC 生产中 $r$ 国 $i$ 产业对 $j$ 国的依赖度就越高；反之，则表明依赖度越低。

（二）人工智能产业国际分工地位的变化

世界投入产出数据库提供了测算全球价值链一系列指数的数据，包括各国各产业的产出、国内增加值、国外增加值及各产业增加值来源等。通过测算，与人工智能密切相关的"电子产业"中，克罗地亚、立陶宛、保加利亚、爱沙尼亚和斯洛文尼亚 5 国的指数均大于 0.85，说明与中美英等国家相比，以上 5 国在电子产业全球价值链中处于相对上游的位置。纵观这 15 年间，各国位置指数整体处于下降态势，其中保加利亚、斯洛伐克和斯洛文尼亚下降最为明显，而罗马尼亚则呈先缓慢上升后下降的倒 U 形变化态势。中东欧 12 国中，仅有 5 国在人工智能硬件领域处于全球价值链相对上游供应端位置（见表 2）。

表 2　2000—2014 年中东欧各国"电子产业"全球价值链的位置指数

| 年份<br>国家 | 2000 | 2005 | 2006 | 2007 | 2008 | 2009 | 2010 | 2011 | 2012 | 2013 | 2014 |
| --- | --- | --- | --- | --- | --- | --- | --- | --- | --- | --- | --- |
| 保加利亚 | 0.98 | 0.97 | 0.94 | 0.92 | 0.90 | 0.89 | 0.89 | 0.90 | 0.87 | 0.87 | 0.87 |
| 捷克 | 0.92 | 0.88 | 0.84 | 0.90 | 0.86 | 0.86 | 0.85 | 0.82 | 0.80 | 0.81 | 0.79 |

续表

| 年份<br>国家 | 2000 | 2005 | 2006 | 2007 | 2008 | 2009 | 2010 | 2011 | 2012 | 2013 | 2014 |
|---|---|---|---|---|---|---|---|---|---|---|---|
| 爱沙尼亚 | 0.88 | 0.84 | 0.83 | 0.86 | 0.86 | 0.87 | 0.86 | 0.86 | 0.86 | 0.89 | 0.87 |
| 希腊 | 0.86 | 0.85 | 0.85 | 0.85 | 0.85 | 0.85 | 0.84 | 0.86 | 0.84 | 0.87 | 0.85 |
| 克罗地亚 | 0.94 | 0.94 | 0.94 | 0.93 | 0.94 | 0.94 | 0.93 | 0.95 | 0.94 | 0.91 | 0.89 |
| 匈牙利 | 0.89 | 0.88 | 0.86 | 0.88 | 0.86 | 0.85 | 0.83 | 0.82 | 0.80 | 0.81 | 0.80 |
| 拉脱维亚 | 0.92 | 0.92 | 0.93 | 0.93 | 0.92 | 0.91 | 0.90 | 0.91 | 0.89 | 0.87 | 0.85 |
| 立陶宛 | 0.93 | 0.90 | 0.89 | 0.88 | 0.88 | 0.87 | 0.91 | 0.92 | 0.90 | 0.93 | 0.89 |
| 波兰 | 0.89 | 0.88 | 0.87 | 0.86 | 0.86 | 0.86 | 0.85 | 0.84 | 0.81 | 0.80 | 0.79 |
| 罗马尼亚 | 0.80 | 0.83 | 0.86 | 0.85 | 0.85 | 0.85 | 0.83 | 0.87 | 0.84 | 0.82 | 0.79 |
| 斯洛伐克 | 0.92 | 0.89 | 0.90 | 0.87 | 0.86 | 0.89 | 0.92 | 0.86 | 0.79 | 0.79 | 0.80 |
| 斯洛文尼亚 | 0.95 | 0.92 | 0.94 | 0.93 | 0.91 | 0.93 | 0.90 | 0.90 | 0.87 | 0.89 | 0.86 |
| 中国 | 0.85 | 0.86 | 0.85 | 0.85 | 0.85 | 0.85 | 0.85 | 0.85 | 0.84 | 0.84 | 0.84 |
| 美国 | 0.85 | 0.84 | 0.85 | 0.84 | 0.83 | 0.83 | 0.83 | 0.84 | 0.82 | 0.83 | 0.83 |
| 德国 | 0.85 | 0.85 | 0.85 | 0.85 | 0.84 | 0.84 | 0.85 | 0.85 | 0.83 | 0.82 | 0.81 |
| 英国 | 0.86 | 0.85 | 0.85 | 0.85 | 0.85 | 0.85 | 0.84 | 0.86 | 0.84 | 0.87 | 0.85 |

数据来源：对外经济贸易大学全球价值链研究院，RIGVC UIBE，2016，UIBE GVC Index，http://rigvc.uibe.edu.cn/english/D_E/database_database/index.htm。

中东欧12国中，除克罗地亚和斯洛伐克外，其余国家通信服务业GVC位置指数均大于1，均处于相对上游位置，其中希腊、立陶宛、波兰和爱沙尼亚4国通信服务位置更是位居12国前列，接近同期同为欧盟成员国的德国，领先于人工智能大国中国和美国价值链位置（见表3）。与之相对，中东欧国家在研发服务价值链上更接近终端消费者，即处于更为下游的位置，但希腊和斯洛文尼亚研发端的优势突出，其GVC位置指数甚至超过中国和美国（见表4）。因此，从人工智能角度来看，中东欧国家在"软件"领域（特别是通信服务）基本处于世界上游位置，其中希腊在"软件"领域位置更为靠前。

表3 2000—2014年中东欧各国通信服务全球价值链的位置指数

| 年份<br>国家 | 2000 | 2005 | 2006 | 2007 | 2008 | 2009 | 2010 | 2011 | 2012 | 2013 | 2014 |
|---|---|---|---|---|---|---|---|---|---|---|---|
| 保加利亚 | 1.03 | 1.03 | 1.03 | 1.01 | 0.98 | 0.96 | 1.01 | 1.00 | 1.04 | 1.10 | 1.04 |
| 捷克 | 1.12 | 1.15 | 1.15 | 1.14 | 1.13 | 1.12 | 1.14 | 1.12 | 1.08 | 1.08 | 1.05 |
| 爱沙尼亚 | 1.28 | 1.17 | 1.16 | 1.16 | 1.12 | 1.11 | 1.11 | 1.11 | 1.11 | 1.13 | 1.12 |
| 希腊 | 1.08 | 1.10 | 1.10 | 1.08 | 1.06 | 1.05 | 1.10 | 1.11 | 1.12 | 1.18 | 1.16 |
| 克罗地亚 | 0.90 | 0.92 | 0.91 | 0.91 | 0.93 | 0.93 | 0.94 | 0.93 | 0.92 | 0.93 | 0.92 |
| 匈牙利 | 1.07 | 1.08 | 1.06 | 1.07 | 1.05 | 1.06 | 1.05 | 1.07 | 1.06 | 1.04 | 1.04 |
| 拉脱维亚 | 1.15 | 1.16 | 1.14 | 1.13 | 1.11 | 1.09 | 1.10 | 1.11 | 1.11 | 1.10 | 1.09 |
| 立陶宛 | 1.02 | 1.09 | 1.09 | 1.11 | 1.14 | 1.05 | 1.08 | 1.12 | 1.12 | 1.14 | 1.13 |
| 波兰 | 1.11 | 1.18 | 1.17 | 1.14 | 1.15 | 1.10 | 1.11 | 1.09 | 1.11 | 1.12 | 1.13 |
| 罗马尼亚 | 1.01 | 0.95 | 0.91 | 0.92 | 0.93 | 0.93 | 1.00 | 0.99 | 1.01 | 1.00 | 1.00 |
| 斯洛伐克 | 1.16 | 1.10 | 1.05 | 1.06 | 1.05 | 1.05 | 1.07 | 1.07 | 0.84 | 0.84 | 0.84 |
| 斯洛文尼亚 | 1.22 | 1.15 | 1.15 | 1.13 | 1.08 | 1.06 | 1.05 | 1.04 | 1.04 | 1.04 | 1.03 |
| 中国 | 1.06 | 1.12 | 1.12 | 1.12 | 1.09 | 1.06 | 1.03 | 1.01 | 1.01 | 1.03 | 1.07 |
| 美国 | 1.09 | 1.04 | 1.02 | 1.03 | 1.02 | 1.02 | 1.01 | 0.99 | 0.97 | 0.98 | 0.98 |
| 德国 | 1.21 | 1.17 | 1.16 | 1.17 | 1.15 | 1.15 | 1.14 | 1.15 | 1.13 | 1.15 | 1.16 |
| 英国 | 1.18 | 1.12 | 1.11 | 1.11 | 1.09 | 1.06 | 1.05 | 1.04 | 1.03 | 1.03 | 1.03 |

数据来源：同表2。

表4 2000—2014年中东欧各国研发服务全球价值链的位置指数

| 年份<br>国家 | 2000 | 2005 | 2006 | 2007 | 2008 | 2009 | 2010 | 2011 | 2012 | 2013 | 2014 |
|---|---|---|---|---|---|---|---|---|---|---|---|
| 保加利亚 | 0.73 | 0.73 | 0.73 | 0.74 | 0.72 | 0.70 | 0.75 | 0.76 | 0.76 | 0.75 | 0.71 |
| 捷克 | 0.95 | 0.95 | 0.94 | 0.94 | 0.92 | 0.92 | 0.94 | 0.93 | 0.96 | 0.96 | 0.97 |
| 爱沙尼亚 | 0.79 | 0.78 | 0.78 | 0.80 | 0.78 | 0.83 | 0.82 | 0.81 | 0.81 | 0.82 | 0.82 |
| 希腊 | 1.02 | 1.00 | 0.99 | 0.99 | 0.97 | 0.98 | 1.07 | 1.09 | 1.10 | 1.12 | 1.11 |
| 克罗地亚 | 1.02 | 0.97 | 0.96 | 0.98 | 0.95 | 0.97 | 0.95 | 0.97 | 0.97 | 0.94 | 0.98 |
| 匈牙利 | 1.01 | 1.02 | 1.01 | 1.01 | 1.01 | 0.97 | 1.01 | 0.94 | 0.97 | 0.98 | 1.03 |
| 拉脱维亚 | 0.79 | 0.80 | 0.78 | 0.78 | 0.76 | 0.73 | 0.70 | 0.71 | 0.74 | 0.72 | 0.73 |
| 立陶宛 | 0.82 | 0.85 | 0.84 | 0.86 | 0.87 | 0.84 | 0.84 | 0.86 | 0.85 | 0.87 | 0.87 |

续表

| 年份<br>国家 | 2000 | 2005 | 2006 | 2007 | 2008 | 2009 | 2010 | 2011 | 2012 | 2013 | 2014 |
|---|---|---|---|---|---|---|---|---|---|---|---|
| 波兰 | 1.03 | 1.04 | 1.02 | 1.02 | 1.01 | 0.92 | 0.91 | 0.91 | 0.91 | 0.91 | 0.91 |
| 罗马尼亚 | 0.83 | 0.82 | 0.80 | 0.79 | 0.78 | 0.77 | 0.75 | 0.80 | 0.82 | 0.80 | 0.79 |
| 斯洛伐克 | 0.94 | 0.93 | 0.91 | 0.93 | 0.86 | 0.90 | 0.93 | 0.90 | 0.85 | 0.86 | 0.84 |
| 斯洛文尼亚 | 1.13 | 1.11 | 1.11 | 1.11 | 1.08 | 1.08 | 1.10 | 1.09 | 1.10 | 1.10 | 1.09 |
| 中国 | 1.20 | 1.12 | 1.11 | 1.12 | 1.08 | 1.07 | 1.06 | 1.05 | 1.05 | 1.05 | 1.06 |
| 美国 | 1.01 | 0.99 | 0.99 | 1.01 | 1.00 | 0.99 | 1.05 | 1.03 | 1.03 | 1.04 | 1.02 |
| 德国 | 1.01 | 0.99 | 0.98 | 0.99 | 0.97 | 0.89 | 0.86 | 0.86 | 0.86 | 0.87 | 0.87 |
| 英国 | 1.02 | 1.00 | 1.00 | 1.01 | 1.00 | 0.94 | 0.93 | 0.92 | 0.92 | 0.92 | 0.91 |

数据来源：同表2。

### （三）人工智能产业依赖度

本文对中东欧各经济体与区域外部以及区域内部其他经济体之间的"依赖度"进行了整理计算，分别得到中东欧国家对于区域外部和区域内部的依赖关系。本文在计算中东欧地区某一经济体对区域内部的"依赖度"时，已经将该经济体自身的影响排除在外。表5列出了中东欧各国对区域外部、区域内部的"依赖度"。表5第1行显示了附加值来源国家（地区），第1列为各出口国。由于美国和EU15[1]作为发达经济体均在全球经济中具有重要的影响力，而俄罗斯与该区域在贸易上联系紧密，"一带一路"倡议提出后，中国与中东欧各国贸易量增长迅速，因此为了更清晰地说明中东欧地区外部依赖所发生的变动，本文分别列示了中东欧各经济体对EU15、俄罗斯、美国和中国的"依赖度"。

---

[1] EU15国包括荷兰、比利时、卢森堡、法国、意大利、德国、爱尔兰、英国、丹麦、希腊、葡萄牙、西班牙、奥地利、芬兰及瑞典；中东欧地区指EU13国，包括保加利亚、捷克、塞浦路斯、爱沙尼亚、匈牙利、拉脱维亚、立陶宛、马耳他、波兰、斯洛伐克、斯洛文尼亚、克罗地亚和罗马尼亚。EU12国为EU13国去掉本国之外的其他12个国家。

表5　中东欧国家"电子产业"① 对区域内外的"依赖度"　　　（%）

| 出口国或地区 | EU15 2005年 | EU15 2015年 | EU12 2005年 | EU12 2015年 | 中国 2005年 | 中国 2015年 | 俄罗斯 2005年 | 俄罗斯 2015年 | 美国 2005年 | 美国 2015年 |
|---|---|---|---|---|---|---|---|---|---|---|
| 中东欧地区 | 23.52 | 20.62 | 3.87 | 5.37 | 4.97 | 8.77 | 1.68 | 1.58 | 3.03 | 2.27 |
| 保加利亚 | 16.05 | 20.15 | 3.33 | 6.20 | 3.10 | 3.73 | 1.87 | 3.23 | 2.41 | 1.75 |
| 捷克 | 23.25 | 20.60 | 3.88 | 5.46 | 4.50 | 10.43 | 1.74 | 1.52 | 3.43 | 2.31 |
| 爱沙尼亚 | 25.93 | 24.56 | 3.52 | 9.46 | 5.57 | 10.40 | 2.45 | 3.04 | 2.74 | 3.26 |
| 希腊* | 9.92 | 11.96 | 1.05 | 2.28 | 0.79 | 4.76 | 2.35 | 2.42 | 0.93 | 1.41 |
| 克罗地亚 | 17.58 | 17.18 | 4.59 | 5.72 | 1.26 | 1.92 | 2.62 | 1.11 | 1.31 | 1.07 |
| 匈牙利 | 27.19 | 27.53 | 3.63 | 7.05 | 6.92 | 9.46 | 1.31 | 1.26 | 3.59 | 3.32 |
| 拉脱维亚 | 13.69 | 12.80 | 6.30 | 8.99 | 0.67 | 3.08 | 4.39 | 3.82 | 1.10 | 1.24 |
| 立陶宛 | 14.69 | 16.11 | 4.07 | 7.73 | 1.89 | 2.74 | 4.24 | 2.76 | 1.28 | 1.27 |
| 波兰 | 17.40 | 18.62 | 2.53 | 2.67 | 2.69 | 8.70 | 2.03 | 1.62 | 2.02 | 2.04 |
| 罗马尼亚 | 17.08 | 16.59 | 3.33 | 4.18 | 2.02 | 2.52 | 1.52 | 1.10 | 1.91 | 1.24 |
| 斯洛伐克 | 23.14 | 18.0 | 7.95 | 8.03 | 4.04 | 11.80 | 2.30 | 1.70 | 2.68 | 2.09 |
| 斯洛文尼亚 | 22.06 | 19.56 | 4.04 | 4.84 | 1.70 | 4.81 | 1.55 | 1.24 | 1.79 | 1.47 |

资料来源：根据 OECD – WTO Trade in Value Added（TiVA）数据库发布数据计算（http://stats.oecd.org/）。

注：希腊"依赖度"数据为EU14（EU15去掉希腊自身）及EU13的依赖。

总体来看，在"电子产业"和"信息服务业"方面，2015年中东欧国家对EU15的依赖显著大于对区域内部及美国等发达国家的依赖，即该区域的上游供给者主要存在于欧盟发达成员国内部，这在一定程度上说明中东欧各国与欧盟成员国在生产分工网络中已建立起较紧密的依赖关系。具体而言，整个中东欧地区电子产业在区域内部的关联度从2005年的3.87%增加到2015年的5.37%，增加近2个百分点，而对中国的依赖度仅次于EU15，

---

① 根据 TiVA 数据库的产业分类，"电子产业"即"计算机、电子产品及电子装备"（D26T27），包括计算机、电子和光学仪器设备；"信息服务业"（D58T63）包括通信和信息服务等。

2015年达到8.77%，年均涨幅达5.8%。与此相对，同期中东欧地区与EU15、美国及俄罗斯的关联度出现了相反的变化，该区域对EU15和美国的依赖度分别从23.52%、1.42%下降到20.62%和2.27%。这与贸易统计数据下中东欧地区的中间品进口结构有一定的差异和吻合。2005—2015年该区域电子产业从EU15和美国进口的中间品占比分别从41.85%、2.55%下降到34.12%和1.32%，而从中国的进口却从16.08%增加到30.19%。可见，欧盟发达成员和美国作为上游供给者地位存在明显的下降趋势，而中国上游供给者地位则显著上升。

表6 中东欧国家"信息服务业"对区域内外的"依赖度" （%）

| 出口国或地区 | EU15 2005年 | EU15 2015年 | EU12 2005年 | EU12 2015年 | 中国 2005年 | 中国 2015年 | 俄罗斯 2005年 | 俄罗斯 2015年 | 美国 2005年 | 美国 2015年 |
|---|---|---|---|---|---|---|---|---|---|---|
| 中东欧地区 | 7.51 | 8.02 | 1.53 | 1.78 | 0.52 | 1.28 | 1.04 | 0.74 | 1.07 | 1.23 |
| 保加利亚 | 7.82 | 7.83 | 1.54 | 2.23 | 1.11 | 0.77 | 0.77 | 1.60 | 1.29 | 1.04 |
| 捷克 | 9.22 | 8.75 | 1.81 | 2.10 | 0.55 | 2.01 | 1.23 | 0.70 | 1.26 | 1.71 |
| 爱沙尼亚 | 11.91 | 9.57 | 2.35 | 3.18 | 1.08 | 1.25 | 1.54 | 1.40 | 1.43 | 1.46 |
| 希腊 | 4.73 | 5.08 | 0.54 | 0.97 | 0.27 | 1.10 | 0.41 | 0.48 | 0.75 | 1.09 |
| 克罗地亚 | 8.27 | 6.44 | 2.36 | 2.23 | 0.29 | 0.39 | 1.47 | 0.66 | 1.02 | 0.79 |
| 匈牙利 | 7.75 | 10.72 | 1.32 | 2.25 | 0.43 | 1.33 | 1.11 | 0.64 | 1.25 | 1.70 |
| 拉脱维亚 | 4.11 | 4.47 | 2.15 | 3.0 | 0.11 | 0.41 | 1.54 | 1.43 | 0.95 | 1.02 |
| 立陶宛 | 3.36 | 4.53 | 1.61 | 2.86 | 0.21 | 0.35 | 1.97 | 1.52 | 0.71 | 0.98 |
| 波兰 | 6.70 | 8.07 | 0.74 | 0.93 | 0.46 | 1.35 | 0.91 | 0.59 | 0.91 | 1.10 |
| 罗马尼亚 | 6.60 | 6.68 | 1.19 | 1.23 | 0.69 | 0.48 | 0.89 | 0.46 | 1.11 | 0.85 |
| 斯洛伐克 | 8.59 | 7.90 | 3.87 | 3.75 | 0.84 | 2.58 | 1.48 | 1.24 | 1.06 | 0.97 |
| 斯洛文尼亚 | 10.19 | 9.51 | 2.45 | 3.32 | 0.43 | 1.42 | 0.65 | 0.77 | 1.25 | 1.38 |

资料来源：同表5。

与"电子产业"相比，整体而言，中东欧地区"信息服务业"对各区域的依赖度都低得多。2015年，对EU15的依赖度为8.02%，除此之外，对其他各区域依赖度仅约为1%的水平（见表6）。具体到国家层面，尽管各经济体与区域内部及欧盟15国在生产分工网络中的关系较为密切，但捷克、斯洛伐克和斯洛文尼亚三国均出现相反的变化趋势，特别是斯洛伐克的"电子产业"对 EU15 的依赖度从 2005 年的 23.14% 下降到 2015 年的 18.0%，下降了 5 个百分点。与此同时，三者对中国的依赖度则显著上升，尤其是斯洛伐克对中国的依赖度从 2005 年的 4.04% 上升到 2015 年的 11.8%，上升了近 8 个百分点。从中东欧各经济体的表现来看，除斯洛伐克和克罗地亚（"信息服务业"）之外，其余各经济体与区域内部的关联度都有不同程度的上升，其中爱沙尼亚和立陶宛（"电子产业"）的上升程度最为明显，2005—2015 年间，依赖度年均提高 10.4% 和 6.6%，说明中东欧区域内的经济联系正在不断加强，区域内部生产网络的垂直一体化程度正在不断加深。

## 四、结论及建议

本文采用 WIOD 世界投入产出和 TiVA 数据库，借鉴王直等提出的全球价值链地位指数公式，测算了中东欧国家 2000—2015 年人工智能产业的全球价值链地位指数与依赖度指数，探讨在数字和人工智能技术加速创新和应用的背景下中东欧在全球价值链上的分工与地位现状，得出以下结论。

首先，中东欧国家人工智能处于技术发展与经济融合阶段，多数企业成立时间短、规模小，且集中在信息通信领域，各国技术实力差异较大，但在人工智能服务领域优势明显。其次，中东欧各国人工智能硬件（电子产业）在全球价值链的地位呈下降趋势，而通信服务等软实力则处于全球价值链上游位置，特别是希腊、立陶宛、波兰和爱沙尼亚四国通信服务更是位居中东欧各国前列，接近同期同为欧盟成员国的德国，领先于人工智能大国中国和美国价值链位置。最后，中东欧各国与欧盟成员国在人工智能分工网络中已建立起较紧密的依赖关系，但伴随中国中东欧经贸合作的稳步推进，中国上游供给者地位显著提升，中东欧电子产业对中国依赖程度加深，同时中东欧区域内部一体化程度也不断加深。

新冠肺炎疫情使传统产业链和供应链的脆弱性凸显，加速了全球产业链重构和数字技术的产业渗透，为人工智能科技产业的发展创造了特殊应用场景和新的合作机遇，综合中东欧人工智能产业在全球价值链分工地位和相对优势，中国与中东欧可从以下几方面深化人工智能领域的合作：第一，建立人工智能协调机制。在中国—中东欧"17+1"合作框架下，探讨建立"17+1"人工智能协调机制，建立合作创新平台，充分发挥政府层面沟通对话机制的引领带动作用。聚焦关键领域和关键项目，中国在机器学习、神经网络、异构融合类脑计算等领域中拥有具有国际影响力的专利技术，而中东欧国家在即时通信工具、跨境支付平台、防病毒软件、加密通信工具和金融科技等领域已取得较为丰富的成果和经验，借助协调机制与创新平台，双方可以在 AI 医疗、无人驾驶、金融创新等应用领域加强合作。第二，产学研交叉联动，创新人才培育模式。中东欧部分高校和企业在机器学习、自然语言处理、高端芯片设计等方面具有相对优势，通过创新人工智能人才培养机制，以产教融合为路径，打造产学研新型共同体，通过联合共建实验室、委托研究、项目实习等方式，发展多主体参与、多层次交叉、多模式并行的产学研人才协同培养方式，形成专业学科建设和协同培养互为补充的人工智能人才培养生态。

# 欧盟外交

# 从"国际规范权力"到"欧洲主权"：欧盟地缘政治角色的演变

崔宏伟[*]

[内容提要] "规范性权力欧洲"反映了欧盟组织边界地理空间的方式。欧盟通过输出规范、规则和治理模式，利用"胡萝卜"或制裁等手段促使邻国和周边国家实行制度变革，扩大欧盟规则和治理模式的空间影响力。欧盟在周边地区的"欧洲化"治理失效及国际竞争力下降促使欧盟反思，在新的国际形势下寻找新的战略方式，欧盟旨在通过"欧洲主权"建设，强化和利用欧盟的规制优势，开启"新的地缘政治觉醒"，增强欧盟的战略自主，塑造新的国际政治经济秩序，以维护欧洲的价值观和利益。然而，欧盟的政治结构仍然是制约欧盟雄心的主要障碍。

[关键词] 欧盟　国际规范权力　欧洲主权　地缘政治

---

[*] 崔宏伟，上海社会科学院国际问题研究所研究员。

# 一、多元视角下的欧盟国际规范权力

## (一) 作为道德模范的规范性权力

伊恩·曼纳斯(Ian Manners)从欧盟本身"是什么"的角度来认知"欧盟在塑造国际关系规范领域的能力",提出"规范性权力欧洲"有五大核心规范,即和平、自由、民主、法治和尊重人权,以及社会团结、反歧视、可持续发展和善治等四项次要规范。规范性权力不是军事或纯粹的经济力量,而是一种通过思想和观念发挥作用的权力。[①] 2014 年,曼纳斯和迪兹(Diez)再次对"规范性权力欧洲"概念予以解释:与美国的"自利霸权"相反,规范性权力是关于自我映像和符合世界化思维方式的自我构想。[②]"规范性权力欧洲"是为欧盟国际身份和认同的需求而建构。

从国际关系理论角度看,"规范性"是指国际关系应具有一种伦理和价值目标;规范权力是能够通过规范的吸引力使其他行为体接受并遵守其规范。欧盟的规范权力源于二战后欧洲一体化进程所依赖的规则、价值理念和治理模式,也源于冷战后按照欧洲规范单边地、和平地扩大至中东欧地区的成功经验。因此,欧盟将自身规范看作是"放之四海而皆准"的道理并向世界其他地区推广。

"规范性权力欧洲"这一学术观点一直备受学界的质疑,因为其与现实之间存在较明显的矛盾。有学者对曼纳斯的观点提出修正意见,认为具有规范性权力的国家不是必然具有塑造国际生活中"常态"(normal)能力的行

---

[①] Manners, I. "Normative Power Europe: A Contradiction in Terms?" *JCMS*, No. 2, 2002, pp. 253 – 258.

[②] Diez, T. and Manners, I., "Reflecting on Normative Power Europe". In Diez, T. (ed.) A Different Kind of Power? The EU's Role in International Politics. New York: Idebate Press, pp. 55 – 73.

为体。"常态"不是由规范性权力国家决定的,而是在这些国家与其他国家基于一定处境的互动中产生的。拥有规范性权力的国际行为体需要得到他者的承认,才能获得定义国际社会中"常态"的能力。① 在一定程度上,规范性权力体现了"欧洲中心主义"的思想遗产,即把个别的欧洲经验和欧洲特质模式化、绝对化和普遍化。为此有必要对欧盟"规范性"神话去魅。② 欧盟规范属于国内规范而非国际规范,考虑到不同的社会情境,需将国内规范与国际规范区分。③

欧盟将自身看作是一种国际规范性权力,通过宣称其规范是正确的和利他主义,在与他国签署的各类协议中附加了欧盟规范如人权、民主、善治、法治等条件,不仅采取说服与援助手段,也利用制裁甚至强制措施。欧洲单一市场的庞大规模是欧盟奖励或威胁的重要杠杆,这种市场力量使欧盟将自己的价值观和治理实践模式扩展到世界其他地方。

(二)"规范帝国"④

"帝国"概念提供了一个基于不平等及文化多样性来描述权力发展的视角。"帝国"类比还有助于概念化欧盟作为国际行为体的不断发展的性质,以及在其外围推动"帝国中心"的规范和价值观。欧盟东扩的实质是巧妙地利用政治和经济条件来主张欧盟对欧洲大陆不稳定和贫困的东部地区的政治经济控制,因为加入欧盟的条件是候选国必须采用欧盟法律并改革本国的

---

① Emilian Kavalski, "The struggle for recognition of normative powers: Normative power Europe and normative power China in context", *Cooperation and Conflict*, 48 (2), 2013, pp. 247 – 267.

② 参见秦亚青主编:《观念、制度与政策——欧盟软权力研究》,北京:世界知识出版社,2008 年版,第 250 页。

③ 参见潘忠岐:《国内规范、国际规范与中欧规范互动》,《欧洲研究》,2017 年第 5 期。

④ Jan Zielonka, "Europe as a Global Actor: Empire by Example?", *International Affair*, no. 2, May 2008, pp. 471 – 484.

制度体系。因而欧盟体现了一个帝国的行为方式，这是一种特殊的帝国政治，因为没有明确定义的中心权威，其领土不固定，而且行政、经济和文化边界不同。欧盟的控制力主要通过输出法律、治理模式和行政惯例来实现。

这种帝国主义政治在欧洲外围地区最为明显。欧盟通过"规范性"和各种形式的经济和政治主张对外围国家予以政治和经济控制。欧洲邻国政策是按照欧盟规范对周边国家进行治理和制度改造的工具，不仅要求邻国适应广泛欧盟法规以符合欧盟内部市场标准，而且要建立一系列可以在政治和经济层面上保证改革实施的机构。欧盟通过不同的机制支持这些改革，直接为立法的实施和机构的发展提供资金，并为改革计划提供技术支持。尽管社会文化和经济基础不同，但周边国家为了换取经济技术援助和市场准入不得不勉强接受欧洲规范和法规。

在全球层面上，欧盟规范重点指向贸易领域，这一点在 2008 年国际金融危机后尤为明显。2015 年 10 月欧盟委员会发布贸易政策沟通文件《贸易为了所有人：迈向更负责任的贸易和投资政策》，重点阐释了责任、价值观与透明度在欧盟贸易中的必要性，用以指导欧委会进行多边贸易体系重整、双边贸易合作、实现贸易增长和欧洲价值观传播等各方面工作。欧盟发布的《2016—2020 战略计划》指出，贸易政策将致力于在坚持欧洲社会模式与价值观的基础上推广欧盟的原则与价值目标。欧盟规范在新兴数字经济领域越来越凸显。欧盟将数字技术创新与人权、法治、制度差异等政治价值观挂钩。2020 年 2 月，欧盟委员会在《欧盟 AI 战略》白皮书中提出，要启用"可信赖的基于欧洲价值观和规则的人工智能"，强调新一代数字技术发展必须与基本权利相结合。[①] 欧盟《数字服务法》不仅包含了隐私权、问责制等，还涉及人权、法治、劳动力与环境标准、体制结构等条件，以及建立与欧盟政治价值观配套的网络防火墙等规范性内容。

不论是在周边还是全球，欧盟惯于使用包括经济激励、制裁、贿赂，甚至强制手段，迫使其他行为体接受其规范和标准，而很多欧盟规范与对象国国内政治文化相抵触反而引发冲突，因欧盟输出规范行为常被诟病为"规

---

① European Commission, "White Paper on Artificial Intelligence: A European Approach to Excellence and Trust". Brussels, 19. 2. 2020, COM (2020) 65 final.

制帝国主义"。

（三）国际政治经济学视角下的欧盟国际规范权力是增强自身国际竞争力的重要手段

在国际贸易投资等领域，欧盟规范不仅涉及民主和人权，也涉及劳工标准、环境保护、自由和公平贸易等方面，其根本目的是保护和促进欧盟的经济利益，捍卫欧洲的社会偏好。事实上，欧盟官员也经常公开宣称其全球政策的目标是"促进欧洲利益"。

气候变化相关领域既是欧盟规范和规则先发优势所在，又体现了近年来新的技术、法规、标准和程序的发展。欧盟在绿色标准、新能源技术、碳排放交易和立法等方面走在世界前列。因此，欧盟一方面要树立应对气候变化的榜样，主动设置减排目标和"碳中和"时间表，积极推进多边气候议程；另一方面为维护自身的竞争优势采取市场保护措施。欧盟的绿色标准和法规是一种强有力的市场竞争手段。欧盟利用环境标准和制度建立更加有利于欧洲企业的法规环境，涉及欧盟出口环境标准、产品认证、环保科技贸易、温室气体排放权交易等领域的经济收益。酝酿中的碳边界调整机制是欧盟增强竞争力的新的重要手段，主要采取关税形式，目的是对出口到欧盟市场的产品增加碳价，理由是弥补内外市场商之间的环境差异，使欧洲企业免受不正当竞争的影响，涉及钢铁、水泥、化工、化石能源进口等行业。

鉴于在新兴数字经济领域的竞争弱势，欧盟加强了监管力度并采取对大型数字平台的反垄断处罚措施。2019年，欧盟对数字平台滥用市场主导地位、数据泄密和税收罚款的处罚高达上百亿欧元。2019年，法国国家数据保护委员会以处理个人数据方式缺乏透明度和广告违规为由，多次对美国谷歌公司处以罚款。法国、西班牙等欧盟国家还提议征收GAFA税（以在欧洲市场的美国互联网巨头Google，Amazon，Facebook，Apple命名）。在法国看来，大型跨国数字公司已成为欧洲经济的结构性因素，因此应受到具体化监管。欧盟《数字服务法》瞄准垄断欧洲市场的互联网科技巨头，针对数据所有权过度集中的问题，欧盟提出要进一步完善数字服务竞争的规则措施。

有关食品安全的某些法规看起来似乎仅是技术问题，但采用这些技术通常具有重要的市场竞争意义，涉及农产品补贴及相关机制等关键议题。

(四) 国际规范权力与欧盟的地缘政治目标

"规范权力欧洲"一直含有地缘战略指向，反映了欧盟组织边界的领土和空间的方式，即利用规范性权力竞争势力范围和建立战略缓冲地带。欧盟通过法律、规制与规范，以援助和单一市场准入为激励方式完成了向中东欧地区的扩展。东扩在很大程度上出于地缘政治的需要，即巩固冷战成果，压缩俄罗斯的战略空间，因此欧盟在比较短的时间内将政治制度、经济体系不同的十多个国家纳入盟国。东扩的地缘经济需要则是德国等西欧国家向中东欧地区进行产能转移，重新恢复传统的劳动分工体系。出于与俄罗斯在邻近争夺地区影响力，在东扩带来了欧盟多样性造成决策共识下降的情况下，欧盟委员会仍将西巴尔干国家入盟进程置于议事议程。在欧委会看来，西巴尔干是欧盟的地缘战略重点；没有西巴尔干，欧洲统一大业就没有完成。[①]

欧洲邻国政策同样反映了欧盟旨在管理和组织更广阔的欧洲空间的地缘政治愿景。欧盟拥有对邻国巨大的政治和经济影响力，旨在依靠输出欧洲政治价值观、法规和贸易框架增强欧洲周边地区的"欧洲化"而达到地区稳定的目标。欧盟尤其重视欧洲东部地区并将其规制边界拓展至更广阔的欧亚空间。欧盟于2009年建立了东部伙伴关系，成员国包括乌克兰、摩尔多瓦、白俄罗斯、阿塞拜疆、格鲁吉亚、亚美尼亚，目标是资助这些国家完善国内改革和治理体系，逐步接近欧盟的制度体系。

然而，自2011年以来，欧盟对周边地区的治理承受着巨大的压力。西亚北非地区局势动乱、俄乌冲突、与俄罗斯的政治对抗、叙利亚的内战、难民潮、恐怖袭击等不断发生，表明欧盟在邻近地区的规范治理受到严重挫折，其依赖欧盟东扩经验路径失败。欧盟原本期望通过各种政治经济规范和

---

① Dušan Reljic, "Geopolitics and Loans: The EU does not want to lose the Western Balkans", SWP Publication, May 5, 2020. https://www.swp-berlin.org/en/publication/geopolitics-and-loans-the-eu-does-not-lose-the-western-balkans.

价值观外交促使周边国家治理"欧洲化",以实现欧盟邻区的稳定并增强自身安全。然而,欧盟对邻区国家的"欧洲化"治理没有提供任何有关冲突预防和危机治理的真正价值。不仅如此,这一政策方式还使欧盟陷入了利益与观念相互冲突的"政治正确性困局",损害了自身利益。①

"规范性神话"的失效促使欧盟反思,在新的国际形势下寻找新的战略方式,开始强化其地缘政治思维,回归权力政治。2019年12月正式掌舵的新一届欧盟委员会将自己定义为"地缘政治委员会"。欧盟外交与安全高级代表博雷利提出,欧盟要学会使用权力语言。

## 二、欧洲主权建设的地缘政治含义

（一）从国际规范权力到欧洲主权的演变动力

"国际规范权力欧洲"的地缘政治目标是输出欧盟规则和治理模式,通过"胡萝卜"或胁迫的方式促使邻国和周边国家实行制度变革,扩大欧盟规则和治理模式的空间影响力。欧洲主权建设的目的则是进一步强化和利用欧盟的规范性,开启"新的地缘政治觉醒",增强欧盟的战略自主,参与大国地缘政治经济竞争。动因源于以下几点：

一是欧盟长期以来将贸易作为外交政策的工具,但近年来"贸易权力方式"正在减弱。欧盟的"贸易权力"随着其他国家贸易力量的增强而减弱。从政治上讲,一些贸易伙伴曾经是欧盟贸易附加条件的接受者,但经常遭遇欧盟"条件性"制裁,进而将欧盟"条件性"解释为新殖民主义而拒绝。而新兴大国崛起和世界多极化让欧盟的传统贸易伙伴有了可供选择的国内治理方式。

二是欧元危机、内部关于成员国的"民主惩罚",以及欧盟周边治理政策的失效,尤其是2016年英国公投选择脱离欧盟,削弱了欧盟向世界其他

---

① 田德文：《解析欧盟中东北非战略》,《当代世界与社会主义》2016年第1期。

地区提供政治话语的能力。欧盟周边安全局势恶化、美俄地缘政治竞争加剧，迫使欧盟采取"有条件的现实主义"策略。

三是欧盟面临的国际战略竞争压力越来越大。首先作为盟友的特朗普政府"美国优先"政策对欧盟构成了最大挑战。特朗普政府支持英国脱欧，寻求与欧盟国家双边贸易关系，退出伊朗核协议和巴黎协议等国际多边机制，这一系列举动威胁和削弱了欧盟经济、安全和战略利益所依赖的重要基础，即欧洲一体化、欧元和全球多边主义。美国的治外法权对欧洲利益造成巨大损失。美国制裁伊朗逼迫欧洲企业不得不撤出伊朗市场；美国施压欧洲国家从网络基础设施中排除华为5G技术和设备，将使欧盟国家部署5G设施耗费巨大；关乎欧盟天然气供应安全和欧企投资利益的"北溪-2"管道项目受到美国制裁威胁。

在欧盟看来，中国技术崛起威胁到其长期掌控技术标准的既得利益，因此将中国技术创新解释为谋求技术政治势力范围，将中欧技术合作政治化，怀疑中国可能利用超大数据经济平台和社交软件，干涉其他国家的政治经济事务。欧盟寻求与美国协调，认为如果没有更深入的跨大西洋监管合作，在数字技术和数据流部门以及其他新兴技术方面，中国国内市场日益增长的权重将继续表现为许多产品和服务全球标准的（很快）主要推动力。只有采用更为通用的跨大西洋标准，美国和欧洲才能提供自由民主的替代方案，以取代中国不断增长的购买力的治外法权。

在内外挑战升级的情势下，2016年6月欧盟发布了新的全球战略文件，提出了欧盟"战略自主"的目标，"在充满挑战的时代，一个强大的联盟是一个进行战略思考、拥有共同愿景和集体行动的联盟"；欧洲人必须为自己的安全承担更大的责任，要在没有美国帮助的情况下自主应对安全挑战。[①] 为此需要增强欧盟作为安全供应者的能力，保障内部安全、维护周边安全及应对周边地区冲突和危机作为欧洲安全与防务的首要使命。

2017年9月，新当选的法国总统马克龙在巴黎索邦大学演说时使用了"主权的欧洲"概念。2018年9月12日，欧盟委员会主席容克在欧洲议会

---

① Shared Vision, Common Action：A Stronger Europe. http://www.eeas.europa.eu/archives/docs/top_stories/pdf/eugs_review_web.pdf.

发表了主题为"欧洲主权时刻"的盟情咨文,提出欧洲必须成为国际关系中更具主权色彩的行动者。2018年11月18日,马克龙在柏林德国议会讲演中再一次呼吁强化欧洲主权,提出法德联手让欧洲在全球扮演更强大和更有信心的角色,以避免世界陷入混乱。欧洲不能接受在世界政治舞台中扮演附属角色,"欧洲应当更强大、拥有更多主权"。马克龙对欧洲主权要素的理解包括独立、权力和身份等概念,强调一个强大的政治化的欧洲才能维护欧盟的利益和价值观。

布鲁盖尔研究所报告提出,欧盟需要成为一支地缘政治力量而确定战略性目标与行动,并重新关注其与世界的关系。但囿于政治结构的限制,长期以来欧盟经济治理有意忽视地缘战略考量,因而欧盟应结束其"碎片化权力"状态,解决决策结构问题。[①]

(二)多维度的欧洲主权建设

一是自主防务能力建设。2017年12月11日,欧洲理事会一致通过了由25个欧盟成员国签署的"永久结构性合作"(PESCO)协议。欧洲防务基金是支持PESCO项目的重要金融工具。用于协调、补充和扩大成员国的防务研发投资以及国防设备与技术的采购,目标是减少成员国在国防开支上的重复投入,优化资源配置,加强成员国之间的协作力;培育创新和增强欧洲防务工业的竞争力,加快建立欧洲防务产业供应链。

法国总统马克龙强调欧洲需要从欧洲的角度思考地缘战略,而不仅从北约的视角。2020年2月,马克龙在法国军事学院讲演时提出,面对未来可能在欧洲出现的常规甚至是核军备竞赛,欧洲应成为国防和可能的核领域中的自主角色,并暗示可以将法国的国家核威慑力量转变为更广阔的欧洲威慑力量。2020年6月,欧盟外长理事会启动欧盟全球战略指南,指导安全和防务领域的政策实施,分析欧盟的共同威胁,目标是统一成员国的威胁认知

---

① Jean Pisani–Ferry and Guntram Wolf, "The Threat to the European Union's Economic Sovereignty". *Bruegel Publications*, July 2019. https://bruegel.org/2019/07/the–threat–to–european–union–economic–sovereignty.

和战略文化。

英国皇家国际战略研究所调研报告揭示，大约 2/3 的欧洲公众期待看到欧盟在安全和防务领域投入更多的精力。欧洲精英（政客、商界领袖、记者和公民社会领袖）认为，欧盟以一体化方式应对外部威胁是保障欧洲安全的巨大优势。[①] 欧洲战略分析家普遍认为，欧盟需要担负更多的地区安全秩序的责任，应该建设应对周边冲突进行干预的能力。只有对邻近地区的挑战做出有效的和战略性回应，欧盟才能在全球范围拥有说话的分量和信誉，而不会成为其他大国地缘政治的对象。欧盟必须为结束周边地区冲突提供解决方案，这是欧盟在大国竞争的世界局势中保持战略自主的基础。

二是在短中期内欧洲主权更加侧重经济主权。欧盟越来越从地缘政治角度看待市场竞争，重新阐释了经济与安全和地缘政治的关系。由于外部环境的变化及欧洲国际竞争力的持续下降，欧洲学者越来越频繁地使用"相互依存的武器化"概念[②]来描述欧盟的生产链和供应链，即更大的经济交流让权力日趋破碎和分散。"相互依存的武器化"从结构性的角度来理解相互依存，认为高度相互依存产生了国家之间持久的权力不平衡，而这个复杂系统有着产生不对称网络结构的趋势。

布鲁盖尔研究报告提出，欧盟的主权过去是现在仍然首先是经济主权。为了维护欧盟的利益和价值观，要重新定义经济主权概念及相应的政策工具。欧盟及其成员国要共同努力保护它们的经济独立性和为欧洲公民奠定该集团价值的基础。欧盟的对外经济权力与成员国的外交安全权力相分离。而从网络空间到金融的经济联系正在成为大国竞争的主要领域并且越来越有被武器化的危险。依赖外国技术增加了地缘政治风险。因此，欧洲经济主权议

---

① Thomas Raines, Matthew Goodwin and David Cutts, "The Future of Europe: Comparing Public and Elite Attitude", *Chatham House Research Paper*, June, 2017. https//www.chathamhouse.org/publication/future-europe-comparing-public-and-elite-attitudes

② Henry Farrell and Abraham L. Newman, "Weaponized Independence: How Global Economic Networks Shape State Coercion". *International Security*, Vol. 44, No. 1, 2019. pp. 42–79.

程的重点事项包括促进欧洲的研究、科学技术和创新基地；保护对国家安全至关重要的资产免受外国投资的损害；在国内外竞争中增强公平竞争；加强欧洲货币和金融的自主权。[1]

规则制定权和规则主导权是欧洲主权建设的优先和主要手段。欧盟在法规和标准制定领域占世界主导地位，如在个人隐私、竞争、技术和环境等关键议题领域的规则较为领先和相对完善。实际上，欧盟通过市场机制在某些领域实行了"单边监管全球化"的形式。在数字经济发展相对落后的情况下，欧盟首先利用其监管和规则制定方面的优势，完善数字领域的法律法规，强化数字治理。欧盟拥有5亿人口的数据管辖权，这为欧盟提供了按照自身法律和标准实行数字监管与治理的优势，也成为欧盟与美国、中国进行数字经济竞争的重要基础。欧盟先后颁布了《通用数据保护条例》（GDPR）、《网络安全法》和《数字服务法》等一系列法规，规制欧洲市场中的数字经济行为。欧盟GDPR制定了网络数据管理法规，对互联网公司使用个人数据予以规范，加强隐私保护和商业行为道德。GDPR已经被许多国家纳入本国立法，一些跨国企业也采用GDRP作为其全球业务标准。

欧委会计划加强全球供应链中的可持续标准审查，将对欧盟公司全球供应链中的强制性人权和环境尽职调查提出新规则，建立具有公平工资和工作条件的负责任的全球供应链，并将其逐步形成一个欧洲框架。这是欧盟利用规范性增强自身竞争力的又一强权手段。

在经济主权的旗号下，欧盟贸易投资政策的地缘政治化也越来越突出。地缘政治化可以将一个问题的话语建构为地缘政治问题，由此可以使用政策工具来赢得盟友、战胜敌人并重组全球力量平衡。欧盟的外资投资安全审查机制是一个典型案例。欧盟《外资直接投资审查条例》对外资的审查范围包括关键基础设施、关键技术、关键投入品、敏感信息和媒体等类别，其中，关键技术覆盖了AI、机器人技术、半导体、网络安全、航空、防务、能源存储、量子力学和核技术、纳米技术及生物技术。2020年6月17日，欧盟发表了《外国政府企业补贴白皮书》，并推动外国补贴白皮书立法。该

---

[1] Jean Pisani-Ferry and Guntram Wolf, "The Threat to the European Union's Economic Sovereignty."

白皮书是对投资筛查的补充,进一步限制外国国有企业在欧洲市场收购,是欧盟竞争政策工具之外的新筑墙方式。

## 三、欧盟地缘政治角色的限制

首先是欧盟政治结构的限制。"欧洲主权"是一个模糊、矛盾且有争议的概念。从法律角度而言,欧盟的权能来自成员国的授权,决策主权决定于成员国而非欧盟。从实际看,尽管欧盟已经发展成为一个高度制度化的共同体,但其并非主权实体,仍然是主权国家的联合体。欧盟体系缺乏政治权威,成员国利益主要取决于国内各种政治力量的较量,以及政治力量背后的各种经济力量和其他社会力量的影响。

在防务自主建设议题上,欧盟成员国之间存在分歧。欧盟内部对跨大西洋同盟有三种不同立场,分别是法国代表的战略自主、德国代表的战略模糊和波兰代表的战略拥抱。法德之间的战略分歧对欧盟成为一个地缘政治角色的阻力尤其大。

2020年11月2日,德国防长卡伦鲍尔在接受美国《政客》新闻网采访时表示,欧洲仍将不得不继续依靠美国的军事保护。对此,16日法国总统马克龙在对《欧洲大陆》杂志专访时予以反驳,表示完全不同意德防长的看法,欧洲必须要拥有自己的防御主权。17日,卡伦鲍尔回应马克龙说,虽然她也认同几十年内的欧洲自主策略,但如果没有美国和北约的帮助,欧洲将无法保障自身的安全。中东欧国家对欧洲防务合作缺乏信心,追求美国和北约的保护。例如,在PESCO的准备阶段,波兰提出了明确的防务理念,即欧盟在安全领域的所有行动应该以非竞争方式补充和充实北约的运转。

德国国际和安全事务研究所(SWP)学者认为,自2015年巴黎发生恐怖袭击以来,法国一直希望欧洲盟国支持其开展的"国际反恐怖主义战争"。德国努力来提高欧盟国家的军事能力主要是为了化解美国对跨大西洋安全关系中所谓的不公平分担负担的批评,具体操作集中在欧洲附近的危机管理上。最重要的是,德国从未将欧盟视为国家和联盟防御为替代安全结构。法德两国仍然需要就战略自主的范围及其必要步骤达成共识。[①]

在解决 2020 年爆发的东地中海危机的思路上,法德意图各有不同。法国表现强势,倾向于武力威慑方式;德国从移民角度考虑,尽力促成与土耳其对话解决冲突。东地中海冲突显然不仅是资源开采问题,涉及欧盟的安全和凝聚力问题。东地中海局势表面上是围绕资源的竞争,但地中海地区的冲突从根本上说是关于权力和认同政治的角逐。东地中海危机涉及相互联系的重大问题如领土主权和海洋法、能源和运输的控制、欧盟的未来以及更广泛的政治甚至文明议程,考验着欧盟作为安全供应者的政治意愿和能力。

欧盟"经济主权"存在两难和矛盾。欧盟加强经济主权的目的是通过强化战略自主举措,减少对其他国家的技术和市场依赖,增强供应链韧性,帮助欧洲企业在关键材料、技术、基础设施等战略领域获得更大利益和提高欧洲工业全球竞争力,"经济主权"含有内在的排他性。然而,欧盟经济增长和就业又高度依赖市场开放。面对这种矛盾,欧盟内部市场委员布雷顿表示,当我们谈论"战略自主"或有时被称为主权或弹性时,我们并不是在谈论将自己与世界隔离开来,而是要拥有选择、替代和竞争,避免经济和地缘政治上不必要的依赖。欧委会主席冯德莱恩则使用了"开放的战略自主"概念。

在对外战略方面,欧盟旨在加强与美国协调加强与中国竞争也并非易事。美国把欧盟作为加强对中国、俄罗斯战略竞争的工具。美国新任总统拜登的外交顾问向欧洲发出明确信息,即美国可以在北约、《巴黎协定》、WTO 等议题上与欧洲合作,但欧洲需要紧跟美国对华行动,重点是战略技术领域(AI、量子计算和 5G 技术网络)。美国因全球霸权资源不足,要求欧洲承担更多安全成本及在地中海、非洲和中东的危机处理中发挥更大的作用,但这与欧盟期待美国继续为欧洲提供安全保障的愿望有差距;而欧盟将

---

① Markus Kaim and Ronja Kempin, Time to End the Big Franco – German Misunderstanding on Security, December 4, 2020. https://www.gmfus.org/blog/2020/12/04/time – end – big – Franco – German – misunderstanding – security.

符合自身利益的监管标准、数字税和绿色税接入到欧美共同治理议程，因其与美国利益相冲突，欧盟的打算也难以如愿。

缺乏实现"战略自主"目标的防御能力是欧盟的硬伤。特朗普主义的韧性可能继续稳固欧洲战略觉醒。2020年11月，欧盟防务协调年度评估称，欧洲国防研究与技术（R&T）支出水平的前景仍然不足，使欧盟的战略自主权处于危险之中，原因在于欧盟成员国把欧洲的优先事项放在国家和北约的利益之后，而且对战略自主概念的理解不同。鉴于美国"特朗普主义"有可能再次发生，欧洲外交关系委员会（ECFR）报告强调，战略自主权是欧洲在至关重要问题上实现更大独立性和更有效合作的唯一途径。为此，报告提出了包括建立欧洲技术冠军、创建北约的欧洲核心小组、欧洲绿色协议全球化及供应链和健康5个领域的行动议程。[①] 2020年12月2日，在欧盟与美国战略对话声明中也提出了要实现欧洲战略自主权的能力目标。

## 四、结论

"规范性权力欧洲"概念定义于全球化、地区化、多边主义及多极化的国际体系背景，为欧盟在全球政治中的身份而建构，旨在发挥欧盟的话语权优势，利用"规范性"不断扩展欧盟的规制边界，以实现欧盟的安全、政治和经济利益目标。然而，规范力量的道义性与利他主义内涵和权力政治经常发生冲突。欧盟难以忽视现实的自我利益。所以欧盟大量人权政策显示出更直接的工具逻辑和直接的战略效用。[②]

---

[①] Jeremy Shapiro, "How European Sovereignty Can Survive Joe Biden". *EURACTIV*, 2 Dec., 2020. https//www.euractiv.com/section/global – europe/opinion/how – european – sovereignty – can – survive – joe – biden/.

[②] Richard Youngs, "Normative Dynamics and Strategic Interest in the EU's External Identity", *JCMS*, Vol. 42, Issue 2, 2004. pp. 415 – 435.

全球化受阻与国际政治格局的加快演变，促使欧盟进一步审视其"规范性"的地缘政治和地缘经济价值。欧盟的一系列"战略自主"政策表明，在气候变化、数字化、全球价值链等领域，欧盟将强化规范、规则和标准，以维护欧盟的利益和价值观。但欧盟内部战略分歧的存在阻碍欧盟成为真正的地缘政治角色的志向。

# 浅析欧盟从"战略自主"到"开放性战略自主"的政策演变

张迎红[*]

[内容提要] 欧盟分别于2016年和2020年提出了"战略自主""开放性战略自主"的概念和政策框架。"开放性战略自主"是欧盟"战略自主"的继续、延伸和拓展。"开放性战略自主"概念的提出更加突出和强调了欧盟支持全球化和全球贸易,体现了欧盟与美国特朗普外交政策的根本区别。欧盟的"战略自主"主要体现在防务、外交、金融等领域,反映了欧盟对于美国"重返亚洲"战略实施后如何减少对美国的依赖。而"开放性战略自主"是在新冠肺炎疫情背景下推出的,既体现了欧洲对产业链过度依赖中国的反思,也反映了欧盟对于经济复苏和未来战略的谋划。欧盟的"战略自主"和"开放性战略自主"具有"去美国化"和"去中国化"的双重因素,反映了欧盟在对华政策上的两面性。但鉴于欧盟支持全球化以及支持中欧战略合作,中欧关系仍是中国外交的重点,欧洲仍是中国摆脱美国遏制的重要外交突破口和中国推动"双循环"新发展格局的重要外部市场。

[关键词] 欧盟 战略自主 开放性战略自主 中欧关系 "双

---

[*] 张迎红,上海国际问题研究院欧洲研究中心主任,研究员。

循环"新发展格局

2016年，欧盟提出了"战略自主"这一概念，之后"战略自主""战略主权""欧洲主权"等类似概念由欧盟及其主要成员国相继提出。2020年，新冠肺炎疫情暴发之后，欧盟委员会又提出了"开放性战略自主"这一新概念和政策框架。"开放性战略自主"已经成为一个常用词和关键词，频频出现在欧盟各类政策文件和领导人讲话中。欧盟在2020年5月出台的"复苏计划"和9月出台的"2020战略远见报告"中，对"开放式战略自主"提出了较为清晰的政策框架。"开放性战略自主"概念是欧盟对于2016年提出的"战略自主"概念的延续、拓展和深化，尤其被用于经济和贸易政策，是欧盟"战略自主"的组成部分，也是另一种表达方式。"战略自主"和"开放性战略自主"将成为欧盟未来长期的总体战略，对欧盟各项战略和政策制定具有标杆性和锚定式意义，并将对中国和中欧关系产生重要影响。本文主要对欧盟"战略自主"和"开放性战略自主"产生的原因、背景、目标和政策框架，以及对中国的影响进行简要分析。

# 一、欧盟"战略自主"概念的提出、发展及政策框架

欧盟"开放性战略自主"的概念和提法最初起源于2016年提出的《欧盟全球战略文件》中的"战略自主"概念。

（一）欧盟"战略自主"概念的提出

欧盟"战略自主"的概念最初是在2016年6月欧盟公布的欧盟全球战略文件《共享观点和共同行动：一个更为强大的欧洲——欧盟外交和安全政策全球战略》中正式提出的。在该文件中有两个地方正式提到"战略自主"：一是在莫盖里尼撰写的序言中说："这一战略孕育了欧盟战略自主的

雄心。"① 二是在正文中提到："适当的雄心和战略自主对于欧洲在其境内外促进和平与安全的能力至关重要。"欧盟负责外交和安全政策高级代表莫盖里尼从欧盟全球战略的层面指出了"欧洲战略自主"的必要性和可能性。首先，她强调了"欧洲战略自主的必要性"。她指出："随着英国脱欧，欧盟更需要重新思考欧盟的运行方式，面对充满挑战的时代，欧盟需要加强战略思考、分享共同观念和执行共同行动。"其次，她指出"欧洲战略自主"的可行性："从经济上而言，欧盟属于世界 G3 集团②，欧盟是全球最大的贸易体和最大的投资体，对每个国家而言几乎都是最大的投资者，也是全球对外援助的最大提供者。"最后，她正式提出了"欧洲战略自主"这一概念："本战略将赋予和培育欧盟战略自主的雄心壮志。"③ 在之后的正文部分文件也正式提到了战略自主。在"对外行动的优先重点"这一部分，在阐述"我们联盟的安全"一小节中提到："适当的雄心和战略自主对于欧洲在其境内外促进和平与安全的能力至关重要。"④ 可见，"战略自主"概念最初出现在"欧盟全球战略文件"中，是欧盟官方正式确定的一个定义和概念，与欧盟全球战略密切相关，确定了欧盟未来发展的方向。"战略自主"这一概念主要集中在外交和安全领域。

(二) 欧盟"战略自主"概念的发展

随着欧盟全球战略文件正式提出"战略自主"概念后，欧盟官方、主

---

① EU："Shared Vision, Common Action: A Stronger Europe——A Global Strategy for the European Union's Foreign and Security Policy", June 2016, http: //europa. en/globalstrategy/en, pp. 4 – 9.

② 莫盖里尼在这里提到的"G3"集团，估计是指美国、中国和欧盟这三个世界上最大的经济体。

③ EU："Shared Vision, Common Action: A Stronger Europe——A Global Strategy for the European Union's Foreign and Security Policy", June 2016, http: //europa. en/globalstrategy/en, pp. 3 – 4.

④ Ibid., p. 9.

要成员国领导人及欧洲学术界纷纷就"战略自主"这一概念进行阐述、辩论和拓展。"战略自主"有时也被欧洲领导人说成"战略主权"或"欧洲主权",但其内涵基本一致。

"欧洲主权"概念的提出与法国总统马克龙有关。2017年9月,马克龙在索邦大学(Sorbonne)发表的演讲时,就把"欧洲主权"确定为欧洲及欧洲全球角色愿景的核心。在法语中,"主权"的含义就相当于一个国家的"自主行动能力"。欧盟一些政治家也纷纷开始使用这一概念。2018年,时任欧盟委员会主席容克把"盟情咨文"的标题就定为"欧洲主权的时刻"。欧盟新一届领导层自2019年末上台后,沿用并继续扩大"欧洲主权"及"欧洲自主"的概念外延,使主要指防务和外交领域的"主权"一词被广泛使用在欧盟的现今战略和政策文件中,也十分频繁地出现在欧盟领导层对内对外讲话和议程中。比如,欧盟委员会主席冯德莱恩在2020年9月首次发表的"盟情咨文"中提到欧盟"数字主权"。2020年9月8日,欧洲理事会主席米歇尔在一年一度的"布鲁塞尔经济论坛"上发表的讲话中提到"关键产品领域的自主权"。米歇尔在联合国大会第75届会议上发表视频讲话提到:"欧盟希望变得更强大、更自主、更坚定,以捍卫一个更公平的世界。"除了欧洲政界之外,欧洲战略问题研究学界也纷纷就"战略自主"进行激烈的讨论。其中包括2019年德国国际和安全事务研究所(SWP)发布的研究报告《欧洲战略自主:行为体,问题,利益冲突》[1]、法国国际关系研究所(IFRI)学者撰写的《当前战略环境中的欧洲安全架构:走向"战略自主"》等诸多文章。[2] 欧盟机构和欧洲战略界对"欧洲战略自主"概念的提出和深入讨论,旨在应对当前复杂多变的国际局势,包括第四次工业革

---

[1] Barbara Lippert (eds.): "European Strategic Automomy: Actors, Issues, Conflicts of Interests", SWP Research Paper4, March 2019, Berlin, German Institute for International and Security Affairs.

[2] Morgan Paglia: "Europe's Architecture of Security in the Current Strategic Environment: Taking the Path toward 'Strategic Auronomy'", 载于 Freya Gruenhagen (eds.): "The Changing Global order—Which role for the European Union", Genshagener Papiere No. 23, Oktober 2019, Stiftung Genshagen

命、英国脱欧、特朗普"美国优先"、中国崛起、民粹主义抬头和逆全球化潮流等给欧洲带来的机遇和挑战，也是欧洲为了更好应对"百年未遇的大变局"所做出的提前规划、深入思考和战略调整，"欧洲战略自主"概念的提出、深化和相关政策调整，对欧洲一体化、欧洲对外战略、美欧关系、中欧关系等核心问题都将产生重要影响。

2016年以来，随着英国脱欧期限的不断临近、特朗普"美国优先"政策的甚嚣尘上、中美贸易战的持续发酵以及新一轮科技革命的突飞猛进，欧洲战略界就"欧洲战略自主"议题进一步展开了热烈讨论[①]，并从原来的欧盟全球战略文件中以防务为主的狭义"战略自主"概念向包含防务、科技、市场、金融、制度等广义的"战略自主"概念转变，并在学理和政策建议方面提出了较为系统的看法，预示着未来欧洲战略发展的新动向。

（三）欧盟"战略自主"的主要政策框架

从2016—2019年期间，关于"战略自主"，欧盟出台的相关政策、领导人讲话的侧重点以及欧洲学术界关注的问题，主要集中在以下方面。

第一，建立和维护欧洲防务自主。

美国将战略重点从欧洲和中东地区移向亚太和印太地区，从奥巴马时期就已经开始，特朗普只是以其自身独特的方式进一步推动这一趋势，未来美国领导人仍将继续沿着这一战略前行。为此，欧洲必须学会在得不到美国支持的情况下自己照顾自己，管理自己的安全问题。随着俄罗斯在欧洲周边地区的军事活动频繁，以及欧洲周边地区非传统安全问题突出，欧洲需要增加对自身安全的关注，包括传统安全和非传统安全。传统安全包括与俄罗斯的

---

[①] Barbara Lippert (eds.): "European Strategic Automomy: Actors, Issues, Conflicts of Interests", SWP Research Paper4, March 2019, Berlin, German Institute for International and Security Affairs; Morgan Paglia: "Europe's Architecture of Security in the Current Strategic Environment: Taking the Path toward 'Strategic Auronomy'", 载于 Freya Gruenhagen (eds.): "The Changing Global order—Which role for the European Union", Genshagener Papiere No. 23, Oktober 2019, Stiftung Genshagen.

关系；非传统安全主要为欧洲周边地区，包括巴尔干、地中海、北非、中东的地区冲突、人道主义灾难、移民难民问题等非传统安全和危机管理。北约由于其较为复杂的结构，包含美国、加拿大、土耳其等非欧洲国家，对欧洲自身的安全关注并不迫切，不可能完全应欧洲的要求或按照欧洲的方式而采取相应的军事和安全行动。为此，欧洲需要发展一套由欧洲国家自主掌控的、符合欧洲国家价值观和运行原则、欧洲国家军费和军事能力可以承担的、能实现欧洲国家军事和安全目标的完整的安全和军事机制，这对于欧洲国家而言尤其重要，迫在眉睫。

为此，战略自主的首要要务就是维护安全与防务主权。"永久结构性合作"（PESCO）是欧盟公布全球战略文件后在防务领域一体化发展方面较为显著的项目。2017年11月，欧盟23个成员国的部长们就"永久结构性合作"签署了联合通知书，并提交给欧盟外交与安全政策高级代表和欧盟理事会。12月，欧盟理事会通过了"永久结构性合作"框架。在防务领域开展永久合作，最初是由2009年生效的欧盟《里斯本条约》提出的，该条约前瞻性地看到了欧盟成员国在安全和防务领域开展更紧密合作的可能性。在这一永久性防务合作框架下，那些愿意且有能力共同发展防务能力的成员国可以共同投资项目，或强化其武装力量的作战准备和贡献。[1] 2017年12月欧盟理事会正式通过了"永久结构性合作"框架，之后欧盟成员国陆续开展相关项目。欧盟于2019年12月召开了国防部长会议，批准13个联合防务新项目，包括打造海上无人反潜系统以及开设支持欧盟特种作战部队的医疗培训中心等。至此，欧盟"永久结构性合作"框架下的合作项目总数达到47个。作为欧盟防务一体化的"旗舰"项目，"永久结构性合作"正在引领欧洲防务一体化进程务实推进。[2] 值得关注的是，欧盟这批新项目的推进，正值法国总统马克龙发表北约"脑死亡"言论以及12月北约在伦敦举

---

[1] 孔紫琴：《欧盟的23个成员国签署"永久结构性合作"联合通知书》，欧盟网站2017年11月13日报道。搜狐网站2017年11月23日发表，http://www.sohu.com。

[2] 孔刚：《欧盟"永久结构性合作"框架下合作项目总数达到四十七个》，新华网，2019年12月19日，http://www.xinhuanet.com。

行庆祝北约成立 70 周年峰会之际，个中微妙关系隐约可见。①

欧盟推进共同安全和防务政策，意欲形成欧洲在安全防务领域的一体化，包括军事能力、指挥系统、武器装备市场的一体化和兼容，但不是建立一支超国家的欧洲军队，仍然属于成员国军事力量的合作，建立"永久结构性合作"是针对某一行动组建志愿国联盟。欧洲推行共同安全防务政策不是为了把美国从欧洲赶出去，也不是为了中止北约，而是为了在缺乏美国军事支持的情况下，欧洲能够自己管理自己的安全，同时也为了在北约和跨大西洋关系内，促使美欧之间更为平衡的关系，促使美国在国际事务中重视和依赖欧洲的力量。

第二，建立和维护欧洲金融主权。

欧洲经常性地成为美国二级制裁的牺牲品。美国霸权式的全球战略经常使用制裁方式，如针对俄罗斯、伊朗、朝鲜等，而欧洲国家和企业由于与这些受制裁国有较为密切的经贸和投资关系，往往成为美国二级制裁的直接对象。美国对欧洲企业的二级制裁包括金融制裁、贸易制裁、市场封闭、关键部件的断供以及先进技术封锁等，对欧洲企业产生了巨大的伤害，也极大影响了欧洲外交政策和对外战略的实施，影响欧洲作为世界一极的优势地位和巨大作用，为此欧洲需要在金融支付体系方面摆脱对美国 SWIFT 支付体系的依赖，发展一套欧洲自主的全球金融支付体系，以摆脱经常性受到美国二级制裁的困境。为此，维护金融主权，尤其是摆脱对美元体系的依赖，建立欧元体系，成为欧洲捍卫金融主权的重要目标。欧洲努力推进以欧元和欧洲银行为主导的非美元银行结算支付系统，取代美元结算体系（SWIFT），确保欧洲企业不受到美国对伊朗等国家制裁的冲击。

第三，重视和捍卫欧洲技术主权。

美欧主要竞争的领域不是在安全和防务领域，而是在技术和产业领域，尤其是第四次工业革命和新技术革命，预示着美欧都希望在这场技术和产业革命中拔得头筹、获得先机，为此美欧之间的技术竞争十分激烈。

---

① 法国总统马克龙于 2019 年 10 月 25 日在总统官邸爱丽舍宫接受英国《经济学人》周刊的采访时说，北约正在经历"脑死亡"。《马克龙：北约正在经历"脑死亡"》，环球网，2019 年 11 月 8 日。

特朗普的"美国优先"和"美国第一"战略使得美欧关系呈现更多竞争因素,"美国优先"战略促使了欧洲实行"欧洲保护"战略,欧洲企业对美国市场、技术、金融等方面的依赖导致欧洲企业脆弱性和受美打压的压力上升,中美贸易战的激烈程度和美欧长期的贸易摩擦也使欧洲下定决心在市场、技术和金融领域尽快摆脱对美国的过度依赖,欧洲需要在技术、产业、市场、劳动力市场和金融等领域提供必要的保护和独立自主,以维持欧洲在这些领域的竞争力、独立性和自主权。

在科技方面,欧洲强调科技创新,尤其在新一轮科技革命和第四次工业革命的关键时期,通过加大创新投入,实现在颠覆性关键技术领域的突破,抢占科技制高点,打破在关键技术领域对美国的依赖,并在美欧中日多方科技竞争中胜出,在高科技领域保持国际先进地位和国际竞争力。维护"科技主权"是"欧洲战略自主"的重要领域。当前,欧洲在自动化生产、航空航天、生物制药、精密仪器等领域拥有较为明显的科技优势,但在数字科技和基础设施建设等领域已明显落后,并缺乏龙头企业。欧洲今后将从"提升能力"和"增强保护"两个维度制定应对之策:其一,欧盟将加大科技创新力度,争取在 2020 年前实现研发支持占 GDP 3% 的目标,并有较大可能放宽欧盟的竞争规则,允许具有一定优势的欧洲企业强强联手,打造"欧洲冠军企业",参与全球竞争,抢夺海外市场。其二,对于欧洲先进企业和关键技术企业,欧盟也推出了外商投资审查机制,以维护国家安全为名,避免受到外商的并购。对已不具备科技优势、缺乏龙头企业的领域,欧盟及其主要成员国加强保护,限制境外企业在欧盟内的经济活动,防止某一产业过度依赖某一国/企业的产品可能造成的战略风险。其三,对于具有"赢者通吃"特征的数字经济,欧盟主要成员国探索改进欧洲产业发展模式,在国家保护主义和自由市场机制之间、培育经济巨擘和保护中小企业生存之间寻找新的平衡点,以适应数字化时代的到来。

第四,维护欧洲贸易主权。

欧盟认为,工业和贸易是欧洲的命根子,也是维护欧洲繁荣和福利的基础。在贸易方面,欧盟重视以欧洲模式和标准制定国际贸易规则,并通过与世界其他地区和国家构建双边和多边自贸协定的方式,组建欧洲的贸易圈。在全球市场方面,欧洲以自贸协定为工具,与韩国、日本、越南、加拿大、澳大利亚、拉美、非加太77国集团等国家和地区已经签订或正在谈判签订自贸协定，同时欧盟本身拥有27国（英国脱欧后）的统一大市场，并通过欧盟东扩计划、欧洲邻国政策和东部伙伴关系，与东欧、北非等周边国家建立各种级别和形式的贸易关系，以此打造涵盖全球大部分地区、以欧洲为中心的全球市场体系，与美国、中国争夺全球市场。同时，欧盟通过与日本、加拿大等发达国家签订自贸协定，制定了高水平自贸区标准，以此作为杠杆，在WTO改革中强力推行欧洲标准和模式，推进高标准的全球经济治理体系和贸易体系改革。

第五，维护以欧洲模式为核心的全球治理体系。

欧盟认为，美国和中国在全球治理的模式方面对欧洲都存在压力和竞争，而且都不符合欧洲核心利益。美国尤其是特朗普政府的单边主义和退出国际合作，对现行全球治理体系和多边主义产生威胁；同时，中国利用美国退群后的权力真空正在谋求中国模式的全球治理体系，欧洲认为中国的全球治理模式是有选择的多边主义，与欧洲奉行的以规则为导向的多边主义不相符合。美国的单边主义和中国有选择的多边主义都对欧洲的全球治理理念和多边主义模式产生挑战、威胁和压力，为此欧洲需要捍卫以欧洲价值观和规则为基础的多边主义国际治理体系，维护欧洲在国际规则、标准方面的制定权和话语权，维护和提升欧洲的国际地位和影响力。在国际联盟方面，欧盟提出"中等国家联盟战略"，与所谓"志同道合"（即价值观、市场准入、技术能力、经济规模相近）的中等发达国家构建战略联盟，这些国家包括日本、韩国、加拿大、澳大利亚、巴西等国家，试图在中美"准冷战"或"准两极"体系下构建一个中间地带，而欧盟通过领导和主导这一中间地带，实现领导全球治理体系的目标。同时，欧盟还制定和捍卫欧洲标准和模式的全球治理体系，在制度模式方面寻求第三条道路。欧盟认为，美国和中国在国内和国际治理模式上与欧洲模式存在显著差异，欧洲需要走治理模式方面的第三条道路，在国内和国际都积极推行欧洲保护的标准，如环境、劳工、社会、数据、技术和市场的保护和标准，同时将欧盟内部标准上升到国际标准，并在与第三方合作时也采用欧盟标准。

## 二、欧盟"开放性战略自主"提出的背景与政策框架

(一) 欧盟"开放性战略自主"概念提出的背景、目标和原则

2020年1月，全球相继暴发新冠肺炎疫情，欧洲在2月中旬之后开始成为疫情的重灾区。新冠肺炎疫情对欧洲人民的生命健康带来的严重损害，其导致的封城和停摆措施不仅使欧洲人民的生活严重不便，也使欧洲陷入经济衰退、失业上升的严重困境。同时，由于欧洲长期以来将中低端制造业转移到其他地区和国家，造成抗疫物资的极度短缺，甚至出现了有关国家禁止本国抗疫物质出口、相互争夺进口抗疫物资等负面事件。在此背景下，欧洲民粹主义、质疑欧洲一体化、反全球化的声音频频出现，为了解决欧洲抗疫、经济复苏和未来欧洲经济社会长期发展等现实和战略问题，欧盟于2020年5月27日正式出台了名为《欧洲时刻：为下一代修复和准备》(Europe's moment: Repair and Prepare for the Next Generation) 的政策文件[①]，欧盟简称其为"复苏计划"(Recovery Plan) 或"下一代欧盟"计划(Next-GenerationEU)。这是欧盟第一次在正式文件中提出"开放性战略自主"(Open Strategic Autonomy) 这一概念。它出现在文件的第五部分，其标题就是"开放性战略自主和强大的价值链"。[②] 欧盟在该文件中指出："全球贸易以及一体化的价值链将仍然是欧洲的根本性增长，并对欧洲复苏也是根本的。为此，欧洲将寻求开放性战略自主的模式。"[③] 欧盟强调："危机也显示在许多方面，欧盟需要更加韧性，以便预防、保护和应对未来冲击。我们将

---

[①] European Commission: "Europe's moment: Repair and Prepare for the Next Generation", {SWD (2020) 98 funal}, Brussels, 27.5.2020, COM (2020) 456final.

[②] Ibid., p.16.

[③] Ibid., p.17.

永远承诺推行开放和公平贸易,但是同时必须意识到,需要减少依赖,加强供应安全,尤其在医药原材料和资源(矿物)原材料方面。为此,欧盟必须将重点放在提高战略自主、经济安全和创造工作岗位。"① 欧盟在强调开放性战略自主时,强调了两大基本原则:一是强调欧洲制造;二是强调全球贸易。首先,欧盟强调促进欧洲自身的制造能力,以此提高欧洲的战略自主。文件还指出了欧盟必须加强在绿色、能源、数字、国防、航天、医疗、关键性原材料领域的制造能力和储备能力,以此加强战略自主;其次,通过加强全球贸易来强化欧洲供应链和多元化,以此加强战略自主。在加强欧洲本身的制造能力的同时,欧盟也强调了促进全球贸易和经济全球化、一体化仍是欧盟战略自主的根本保障,也是欧洲实现短期复苏、长期增长与繁荣、维持欧洲竞争力的根本保障。为此,欧盟将通过推动形成新的全球贸易体系、改革世界贸易组织、确保商品和服务的全球流动,以此促进欧洲供应链的强化和多元化。②

欧盟"开放性战略自主"是欧盟"战略自主"的延续和拓展,也是欧盟"战略自主"在新冠肺炎疫情、欧洲经济复苏和中美竞争博弈加剧背景下的发展,反映了欧洲对新冠肺炎疫情暴露出欧洲产业链的脆弱和对外依赖的深刻反思,也是欧洲对疫情期间中美竞争和博弈加剧的战略自保,更是对绿色和数字革命下欧洲未来产业和竞争力的远景谋划。总之,欧盟"战略自主""战略主权""欧洲主权""开放性战略自主"都在表达一个意思,即欧洲在"百年未遇之大变局"下的战略选择。欧盟"战略自主"或"开放性战略自主"已经成为欧盟未来较长时期内的总体战略和内外战略,也是欧盟具有战略性、标杆性和锚定式的长期发展战略和举措。

(二)欧盟"开放性战略自主"的政策框架

欧盟于 2020 年 5 月公布的"复苏计划"、7 月通过的"新一轮多年度预

---

① European Commission: "Europe's moment: Repair and Prepare for the Next Generation", {SWD (2020) 98 funal}, Brussels, 27.5.2020, COM (2020) 456final, p.17.

② Ibid.

算框架"（2021—2027年）、9月冯德莱恩发布的"盟情咨文"，以及9月欧盟公布的《2020战略远见报告》，都对欧盟"开放性战略自主"的战略规划、政策框架、实施细则等提供了较为详细的指导和实施意见，这些政策文件与欧盟近年来推出的其他相关政策一起，共同构成了欧盟"开放性战略自主"的战略目标、基本原则、政策框架和实施细则。

欧盟"开放性战略自主"政策框架主要由四大支柱构成：一是加强战略韧性；二是增加战略主权；三是强化欧洲保护；四是坚守对等开放。具体遵循以下思路和措施：

1. 加强战略韧性

第一，强调短期复苏与长期韧性相结合的经济重启机制。建立紧急救助机制和快速复苏机制，重点启动地方经济，开展欧版"新基建"活动，以双倍规模的预算和投资机会优先支持基础设施行业、建筑业、装修和其他劳动力密集型产业，加快经济复苏和就业。在短期内，建立新的临时性机制以缓解失业风险，如SURE将提供1000亿欧元，确保企业仍然生存并保留其员工，支持人们留在岗位上，以及创立新岗位以帮助工人保持其收入，欧盟委员会将帮助成员国建立短期工作机制，并在未来建立永久性的机制。[1]

第二，将发展绿色经济和数字经济相结合作为欧盟的长期发展战略，并且促进绿色经济和数字经济的融合生长和双重转型，这是促进欧盟快速恢复和长期增长以及维护欧洲企业持久竞争力的关键举措。抓住未来数字经济和绿色经济的发展红利是关键，欧盟复苏计划和新一轮预算框架的主要预算、投资、税收和科技创新支持等的大部分都围绕这两个关键领域展开。

第三，推动欧盟共同预算和私人投资相结合的融投资长效机制。欧盟以其公共预算为杠杆，以融资税收工具为手段，吸引更大规模的私人投资绿色和数字经济领域。欧盟建立新的"偿付支付机制"，拥有310亿欧元预算，从2020年开始进行运作，以"偿付支持机制"来动员3000亿欧元的私人资金。欧委会将制定指针，来帮助私人资金投资用于欧盟优先领域和项目。也

---

[1] European Commission：" Europe's moment：Repair and Prepare for the Next Generation"，｛SWD（2020）98 funal｝，Brussels, 27.5.2020, COM（2020）456final, 27 May, 2020, p. 14, https：// ec. europa. eu.

就是说，欧盟公共和私人资金的动员配比是 1∶10。① 同时，欧盟鼓励域外投资，欢迎其向欧盟企业投资。

第四，欧盟预算支持与成员国结构改革相挂钩。2020 年 7 月，欧洲理事会就欧盟制订的"复苏计划"和新一轮多年度预算框架进行表决，最后在决议文件中规定，在 7500 亿欧元的复苏计划中，3900 亿欧元将用于向成员国提供直接拨款，主要受益国将是受新冠肺炎疫情影响较为严重的国家以及经济复苏较为困难的国家，包括意大利、西班牙和部分中东欧国家；另外 3600 亿欧元将用于向成员国提供贷款。在新一轮欧盟预算框架（2021—2027）中，将提供 1.1 万亿欧元用于未来 7 年欧盟成员国的经济恢复和发展。欧盟在使用这些预算时，制定了条件约束，将欧盟拨款与成员国经济结构改革和民主法治进程相挂钩，这将对南欧和中东欧国家产生影响。②

2. 增强战略主权

新冠肺炎疫情危机反映了欧洲在关键产品和原材料方面过于依赖非欧盟的供应者，成为欧洲抗疫的"短板"。为此，维护供应链安全是欧盟加强战略主权的重要内容。欧盟旨在通过加强供应链的多元化、本地化、替代化和储备化，减少对非欧盟供应者的依赖，尤其是对中国的依赖。具体措施包括：一是增强供应链的多元化，加强与伙伴的联系，包括非洲、东南亚，在必要的地方重新部署生产，通过重新部署产地实现多元化供应，以强化欧洲的全球供应链，减少对中国单一渠道的过度依赖。二是加强本地化的供应链部署，将一部分中低端制造业转移至中东欧地区，并将一部分制造进行技术升级，实现自动化和机器人制造，重回西欧发达地区。三是通过创新发展替代品。四是增强关键产品、零配件和原材料的战略储备，尤其关注医疗卫生领域内关键药品和原材料的供应、储备，以及关键矿材料（稀土）的供应

---

① European Commission："Europe's moment: Repair and Prepare for the Next Generation"，{SWD（2020）98 funal}，Brussels，27.5.2020，COM（2020）456final，27 May，2020，p.9，https：// ec. europa. eu.

② European council："Special meeting of the European Council（17，18，19，20 and 21 July 2020）- Conclusions"，Brussels，21 July 2020，EUCO 10/20，CO EUR，CONCI4，p.3，http：//www. consilium. europa.

和储备。①

3. 强化欧洲保护

欧洲保护有两个方面：一是经济保护；二是政治保护。经济保护是最近几年来欧盟一直关注的重点。

首先，升级经济保护，通过升级一系列的保护措施，以保护欧洲企业免于来自中国的激烈竞争。迄今为止，欧盟已经完成了三步走的防御机制：一是针对中国市场经济地位，修改反倾销法，调整贸易防御机制。二是通过了《外商直接投资审查机制》，以安全为由防止中国企业收购欧洲战略性资产，2020年10月该法全面实施。欧盟在5G问题上也倾向于强化安全和减少对外依赖。2020年1月，欧盟出台了《5G网络安全工具箱》的指导性文件，要求欧盟成员国评估5G供应商的风险情况，对所谓"高风险"供应商设限，以降低下一代移动网络的安全风险，并减少各国和电信运营商对一家供应商的依赖。欧盟虽未将任何企业（包括华为）排除在欧盟5G网络建设之外，看似较为中立，但2020年10月欧盟《外商投资审查机制》将全面生效，5G基础设施领域将是欧盟对外资审查的重点领域。出于美国逼迫、5G网络安全评估、欧盟对外资安全审查和本国对网络安全等因素的考虑，欧盟越来越多的成员国将华为彻底排除在本国5G基础设施网络框架的建设中，丹麦、波兰、罗马尼亚、爱沙尼亚、拉脱维亚、英国、法国、意大利、斯洛文尼亚、瑞典等国宣布或彻底不用华为技术或逐渐将已经使用的华为技术排除出去。目前欧洲主要国家中德国和比利时仍支持华为，但是德国内部关于使用华为的争论一直不断，未来的发展变化如何尚不能确定。三是2020年6月欧盟公布了《外国政府补贴白皮书》，这是涉及欧洲统一大市场的核心部分，即竞争政策。欧盟声称外国补贴日益对欧盟市场的公平竞争造成负面影响，欧盟拟动用一揽子政策工具，在企业并购、公共采购、申请欧盟资金等领域加强监管，将设立市场审查工具进行评估，一旦怀疑企业接受外国补贴，即可展开反补贴调查乃至采取反补贴措施。接受外国补贴的企业须向欧盟委员会上报并购行为，由欧盟委员会决定是否对并购采取反补贴措施或直

---

① European Commission："2020 Strategic Foresight Report – Charting the Course towards a More Resilient Europe"，2020 – 09 – 09，p. 21，https：// ec. europa. eu.

接叫停并购。在项目和公共采购招投标过程中，将对投标企业进行审查，根据是否存在外国补贴以及对公共采购的影响，最终可将投标企业剔除在外。对于企业申请欧盟资金以及欧盟出资的国际金融项目，也将审查受资企业是否接受外国补贴。欧盟将对接受外国补贴的企业进行反补贴调查和反补贴措施，在企业并购、公共采购、申请欧盟资金等领域加强监管。① 至此，欧盟已经构筑起针对中国的涉及贸易、投资、补贴三道防线。

其次，价值观划线、以意识形态为攻势，加强欧洲政治保护。在政治领域，欧盟认为来自"非自由主义"的力量已经开始在欧盟范围内进行渗透，欧盟需要抵挡来自"非自由主义"力量的影响②，为此欧盟加强政治保护措施：一是欧洲官方着重批评中国抗疫信息误导，实际上在指责中国借抗疫经验分享之际输出意识形态和制度模式，显示了欧盟对中国的误解和敌意。如欧盟委员会于2020年6月10日发布了《应对新冠疫情虚假信息》报告，指责中国在疫情期间破坏欧洲的"民主辩论"，同时还"传播虚假信息"，给欧洲民众错误的健康建议。③ 另外，欧盟在其《2020战略远见报告》中也公开指出："危机加剧了威权国家通过谣言来攻击民主体制。"④ 欧盟的这些政策文件显示了欧盟及欧洲主要国家对抗疫效果所反映出来的中欧制度模式竞争十分敏感，体现了欧盟将中国视为"制度模式的对手"这一定位，降低了中欧合作的互信度。二是在"复苏计划"和新一轮预算框架中，欧盟强调对成员国的预算拨款要与成员国经济结构改革和法治进程挂钩，这一措施将约束与中国关系较为密切的南欧和中东欧国家。欧盟及其主要成员国近年来一直指责中国以贸易杠杆为工具，以"17+1合作"机制为平台，意在"分裂欧洲"。意大利于2019年与中国签订"一带一路"合作备忘录，这是

---

① 欧盟中国商会：《欧盟发布应对外国补贴对公平竞争环境影响白皮书》，中德商务通公众号，2020年6月19日。

② 金玲：《欧盟处在战略选择的十字路口》，《紫光阁》，2019年第3期。

③ European Commission："Tackling COVID - 19 disinformation - getting the facts right"，Brussels，10.6.2020，JOIN（2020）8 final，p.3，https：//ec.europa.eu.

④ European Commission："2020 Strategic Foresight Report – Charting the Course towards a More Resilient Europe"，2020 - 09 - 09，p.20，https：// ec.europa.eu.

G7集团中第一个与中国签订"一带一路"合作备忘录的发达国家,意大利的亲华态度也引起欧盟及其主要成员国的警觉。欧盟在"复苏计划"和新一轮多年度预算框架中再次强调了欧盟内部的团结,并将预算分配与成员国的结构性改革、良治和法治挂钩,以"条件性"(conditionality)约束成员国。① 三是欧盟在国际社会以维护民主、人权和国际法的名义,在涉港、涉疆、涉南海问题上针对中国发难,强调价值观和制度模式领域的竞争和对立。2020年6月《中华人民共和国香港特别行政区维护国家安全法》出台,欧盟及其主要成员国紧随美英,对我国香港问题频频干涉。据路透社2020年7月24日报道,在法国、德国、瑞典的推动下,欧盟制定相关草案,计划限制对中国香港出口可能用于"监视"及"镇压"的技术设备,并审视与中国香港的签证政策。草案还称,欧盟"承诺过"考虑(香港)国安法对庇护、移民、签证和居留政策的影响;加强欧盟与中国香港学生和高校的合作;探讨中国香港国安法对欧盟公民的风险,以及审查其对欧洲引渡条约的影响。② 四是强调与中等发达的"民主国家",构建"志同道合者同盟",欧盟在《2020战略远见报告》中提出:"与志同道合的民主政体的强有力的合作显得越来越重要。"③ 欧盟在2019年3月12日公布的新的对华战略文件《欧盟—中国战略展望》中,对中欧关系进行了四个定位:合作伙伴、谈判伙伴、技术的竞争者和制度性对手。④ 近年来,欧盟尤其强调中欧关系中的竞争和对手一面,尤其是制度性对手。欧盟在国际社会中,强调以意识形态和价值观划线来排斥中国的倾向越来越明确,意图在中美博弈的背景下

---

① Council of the European Union: "Special meeting of the European Council – Draft Conclusions", Brussels, 14 February 2020, 5846/20, p. 21, https://ec.europa.eu.

② 王恺雯:《欧盟拟对香港实施敏感技术出口限制,审视签证政策》,观察者网,2020年7月25日,http://www.guancha.cn。

③ Council of the European Union: "Special meeting of the European Council – Draft Conclusions", Brussels, 14 February 2020, 5846/20, p. 21, https://ec.europa.eu.

④ European Commission: "EU – China – A strategic outlook", 12 March 2019, Strasbourg, 12.3.2016, JOIN (2019) 5 final, p. 1, https://ec.europa.eu/commission/sites/beta – political/files/communication – eu – china – a – strategic – outlook.pdf.

构建"中间地带",为欧洲争取更大的生存和发展空间。

(四)坚守对等开放

与欧盟最初提出的"战略自主"概念不同,欧盟在新的"开放性战略自主"概念中增加了"开放"一词,其重点并非仅仅在强调开放,实际上是强调"对等开放"。欧盟的开放实际上有两个标准:一是针对发展中国家提出的"优惠开放";二是针对发达国家提出的"对等开放"。以前欧盟一直对中国实行"优惠开放"政策,而最近几年,欧盟否认中国的发展中国家地位,将以前对中国的"优惠开放"政策改变为"对等开放"。欧方认为,中欧贸易关系长期以来一直受到"不平等"市场准入的影响,双方缺乏"竞争中立",中国部分市场准入政策偏向本国企业,未给欧盟企业提供"平等的"市场准入通道。欧盟最近几年一直坚持"对等开放"原则,将"对等开放"纳入WTO基本原则和对华经贸谈判过程中,显示了欧盟以对等开放作为工具、逼迫中国进一步开放市场的目的。具体政策包括:一是将对等开放纳入中欧关系和经贸谈判中,将对等开放作为中欧关系进一步发展的绑定式条件。二是推动"国际采购机制"协定,以加强欧盟在WTO中关于市场对等和开放问题的谈判能力,以WTO等国际法框架绑定中国实施"对等开放"。三是联合美国向中国施压,要求中国实施"对等开放"和市场准入。

# 三、欧盟"战略自主"和"开放性战略自主"对中国的影响

(一)欧盟"战略自主"和"开放性战略自主"具有"去美国化"和"去中国化"的双重因素和趋势,对此应持审慎态度

2016年欧盟在其全球战略文件中首次在官方文件中提出"战略自主"

这一概念，当时文件出台的背景既有"英国脱欧"、又有针对美国"战略东移"的因素，尤其是在美国"战略东移"这一大背景下，一旦缺少美国的保护，欧洲将能够自己照顾自己，减少对美国在安全方面的过度依赖。为此，当时"战略自主"的主要领域为防务领域。[①] 随着近几年的发展，"战略自主"逐渐从单纯的防务领域向其他领域发展，尤其是特朗普上台后，实施了一系列单边主义的措施，严重威胁到欧洲的利益，欧洲的战略自主意识更加明显，战略自主的领域从单纯的安全防务领域向经济、金融、科技、外交等一系列领域扩展，但主要还是以针对美国和美欧关系为主。而2020年5月欧盟提出的"开放性战略自主"，是在新冠肺炎疫情背景下提出的，与中国密切相关，具有防范中国的一面。新冠肺炎疫情完全暴露出欧洲在经济产业和治理模式上的脆弱性，以及欧洲长期过度依赖中国供应链而造成的产业脆弱性，同时中欧在抗疫表现上的成效也显示了中欧制度模式的竞争，欧洲认为"危机加剧了威权国家通过谣言来攻击民主体制"，新冠肺炎疫情的抗疫成效也刺激了欧洲对所谓"中国制度模式宣传和输出"的敏感和警惕。欧盟"开放性战略自主"的一个主要背景和目的是为了减少对中国的产业依赖，防范中国的政治威胁。2020年9月8日，欧洲理事会主席米歇尔在一年一度的"布鲁塞尔经济论坛"上发表讲话指出，欧盟在关键产品领域的战略独立已成为欧盟的世纪性项目，"我们的产业战略将促进更大的独立性，并确保我们能够获得所有必要的资源，从而确保欧盟公民的富足生活。该产业战略包括在设备、重要药物和其他关键产品生产方面拥有更大的自主权"。[②] 虽然不能说欧盟"开放性战略自主"完全是针对中国，但是其提出的背景的确与中国密切相关，尤其是抗疫过程中关键的医疗领域产业链、供应链的脆弱对欧盟敲

---

① EEAS: "Shared Vision, Common Action: A Strong Europe, A Global Strategy for the European union's Foreign and Security Policy", June 2016, p. 4, https://eeas.europa.eu/archives/docs/top_ stories/pdf/eugs_ review_ web. pdf

② "Recovery Plan: powering Europe's strategic autonomy – Speech by President Charles Michel at the Brussels Economic Forum", 8 September, 2020, European Council, https://www.consilium.europe.eu.

响了警钟，导致欧盟更加强调在产业链领域的战略自主。同时，欧盟提出的"开放性战略自主"也有针对美国特朗普政府的逆全球化和退出国际合作的意图，为此欧盟特地在"战略自主"前面加上"开放"这一修饰词。另外，欧盟"开放性战略自主"也是在中美越来越加剧的竞争博弈中维护欧洲利益、加强战略自保的重要举措和战略选择。因此，欧盟的"战略自主"和"开放性战略自主"，既具有"去美国化"因素，也具有"去中国化"因素。中国在评论欧盟"战略自主"和"开放性战略自主"的时候，应注意到这些概念中含有针对中国、防范中国的一面，应持谨慎态度，不应过于赞同、乐观和高调支持。

（二）欧盟"开放性战略自主"具有进攻型贸易保护主义特点，对中国将产生较大的压力。但也应看到，欧盟对待全球化和中欧贸易关系与特朗普政府仍有本质区别，维护中欧关系、加强与欧方合作仍具有必要性和可行性，维护中欧关系仍是中国外交的重要方面

欧盟"开放性战略自主"具有进攻型贸易保护主义特点，与特朗普政策以脱钩为主要工具的防御型贸易保护主义在根本目的上是一样的，但是在本质和方法上存在较大差异。近年来，美欧都认识到中国快速崛起对美欧造成的巨大威胁，尤其对以美欧为主导的西方秩序和科技竞争力产生严重威胁。因此，遏制和阻断中国的快速崛起成为美欧的共同目标。但是由于美欧在国际秩序和体系中的地位和位置不同，美欧对如何防范中国在方式上存在不同之处。美国将中国视为首要对手，以脱钩为主要工具，尤其是在高科技领域采取脱钩。而欧洲仍将中国视为竞合关系，合作和接触仍是中欧关系的主流，但是在合作过程中更加强调竞争和对立的一面，强调维护欧洲利益的一面，提出"有条件的合作"和"有限制的接触"。为此，欧盟"开放性战略自主"采取攻守兼备的灵活方式，以高举"对等开放"旗号为矛，以防御性保护工具为盾，寻求欧洲战略性竞争优势，达到"保护欧洲"的最终目的。因此，欧盟的"开放性战略自主"和美国的"脱钩论"，在总体目的上是一样的，都是以削弱中国竞争力、维护美欧竞争力为目的，但在本质上有显著差异，欧盟是维护全球化，美国是逆全球化；在方法上，美国采取中

美脱钩，尤其是高科技和高端制造领域的完全脱钩，而欧盟反对在任何领域的完全脱钩。欧盟对于全球化和中欧贸易关系的基本态度，是中欧维护全面战略伙伴关系的基础，欧洲也是中国应对中美"脱钩论"和中美新冷战的重要外交空间。中国应冷静看待和平衡考虑欧洲对中国的认知和诉求，在中欧可以合作的领域积极拓展中欧合作领域和空间，在中欧可能产生竞争和对立的领域争取加强沟通和交流，合理管控双方诉求和竞争，通过深化中欧关系，积极运筹中美欧三边关系。

（三）欧盟推行的"去中国化"供应链战略，将不利于中国维护完整的产业链体系；但是，欧盟提出的绿色和数字双转型战略，也是促进中欧合作和加强中欧产业链合作的新机遇

中国全产业链模式以及在许多生产流程和技术环节上拥有比较优势，这使中国制造业企业能够牢牢地嵌入全球价值链中。但是，欧盟在产业链方面实施多元化和本地化战略，将在全球重新部署产业链，将产业链移向非洲、中东欧、西欧等地，减少对中国的产业链依赖，这将撤出部分已经在中国部署的产业链。欧资在中国的产业链部署，在中国的产业链体系中属于中高端部分，欧资的部分撤出，将对中国产业链的完整性和高端化产生较大的负面影响，直接影响中国的整体全球竞争力。但是与此同时，也应看到，欧盟提出的绿色和数字双转型的战略，对于中欧合作也提供了机会。中国当前也提出了新基建和双循环新发展格局，中欧在绿色、数字和新基建等领域具有较大的合作机会和前景。中国可以积极应对欧盟关于对等开放的诉求，促进欧方重新重视在中国部署供应链的意愿。在招商引资方面，中国中央和地方政府应为所有企业（中外）营造公平竞争氛围、鼓励创新、保护知识产权，着力改善营商环境，充分发挥投资潜力，同时改善绿色和数字相关的基础设施条件，以适应新技术环境，为欧方来华投资提供条件和机会，促进欧方重新重视在中国部署供应链的意愿，尤其鼓励欧方在绿色和数字领域在中国的投资，加强中欧企业在绿色和数字领域的合作，形成中欧企业在绿色和数字领域的互补和融合的供应链体系，允许欧盟资本参与中国在绿色和数字领域的优质企业，将中欧产业

链通过重新构建和组合，更加高效、有序地黏合在一起。中国未来最大的风险是再次与世界其他国家隔绝，因此如何把握中欧两大市场和新技术革命提供的机会，为中国的"双循环"新发展格局服务，成为中国对欧关系的重点。

# 欧盟外交与安全危机管理体系和能力的发展评析

杨海峰[*]

[内容提要] 欧盟外交与安全危机管理体系主要包括条约规范、组织领导、力量资源、任务行动等方面，而其能力则重点体现在借助上述方面开展危机管理的成果上。欧盟的一系列条约为危机管理体系的发展奠定了法律基础，安全战略则提出了危机管理的全面和综合方式。欧盟危机管理的组织领导在政府间合作的背景下加强了制度化，高级代表与对外行动署等相关机构发挥着越来越重要的协调与指挥作用。随着力量资源的投入，欧盟的危机管理行动为其在欧洲、中东和非洲等广大地区发挥了战略影响，也对地区安全产生了积极作用。尽管欧盟危机管理体系的发展面临各种挑战，但从长远来看处于上升之势。

[关键词] 欧盟 危机管理 外交与安全 体系与能力

近10年来，欧盟外交与安全领域的危机管理政策和建设受到的关注度较之以往明显下降。与之相对，欧盟非外交与安全领域的危机管理在欧洲债务危机后可以说长期被列为政治与政策议程的优先事项。不管是欧债，还是

---

[*] 杨海峰，上海欧洲学会秘书长。

英国脱欧、难民涌入、新冠肺炎疫情，乃至气候变化等等挑战，都以危机管理的形式得到了高度重视和紧急处理。那么，欧盟外交与安全领域的危机管理究竟处于何种状况？一方面，由于外部环境和内部意愿等多重原因，欧盟在危机管理领域的发展确实多年盘桓，更多侧重于自身组织的优化，令人有旁落边缘之忧；另一方面，如果从一种更长的历史角度来看，欧盟在危机管理领域的发展其实一直处于上升之势，不仅不会与其他领域危机管理相掣肘抵消，而且其潜力后劲还会因为欧盟防务建设的推进而得到提升。

本文将围绕相关概念、条约规范、组织领导、力量资源、任务行动等内容，对过去30年的欧盟外交与安全领域的危机管理体系和能力的发展情况进行分析，并结合其面临的挑战展望发展前景。

# 一、相关概念

危机管理一般指危机管理者为了有效维护自己的基本价值，通常情况下同时也是为了防止危机升级而开展的管理行动。从不同角度切入，危机管理可以分为不同类型，比如传统安全危机管理和非传统安全危机管理、当事方危机管理和第三方危机管理等。[①] 欧盟的危机管理则可从政策领域的角度来做广义和狭义之分。

广义上的欧盟危机管理，指欧盟及其机构对包括欧盟共同外交与安全政策（简称CFSP）在内的所有政策领域的危机进行管理。欧盟机构和政策领域众多，进行危机管理的层次和工具也不尽相同。有学者曾对欧盟机构（欧盟委员会的总司、欧盟的专门机构、欧盟理事会总秘书处、欧盟对外行动署和欧洲议会）进行梳理，发现这些机构有84套对不同政策领域的危机进行不同程度感知的系统，这些政策领域涵盖了从民事保护、卫生、海事监管、边境管理到核安全、外部威胁、域内协调、关键设施、执法等广大范围，这些系统都配备

---

① 对危机管理的更多分析可参见杨海峰：《中欧国际危机管理互动研究》，上海人民出版社，2016年版。

了对刚刚浮现或已经发展的危机进行搜集、分析、核实或交换信息的方法和工具。卫生、民事保护、海事监管和边境管理等政策领域都有10套以上的感知系统，对外安全领域也有7套之多，而其他一些政策领域的系统则相对更少。[1]

狭义上的欧盟危机管理主要是在欧盟共同外交与安全政策框架内的危机管理。欧盟共同外交与安全政策包括外交政策和安全与防务政策。共同安全与防务政策（简称CSDP，即《里斯本条约》之前的欧洲安全与防务政策，简称ESDP）是共同外交与安全政策的重要组成部分，两者都由欧盟外交与安全高级代表（简称高级代表）掌管。欧盟的外交政策和安全与防务政策相互关联，两个领域的危机管理在提倡运用全面方式和综合方式进行应对的情况下更是无法截然分离。目前来看，除了部分外交政策领域的危机管理外，共同安全与防务政策领域的危机管理是欧盟共同外交与安全政策框架内危机管理的主体。不少学者包括欧盟官方机构都指出危机管理及其行动是共同安全与防务政策的主要组成部分，也是该政策的最引人注目和具体化的展现。[2] 该政策领域的危机管理以第三方危机管理为主。本文在分析过程中将重点聚焦于共同安全与防务政策领域的危机管理。

对于欧盟来说，狭义上的危机管理这个概念的历史相对较短，正式提出是在1999年的《科隆宣言》中。随着时任共同外交与安全政策高级代表索拉纳在2001年对前南斯拉夫危机的成功调解以及欧盟通过安全与防务政策任务逐步从北约和联合国手中接过在巴尔干的安全职能，危机管理政策成为

---

[1] Arjen Boin, Magnus Ekengren and Mark Rhinard, "Sensemaking in crises: what role for the EU?" in Patryk Pawlak and Andrea Ricci, eds., *Crisis Rooms: Towards a global network*？ EUISS, 2014, p.121.

[2] Christian Molling and Torben Schutz, eds., "The EU's Strategic Compass and Its Four Baskets – Recommendations to Make the Most of It", DGAP Report No.13, November 2020. 国内学者对欧盟共同安全与防务政策做过比较广泛的研究，大多涉及到了危机管理。比如孔刚：《欧盟共同安全与防务政策（1999—2009）》，北京：军事谊文出版社，2010年版；张迎红：《欧盟共同安全与防务政策研究》，北京：时事出版社，2011年版；周晓明：《国际法视角下的欧盟共同外交与安全政策研究》，武汉大学出版社，2013年版；张骥：《法国与欧盟共同安全与防务政策》，上海人民出版社，2014年版。

了欧盟外交政策活动的前沿。从欧盟理事会的观点看，危机管理不仅包括和平建立与和平维持，还包括国家建立、信心建立和对在冲突后稳定阶段的活动的监督，比如警察任务、监督任务和边境支持任务。[1] 在分析欧盟外交与安全领域的危机管理时，往往会同时涉及另一个重要概念：冲突预防。在欧盟的政策实践中，危机管理与冲突预防密切相关，而且两种方式不断结合，差别逐渐模糊。[2] 冲突预防是冷战后欧盟成立以来的关键政策目标之一，这也是欧盟东扩和南扩的背后逻辑所在。《里斯本条约》（简称《里约》）将冲突预防作为了联盟对外行动目标之一。冲突预防在欧盟文件中通常被理解为旨在实现结构性变化的长期过程、解决冲突的根源。根据欧委会的说法，冲突预防同时指长期和短期措施，它涵盖了冲突爆发前后的阶段。随着制度和行动的快速发展，欧盟危机管理任务的地理范围以及行动优先性的巨大变化，危机管理和冲突预防、短期与长期方式正在不断结合。[3]

欧盟外交与安全危机管理发展至今，大致经历了2个周期4个阶段。第一个周期为1991—2015年。在第一个周期里，1991—2002年可以说是欧盟危机管理的酝酿和初创阶段；[4] 2003—2008年是其成长阶段，欧盟开展了一系列危机管理的任务行动；2009—2015年是其成熟阶段，欧盟对危机管理的组织架构进行了调整优化。在2016年至今这个开始不久的第二个周期里，

---

[1] Eva Gross and A. E. Juncos, eds., *EU Conflict Prevention and Crisis Management: Roles, Institutions and Policies*, Routledge, 2011, pp. 3 – 5.

[2] Uzi Rabi, ed., *International Intervention in Local Conflicts: Crisis Management and Conflict Resolution since the Cold War*, I. B. Tauris, 2010. Martin M. Tauris and M. Kaldor, eds., *The European Union and Human Security: External Interventions and Missions*, Routledge, 2010. Eva Gross and A. E. Juncos, eds., *EU Conflict Prevention and Crisis Management: Roles, Institutions and Policies*, Routledge, 2011. Stefan Wolff and C. Yakinthou, eds., *Conflict Management in Divided Societies: Theories and Practice*, Routledge, 2012.

[3] Eva Gross and A. E. Juncos, eds., *EU Conflict Prevention and Crisis Management: Roles, Institutions and Policies*, pp. 3 – 5.

[4] 从更长远的角度看，欧洲政治合作（European Political Cooperation）与西欧联盟（the Western European Union，简称WEU）等都为欧盟危机管理的创建与发展奠定了基础。

欧盟危机管理既处于上一阶段的延续,通过综合方式对其组织架构和任务行动加以进一步协调,又进入了以欧洲防务联盟为长远目标、加强力量和能力建设的新一轮孕育阶段。[①]

对于某种制度和组织而言,体系和能力是体现与落实该制度和组织及其目标的一个有机整体。体系一般包括组织领导体系、政策法规体系、力量构成体系、资源要素体系等,而能力是指依托体系对各方面事务开展管理,并达到一定的效果。体系和能力的发展又推动了制度和组织的发展。对于欧盟来说,其自一体化启动之后,一直处于一个发展变化的过程,目前形成了包括欧盟共同外交与安全政策在内的多元一体、多层治理的独特制度。欧盟制度及其对外战略的最终目的是"促进民众的利益","和平与安全、繁荣、民主和基于规则的全球秩序是我们对外行动至关重要的利益"。[②] 欧盟的危机管理体系与能力的建设应该说既是为了更好地适应欧盟的整体制度及其目标,也是为推动欧盟制度的发展和目标的实现。欧盟的危机管理体系大致包括条约规范、组织领导、力量资源、任务行动等方面,其中能力重点体现在借助上述方面开展危机管理的成果上面。

## 二、条约规范

欧盟的一系列条约为其外交与安全危机管理体系的发展奠定了法律基

---

[①] 在《里斯本条约》之前的1999—2003年,可以看做ESDP的诞生与创始;从2003—2016年,有一段漫长的孩提时期,在此时期启动了新的任务和行动,对欧盟的雄心水平(level of ambition)有了一些新的界定;从2016年至今可以作为青春与成熟期。2003年的欧洲安全战略代表了第一阶段的顶点,而2016年的全球战略则成为第二阶段开始的标志。见 Daniel Fiott, ed., *The CSDP in 2020: The EU's legacy and ambition in security and defence*, EUISS, 2020, p. 16.

[②] European Union, *Shared Vision, Common Action: A Stronger Europe – A Global Strategy for the European Union's Foreign and Security Policy*, June 2016, p. 13.

础、提供了制度保障,而像《欧洲安全战略》《欧盟外交与安全政策的全球战略》(简称《全球战略》)则作为规范为危机管理指明了实施方式。

冷战后欧盟及其成员国的安全与防务处于一种相对无忧的状态。欧盟自身的防卫主要由北约等架构来实现,欧盟大部分成员国为北约提供了相应的军力和经费。此时,北约的最主要威胁和对手苏联和华约已经解体,俄罗斯对欧盟本土发动进攻的可能性微乎其微。但是,随着两极对峙格局瓦解,原先被掩盖的民族矛盾、领土争端、宗教纠纷等问题随之上升,海湾战争、前南斯拉夫地区冲突、科索沃危机等一系列地区危机对欧盟周边安全构成了严重挑战。然而,欧盟发现如果没有美国和北约的帮助,自己根本无力有效应对这些危机。在此背景下,欧盟通过召开首脑会议,达成《马斯特里赫特条约》(简称《马约》)、《阿姆斯特丹条约》(简称《阿约》)、《尼斯条约》等一系列条约发展安全与防务政策,力图开展欧盟主导的危机管理。

1991年欧共体首脑会议通过的《马约》正式建立了共同外交与安全政策,并在欧洲一体化历史上首次提到可能形成一个共同的防务政策,将来可能进而实现共同防务。西欧联盟成为欧盟的防务支柱,由其具体制定和执行欧盟的防务决定和行动。[①]《马约》可被看作是发展一个强有力的危机管理和冲突预防安排的关键时刻。然而,由于缺乏改革的内部动力,这个机会并未完全抓住,而把时机留在了《阿约》的谈判过程中。[②] 1997年欧盟首脑会议通过的《阿约》第一次明确了欧盟共同外交和安全政策下的危机处理任务,并列举了为完成这一任务而需开展的工作,包括发展危机处理的机制和程序、武装力量的准备和共同使用等,规定欧盟可以借助西欧联盟履行人

---

[①] 西欧联盟成立于1948年,自2000年起逐步将职能和机构归入欧盟"共同安全与防务政策"框架下,在《里斯本条约》后所有功能并入欧盟,于2011年6月底完全终止。西欧联盟在1984年发表《罗马宣言》,表示将关注点扩大到域外对欧洲安全产生潜在影响的危机,并在其后的八九十年代在周边开展了相关行动。

[②] Eva Gross and A. E. Juncos, eds., *EU Conflict Prevention and Crisis Management: Roles, Institutions and Policies*, pp. 56–57.

道主义、救援维和以及危机处理任务。①《阿约》还设立了欧盟共同外交与安全政策高级代表一职，由欧盟理事会秘书长兼任。1999年6月的科隆首脑会议发表了《关于加强在安全与防务领域的共同欧洲政策的宣言》，指出欧盟应该具备自主应对国际危机的军事能力，建立了欧洲共同安全与防务政策，由此也推动了共同外交与安全政策逐渐从宣示性的政策转向更加注重危机管理的以行动为导向的政策。② 2000年欧盟首脑会议通过的《尼斯条约》明确了共同安全与防务政策的运作与发展。

2009年，《里斯本条约》生效。《里约》成为共同安全与防务政策发展史上的里程碑，其一方面将已有共同安全与防务政策和科隆峰会以来的所有发展都纳入到共同外交与安全政策中，另一方面又增加许多重要的新条款，创建了欧盟外交与安全政策高级代表及欧盟对外行动署（简称行动署）。共同安全与防务政策包含永久结构性合作（简称PESCO）、相互援助和团结三项条款，其中"永久结构性合作"是唯一的实质性军事合作条款，它同时也构成了另外两项条款的基础。③ 高级代表的双重身份使其有可能掌握所有必要的资源，采取欧盟危机管理的综合方式。

在欧盟危机管理的第一个周期，不管是《马约》《阿约》《尼斯条约》通过将共同外交与安全政策作为欧盟第二大支柱，还是《里约》废除原有三大支柱分类，将共同外交与安全政策并入欧盟对外政策之中，一方面共同外交与安全政策的法律机制得到了完善，对外政策的一致性和对外行动能力得到了增强；另一方面共同外交与安全政策法律体系从本质上说还是自成一类的法律体系，欧盟在共同外交与安全政策领域的权能具有非排他性、非优先适用和与成员国权能平行的特点。④ 至于在欧盟危机管理的第二个周期，

---

① 高望来：《科索沃危机与欧盟的危机处理》，《欧洲研究》，2005年第2期，第19页。

② 赵怀普：《欧盟共同防务视阈下的"永久结构性合作"机制探究》，《欧洲研究》，2020年第4期，第32页。

③ 同上，第34页。

④ 周晓明：《国际法视角下的欧盟共同外交与安全政策研究》，武汉大学出版社2013年版。

共同外交与安全政策是否会有新的实质性改变，进而给危机管理体系和能力带来重大变化，还尚未可知。

值得指出的是，欧盟危机管理的发展除了受条约的管辖和推动外，还受到了相关规范的指导，最重要的有危机管理的全面方式（comprehensive approach）与综合方式（integrated approach）。自20世纪90年代末欧盟理事会在ESDP和后来的CSDP领域推进了民事和军事能力后，推动采取更加全面的方式和更加综合的方式成为了危机管理政策讨论中的永恒话题。[1]

2003年出台的《欧洲安全战略》提出，要用全面方式，特别要通过外交谈判、多边协商和推进国际规范等和平步骤，来解决国际和地区冲突与争端。全面方式主要指通过系统的全政府方式（WGA）来加强应对外部冲突与危机中的协调与一致。为了成功地处理冷战后不断涌现的复杂冲突与危机，全政府方式及其由防务、外交和发展工作组合而成的3D工具箱变得必不可少。在应对冲突的所有阶段，都要求开展多层级的多行为体合作。2013年欧盟委员会的《欧盟应对外部冲突和危机的全面方式》中提到了全面方式的两个核心要素：一是欧盟工具和资源的协调；二是欧盟层面行为体和成员国的角色。全面不仅指对欧盟工具和资源的整体运用，而且指欧盟层面行为体和成员国共担责任。全面方式有四项原则：一是安全与发展的联结；二是强调蓝图和通用解决办法应用的具体情境的重要性；三是需要集体的政治意愿和安排；四是尊重欧盟及其成员国各自的制度和结构上的能力配置。[2]

2016年出台的《全球战略》提出了应对外部冲突和危机的综合方式。2001年欧盟委员会文件中曾提出过综合方式，但其后全面方式成为了主导概念。不过随着对全面方式质疑的增多，比如冲突预防在该方式中没有得到

---

[1] Joachim A. Koops and Giulia Tercovich, "Shaping the European External Action Service and its post–Lisbon crisis management structures: an assessment of the EU High Representatives' political leadership", *European Security*, VOL. 29, NO. 3, 2020, p. 276.

[2] Loes Debuysere and Steven Blockmans, "Europe's Coherence Gap in External Crisis and Conflict Management: The EU's Integrated Approach between Political Rhetoric and Institutional Practice", Bertelsmann Stiftung, November 2019, p. 10.

足够重视,《全球战略》再次提出了综合方式。综合方式整合了冲突转型、和平建立及人的安全等非传统安全概念,成为一种更精巧和复杂的应对方式。[1] 综合方式具有多阶段、多维度、多层面和多边等特点,对全面方式进行了合理化、操作化、深化和框架化。以操作化这一点来说,欧盟对外行动署创建预防冲突、法治/安全部门改革、综合方式、稳定与调停司(简称PRISM)就是一种因应综合方式的制度改变。2019 年,行动署又以安全与和平的综合方式司(简称 ISP)代替 PRISM,使其成为行动署协调推进综合方式的关键部门,发挥应对冲突周期的主要协调中心的作用。[2]

## 三、组织领导

危机管理只是整个欧盟安全与防务政策以及对外行动的核心内容之一,是欧盟内部治理和政府间主义制度安排的一个缩影。[3] 目前来看,如果没有超越《里斯本条约》进而推进一体化发展的新条约,欧盟共同外交与安全政策及其领域内的危机管理组织领导仍将大体遵循政府间合作模式,即欧盟成员国和欧洲理事会、欧盟理事会在决策中扮演着主导和决定性的角色。欧洲理事会是欧盟最高决策机构,由欧盟成员国国家元首或政府首脑等组成。《里约》生效后,欧洲理事会增设常任主席一职,同时继续实行轮值主席国制。欧盟理事会作为欧盟内代表成员国的机构,根据欧洲理事会确定的战略目标,行使立法、预算、政策制定和协调职能。欧盟理事会在制定政策时以总务理事会、对外关系理事会等不同的架构形式召开会议,参加者为各

---

[1] Loes Debuysere and Steven Blockmans, "Europe's Coherence Gap in External Crisis and Conflict Management: The EU's Integrated Approach between Political Rhetoric and Institutional Practice", Bertelsmann Stiftung, November 2019, p. 6.

[2] Ibid., pp. 11 – 12.

[3] 吴白乙:《欧盟的国际危机管理转变与理论视角》,《世界经济与政治》,2007 年第 9 期,第 42 页。

成员国的相关部长或国务秘书。欧盟理事会内的对外关系理事会负责欧盟的对外行动，并根据欧洲理事会的指导方针确定与实施欧盟外交与安全政策，发起危机管理行动。① 欧盟理事会下设政治与安全委员会（Political and Security Committee，PSC）、军事委员会（EU Military Committee，EUMC）② 等预备机构，为其提供各种专业支持。政治与安全委员会负责欧盟的共同外交与安全政策、共同安全与防务政策的相关事务，由成员国驻欧盟大使组成，原则上每周召开两次会议。

欧盟成员国和欧盟层面的政策互动在评估包括危机管理在内的欧盟外交与安全政策的形成与执行时是一个重要因素。③ 比如，在欧盟开展索马里海盗的危机管理过程中，法国扮演了举足轻重的角色。法国除了自己开展海军行动打击索马里海盗外，还积极推动通过欧盟来加强对索马里海盗危机的管理。法国充分利用在2008年下半年担任欧盟轮值主席国的时机，不断推动在欧盟框架内处理索马里海盗问题。不管是最初的欧盟海军协调行动还是后来的阿塔兰塔行动，法国都是首倡国以及最积极的推动国。

欧盟外交与安全危机管理的政府间合作的突出特征并不表示欧盟层面的危机管理组织领导机制没有得到发展。事实上，欧盟外交与安全危机管理的制度化在不断增强，特别是欧盟外交与安全政策高级代表与欧盟对外行动署等相关机构发挥着越来越重要的协调与指挥作用。高级代表负责实施CFSP，并协调欧盟的对外行动。高级代表职位的改革以及行动署的创立被认为是《里约》给欧盟外交政策带来的最重要的战略创新。《里约》后的高级代表的职位处在了欧盟对外行动的政府间与超国家领域的交叉点。④ 一方面，高

---

① 很多时候，总务理事会与对外关系理事会共同召开总务与对外关系理事会会议（GAERC），讨论有关对外事务，制定相应政策。

② 军事委员会是欧盟理事会内的最高军事机构，指导欧盟内所有军事活动，为政治与安全委员会提供军事建议，通常由成员国常驻欧盟军事代表组成。

③ Eva Gross and A. E. Juncos, eds., *EU Conflict Prevention and Crisis Management: Roles, Institutions and Policies*, p. 7.

④ Maria Giulia Amadio Vicere, Giulia Tercovich and Caterina Carta, "The post–Lisbon high representatives: an introduction", *European Security*, Vol. 29, No. 3, 2020, p. 260.

级代表主持对外关系理事会、政治与安全委员会等确定与实施外交与安全政策的会议。另一方面，高级代表通过对外行动署领导危机管理部门机构。从CFSP建立起，欧盟就一直在寻求加强危机管理不同工具间的协调一致性。为此，历任高级代表都根据形势任务的变化对危机管理部门进行了改组。

北约前秘书长索拉纳在1999年6月的科隆首脑会议上被确定担任高级代表一职。索拉纳作为高级代表及欧盟理事会秘书长，辅助其实施共同外交与安全政策的机构为政策计划和早期预警部门（Policy Planning and Early Warning Unit）。政策计划和早期预警部门由欧盟理事会总秘书处、各成员国、欧委会和西欧联盟的专家约20人组成，在危机管理方面的主要职责为：（1）监测和分析相关地区的事态发展，并预测潜在的危机；（2）及时提供对欧盟外交与安全政策发生重大影响的事件和事态的评估；（3）负责有关决策的筹划、研究与修订，并提出意向性的文件。政策计划和早期预警部门下设若干"监督小组"，其角色类似联合国的观察小组，负责提供安全方面的政策报告和提案，旨在"把暴力冲突抑制在萌芽状态"。[①] 索拉纳在欧盟危机管理演习（Crisis Management Exercise，CME）和欧盟民事—军事协调行动计划（Civil-Military Co-ordination，CMCO）的基础上，于2002年底建立了危机应对协调小组（Crisis Response Coordination Team，CRCT），用以确保各军事、政治、民事行动方案在战略上的有机衔接。欧盟危机管理演习是在欧洲安全与防务政策框架下，检验和评估欧盟危机管理程序和机构的表现，特别是检查危机管理状态下欧盟民事和军事工具协调框架以及欧盟机构和成员国之间的互动。欧盟民事—军事协调行动计划则是一个制度性的部际乃至支柱间的会商活动。[②]

欧盟前贸易委员阿什顿在2009年11月成为《里斯本条约》生效后的首位高级代表。阿什顿上任伊始就发生了2010年1月的海地地震及人道主

---

[①] 邱美荣：《试析冷战后欧洲危机管理风格的变化》，《欧洲研究》，2005年第1期，第22—23页。钟准：《欧盟危机干预的政策机制探析》，《教学与研究》，2016年第1期，第58页。

[②] 王磊：《欧盟对外行动署的制度研究》，上海人民出版社，2015年版，第269页。

义危机，并因在这次危机中应对不力受到了强烈批评。这次事件在相当程度上促使她根据《里约》的相关规定安排对欧盟危机管理的机制和对外行动署的组织进行了迅速有力的调整与重塑：[①] 第一，由阿什顿或对外行动署执行秘书长主持危机管理委员会（Crisis Management Board）会议，协调各种危机事态下欧盟所要采取的预防、预备、应对机制的措施。危机管理委员会可以成立危机平台（Crisis Platform），用以整合对外行动署内各部门以及欧盟委员会和欧盟理事会总秘书处有关部门的资源，在欧盟对外行动关键行为体之间进行信息共享，增强欧盟应对外部危机时对外行动的一致性。危机平台由对外行动署危机应对和行动协调总司（Crisis Response and Operational Coordination，CROC）司长担任主席，必要情况下高级代表和执行秘书长也会参加危机平台会议。危机平台根据危机态势发展不定期召开会议，在紧急情况下可以每天召开会议。危机平台秘书处设在对外行动署危机应对和行动协调总司，负责筹备平台会议的召开并设定会议日程和记录会议内容。危机平台根据会议讨论的具体情况决定欧盟应该采取的政策和行动。为了提高欧盟早期预警能力，2011年11月，以危机平台为模型新设立的冲突预防小组（Conflict Prevention Group）开始正式运转。第二，欧盟理事会总秘书处危机管理机构与欧盟委员会对外关系总司下的A司（危机平台及共同外交与安全政策协调机制）被成建制转移至新成立的对外行动署，以使其在危机管理中承担更为重要的角色。对外行动署设立多个危机应对与管理机构，包括欧盟军事参谋部（EUMS）、民事规划与执行能力司（CPCC）、危机管理与计划司（CMPD）、欧盟情报分析中心（INTCEN）、危机应对和行动协调总司（CROC）等。[②] 2010年12月2日，高级代表阿什顿任命米奥佐（Agostino Miozzo）担任对外行动署危机应对和行动协调总司司长。该总司下辖领事危机管理和欧盟情势室（EU Situation Room）等部门。该总司的主要职责包

---

[①] Joachim A. Koops and Giulia Tercovich, "Shaping the European External Action Service and its post–Lisbon crisis management structures: an assessment of the EU High Representatives' political leadership", p. 288.

[②] 这些危机应对与管理机构都由高级代表直接领导，安全政策与冲突预防司（Security Policy and Conflict Prevention）则由对外行动署一名副秘书长主管。

括：协助高级代表履行其职责，以确保欧盟对外行动特别是在危机管理和应对领域的一致性和协调性；代表高级代表在危机管理和应对领域执行特殊任务；协调对外行动署危机平台工作；密切跟踪国际事态发展，以确保对外行动署有能力在最短时间内对潜在危机做出反应；管理欧盟情势室。欧盟情势室由30多名工作人员组成，主要职责包括：全球事态监控、状况预警、向欧盟驻外使团等提供情报支持、快速激活危机平台、向安全事态管理提供支持、欧盟公民海外旅行安全预警。①

意大利前外长莫盖里尼于2014年11月担任高级代表。莫盖里尼提出了应对外部冲突和危机的综合方式，并将加强欧盟危机管理中的预防与调停作为对外行动署的优先目标之一。为此，她对行动署相关组织进行了调整。2015年7月，行动署架构被彻底重构，塞拉诺（Pedro Serrano）在10月被任命为主管CSDP和危机应对的副秘书长。CROC被取消，其相关部门和职能被重组进新的总司，直接向新的副秘书长塞拉诺汇报。尽管曾经的CROC总司长米奥佐有着广泛的非正式权力、可以直通高级代表，但并没有领导CROC之外的不同危机管理架构的正式权力。通过将与危机管理相关的所有机构和职权置于副秘书长塞拉诺领导之下，莫盖里尼解决了之前米奥佐面临的制度缺陷。为了将不同危机管理工具合理化、加强内部与横向的协调，塞拉诺先是在2017年将原有的冲突预防、和平建立与调停处（Conflict Prevention, Peace Building and Mediation Instruments）改组为预防冲突、法治/安全部门改革、综合方式、稳定与调停司（Prevention of Conflicts, Rule of Law/Security Sector Reform, Integrated Approach, Stabilisation and Mediation, PRISM），并向他直接汇报。PRISM旨在按照《全球战略》的构想，推动一个更加综合的方式处理冲突与危机。作为这种方式的组成部分，PRISM倡议组建"综合方式的守卫者"，一个由行动署和欧委会代表组成的工作团队，主要推动综合方式的贯彻执行。该倡议得到了莫盖里尼的支持，她的目标就是"打破欧盟应对冲突与危机中的强大部门壁垒特征"，同时将预防与

---

① 王磊：《欧盟对外行动署的制度研究》，第269—273页。

调停提升到应对与管理一样的水平。① 2019 年 3 月，塞拉诺对其部门进行第二次改组，以适应高级代表新政策倡议带来的需求变化。高级代表提出了一系列新的政策倡议，比如 PESCO、年度协同防务评估（CARD）、欧洲防务基金（EDF）、2018 能力发展计划（2018 Capability Development Plan）、欧盟和平基金（EPF）等。新倡议涌现造成的情况就是原有分布在 PRISM、CSDP 和 EUMS 的支持机制变得过于碎片化，需要对危机管理架构进行调整。塞拉诺利用这次机会将行动署的危机管理和安全架构打造成类似于国防部的结构，新的共同安全与防务政策和危机应对总司（MD CSDP - CR）下设三个分别侧重政策、计划和行动的司。PRISM 被并入处理 CSDP 计划与领事事务的部门，转型成为新的安全与和平综合方式司（Integrated Approach for Security and Peace Directorate, ISP），通过对冲突周期的全方位应对协调来落实冲突与危机综合方式，并且负责危机管理和计划。该司与安全与防务政策司（Security and Defence Policy Directorate, SECDEFPOL）、民事规划与执行能力司（CPCC）一起成为反恐、裁军、防扩散、军控以及 PESCO 等欧盟政策计划的核心部门。

除了塞拉诺的改组外，欧盟军事参谋部（EUMS）也新成立了与 ISP、SECDEFPOL、CPCC 平级的军事计划与实施能力部门（MPCC）。欧盟理事会于 2016 年 11 月提出成立 MPCC，作为常设的联合防务指挥中心主要负责计划和指挥非执行性军事行动，使欧盟成为一个能够更加迅速和有效做出反应的安全提供者。2017 年 6 月，设在 EUMS 的 MPCC 正式成立，其后指挥了在马里、索马里和中非共和国的欧盟训练行动（EUTM）。2018 年 11 月，欧盟理事会同意赋予 MPCC 更多的责任，将计划和实施欧盟战斗部队规模的执行性军事行动。

值得指出的是，在处理外部冲突和危机时，欧盟还正式建立了协调不同机构的机制和部门，比如概念、知识管理与方案处（ISP.1）是行动署和欧盟委员会之间的协调部门，其可基于"行动需要"召集由行动署和欧委会

---

① Joachim A. Koops and Giulia Tercovich, "Shaping the European External Action Service and its post – Lisbon crisis management structures: an assessment of the EU High Representatives' political leadership", pp. 293 – 294.

机构及人员参加的危机会议,在危机管理时对不同部门进行明确的分工,并提供政治及战略指导。[①] 此外,欧盟一旦遇到重大和复杂的外交与安全危机需要管理,可以启动综合政治危机应对机制（Integrated Political Crisis Response Mechanism,IPCR）。IPCR 是欧盟在最高政治级别上应对跨领域危机的协调框架,支持欧盟对重大、复杂的危机在政治级别开展快速、协调的决策。[②]

## 四、力量资源

欧盟在外交与安全危机管理领域力量资源上的不断投入,为其民事和军事危机管理的能力提升提供了坚实基础和有效保障。

在危机管理发展第一个周期,欧盟以民事首要目标（Civilian Headline Goals）和军事首要目标（Military Headline Goals）为主要指引,在人员、装备、技术、资金等力量资源方面提出了不少雄心设想和阶段目标,取得了比较丰富的成果。欧盟 2000 年的民事首要目标制定了警察、法治、民事行政和民事保护 4 个优先领域。在警察领域,具体目标是欧盟成员国能为危机管理行动提供不超过 5000 名的警官,其中 1000 名处于高级别勤务状态,即能在 30 天内配备到位。2001 年的民事首要目标是到 2003 年为法治领域的危机管理行动准备 200 名法官和检察官,并能在 30 天内配置到位;在民事行政领域建立专家库;提供不超过 2000 人的民事保护队伍,并可在极短时间内配备到位。民事保护队伍包括 2—3 个由 10 名专家组成

---

① Loes Debuysere and Steven Blockmans, "Europe's Coherence Gap in External Crisis and Conflict Management: The EU's Integrated Approach between Political Rhetoric and Institutional Practice", p. 24.

② IPCR 的前身是欧盟于 2006 年 6 月创建的突发事件与危机协调协定（Emergency and Crisis Coordination Arrangements, CCA）。参见董泽宇:《欧盟跨国应急响应机制及其启示》,《中国公共安全（学术版）》,2016 年第 3 期,第 46 页。

的评估与协调团队，并能在 3—7 小时内派遣到位。2004 年的民事能力承诺会议宣布，上述目标皆已实现甚至超额实现。民事首要"目标 2008"在已经取得的经验基础上，又对培训、人员配置程序和任务计划加以更多关注，增加了监督任务和支持欧盟特别代表两项新的优先领域。"目标 2008"还提出欧盟需要能够同时开展多项任务。"目标 2010"除了继续提升备勤和部署能力，更加强调军民合作外，还提出发展其他能力，比如在过渡司法、对话和冲突分析方面再提供 285 名专家，建立民事应对团队（CRT），准备 100 人的专家库以快速部署等。欧盟成员国对"目标 2010"额外提出的目标是继续能力发展进程，并将民事目标与军事首要"目标 2010"同步合成。经过一段时间的发展，欧盟民事危机管理的能力和水平已经处于国际前沿地位。相比之下，欧盟在军事危机管理领域取得的成就较为逊色。欧盟在 1999 年的赫尔辛基首要目标（the Helsinki Headline Goals）提出过"欧洲快速反应部队"、在 2004 年的首要"目标 2010"中提出过"欧盟战斗群"等想法，但这些部队要么组建乏力，要么从未真正部署。

从危机管理发展第二个周期开始，欧盟就进一步加强了在危机管理力量资源上的投入。第一，欧盟委员会于 2016 年 11 月提出欧洲防务行动计划（European Defence Action Plan），设立每年 50 多亿欧元的欧洲防务基金，促进防务领域的研发及产业发展。欧洲防务基金用于协调、补充和扩大成员国的防务研发投资以及国防设备与技术的采购，帮助成员国减少防务领域的重复投入。2017 年 6 月，欧洲防务基金正式成立。第二，高级代表于 2018 年 6 月提议设立欧盟和平基金，以扩充欧盟危机管理工具箱。2020 年 12 月，欧盟理事会达成政治一致，和平基金将为具有军事或防务性质的对外行动提供经费。和平基金将首次允许欧盟以援助方式在目标国开展共同安全与防务任务和行动。欧洲和平基金在 2021—2027 年的预算是 50 亿欧元，但不在"多年度预算框架"内，而由成员国额外提供。第三，欧盟于 2017 年 12 月正式启动由 25 个成员国参与的防务领域"永久结构性合作"机制。该机制为由自愿参加的欧盟成员国共同发展防务能力、投资防务项目及提高军事实力，定期增加国防预算，将全部防务支出的 20% 进行防务投资、约 2% 的防务支出用于共同防务研究与技术，并联合对外派遣军队。该机制获得欧洲防务基金的资金支持，相关资金被用于采购防务装备和引进技术、支持研究项目。2018年3月6日，欧盟理事会通过了首批17个合作项目及其负责国家和行动路线图，涵盖了军事培训、网络安全、后勤支持、救灾和战略指挥等方面。11月通过了第二批17个合作项目。2019年11月通过第三批13个项目。到2020年，"永久结构性合作"已经通过了47个项目。第四，欧盟在2018年11月提出了民事共同安全与防务政策协议（Civilian CSDP Compact, CCC），对民事危机管理领域进行改革。2017年11月的欧盟理事会会议以及12月的欧洲理事会会议提请高级代表在2018年底前提交民事能力发展的未来步骤并制定一份CCC。[1] CCC的战略方向是加强欧盟成员国与超国家层面的协同作用，对快速部署、共享分析、军民合作等方面加以改进。CCC还做出了22项政治承诺，包括建立一支可以在30天内向全球任何地方进行部署的200人的民事任务团。

## 五、任务行动

到2020年，欧盟共开展了36项危机管理任务行动。欧盟的首次危机管理任务开始于2003年1月的波黑警察任务（EUPM/BiH），最近一次任务开始于2020年7月的中非共和国训练任务（EUTM RCA）。该36项任务中有25项是在2009年前启动的，占70%左右。在18年里，欧盟完成了19项危机管理任务，正在进行中的还有6项军事任务、11项民事任务。这17项正在进行的任务部署了大约5000人，主要开展维和、冲突预防、加强国际安全、支持法治、预防人口贩卖和走私等行动。欧盟的危机管理行动覆盖了全球多数大陆和地区。非洲特别是撒哈尔、非洲之角、索马里、中非共和国以及利比亚这些地区和国家逐渐成为了欧盟危机管理行动的重要关注点。

---

[1] Nicoletta Pirozzi, "The Civilian CSDP Compact: A success story for the EU's crisis management Cinderella?", Brief Issue 9, EUISS, October 2018, p. 2.

欧盟对索马里地区开展的危机管理是诸多任务中的经典案例之一。2008年4月接连发生了法国"波南德"号游艇、西班牙"巴齐奥海滩"号渔船等几起影响较大的海盗劫持事件，促使欧盟开始认真研究如何打击索马里海盗，并启动了建立危机管理的程序。[①] 在此过程中，法国充分利用了在2008年下半年担任欧盟轮值主席国的时机，不断推动在欧盟框架内处理索马里海盗问题。欧盟采取将军事及民事、人道主义、发展等各领域政策整合起来的全面方法打击索马里海盗：一是开展了索马里海军任务（EU NAVFOR Somalia，即阿塔兰塔行动）、索马里训练任务（EUTM Somalia）两项军事行动，以及索马里能力建设（EUCAP Somalia，前身为非洲之角地区海事能力建设行动）一项民事行动。自2008年12月开始的索马里海军任务是欧盟危机管理中的首次海军行动。欧盟反海盗海军行动、民事能力建设和军事训练任务的结合，对索马里海域的商船线路重新开放和粮食援助的正常进行发挥了重要作用。从2009年至今，欧盟海军行动保护了485艘世界粮食计划署以及140艘非盟驻索马里特派团的船只，进而使189万多吨食物顺利运抵索马里。二是通过发展基金（European Development Fund，EDF）、稳定工具（Instrument for Stability，IfS）等各种项目提供资金，与索马里开展治理、教育、生产等领域的合作，帮助其经济与社会发展，以从根源上铲除海盗产生的土壤。三是于2011年11月制定了"非洲之角战略框架"（Strategic Framework of the Horn of Africa），任命隆德斯（Alexander Rondos）为首任非洲之角事务特别代表。这是新组建的欧盟对外行动署领导的第一个全面性的长期对外战略，反映了时任高级代表阿什顿要将欧盟在亚丁湾打击索马里海盗的军事行动和欧盟对外关系其他领域结合起来的努力，标志着对外行动署采取综合战略以协调委员会和对外行动署内各部门对非洲之角的政策的开始。[②]

自2016年全球战略推出后，欧盟连续多年对该战略的执行情况包括危

---

[①] 对欧盟打击索马里海盗开展危机管理的更详细分析可见杨海峰：《中欧国际危机管理互动研究》，上海人民出版社，2016年版。

[②] 王磊：《欧盟对外行动署的制度研究》，第278页。

机管理任务行动进行了评估。① 欧盟的危机管理行动被认为在欧洲、中东和非洲等广大地区发挥了战略影响。欧盟通过应对冲突与危机的综合方式,将民事和军事工具融合开展了大量工作,对地区安全产生了积极作用,推动了冲突的政治解决和地区稳定。②

# 六、挑战与前景

欧盟外交与安全危机管理发展至今,在体系与能力上都取得了明显进步与不俗成就,但也面临着各种层次的挑战。第一,《里斯本条约》规定,欧盟共同安全与防务政策是共同外交与安全政策的组成部分。简单来说,该政策领域包括了外交、安全、防务三块并不截然分割的内容。本文讨论的危机管理主要是与外交、防务紧密相连的欧盟安全政策。如何确定欧盟这三个政策领域的发展优先以及处理三者之间的关系,将对欧盟危机管理的未来路径和地位作用产生重要影响。第二,欧盟许多成员国对安全与防务建设的重视程度较低。比如,根据欧洲对外关系委员会(ECFR)对欧盟27国的调研显示,防务合作在20项政策的优先性中仅仅排名第14位。有17个成员国没有将防务合作排进政策优先性的前10名。③ 这种缺乏足够重视的情况不可避免地对欧盟危机管理的资金、人员等产生影响。在资金方面,欧盟原

---

① European Union, *From Shared Vision to Common Action*: *Implementing the EU Global Strategy Year 1*, October 2017; European Union, *From Shared Vision to Common Action*: *A Global Strategy for the European Union's Foreign and Security Policy Implementation Report Year 2*, June 2018; European Union, *The European Union's Global Strategy*: *Three Years On*, *Looking Forward*, June 2019.

② Daniel Fiott, ed., *The CSDP in 2020*: *The EU's legacy and ambition in security and defence*, p. 7.

③ Jana Puglierin and Ulrike Esther Franke, "The big engine that might: How France and Germany can build a geopolitical Europe", ECFR/332, July, 2020.

计划从其 2021—2027 年"多年度预算框架"中拨出总额 130 亿欧元作为防务基金。由于新冠肺炎疫情的影响，欧盟委员会不得不将总的安全与防务领域的预算削减至 132 亿欧元，而防务基金也相应削减至 80 亿欧元。在人员方面，成员国为欧盟民事和军事行动提供借调人员一直存在数量不足的问题，而且这种数量和比例的下降趋势在过去几年没有得到有效扭转。欧盟危机管理行动不得不更加依赖雇佣人员，在一定程度上影响了危机管理的能力和质量。① 第三，欧盟开展的危机管理有一些任务行动显示取得了成功，但还有一些例子显示，即使欧盟继续付出更多努力，比如对其危机管理的全面及综合方式做进一步调整，也很难对当地安全做出有意义的贡献。② 第四，目前欧盟对国际危机管理的贡献相对较小。比如，即使把欧盟的军事任务和民事任务加在一起，欧盟也只是全球维和人员的第六大提供者。③ 与之相关的问题就是欧盟如何更好地处理与其他国家和组织在危机管理领域的关系。

从一种更加宏观和长远的历史角度来看，欧盟外交与安全危机管理的发展其实一直呈上升之势。这与整个欧洲一体化的发展是契合的。我们有理由相信，欧盟对战略自主的追求，将导致欧洲一体化的超国家特性涵盖到更多政策领域，并达到足够的深度，产生更大的影响。《里斯本条约》指出，联盟在共同外交与安全政策事务方面的权能应覆盖外交政策的所有领域以及与联盟安全有关的所有问题，包括逐步构建一项可能导致共同防务的共同防务政策。如今，欧盟在一直由政府间主义所"把持"的安全和防务领域已经引入了超国家特性的合作，而原本认为相互对立的超国家主义和政府间主义，在欧盟新创立的欧洲防务基金以及"永久结构性合作"等方面也实现

---

① Timo Smit, "Towards a More Capable EU Civilian CSDP", SIPRI Policy Brief, SIPRI, November 2019.

② Daniel Fiott, ed., *The CSDP in 2020: The EU's legacy and ambition in security and defence*, p. 4.

③ Hannah Neumann et al., "EU Civilian Crisis Management: How the Union Can Live up to Its Ambitions or Stumble into Irrelevance", *DGAPkompakt*, Nr. 15, July, 2018, p. 3.

了相互结合和融合。① 我们尚不清楚欧盟何时会构建起实质性的防务联盟或者安全联盟,对原有的外交与安全政策、安全与防务政策以及外交与安全政策高级代表等做出相应调整,进而改变危机管理的既有体系。但欧盟危机管理当前发展的一个趋势应该是坚持《全球战略》中强调的冲突与危机管理的综合方式,解决混合威胁等内外安全联结的挑战,同时也会依靠《战略指南》(Strategic Compact)等新的安全政策进一步明确和强化危机管理的专业性,提升危机管理的实效性。

对于中国来说,随着欧盟和中国各自外交与安全危机管理能力的发展,双方在危机管理领域的交集和互动不可或缺。双方应该寻求危机管理的国际合作。中欧都对非洲地区十分重视,都将非洲作为危机管理的重点区域。中欧理应成为非危机管理的合作伙伴。

---

① 冯怡然:《超国家主义与政府间主义融合:欧盟新防务建设举措及前景》,《国际安全研究》2020年第5期,第81—110页。

# 欧盟外部治理模式的困境评析

宋黎磊[*]

[内容提要] 欧盟对没有入盟前景的周边国家遵循"内部政策的外部扩展",即外部治理。欧盟开展外部治理的成效主要取决于欧盟施加于其邻国的影响力是否足以推动邻国进行国内政治改革。一方面欧盟对其价值外化不会采取折中的态度,但另一方面欧盟也认识到不能将这些价值观完全强加于他国,没有入盟前景的许诺而让联系国服从欧盟价值观和标准是不切实际的。欧盟外部治理的现有规制只适用于那些接受欧盟价值观念并且想融入欧盟体系的周边国家。这是欧盟外部治理一直以来的困境。考虑到目前地缘政治话语在欧盟的语境中越来越多地使用,欧盟是否能通过外部治理来继续完成其地缘政治愿景仍需观察。而欧盟的外部治理的经验与教训对中国的周边外交工作也具有借鉴意义。

[关键词] 欧盟 外部治理 欧洲化 欧盟规范

作为一个强有力的地区性行为体和作为一种规范性力量,欧盟从成立之初就怀有将其规范和价值超越边界、推广欧盟的成功经验、超越地区性力量、对欧盟周边进行整合进而达到外部区域"欧洲化"(Europeanization)

---

[*] 宋黎磊,同济大学政治与国际关系学院教授、欧洲研究中心副主任,同济大学德国研究中心研究员。本文是2019年国家社科项目"欧亚互联互通'瓶颈地带'的机制博弈与中国应对研究"(项目编号:19BGJ041)的阶段性成果。

的使命感。欧盟外部治理概念是在国际关系和比较政治的辩论中产生的,意味着高度制度化和跨越欧盟边界的一系列共同规则的适用性。① 当欧盟既有规则的一部分覆盖到欧盟周边国家时,欧盟外部治理(external governance/extended governance)就出现了。② 观察者质疑欧盟在一个更广大的欧洲内的责任,运用外部治理理论可以研讨欧盟施加于其邻国的影响力是否足以推动各国进行国内政治改革。③

---

① Jachtenfuchs, Markus, "The Governance Approach to European Integration," *Journal of Common Maarket Studies*, Vol. 39, No. 2, 2001, pp. 245 – 264.

② S. Lavenex, "EU external governance in 'wider Europe'," *Journal of European Public Policy*, Vol. 11, No. 4, 2004, p. 683.

③ 融超国家治理和政府间治理于一体的外部治理模式作为欧盟独特的政治实践,在20世纪90年代欧盟东扩开始后得到广泛关注,随着治理理论的发展成熟,欧美学界已有部分学术论著对此进行专门阐发。参见 L. Friis and A. Murphy, "The European Union and Central and Eastern Europe: governance and boundaries," *Journal of Common Market Studies*, Vol. 37, No. 2, 1999, pp. 211 – 232; M. S., Filtenborg, S. Canzle and E. Johansson, "An alternative theoretical approach to EU foreign policy 'Network governance' and the case of the Northern Dimension initiative," *Cooperation and Conflict*, Vol. 37, No. 4, 2002, pp. 387 – 407; A. Myrjord, "Governance beyond the Union: EU boundaries in the Barents Euro – Arctic region," *European Foreign Affairs Review*, Vol. 8, No. 2, 2003, pp. 239 – 257; Sandra Lavenex, "EU external governance in 'wider Europe'," *Journal of European Public Policy*, Vol. 11, No. 4, 2004, pp. 680 – 700; Benita Ferrero Waldner, The European Neighbourhood Policy: The EU's Newest Foreign Policy Instrument European Foreign Affairs Review 11, 2006, pp. 140 – 152; Michael W. Bauer, Christoph Knill, Diana Pitschel, Differential Europeanization in Eastern Europe: The Impact of Diverse EU Regulatory Governance Patterns, *Journal of European Integration*, Volume 29, Issue 4, 2007, pp. 405 – 423; Sandra Lavenex, "A governance perspective on the European neighbourhood policy: integration beyond conditionality?" *Journal of European Public Policy*, Volume 15, Issue 6, 2008, pp. 938 – 955; Sandra Lavenex, EU rules beyond EU borders: theorizing external governance in European politics, *Journal of European Public Policy*, Volume 16, Issue 6, 2009, pp. 791 – 812. Julia Langbein, "European Union Governance towards the Eastern Neigbourhood: Transcending or Redrawing Europe's East – West Divide?" *Journal of Common Market Studies*, Volume 52, Issue 1, January 2014, pp. 157 – 174. Gergana Noutcheva," Institutional Governance of European Neighbourhood Policy in the Wake of the Arab Spring", *Journal of European Integration*, Volume 37, Issue 1, 2015, p. 19 – 36. Elena A. Korosteleva, Reclaiming resilience back: A local turn in EU external governance, *Contemporary Security Policy*, 2020.

欧盟价值观输出的使命感体现在其外部治理中就是对于半内部国家（semi‐insiders）的扩大政策以及半外部国家（semi‐outsiders）的周边政策。① 半内部国家是指入盟候选国家和潜在入盟国家，如签署《欧洲联系国协定》（European Association Agreement AAS）的黑山、马其顿和受联系与稳定进程（The Stabilization and Association Process；SAP）规制的阿尔巴尼亚、波黑等；半外部国家主要指欧盟的邻国政策国家（European Neighborhood Policy Countries；ENP Countries），其中包括"东部伙伴关系"政策对象国白俄罗斯、乌克兰、摩尔多瓦、格鲁吉亚、亚美尼亚、阿塞拜疆，以及地中海伙伴关系对象国叙利亚、黎巴嫩、约旦、以色列、巴勒斯坦民族权力机构、埃及、利比亚、突尼斯、阿尔及利亚和摩洛哥。欧盟从法理角度也对此明确规定，《欧洲联盟条约》第八条第一款："欧盟应与其邻国发展特殊关系，以建立以联盟为价值观的基础，以建立在合作基础上的紧密的和平关系为特征的睦邻繁荣区域。"② 该条款为欧盟开展对周边国家的外交活动提供了明确的指导方向。

# 一、欧盟外部治理的推进与调整

2004年以来，大规模东扩进程结束后，欧盟面临一个不稳定的"弧的包围"，这个弧形从白俄罗斯沿着乌克兰、摩尔多瓦、高加索、西巴尔干、中东一直延伸到北非。欧盟所面临的主要任务之一，就是要培育和构建与仍然停留在欧盟大门之外的欧洲国家的关系。欧盟把这些邻国分为两类以区别对待：一方面是要改变作为欧盟东南屏障的西巴尔干国家不稳定和落后现状并促使其最终融入欧盟。欧盟通过签署《稳定与联系协议》、提供财政援

---

① 宋黎磊：《欧盟周边治理中的睦邻政策研究》，上海人民出版社，2011年版，第4页。

② Treaty of Lisbon，https：//eurlex. europa. eu/legalcontent/EN/TXT/？ uri = OJ：C：2007：306：TOC。

助、推行贸易优惠政策、建立"欧洲伙伴关系"等方式促进西巴尔干国家的发展;另一方面是避免在扩大的欧盟和其欧洲邻国之间出现新的分界线,在不承诺入盟的情况下,向周边国家提供一个比合作伙伴关系密切但低于欧盟成员国待遇的合作机制。基于这一考虑,欧盟 2004 年以创建一个"繁荣和睦邻友好"的周边区域为目标推出了"欧盟邻国政策"(European Neighborhood Policy,ENP)。该政策当时涵盖欧盟东部和南部邻国共 16 个国家,2008 年后细化为欧盟东部伙伴关系计划与欧盟地中海联盟政策。

欧盟邻国政策出台时首要的政策目标是向欧盟周边国家推广欧盟价值观。欧盟认为通过推广价值观促使邻国转型就是促进稳定,就可以创造一个"繁荣和睦邻友好"的周边区域。但是鉴于欧盟内部整合和其行动能力的诸多困境、欧盟东扩后的复杂的安全环境,欧盟将其对半外部国家的治理作为外部治理的重点。即以欧盟条件性为前提,通过推广价值观与规范来影响和塑造周边国家,实现从"扩大式欧洲化"到"睦邻式欧洲化"的重心转移。[①] 欧盟的外部治理不是要在扩张与深化(wider vs. deeper)之间做出一个单一选择,而是要继续依靠欧洲睦邻政策这一可行的路径,对没有入盟前景的周边国家的治理成为"内部政策的外部扩展",让欧盟的扩张和深化都能并行不悖。

欧盟对外战略重心也随之重新回到大周边地区。从范围上看,已将传统的东南两翼为重点的周边战略拓展为自西亚北非经中东延伸至俄罗斯、中亚的大周边来统筹经营。在欧盟看来,该计划实施以来,已在欧盟原睦邻政策的基础上构筑了欧盟与邻国双边和多边合作的完整框架,伙伴国与欧盟签署联系国协定是其中重要一环。在双边层面签署联系协定(Association Agreements)以取代 1994 年签署的"伙伴关系与合作协定"(PCA, the agreement on partnership and cooperation),作为规范双边关系的新的基础性文件。联系协定中最有价值的经济部分,即《深入全面的自由贸易协定(DCFTA)》,其目标是减少关税壁垒,按照欧盟标准和欧盟既有法规(acquis communautaire)与伙伴国就贸易有关的法律取得一致,建立双边自由贸易区,以

---

[①] 宋黎磊:《欧盟东部伙伴关系计划:意图、推进与问题》,《国际问题研究》2015 年第 2 期,第 87 页。

期建立一个深入和广泛的经济共同体。如乌克兰、格鲁吉亚和摩尔多瓦三国已经完成《联系国协定》和《深度全面的自由贸易协定》,并进入免签证制度。

虽然欧盟外部治理的理论不断丰富与发展,但是其实践并不成熟。自欧洲睦邻政策推行以来,并未能避免欧盟周边三大安全危机的爆发:东部区域爆发的乌克兰危机;叙利亚内战和"伊斯兰国"组织在叙利亚和伊拉克的持续的恐怖活动;西亚北非局势动荡持续,由此带来的难民潮、有组织犯罪、非法移民等深深困扰着欧盟。从2013年开始,欧盟周边政策出现了两个显著变化:其一是对周边国家来说,它们采取更加务实的态度看待欧盟;其二是欧盟的关注力从促进周边国家的政治改革转向传统的地缘政治的安全考量。欧盟2016年发布的《欧盟外交与安全政策的全球战略》(简称《全球战略》)报告指出,欧盟地缘政治环境全面退化,更广泛的近邻地区变得更加不稳定和不安全。[①] 欧盟外交重心将回到周边。欧盟现阶段同时面临东部和南部的安全挑战,东部乌克兰危机的持续效应使欧盟东进的大欧洲计划停滞,只能与东部邻国暂时加强经济一体化层面的合作。南部由于中东冲突,特别是叙利亚问题造成的难民潮导致欧洲大陆反移民情绪逐渐蔓延,与此同时,西亚北非的恐怖分子亦借地缘之便向欧洲渗透。针对这一严峻态势,欧盟对外行动署也发布了最新的欧盟邻国政策文件,对周边邻国的外交进行十余年来的第一次大幅收缩。在文件中,欧盟表示其周边战略核心之一是改善域内国家的治理能力,促进改革与民主,增强相关国家韧性。睦邻政策改革将"稳定(stabilisation)确定为周边问题中最紧要的挑战、主要政治优先项和目标,改革的所有举措都旨在消除不稳定的根源,即贫穷、不平衡、不公正感、腐败、经济社会发展不足、缺乏机遇等社会问题"。[②] 欧盟

---

[①] The European External Action Service ", Shared Vision, Common Action: A Stronger Europe—A Global Strategy for the European Union's Foreign and Security Policy", http://eeas.europa.eu/top_stories/pdf/eugs_review_web.pdf,(上网时间:2020年11月20日)

[②] Commission and HR/VP, *Review of the European Neighbourhood Policy*, Brussels, November 18, 2015, pp. 3 – 4.

确定了四个优先原则：差异化原则、聚焦原则、灵活性、伙伴国的所有权和政策能见度。这些原则反映了欧盟对睦邻政策的反思，欧盟希望在方法上更加个性化、更有针对性，以提高改革的效果和效率。[①]

在扩大进程方面，新的欧盟战略报告再次承诺了欧盟对于巴尔干地区的责任。欧盟希望同巴尔干6国（阿尔巴尼亚、波黑、科索沃、马其顿、黑山、塞尔维亚）开启区域性共同市场谈判。由于连续多年的经济危机问题、高失业率、疑欧派和民粹党派等因素影响，欧盟希望扩大实施从严从缓战略，欧盟除了增加入盟条件外，在对部分国家如黑山和马其顿等入盟谈判不再从最容易的部分开始，而是让这些国家始终面临的人权、自由、法治和腐败等最大问题开始，直至达到欧盟标准。但比起入盟资格，欧盟联系国资格并不能保证周边国家稳定、民主和欧洲化的效果。欧盟扩大以来，没有一个与欧盟接壤的国家在与欧盟签订《联系国协定》但没有成为欧盟成员国前景的情况下，被视为欧盟稳定、民主和可靠的政治盟友与经济合作伙伴。[②]周边国家采取更加务实的态度看待欧盟，东部的邻国更乐于在欧盟和俄罗斯之间寻求平衡。虽然欧盟不愿意承认这一点，但是欧盟周边外交的三个调整也说明了欧盟对周边外交从价值观外交向务实外交的转向。

第一，稳定期待取代转型期待。2004年以来的欧盟邻国政策一直把向欧盟周边国家推广欧盟价值观放在首位。欧盟认为通过推广价值观促使邻国转型就是促进稳定，就可以创造一个"繁荣和睦邻友好"的周边区域。但时至今日，16个邻国政策对象国只有少数的国家想效仿欧盟国家，可见该政策的失败。为吸取教训，新的邻国政策终于把欧盟与邻国的自由贸易与价值观念趋同二者脱钩。新政策基于欧盟对自己利益的关注，强调的是周边区域的稳定与安全，能源供应、经济发展、创造就业机会，重点是处理难民危机。欧盟的关注力从促进周边国家的政治改革转向传统的地缘政治的安全考

---

[①] Commission and HR/VP, *Joint Consultation Paper: Towards a new European Neighbourhood Policy*, Brussels, March 4, 2015, pp. 6–9.

[②] Ulrich sedelmeier, "Anchoring democracy from above? The European Union and democratic backsliding in Hungary and Romania after accession". Journal of Common Market Studies, 52 (1). 2013, pp. 105–121.

量。更注重在能源安全、非法移民和跨国犯罪等方面加强跨界管理。欧盟外部治理力图将重点放在欧盟扩大了的跨边境治理范围上。① 同时落实已经签署的《联系国协定》和《深入全面的自贸协定》，向伙伴国提供坚定的政治支持和技术及经济援助，应对地区局势发展。

第二，由进攻政策转为防御政策。建立稳定、安全和繁荣的"周边友邦圈"是欧盟邻国政策最初的设想。欧盟利用其内部市场和人员流动性的吸引力和规制力，与周边国家执政阶层通过政治接触，促进周边区域国家的治理改革。欧盟深知进一步的扩大战略不再可行，迫于欧盟内部对扩大政策的强烈反对之声，欧盟只得在战术上非攻即守，在现有的27个成员国内进一步推进深化，同时在周边地区从大幅跃进到小幅度试探。② 同时伴随欧盟对扩员进度的掌控和成本意志的增强，新政策在对待改善周边国家的治理能力态度消极，欧盟虽然与乌克兰、格鲁吉亚和摩尔多瓦签署《联系国协定》，进一步巩固了与东部部分伙伴关系的联系，但是欧盟不仅没有对渴望融入欧洲一体化的乌克兰、格鲁吉亚、摩尔多瓦、突尼斯及摩洛哥等邻国提供新的入盟承诺，还削减了对周边国家新一轮的发展援助，新政策强调更加灵活处理各个邻国之间的差异，恪守"差异化"原则，特别是欧盟要对那些对建立更密切的联系不感兴趣的邻国采取务实合作。在与签署《联系国协定》的伙伴加强合作的同时，欧盟仍将与亚美尼亚、阿塞拜疆和白俄罗斯推进双边关系。

第三，欧盟不敢正面应对地缘政治的挑战，尤其不愿进一步恶化对俄关系。欧盟继续与俄罗斯进行对话，向俄表明欧盟与伙伴国提升关系并不以牺牲俄利益为代价，寻找双方利益共同点。东部乌克兰危机的持续效应使欧盟东进的大欧洲计划停滞，只能与东部邻国暂时加强经济一体化层面的合作。在应对南部危机方面，叙利亚问题造成的难民危机使得欧洲国家通过共同边

---

① Tanja A. Börzel and Vera van Hüllen, "One voice, one message, but conflicting goals: cohesiveness and consistency in the European Neighbourhood Policy", Journal of European Public Policy, Volume 21, Issue 7, 2014, pp. 1033 – 1049.

② Gergana Noutcheva, Institutional Governance of European Neighbourhood Policy in the Wake of the Arab Spring, Journal of European Integration, Volume 37, Issue 1, 2015, p. 19.

境管控等措施来限制难民的流入,筑好"外墙"。但欧盟对消除难民潮和恐怖主义的来源应对消极,在影响西亚北非地区局势和打击"伊斯兰国"的军事行动方面跟从美国;不愿意考虑那些迫切需要的战略倡议,也不愿提供真正的政治领导力。在处理东部危机上,尽管目前欧盟与俄罗斯修复关系前景不明,其对俄罗斯的制裁措施仍在持续,但欧盟内部民粹主义政党的崛起也对欧盟继续对俄罗斯制裁带来了变数。欧盟总体上相信,尽力拉俄罗斯参加乌克兰问题的降温、和解,危机平稳落地才有更大机会。但是欧盟与俄罗斯的战略伙伴关系仍然缺乏包括能源战略、经济合作、政治对话之间的平衡机制。而泛斯拉夫主义的正统主义和民族主义在巴尔干和前苏联地区复兴,会增加这些地区的不稳定。

## 二、对欧盟外部治理困境的反思

欧盟将自身视为一个强有力的地区性行为体和作为一种规范性力量,甚至认为欧盟从成立之初就怀有将其规范和价值超越边界、推广欧盟的成功经验、超越地区性力量,对欧盟周边进行整合进而达到外部区域"欧洲化"的使命感。在实践中欧盟外部治理的重要特点是努力加强其周边地区的政治稳定和经济发展,积极预防冲突。因而欧盟不断对外输出一体化模式的规范和原则。[①] 欧盟扩大带来安全,同时也对一体化的深化带来消极影响,包括农业市场在结构基金方面支出的增加,以及在渔业政策上做出的强制性调整都让部分老成员国感到不满。欧盟过于广泛的扩大可以证明地理上的合法性,但是严重损害了欧盟在外部治理和全球经济和政治体系中作为一个区域和全球角色的行动力的效率和成效。这一无法解决的困境促使欧盟将周边外交的重心从扩大转向睦邻政策,给予邻国"比成员国少但比伙伴国多的"

---

① [比利时]尤利·德沃伊斯特、门镜著,门镜译:《欧洲一体化进程——欧盟的决策和对外关系》,北京:中国人民大学出版社,2007年版,第91页。

待遇。①

超越欧盟边界的外部治理的主要目标是促进欧盟的价值观在周边的推广，外部治理在不同部门层面上都以欧盟规范性为目标。但是现在存在的问题有：第一，在欧盟与睦邻政策周边国家之间建立了一种不平等非对称性的关系。第二，限制了周边国家的民主和自我决定。第三，对完全接受整套欧盟规范的国家给与优厚待遇，排斥那些不能够接受欧盟价值观的国家。迄今为止，欧盟成员国前景仍然是欧盟最为有效的外部治理工具，也是那些愿意接受欧盟一整套规范的终极的动力，但是睦邻政策没有提供这样一种动力，虽然其效仿了扩大政策中曾经获得成功的方法与工具，但并未能燃起欧盟各周边国家想要被纳入欧盟体系内的期望。原有的外部治理给欧盟带来了难以克服的扩大压力，而这需要一种继续促进稳定和传播欧盟价值观的更灵活的方式，但也难以避免整个体系的松散和价值观念的淡化；另外在联合的名义下将不同的外部治理方式混淆，也会降低欧盟促进稳定的能力和作为一个负责任的区域性强权的行动力。② 所以欧盟还是应该继续使用扩大政策作为促进周边民主和安全的主要方式，应该对于所有愿意走向民主化的欧洲国家敞开入盟的大门，排斥那些寻求入盟的逐步民主化的国家将对欧盟基于促进和平和民主的可信度和身份造成严重的损害。欧盟只有继续坚持其基本的目标和价值观，同时必须对自身进行改革以容纳其成员国的不断增加才是可行的。

国际行为体都希望构建自己的政治、安全、经济、文化区域与领域空间。欧盟视野下的"大欧洲"边界迄今没有被明确限定。欧盟完成构建"大欧洲"的责任会不断经受挑战。一方面，促进欧陆稳定的扩大政策（政治、财政、社会和文化意义）在欧洲建设的历史上是没有先例的。东扩以

---

① Kristi Raik, The EU as a Regional Power: Extended Governance and Historical Responsibility in Hartmut Mayer and Henri Vogt, eds, A Responsible Europe? Ethical Foundations of EU External Affairs, 2006, p. 77.

② Julia Langbein, European Union Governance towards the Eastern Neigbourhood: Transcending or Redrawing Europe's East – West Divide? *Journal of Common Market Studies*, Volume 52, Issue 1, January, 2014, p. 157.

来，欧盟没有从根本上消除新入盟地区及周边存在的固有问题，而是通过扩大将对外政策问题转换为欧盟内部问题，欧盟现在仍然在消化近几轮大规模扩大的结果，所以2017年欧盟峰会重新签署《罗马宣言》时特别强调各国要团结一致。如果西巴尔干国家实现了加入欧盟的愿望，那么欧盟就如同19世纪的哈布斯堡王朝那样，将欧洲三种文化交汇的地区统一起来。这样欧盟就可以扩大自身的战略回旋空间，在世贸组织和其他相关国际贸易机构里扮演更加重要的角色，以增强在国际舞台上的影响力。同时，欧盟可以建立更加完整的共同安全和防务，增强快速反应和远距离军事投放能力。这同样强化了与欧洲睦邻政策对象国的联系。

另一方面，如果欧盟不能处理好扩大进程与周边睦邻的关系，就会失去其合法性。欧盟目前的努力是在传统的防御体制和合作安全之间的尝试。[1]

2019年9月10日，新一届欧盟委员会（以下简称"欧委会"）主席冯德莱恩在给欧委会同事的任务书中，明确将本届欧委会定位为"地缘政治委员会"（Geopolitical Commission）。同年11月12日，在巴黎和平论坛的讲话中，冯德莱恩强调建立一个真正的"地缘政治委员会"，建设更加外向的欧盟，在全球捍卫欧洲的价值观和利益。[2] 新一届欧委会的委员们在多个场合公开呼吁欧盟成为一个更强大的地缘政治参与者，展现"地缘政治委员会"的自信与抱负。欧盟新任外交与安全政策高级代表兼欧委会副主席何塞普·博雷尔（Josep Borrell）认为，随着"地缘战略竞争的重生，尤其是中国、俄罗斯和美国之间的竞争，欧盟应加快步伐，成为真正的地缘政治参与者，否则欧洲可能沦为其他大国的游乐场"。"如果我们只宣扬价值原则，在地缘政治领域回避行使权力，我们欧洲大陆将永远正确却无关紧要。"[3]

---

[1] Michael Leigh, "A New Strategy for Europe's Neighborhood", September 01, 2014, http://www.gmfus.org/wp-content/blogs.dir/1/files_mf/1409689683Leigh_NewStrategyforNeighborhood_Aug14.pdf.

[2] https://www.politico.eu/article/on-foreign-policy-josep-borrell-urges-eu-to-be-a-player-not-the-playground-balkans/.

[3] Peter Teffer, "Rutte Warns EU to Embrace 'Realpolitik' Foreign Policy", *Euobserver*, 13 February, 2019.

2019年6月欧盟成员国28位政府首脑批准通过了《2019—2024年战略议程》。该议程覆盖了欧盟今后5年工作的战略重点，标志着欧盟转向新的制度周期。该战略议程确定的"四项优先"中对欧盟利益重新定位，强调"保护领土完整，有效控制边界，维护法治和秩序"等，明显具有地缘政治和民族国家色彩。① 学界对"地缘政治委员会"从以下角度解读：以地缘因素为关键考量，以邻国政策和扩盟政策为欧盟外交政策的首选，目的在于维护欧盟内部凝聚力、巩固和扩大生存空间；防范外部势力在周边的崛起和渗透，重塑周边秩序。欧洲一体化的力量应集中于提高成员国在全球地缘政治竞争中的能力。② 概言之，欧洲要学习像一支地缘政治力量那样思考。③

　　在理想主义者看来，欧盟外部治理是为了实现一个"大欧洲"的理想。自罗马帝国崩溃以来，欧洲大一统的思想在今天欧盟整合的进程中达到了最佳的体现。从现实主义角度看，欧盟外部治理是获取地缘和经济政治优势后，以塑造欧洲大市场为目标统一价值规范。因而欧盟越来越看重扩大资本、商品市场和获取廉价劳动力方面的现实经济利益。虽然这些扩大的政策工具或者说传统的外交政策，即在政治体系的宏观层面推广民主化促进了民主改革，但是在欧盟与非候选国的关系中，欧盟甚至没有持续地寻求推广规范，更不用说成功实现变革。虽然欧盟已经展示出它在邻国建立制度性秩序而不在同一时间内扩大成员国数量的能力，这种秩序与通过联盟扩大的规范外化相比在不同部门中更分散化、区别化和"欧洲化"。

　　目前地缘政治话语在欧盟的语境中越来越多地使用，欧盟是否能通过东

---

① European Council "A New Strategic Agenda: 2019 – 2024", June 20, 2019, https://www.consilium.europa.eu/media/39914/a – new – strategic – agenda – 2019 – 2024 – en.pdf.（上网时间：2020年11月20日）

② Stefan Steinicke, "Geopolitics Is Back and the EU Needs to Get Ready", *International al Politics and Society*, Vol. 17, No. 2, 2020, https://www.ips journal.eu/regions/europe/article/show/geopolitics – is – back – and – the – eu – needs – to – get – ready – 4079.（上网时间：2020年11月20日）

③ Mark Leonard and Jeremy Shapiro, eds., "Strategic Sovereignty: How Europe Can Regain Its Capacity to Act", *European Council on Foreign Relations*, June, 2019.

扩和东部伙伴关系计划继续完成其地缘政治愿景仍需观察。历史上地缘政治理论与实践一直由民族国家主导，欧盟似乎逐渐被赋予民族国家的典型特征，开始在战略话语中强调领土与边界等具有地缘政治和民族国家色彩的因素。这也符合欧盟目前出现的"再国家化"倾向。欧盟是否如同国际体系中的领土国家那样，具有固定的边界和领土，因此具有相对稳定的地理优势，确保生存的诉求推动国家最大限度地发挥地理优势，并转化为政治优势弥补地理位置的敏感性与脆弱性。

## 三、欧盟外部治理困境对中国的启示

由于欧盟面临内外诸多危机，欧盟外部治理调整的成效短期内难以实现。欧盟2016年在新的安全战略报告中指出其外交重心放在周边。中国也同样重视周边外交。2014年11月召开的中央外事工作会议进一步确立周边外交的优先地位，提出要抓好周边外交工作，打造周边命运共同体，秉持"亲、诚、惠、容"的周边外交理念，坚持"与邻为善、以邻为伴"，坚持"睦邻、安邻、富邻"，深化同周边国家的互利合作和互联互通。欧盟外部治理的经验与教训对中国的启示意义体现在以下四个方面。

第一，周边外交工作中需积极进行自身的价值观塑造并争取邻国的认同。自20世纪90年代以来，欧盟将自身视为一个强有力的地区性行为体和作为一种规范性力量，甚至可以认为欧盟从成立之初就怀有将其规范和价值超越边界、推广欧盟的成功经验、超越地区性力量、对欧盟周边进行整合进而达到外部区域"欧洲化"的使命感。欧盟价值观输出的使命感体现在其外部治理中，就是对于半内部国家的扩大政策以及半外部国家的睦邻政策。中国也致力于塑造与周边国家的共同价值，中国国家主席习近平多次明确提出构建"人类命运共同体"的主张。从国与国的命运共同体，到区域内的命运共同体，再到人类命运共同体，习近平主席一次次向世界传递了对人类文明走向的中国判断。这一主张表达了中国追求和平发展的愿望，成为中国外交的崇高目标和对外行动原则。人类命运共同体的主旨在于，在追求本国利益时兼顾他国合理关切，在谋求本国发展中促进各国共同发展。具体到周边国家，我们致力于"让共同体意识在周边国家落地生根"，并切实推动建立"中国—东盟命运共同体""亚洲命运共同体"。①

第二，对周边国家战略目标的制定需采取务实合作态度。2004 年以来的欧盟邻国政策一直把向其周边国家推广欧盟价值观放在首位。欧盟认为通过推广价值观促使邻国转型就是促进稳定，就可以创造一个"繁荣和睦邻友好"的周边区域。但时至今日，16 个邻国政策对象国只有少数国家想效仿，可见该政策的失败。为吸取教训，新的邻国政策终于把欧盟与邻国的自由贸易与价值观念趋同二者脱钩。新政策基于欧盟对自己利益和周边国家利益结合点的关注，强调的是周边区域的稳定与安全、能源供应、经济发展、创造就业机会，重点是处理难民危机。新政策强调更加灵活处理各个邻国之间的差异，特别是欧盟要对建立更密切联系不感兴趣的邻国采取务实合作。比较而言，中国周边外交的战略目标也是考虑到自身利益和周边国家的共同利益，即服从和服务于实现"两个一百年"奋斗目标、实现中华民族伟大复兴，全面发展同周边国家的关系，巩固睦邻友好，深化互利合作，维护和用好我国发展的重要战略机遇期，维护国家主权、安全、发展利益，努力使周边同我国政治关系更加友好、经济纽带更加牢固、安全合作更加深化、人文联系更加紧密。

第三，采取切实有效的周边外交方针，建立稳定、安全和繁荣的"周边友邦圈"是欧盟邻国政策最初的设想。欧盟利用其内部市场和人员流动性的吸引力和规制力，与周边国家执政阶层通过政治接触，促进周边区域国家的治理改革。但伴随欧盟对扩员进度的掌控和成本意志的增强，新政策在对待改善周边国家治理能力的态度上相当消极，欧盟不仅没有对渴望融入欧洲一体化的乌克兰、格鲁吉亚、摩尔多瓦、突尼斯及摩洛哥等邻国提供新的入盟承诺，还削减了对周边国家新一轮的发展援助。中国周边外交的战略方针，即坚持"与邻为善、以邻为伴"，坚持"睦邻、安邻、富邻"，突出体

---

① 曾伟：《习近平外交新战略"命运共同体"助推国际格局新秩序》，人民网，2014 年 7 月 23 日，http：//politics.people.com.cn/n/2014/0723/c1001 - 25328439.html。（上网时间：2020 年 11 月 20 日）

现"亲、诚、惠、容"的理念。具体包括:"亲"即坚持睦邻友好,守望相助;讲平等、重感情;常见面,多走动;多做得人心、暖人心的事,使周边国家对我们更友善、更亲近、更认同、更支持,增强亲和力、感召力、影响力。"诚"即诚心诚意对待周边国家,争取更多朋友和伙伴。"惠"即本着互惠互利的原则同周边国家开展合作,编织更紧密的共同利益网络,把双方利益融合提升到更高水平,让周边国家得益于我国发展,也使我国从周边国家共同发展中获得裨益和助力。"容"即倡导包容的思想,强调亚太之大容得下大家共同发展,以更开放的胸襟和更积极的态度促进地区合作。[①]

第四,切实推进多层次治理的周边外交布局:欧盟外部治理的模式更多地依赖互动的网络方式,而非扩大时采用的科层制政策输出的方式。外部治理较少关注欧盟既有法规的输出,而是更多关注提升相近的欧盟规范和惯例,至少在与欧洲睦邻政策国家的关系上是这样的。欧盟强调与周边国家的战略沟通,包括全方位参与公共外交,使外交政策贴近民众,便于与伙伴国沟通,提高传播自身原则与行动的一致性和速率。换言之,欧盟周边外交已经从科层制治理转向网络化治理方式。包括从政府到政府、政府到民众、民众到民众三个方面。中国的周边外交推行"三管齐下"的战略布局:经济上"要着力深化互利共赢格局";安全上"要着力推进区域安全合作";文化上"要着力加强对周边国家的宣传工作、公共外交、民间外交、人文交流,巩固和扩大我国同周边国家关系长远发展的社会和民意基础"。

基于现有结论,未来进一步研究的问题是需要探究周边国家对欧盟既有规则的吸收和规则应用之间的差异。虽然欧盟处理与周边国家关系时集中于其规则应用,甚至在促使第三国将欧盟规则适用于国内立法方面也有所推进,但欧盟外部治理模式的研究未来会更少地着眼于欧盟在推广其规范方面的所作所为,而更多地关注在第三国国内对欧盟规范的调整性吸收。所以跳出欧盟外部治理理论的窠臼,进一步研究欧盟外部治理的实践挫折必然给中国周边外交工作以启发。

---

① 陈向阳:《习近平以周边外交战略思想主动塑造周边新秩序》,中国网,2016年1月12日,http://news.china.com.cn/world/2016-01/12/content_37554548.htm.(上网时间:2020年11月20日)

# 拜登出任美国总统后美欧关系走向浅析

叶 江*

[内容提要] 约瑟夫·拜登在美国第46任总统就职演讲中提出："我们将修复我们的联盟……"，其中主要是指修复美欧跨大西洋联盟。这意味着，拜登出任美国总统后美欧跨大西洋联盟将展现出新的面貌，即拜登政府将明显地调整美国的对欧政策，美欧关系将显示出某种新走向。由此本文将从拜登当选和出任美国总统之后欧洲的期盼、特朗普政府对美欧同盟关系的破坏及维持、拜登政府调整美国对欧政策的方式及限度三个方面做粗浅的探索与分析。

[关键词] 约瑟夫·拜登 美国 欧盟 跨大西洋联盟 美欧关系

2021年1月20日，美国当选总统、民主党人约瑟夫·拜登在首都华盛顿宣誓就任美国第46任总统。在就职典礼上拜登发表了为时20分钟的就职演讲，其中在谈到新政府的对外政策方面，拜登指出："我们将修复我们的联盟并再次同全世界交往。不仅要应对昨日的挑战，而且要应对今日和明日

---

* 叶江，上海国际问题研究院欧洲研究中心研究员。

的挑战。将以我们的榜样为力量来引领,而不仅仅是以我们的力量为榜样。我们将成为和平、进步和安全的一个强有力的、可信赖的伙伴。"① 毫无疑问,拜登所提出的"将修复我们的联盟",其中主要是指修复美欧跨大西洋联盟,因为正是在其前任特朗普时期,美欧跨大西洋联盟遭到了严重的破坏。这在很大程度上意味着,拜登出任美国总统后,美欧跨大西洋联盟将展现出新的面貌,即拜登政府将明显地调整美国的对欧政策,美欧关系将显示出某种新走向。由此本文将从拜登当选和出任美国总统之后欧洲的期盼、特朗普政府对美欧同盟关系的破坏及维持、拜登政府调整美国对欧政策的方式及限度三个方面做粗浅的探索与分析。

# 一、拜登当选和出任美国总统之后欧洲的期盼

在唐纳德·特朗普的支持者于2021年1月6日冲击美国国会大厦之后,美国国会联席会议于美国东部时间1月7日凌晨确认约瑟夫·拜登赢得306张选举人票,当选第46任美国总统。跨过大西洋,美国欧洲盟国政府以及欧盟都纷纷表现出期盼美国的拜登新政府将重建过去四年因特朗普政府的作为而受到重挫的跨大西洋联盟关系。

欧盟2021年上半年轮值主席国葡萄牙总理安东尼奥·科斯塔在美国经历了暴徒占领国会大厦,并且国会最终确认拜登当选美国第46届总统之后表示:"美国特朗普已经成为过去,这意味着未来大有希望……"。欧洲理事会主席米歇尔则说:"我不太喜欢说挑衅的话,但是对我来说,这页已经翻过去了。"欧盟委员会主席乌尔苏拉·冯德莱恩更明确地说:"总之,我期待着新任的美国总统。"这种情绪在欧盟27个成员国的大多数国家中都得到了认同,比如意大利总理朱塞佩·孔蒂就明确地说,意大利"迫不及

---

① 《拜登宣誓就任美国总统,22分钟就职演说全文》中华网:https://news.china.com/international/1000/20210121/39203950.html.

待与拜登总统合作"。①

更有甚者，欧盟方面在拜登尚未宣誓就任总统之时便邀请总统当选人拜登在最早的时机访问布鲁塞尔。这在葡萄牙总理看来就应该是在2021年上半年葡萄牙担任欧盟轮值主席国之时。葡萄牙总理坦率地说："美国有美国的利益、欧盟则有欧盟的利益，并且彼此都要捍卫自己的利益。但是，我们必须与盟国美国保持友好的关系，希望我们能够克服困难。"欧盟委员会主席冯德莱恩更明确地针对欧美关系说："在经历了非常贫瘠的四年之后，我们现在期待着富有成果的四年。"②

2021年1月20日，拜登正式宣誓就任美国总统之后，美国的欧洲跨大西洋盟国更是抓紧时机及时地表达对拜登出任美国总统后改善欧美关系的期待。德国总理默克尔通过她的官方发言人在推特上对拜登和哈里斯表示"最热烈的祝贺"——总理默克尔："对你们的就职表示最热烈的祝贺，@POTUS Joe Biden 和@ VP Kamala Harris——真诚地庆祝美国的民主。我期待着书写德美友谊与合作的新篇章。"③ 法国总统伊曼纽尔·马克龙几乎与默克尔同时加入了祝福拜登的行列。在他的推特中马克龙写道：致@ JoeBiden 和@ KamalaHarris："在这最重要的一天，对美国人民表示最良好的祝愿！我们在一起就将更加强大，一起面对时代的挑战、建构我们的未来、保护我们的星球。欢迎回到《巴黎协定》！"④

德国基民盟新任主席阿明·拉舍特也第一时间向拜登表示热烈的祝贺。他在推特中向拜登和美国在德国历史中的地位表示敬意，还特别提到第二次世界大战中西线重要的亚琛战役，因为亚琛就位于拉舍特任州长的北莱茵威斯特伐伦州。⑤ 北约秘书长延斯·斯托尔滕贝格也迅速对新任就职的美国领导人表示祝贺——"我向@ Joe Biden 总统的就职日表示祝贺。强大的北约

---

① 转引自 abc news：https://abcnews.go.com/International/wireStory/stunned-eu-leaders-yearn-biden-presidency-asap-75109895.

② 同上。

③ 引自—Steffen Seibert（@ RegSprecher）January 20, 2021.

④ Emmanuel Macron（@ EmmanuelMacron）January 20, 2021.

⑤ https://twitter.com/ArminLaschet/status/1351945950592442373

对北美和欧洲都有好处,因为我们谁也无法独自应对所面临的挑战。今天是新篇章的开始,我期待与您的紧密合作!"①

西班牙总理佩德罗·桑切斯也发布了推特,祝贺拜登就任美国总统,而且特别祝贺了卡马拉·哈里斯成为美国第一位女副总统。桑切斯在其推文中说:"平等正在世界范围内不断发展,这正是一个划时代的变革,不仅对美国,而且对整个社会而言都是如此。"② 桑切斯如此强调卡马拉·哈里斯成为美国历史上第一位女副总统的重要性,其目的当然是想拉近西班牙与美国的关系,同时凸显西班牙与当今的美国一样,在女性参政方面成果卓著,因为桑切斯政府中的4位副总理有3位是女性,且其内阁成员中有一半是女性。

毫无疑问,欧盟及其主要成员国的领导人以及北约秘书长对拜登就任总统的热烈祝贺,充分显示出美国的跨大西洋欧洲盟国期盼着新任美国总统能迅速地改变其前任特朗普的对欧政策,因为他们已经受够了特朗普领导下的美国政府对其跨大西洋联盟中欧洲盟国的伤害。

## 二、特朗普政府对美欧同盟关系的破坏及维持

在20世纪下半叶的东西方冷战时期,西欧和北美就在美国领导下通过建构北大西洋公约组织而形成了美欧跨大西洋联盟,虽然跨大西洋联盟关系经历了各种风雨乃至危机,但是却始终保持着美国的领导地位和欧美之间的总体团结。冷战终结之后,随着苏联的解体、欧洲一体化的深化和扩大以及北约的东扩,欧美关系进入一个新时期。一方面,以北约为核心的美欧跨大西洋联盟继续存在并有所加强,比如北约的东扩和法国在2016年重返北约军事体系;另一方面,欧美之间却围绕着双方在美欧跨大西洋联盟中的地

---

① Jens Stoltenberg(@jensstoltenberg)January 20, 2021.
② 转引自politico网站: https://www.politico.eu/article/live-blog-europe-reacts-to-joe-biden-inauguration/.

位、欧洲一体化的发展,以及如何应对不断变化的世界局势等问题而产生一系列的分歧和矛盾,与冷战时期形成明显的对照。然而,冷战后对美欧关系的最大冲击则是自 2017 年 1 月特朗普担任美国总统之后。在所谓的"特朗普冲击波"(Trump Shockwave)之下,欧美跨大西洋联盟关系出现了一系列新的状况,美欧联盟内部的矛盾产生了一系列新特点。

(一) 特朗普挑起对欧盟的贸易战甚至称欧盟为"敌人"

特朗普在 2016 年竞选总统时就打出"美国优先"旗号,强调即便是美国的盟国也必须与美国进行公平贸易。自 2017 年上台后,特朗普迅速调整美国的对欧政策,首先就反映在美欧经贸关系上。特朗普政府先是搁置了由奥巴马政府发起的与欧盟进行的《跨大西洋贸易与投资伙伴关系协定》(TTIP) 谈判;接着宣布自 2018 年 6 月 1 日起向欧盟、加拿大和墨西哥钢铝产品加征关税。作为报复,欧盟宣布同月 22 日对总额 28 亿欧元(约合 32.6 亿美元)的美国商品加征关税。特朗普随后进一步威胁对欧盟汽车及零配件加征关税。虽然最终在美国与欧盟双方最高层的协调之下,欧洲理事会授权欧盟委员会从 2019 年 4 月起与美国进行自由贸易谈判[①],但直到 2021 年特朗普下台均无实质性进展。

美国与欧盟围绕航空补贴长达 15 年的争端不断升级,在美国施压之下,世界贸易组织于 2019 年 10 月 2 日裁决,鉴于欧盟及其部分成员国违规向空中客车公司提供补贴,美国将有权对每年约 75 亿美元(相当于 68 亿欧元)的欧盟输美商品和服务采取加征关税等措施。世贸组织的裁决一出台,美国总统特朗普就在其社交媒体个人账户上欢呼"美国赢得了一场大胜",同时不忘继续指责"欧盟多年来在贸易问题上严重损害美国利益"。在此之前,2019 年 7 月,特朗普就表示将对法国开征数字税采取实质性报复措施,包括对法国葡萄酒加征关税。对此,法国政府表示不怕美国的报复将坚持执行这项征税决定。特朗普甚至在 2018 年 7 月接受 CBS 采访时明确指出:"我

---

① 《"放行"欧美贸易谈判 欧盟:将通知美方,尽快启动》,新华网,http://www.xinhuanet.com/world/2019-04/17/c_1210110423.htm.

认为我们有很多敌人，从欧盟在贸易上对我们的所作所为，我认为他们是敌人。"① 这充分显示出特朗普对作为一个整体的欧盟的敌视，也就是特朗普政府对欧洲一体化持有彻底负面的看法。其中包括特朗普对英国脱欧的公开支持以及曾明确地劝说法国总统马克龙让法国也脱离欧盟。②

（二）特朗普质疑北约价值造成北约内部不稳定

北大西洋公约组织是创始于冷战的美欧跨大西洋联盟最为重要的机构。冷战终结后，北约依然是美欧联盟的制度性机制，但是美国要求其欧洲盟国在北约中承担更多的财政责任。在奥巴马担任美国总统时期，北约于2014年9月在英国威尔士举行峰会，各成员国同意逐步增加国防开支，到2024年将国防预算达到国内生产总值的2%。然而，迄今只有英国、波兰、希腊和爱沙尼亚达到这一目标。特朗普在2016年竞选美国总统时和2017年担任美国总统之后，通过公开质疑北约的价值，抨击北约是对美国纳税人的骗局，来迫使美国的欧洲盟国尽快在军费开支上"达标"，并且强调如果欧洲盟国的军费开支不达标，美国就不再提供保护。特朗普在这方面对欧盟的最大成员国德国最为不满，不断地公开进行抨击，因为2018年德国国防预算占国内生产总值的比重约为1.24%，而2019年3月德国财政部公布的预算显示，虽然2020年德国国防预算占国内生产总值的比重将升至1.37%，但至2023年则又要降至1.25%。③

正是由于特朗普政府在军费开支等议题上频繁批评其欧洲盟友，使得北约内部出现不稳定因素。2019年为纪念北约成立70周年而举行的会议因此而改变了原本计划，即主办方最终将会议降格为外长会，而不是由成员国领

---

① 《特朗普"敌人论"引震惊欧盟：这是在散布假新闻》，中国新闻网，https://www.chinanews.com/gj/2018/07-17/8569001.shtml.

② 《外媒：特朗普劝法"脱欧"密谈曝光"远欧亲俄"令盟友忧心》新华网，http://www.xinhuanet.com/world/2018-07/16/c_129914395.htm.

③ 《默克尔驳斥美驻德大使对德国军费过低的批评》，新华网，http://www.xinhuanet.com/world/2019-03/20/c_1210087206.htm.

导人参加的高峰会。更有甚者，2020年7月29日美国军方确认，将根据美国三军总司令、美国总统唐纳德·特朗普的要求，将驻扎在德国的美军规模削减1/3，撤出大约1.2万人。特朗普公开指出：撤军决定缘于不满德国没缴足北大西洋公约组织的"份子钱"。①

（三）特朗普在安全问题上全面打压欧洲盟国

特朗普自担任美国总统之后，在安全问题上，不论是传统安全还是非传统安全领域，都与美国的欧洲盟国针锋相对，甚至实施打压政策。比如在与传统安全相关领域中，特朗普政府决定退出《伊朗核协议》、退出《中导条约》，而这两者恰恰是欧洲希望赖以维护其安全的机制。在非传统安全方面，特朗普政府决定退出联合国应对气候变化的《巴黎协议》，并在新冠病毒肆虐全球之时决定退出世界卫生组织。美国的欧洲盟国对特朗普的这些行为提出了严厉的批评，但特朗普则严厉地指责它们破坏美国对伊朗制裁，批评德国同俄罗斯合作开展北溪天然气管道二线项目，指责其欧洲盟国在从巴尔干到俄罗斯、乌克兰等一系列问题上过于软弱。然而，在法国总统马克龙提出要建立一支真正的欧洲军，否则就不能保卫欧洲安全之后，特朗普迅速做出反应，告诫欧盟"美国将永远在欧洲，美国要求的只是大家在北约支付自己公平的份额"。②

十分明显，在特朗普执政时期美国政府对美欧同盟关系的破坏是有目共睹的。然而，正如特朗普自己所言："美国将永远在欧洲"，即使美欧同盟关系因特朗普的"美国第一"政策而遭到严重破坏，但美欧跨大西洋联盟依然得以维持而并没有破裂。比如在经贸问题上，尽管特朗普称欧盟为"敌人"，但是2018年7月25日，特朗普还是和欧盟委员会主席容克在白宫发表了一份联合声明，明确表示欧盟与美国将展开进一步协商，双方都将暂

---

① 《美国公布从德国撤军计划 北约"离心"？》，新华网，http://www.xinhuanet.com/world/2020-07/31/c_1210727983.htm.

② 转引自赵怀普：《特朗普执政后美欧同盟关系的新变化及其影响》，载《当代世界》，2019年第3期，第4—10页。

缓进一步的关税行动。即使在 2019 年 10 月世贸组织有关针对空客公司接受欧盟政府补贴的最新裁决出台，以及美国政府再度挥舞关税大棒之后，欧盟仍然呼吁与美方展开谈判，而美国方面也同意继续通过谈判来解决问题，虽然增税举措依然实施。

在安全问题上，尽管特朗普激烈地批评德国等美国的欧洲盟国，但是美欧双方在特朗普执政时期依然维护北约在传统安全领域中的地位与作用。又如，美国的欧洲盟国依然承诺为美国领导的在阿富汗的行动提供更多军队，并扩大了北约在伊拉克的反恐训练任务。这也就意味着，特朗普的一系列行为确实有损于美欧在安全领域，尤其是在非传统安全领域中的合作，但是在危及西方世界共同安全利益的领域，美欧依然还是保持盟友关系，并且总体上欧洲依然承认美国在跨大西洋联盟中的领导地位。就如哈佛大学学者勒科尔所言："美国在欧洲的军事存在不会改变，但希望欧洲人自己付钱。"[1]

## 三、拜登政府调整美国对欧政策及其限度剖析

毫无疑问，拜登出任美国总统之后必然会针对其前任特朗普对美欧跨大西洋联盟关系的严重损害而调整美国的对欧政策。早在 2020 年 1 月，拜登就在美国著名的《外交事务》（*Foreign Affairs*）刊物上发表署名文章《为何美国必须再度领导——在特朗普之后拯救美国的外交政策》指出："自从巴拉克·奥巴马总统和我于 2017 年 1 月 20 日卸任以来，几乎在所有方面，美国在世界上的信誉和影响力都在下降。唐纳德·特朗普总统一直在贬低、削弱甚至在某些情况下抛弃了美国的盟友和伙伴。他为此不吝攻击我们自己的情报专业人员、外交官和部队。"[2] 拜登出任美国总统之后，其外交政策的

---

[1] 《龃龉不断，美欧分歧持续加大》，新华网，http://www.xinhuanet.com/world/2019-04/08/c_1210101989.htm?utm_source=UfqiNews.

[2] Joseph R. Biden, Jr., "Why America Must Lead Again——Rescuing U. S. Foreign Policy After Trump", *Foreign Affairs*, March/April, 2020, pp. 64–76.

首要导向就是否定特朗普政府对欧洲盟国的政策，为促使美国再度领导世界而加强与跨大西洋联盟中欧洲盟国的合作。

首先，在人事任命上，拜登选择亲欧的安东尼·布林肯（Antony Blinken）为其新政府的国务卿。布林肯1962年出生于纽约，他的父亲在克林顿政府时期曾担任美国驻匈牙利大使，叔叔则是驻比利时大使。在少年时期布林肯曾随母亲长期旅居法国，会讲流利的法语。他大学本科毕业于哈佛大学，并于1988年在哥伦比亚大学取得法学博士学位，随后开始在纽约和巴黎两地做律师。1993年布林肯进入美国国务院，后来到克林顿总统的白宫任职，并成为美国参议院对外关系委员会的工作人员，与时任特拉华州参议员拜登有密切的工作关系。2008年奥巴马当选美国总统后，布林肯担任时任美国副总统拜登的国家安全顾问，后来成为国家安全事务首席助理顾问。2015年他被任命为副国务卿。布林肯早年在欧洲的生活工作经历深刻地影响了他的外交理念形成，他显然是一位具有广阔国际视野并且亲欧、能体悟美国欧洲盟友如何审视美国的外交官。此外，拜登的国家安全事务顾问杰克·沙利文（Jake Sullivan）也是一位倾向促进美国与跨大西洋欧洲盟国合作而非打击欧洲盟国的人士。

其次，拜登将致力于改变特朗普否定美欧长期以来在安全问题上所实行的多边主义集体安全的政策，积极推进在美国的领导下，与跨大西洋欧洲盟国再度运用多边主义手段应对传统与非传统安全挑战。他在2020年参加总统竞选时就指出："拜登的外交政策议程将把美国放在首位，但必须与盟国和合作伙伴一道针对全球威胁采取集体行动。70年来，在民主党和共和党诸位总统的领导下，美国为理顺国家间关系和促进集体安全而在起草规则、制定协议、筹划机制等方面一直起着领导作用——直到特朗普改变了这一切。"① 他还指出："外交需要讲信誉，而特朗普彻底破坏了我们的信誉……通过退出一个又一个条约，否定一项又一项政策，特朗普放弃了美国的职责……"② 这充分显示出拜登一旦出任美国总统就将与其欧洲盟国携手通过

---

① Joseph R. Biden, Jr., "Why America Must Lead Again——Rescuing U. S. Foreign Policy After Trump", *Foreign Affairs*, March/April, 2020, pp. 64 – 76.

② Ibid.

多边主义的途径共同处理安全问题。

2021年1月20日，拜登在宣誓就任美国总统的当天，就签署行政令，宣布美国将重新加入《巴黎协定》，并于当天下午在白宫椭圆形办公室签署这一行政令，终止了前总统特朗普所做出的美国退出《巴黎协定》的行动。① 也就在当天，欧盟委员会主席冯德莱恩在推特发文称："美国重返《巴黎协定》将是我们重新合作的起点。"② 同一天，拜登还签署了另一项行政命令，决定美国将不退出世界卫生组织。特朗普曾于2020年5月宣布美国将终止与世卫组织的关系，其政府在7月6日正式通知联合国秘书长安东尼奥·古特雷斯，将于2021年7月6日退出世界卫生组织。拜登此举不仅迅速获得联合国秘书长古特雷斯的欢迎，而且得到欧洲盟国的积极回应，德国政府发言人当天就宣布德国总理默克尔欢迎美国重回世界卫生组织。2021年1月25日德国总理默克尔和美国总统拜登通电话，探讨如何加强国际合作，默克尔邀请拜登在新冠肺炎疫情允许时访问德国，并再一次对美国回归世界卫生组织表示欢迎，两国领导人一致认为，应对新冠肺炎病毒大流行需要更多的国际合作。③ 由此可见，拜登担任美国总统后，美欧跨大西洋联盟在共同应对非传统安全方面已经是反特朗普之道而行之。

在传统安全领域，拜登政府也一改特朗普对美欧跨大西洋联盟最重要的协调机制北约的态度，强调绝不能像特朗普那样为了钱而打压美国的欧洲北约盟国。虽然欧洲盟国应该尽其所能地承担更多的责任，但是美欧联盟超越了美元和欧元。美国的承诺是神圣的，而不是交易性的。北约是美国国家安全的核心，它是自由民主理想的堡垒，是一个价值观联盟。④ 拜登担任总统

---

① 《拜登签署行政令宣布美国将重返〈巴黎协定〉》，新华网，http://www.xinhuanet.com/world/2021－01/21/c_1127006547.htm.

② 《拜登宣布重返〈巴黎协定〉，美国准备好做出自己的贡献了吗？》，中国青年报网，https://baijiahao.baidu.com/s？id=1689647565272683122&wfr=spider&for=pc.

③ 《默克尔邀请美国新任总统拜登访德》，新华网，http://www.xinhuanet.com/2021－01/26/c_1127028649.htm.

④ Joseph R. Biden, Jr., "Why America Must Lead Again——Rescuing U.S. Foreign Policy After Trump", *Foreign Affairs*, March/April, 2020, pp. 64－76.

后不久就致电北约秘书长延斯·斯托尔滕贝格,强调美国对北约的持久承诺,包括承诺按照条约第五条的规定而实行集体防卫原则,这与特朗普频繁抨击北约,甚至公开质疑该原则形成了鲜明的对照。几乎是同时,拜登还与法国总统马克龙通电话,表达他对于加强双边关系的期望。白宫指出,"拜登在与马克龙通话时强调他要加强跨大西洋关系的承诺,这项承诺将通过北大西洋公约组织和美国与欧盟的伙伴关系来实现"。马克龙也通过声明表示,"自己在与拜登首次通话时注意到彼此观点相当一致,特别是在国际安全和危机等议题等方面"。①

再次,拜登将十分注重与美国的欧洲盟国共同推进价值观外交。美国外交政策与欧洲问题专家查尔斯·库普钱认为:"拜登的言论已经相当清楚地表明,他将把美国的联盟和价值观置于外交政策中的最重要位置。"② 事实也是如此,在拜登刚刚当选美国总统后的 2020 年 11 月 23 日,欧洲理事会主席米歇尔与欧盟委员会主席冯德莱恩就与他进行通话,强调欧美跨大西洋伙伴关系将有新起点,承诺深化与振兴双边关系,并且邀请拜登在 2021 年就任总统之后的适当时机前往布鲁塞尔出席欧盟领导人峰会。冯德莱恩与米歇尔在通话后都在推特发帖强调:欧美在具有共同利益及价值观的基础上,能重建强大的跨大西洋联盟,邀请拜登在 2021 年访问布鲁塞尔与欧盟成员国举办的特别会议,共同讨论双方优先关注的课题。③

欧盟的两位主席米歇尔和冯德莱恩的想法与美国新总统拜登所提出的设想基本一致,即"采取了基本步骤以巩固美国的民主基础并激发其他国家的行动之后,我将邀请世界各地的民主国家领导人将加强民主重新纳入全球议程……在我任职的第一年中,美国将组织和举办一次全球民主峰会,以

---

① 《法美元首首次通话 拜登的"法国血统"触动马克龙》,欧洲时报网,http://www.oushinet.com/static/content/europe/france/2021-01-25/803303506336555008.html。

② 《外媒展望:拜登政府将如何应对外交难题》,参考消息网,http://www.cankaoxiaoxi.com/world/20201204/2426227.shtml?sg_news。

③ 《美国最新消息!欧盟两主席与拜登通话强调欧美大西洋伙伴关系新起点 并邀请2021年出席欧洲领导人峰会》,FX68网,https://news.fx168.com/politics/eu/2011/4424144_wap.shtml。

重振自由世界各国的精神和共同目标。它将使世界上的民主国家团结起来，以加强我们的民主体制，诚实面对那些倒退的国家，并制定共同的议程。"[1] 虽然不论是欧盟邀请拜登参加欧盟峰会，还是美国拜登政府组织全球民主国家峰会，都还在拟议中。但是，促进美欧双方在维护共同价值和所谓的捍卫人权、民主、法治方面携手合作，将成为拜登对欧政策十分重要的一环。这无疑与特朗普政府的对欧政策形成鲜明的对比。

最后，拜登政府将在一定程度上改变前任特朗普的对欧经贸政策，从而改善美欧经贸关系。早在2020年9月，当时还是美国民主党总统候选人乔·拜登的首席外交政策顾问安东尼·布林肯就公开表示，一旦拜登当选美国总统，他将结束特朗普对欧盟发起的"人为贸易战"。在特朗普执政时期，美欧之间就数字服务税、商用飞机的补贴，以及对欧洲的汽车及汽车零部件征收关税等展开了长期的争议。然而，布林肯认为这是因为特朗普制造了一个"自创的伤口，毒害与欧盟的关系"，同时通过强加给美国消费者更高的成本，给美国造成了经济损失。当然布林肯也承认，美欧农业贸易的"不平衡持续加剧"，原因是欧盟规定"阻止我们在自己非常有竞争力的领域销售商品"。不过他认为根据欧盟的观点，如果把美国对欧盟保持顺差的服务贸易包括在内，双方的经贸关系是比较平衡的。[2] 布林肯的这些观点应该反映出拜登对美欧经贸关系的基本看法，也在一定程度上显示出拜登一旦上任希望修复在特朗普执政四年期间遭受重创的美欧经贸关系。

2020年底，根据特朗普政府美国贸易代表办公室的声明，美国海关与边境保护局将从2021年1月12日起，对来自法国和德国的部分输美商品如飞机部件、无气泡酒、白兰地等商品加征高达25%的关税，受制裁商品的总价值为75亿美元。美国的这一举措是针对美欧航空业补贴之争的新一轮报复性措施。虽然拜登出任美国总统之后尚未对包括此举在内的特朗普一系列恶化美欧经贸关系的行动做出具体的反应，但是在针对欧盟所十分关心的

---

[1] Joseph R. Biden, Jr., "Why America Must Lead Again——Rescuing U. S. Foreign Policy After Trump", *Foreign Affairs*, March/April, 2020, pp. 64 – 76.

[2] 《拜登欲终结美欧贸易战？》，参考网，http：//www.fx361.com/page/2020/0924/7045430.shtml.

诸如保护欧洲人的数据、定义人工智能标准、对数字巨头征收更为公平的税、应对由大科技企业的规模和实力引起的市场扭曲等方面，拜登政府已经有所考虑。比如拜登表示美国已经在考虑不再征收关税以报复法国的数字税，还暗示他的政府可能会通过经济合作与发展组织（OECD）重新与欧盟就对各大高科技公司的税收进行谈判等。

总之，拜登出任美国总统之后，美国政府将会较大幅度地改变特朗普政府的对欧政策。但是，必须注意的是，拜登政府调整其对欧政策是有限度的。首先，在维护美欧跨大西洋联盟中美国的领导地位方面，拜登政府绝不会做任何让步。早在20世纪90年代，美国克林顿政府的国务卿奥尔布赖特就针对欧盟发展独立防务能力，试图在一定程度上摆脱北约在美国领导下的制约，明确提出了"三D政策"：一是不脱离（not delinking），即欧洲安全不能脱离北大西洋联盟的安全；二是不重复（not duplication），即欧盟防务建设不能与北约能力建设重复；三是不歧视（not discrimination），即欧盟不能歧视北约中的非欧盟成员国。[①] 这明显地意味着，美国在后冷战时期初始就不希望欧盟成为独立的政治军事力量，且美国要保持在北约中的领导地位。虽然美国的这种政策到了特朗普时期走向了极端，极大地损害了美欧同盟关系，但是拜登上台后在缓和与欧洲盟国关系的同时，依然还是要坚持美国的领导地位。在这方面目前担任北约秘书长的斯托尔滕贝格心知肚明，因此他在2020年11月23日会见美国当选总统拜登之后就明确宣称："事实是欧盟无法保卫欧洲。在英国退欧之后，北约国家80%的国防支出将落在非欧盟国家的肩上。美国在这一地区的安全保证、核威慑以及美军的存在对于保卫欧洲来说至关重要。"[②]

第二，在经贸领域拜登政府依然要强调美欧关系中的美国利益。长期以来，美欧经贸关系十分紧密，相互间在投资领域始终保持着最为紧密的关

---

① 赵纪周：《"特朗普冲击波"下的美欧防务"再平衡"》，《国外理论动态》2019年第7期，第96—105页。

② "Stoltenberg: the EU cannot defend Europe alone and needs a US presence", https://en.news-front.info/2020/11/24/stoltenberg-the-eu-cannot-defend-europe-alone-and-needs-a-us-presence/.

系，美国在欧洲的投资是其在亚洲投资的 3 倍，但是在贸易领域美国长期处于逆差，这导致特朗普执政时期美欧经贸矛盾达到顶点，特朗普主动向欧盟挑起各种贸易摩擦。就如前文已经分析过的那样，拜登担任总统后会在相当程度上缓和美欧经贸矛盾，但是拜登政府绝对不会以损失美国的经济利益为代价在经贸领域改善与欧洲的关系。就在 2020 年美国大选期间，拜登不时地强调未来将政策重点放在国会中进步民主党人士十分拥护的"购买美国货"政策上，他表示："美国总统每年为我们的军队、我们建造的所有东西以及联邦提供超过 6000 亿美元的合同。这并不违反任何贸易法。没有人这样做过，但我保证我将会做到这一点。只有承包商使用的所有产品均为美国制造，我们才会签订合同。所有商品必须是美国制造。"[1] 然而，根据世界贸易组织《政府采购协议》，美国作为缔约方之一必须向外国竞标者开放某些联邦合同，而拜登政府未来如此做法肯定会引起欧盟的反对，但是估计美国拜登政府对此不会予以妥协。

第三，美国拜登政府不会支持欧盟的"战略自主"。欧盟提出的"战略自主"概念最早出现在 2016 年 6 月公布的"欧盟全球战略文件"——《共享观点和共同行动：一个更为强大的欧洲——欧盟外交和安全政策全球战略》中。随着英国脱欧、特朗普"美国优先"政策对美欧跨大西洋关系的破坏、中美贸易战的持续发酵等，欧洲战略界通过对欧盟"战略自主"议题所展开的讨论，将原先"欧盟全球战略文件"中以防务为主的狭义"战略自主"概念向包含防务、科技、市场、金融、制度等广义的"战略自主"概念转变，使之成为欧盟未来战略发展的新方向。然而正如法国国际问题学者爱德华·西蒙所言："如果说特朗普的当选促成了欧洲的'战略觉醒'，拜登当选则可能让欧洲人在'战略自主'问题上再度'沉睡'。"西蒙如是说是因为"拜登当选美国总统将改变欧洲'战略自主'现状，他将采取更加传统、温和的政策，在一定程度上有利于跨大西洋关系升温"。[2] 然而，可能更为重要的是在于拜登政府对欧盟的"战略自主"持有明显的反对态

---

[1] 《拜登政府将采取更加和缓的贸易做法》，上海 WTO 咨询中心网，http://www.sccwto.org/post/26576.

[2] 《这次，欧洲"战略自主"前景不妙》，《参考消息》2020 年 12 月 15 日。

度，而这从拜登新政府对中欧完成《全面投资协议》（Comprehensive Agreement of Investment，CAI）谈判的态度可见一斑。

从欧洲方面看，欧盟能在 2020 年底完成与中方的《全面投资协议》谈判，其中最为主要的原因就在于欧盟近年来所推行的"战略自主"。然而，恰恰就是这一在欧盟的"战略自主"主导下形成的成果迅速遭到美国拜登团队的否定。中欧《全面投资协议》完成谈判前不久，拜登过渡团队成员，现任国家安全顾问杰克·沙利文就暗示说："在美欧急需做修复关系的工作之际，欧盟与中国的交易正在破坏跨大西洋关系。"2020 年 12 月 30 日中欧相关谈判完成之后，拜登过渡团队发言人当天就此事称："拜登-哈里斯政府期待与欧盟进行磋商，以协调一致的方式应对中国'不公平'的经济行为和其他重要挑战。"① 十分明显，拜登政府对欧盟坚持"战略自主"，不仅不愿意跟随美国陷入与中国的对抗，而且还与中国加强全面合作相当不满。这在很大的程度上说明，尽管拜登出任美国总统之后美欧跨大西洋联盟关系会呈现回暖的新局面，但是美欧矛盾并未能彻底解决，未来美欧关系的走向依然充满着变数与不确定，亟须我们予以持续不断和深入细致的跟踪、观察与研究。

---

① 《这个协定达成后 美欧关系变得有点耐人寻味》东方网：https：//mini. eastday. com/nsa/210103221811152864500 - 2. html.

# 欧美等强权在西巴尔干地区的介入及对我国的影响

简军波[*]

[内容提要] 西巴尔干地区历来为兵家必争之地。21世纪初以来，美国、欧盟、俄罗斯、土耳其等国对该地区关注度日增，基于各自与该地区不同的历史、文化、经贸等联系，每个国家在该地区的介入目标和方式各有不同。这些列强在西巴尔干地区的介入对我国发展与西巴尔干乃至欧洲的双边关系都有着重大影响。为此，我国应以高度务实、谨慎、可行方式参与该地区事务，并协调好与上述各国在该地区的关系，以推进"一带一路"项目的顺利展开。

[关键词] 强权 西巴尔干 中国 一带一路

西巴尔干地区包含从前南斯拉夫独立出来的塞尔维亚、克罗地亚、波黑、黑山和北马其顿，加上阿尔巴尼亚，现今人口数约为2000多万，陆地面积有26.4万平方千米。该地区地理位置独特，历来为兵家必争之地，如今也是各大国争夺对象。它对我国推进"一带一路"倡议、巩固和发展"17+1"合作机制成果、促进与欧盟及其成员国的关系、拓展对外战略腾

---

[*] 简军波，复旦大学国际问题研究院中欧关系研究中心副主任，副教授。

挪空间关系重大。本文就对该地区影响最大的几支力量（美国、欧盟、俄罗斯和土耳其等）在该地区的介入情况做一概括，并就其对我国的影响进行分析。

# 一、欧美等强权在西巴尔干地区介入的目标与方式

(一) 美国在西巴尔干地区的介入

美国的西巴尔干战略目标是将该地区所有国家吸纳进"北约"，进入美国和西方世界势力范围，尽量排挤俄罗斯、中国、土耳其等非西方力量的影响，尤其是俄罗斯的影响，维护美国和西方在该地区的霸权。主要采取维持与该地区军事合作与存在、开展政治斡旋、维护多边主义等多种方式保持美国和西方在该地区影响力，实现其战略目标。

1. 军事合作

美国作为"北约"的主导国家，将该地区国家纳入北约是其重要地区政策之一。美国于2020年3月促使北马其顿加入了北约，使该地区除塞尔维亚和波黑外均成为北约成员。美国多个州，如新泽西州、明尼苏达州、马里兰州、爱荷华州的国民警卫队分别与如阿尔巴尼、克罗地亚、波黑和科索沃武装部队（力量）有军事培训及其他合作关系。同时，美国也是某些西巴尔干国家（如克罗地亚）的重要军购来源。

2. 积极干预地区问题的解决

美国在西巴尔干地区争端解决上一直具有重要影响。1995年美国主导相关方签署了结束波黑内战的"代顿协议"，如今在解决塞尔维亚与科索沃主权和领土争议上正采取积极干预行动。2019年，美国总统任命前驻德国大使格伦内尔（Richard Grenell）为科索沃—塞尔维亚和平谈判特使，以强化美国在该地区的干预力度。同时，美国副国务卿马修·帕尔默（Matthew Palmer）被国务院指定为美国驻西巴尔干地区特别代表，在科索沃事务上开

展斡旋。① 在美国操纵下，塞尔维亚总统武契奇与科索沃"总理"霍蒂于9月4日在华盛顿签署了经济合作协议，助力恢复两方正常关系。此外，美军继续参加由北约领导的科索沃维和部队（KFOR），它还是27支部队中最大的派遣国。②

3. 积极参与该地区多边机制

美国是"三海倡议"和"美国—亚得里亚宪章"会议等多边机制重要成员。"三海倡议"是由克罗地亚和波兰于2016年共同发起成立，由波罗的海、黑海和亚得里亚海12个沿岸中东欧国家组成的多边机制，美国是其观察员国。从2017年起，美国总统特朗普、能源部长佩里等曾参会，参与讨论成员国间交通、能源和数字化建设等问题。2020年慕尼黑安全会议召开前，美国国务卿承诺为"三海倡议"项目提供10亿美元的融资。③

"美国—亚得里亚宪章"会议于2003年成立，是美国与西巴尔干国家和地区（科索沃）共同举行的促进成员间军事合作的峰会，目前正式成员包括阿尔巴尼亚、克罗地亚、北马其顿、波黑、黑山和美国，塞尔维亚是观察员国。近年美国副总统、国防部长等高官曾参会。根据峰会精神，该组织旨在积极促进北约扩员，共同参加北约维和行动，加强成员国的军事合作等。2020年的宪章会议主要讨论了西巴尔干地区多边安全的优先事项，并

---

① Francesca De Sanctis, *USA foreign policy in the Western Balkans: why they are taking the lead*, Hybrid Neighbourhood, July 9, 2020, https://hybridneighbourhood.com/2020/07/09/usa-foreign-policy-in-the-western-balkans/.

② JOVANA GEC Associated Press, *US delegation pledges support to Serbia, Kosovo after deal*, 22 September 2020, abcnews, https://abcnews.go.com/International/wireStory/us-delegation-pledges-support-serbia-kosovo-deal-73165400.

③ 《美国将向"三海倡议"提供10亿美元融资》，驻克罗地亚共和国大使馆经济商务处，2020年2月17日，http://www.mofcom.gov.cn/article/i/jyjl/m/202003/20200302941367.shtml.

加强北约在东南欧的战略伙伴关系,以及合作应对新的共同安全挑战等议题。[1] 通过该地区多边机制,美国在军事和经济等众多地区事务方面取得了重要发言权。

(二) 欧盟在西巴尔干地区的介入

欧盟理事会时任主席图斯克曾于 2018 年 5 月断言"西巴尔干半岛是欧洲不可分割的一部分";2020 年 9 月,欧盟委员会主席冯德莱恩(von der Leyen)宣称"整个(西巴尔干)地区的未来在于欧盟"。可见欧盟视西巴尔干地区为欧洲天然的一部分,其战略旨在将该地区最终纳入欧盟。现阶段欧盟试图通过各种努力将该地区各国拉上加入欧盟的预定轨道,给予它们各种政策支持和鼓励,尽量减少这些国家受域外非西方大国的影响。另外,让该地区国家加入欧盟,也是为了逐步消除该地区的潜在冲突,实现地区持久和平。

欧盟介入该地区的手段主要包括:以常规多边机制框住该地区国家,用欧盟制度和规则逐步改造这些国家的经济、社会和政治体制,用经济手段笼络和吸纳这些国家进入欧盟市场。

1. 以多边机制框住该地区国家

"柏林进程"是欧盟介入西巴尔干事务的主要多边机制,由德国总理默克尔倡议并于 2014 年启动,该机制旨在促进西巴尔干地区的内部合作,帮助这些国家早日融入欧盟。"柏林进程"主要由"欧盟—西巴尔干峰会"和青年论坛、商业论坛所组成。于 2020 年 5 月在克罗地亚召开的"欧盟—西巴尔干峰会"上,与会领袖在发布的《萨格勒布宣言》中重申他们支持西巴尔干加入欧盟,愿启动与阿尔巴尼亚和北马其顿的入盟谈判,并加大对该地区政治、经济和社会转型支持。另外,峰会宣称欧盟将动用约 33 亿欧元

---

[1] *Readout of 2020 U. S. - Adriatic Charter Defense Ministerial*, Nov. 30, 2020, https://www.defense.gov/Newsroom/Releases/Release/Article/2430042/readout-of-2020-us-adriatic-charter-defense-ministerial/.

一揽子援助计划，以帮助该地区应对新冠肺炎疫情带来的挑战。①

2. 制度性规范

为了对西巴尔干地区实施"欧盟化"策略，将欧盟的规则、规范扩展到该地区，欧盟在1999年启动了"稳定与联系进程"（SAP），根据西巴尔干各国的特点，分别与这些国家签署了《稳定与联系公约》，规定了这些国家在经济、公共财政、区域合作等领域的相关义务。目前所有西巴尔干国家与欧盟在有关货物贸易、投资和服务业、商业竞争、国家财政补贴等问题处理上都须参照上述公约，这使该地区所有国家的内外事务都受欧盟法制监管或影响，潜移默化地影响该地区的经济和社会秩序以及对外交往，促使其朝欧盟设定的方向发展，最终为其倒向和纳入欧盟铺平道路。

3. 援助与经济吸纳

欧盟是西巴尔干国家最大经济伙伴，欧盟大国是西巴尔干各国的主要贸易对象和投资来源，是这些国家经济的主要依赖对象。例如，2018年来自欧盟的投资占西巴尔干地区吸收外资的65.5%，2019年与欧盟的贸易占该地区对外贸易总额近七成。② 同时，该地区对欧盟而言也具有经济上的重要地位，一份欧盟委员会的报告这样写道："（西巴尔干）地区人口接近1800万，是欧盟重要市场及欧洲和国际商品中转地，以及投资此地公司的熟练劳动力来源。"③

---

① 《欧盟与西巴尔干峰会：双方关系"新阶段"还是另一场政治游戏》，新浪网，2020年5月10日，https：//k. sina. com. cn/article_ 5044281310_ 12ca99fde020019sgi. html.

② 《欧盟推出西巴尔干地区经济与投资计划》，《人民日报》，2020年10月13日，https：//finance. sina. com. cn/tech/2020 - 10 - 13/doc - iiznezxr5613242. shtml.

③ COMMUNICATION FROM THE COMMISSION TO THE EUROPEAN PARLIAMENT, THE COUNCIL, THE EUROPEAN ECONOMIC AND SOCIAL COMMITTEE AND THE COMMITTEE OF THE REGIONS An Economic and Investment Plan for the Western Balkans｛SWD（2020）223 final｝, Brussels, 6. 10. 2020 COM（2020）641 final, https：//ec. europa. eu/neighbourhood - enlargement/sites/near/files/communication_ on_ wb_ economic_ and_ investment_ plan_ october_ 2020_ en. pdf.

在最新的 2021—2027 年欧盟中长期预算框架中，欧盟提出约 80 亿欧元的对西巴尔干投资框架，以帮助该地区经济增长，尤其改善能源供给和基础设施，并在上述投资框架下设立专门担保工具，促进对该地区投资增长。

在新冠肺炎疫情流行期间，欧盟向该地区捐赠了不少医用物资。比如向阿尔巴尼亚分配了 400 万欧元医疗设备，向波黑分配了 700 万欧元用于医院护理和购买医护人员设备，北马其顿获得了 400 万欧元用于购买医疗器械和 5000 份病毒检测试剂，等等。①

2020 年欧盟在索菲亚召开有关西巴尔干峰会，提出了"西巴尔干经济和投资计划"，该计划指出：西巴尔干地区是欧洲不可分割的组成部分，也是欧洲地缘战略的重点，它在为欧盟提供服务的全球价值链中扮演着重要角色，而且这一角色可能会进一步加强，因此制定该"经济和投资计划"，作为"援助工具 III"支持该地区改革，为使该地区最终加入欧盟做准备。②而该地区也积极回应这一"经济和投资计划"，与欧盟共同推出"西巴尔干绿色议程"等。③

因此，欧盟通过经济领域有计划地扶植、援助和公私商业项目运营，将整个西巴尔干地区经济吸纳到欧盟市场内。

---

① *How has EU's financial assistance to the Western Balkans been allocated thus far*？，16. 04. 2020，https：//europeanwesternbalkans. com/2020/04/16/how – has – eus – financial – assistance – to – the – western – balkans – been – allocated – thus – far/.

② *COMMUNICATION FROM THE COMMISSION TO THE EUROPEAN PARLIAMENT，THE COUNCIL，THE EUROPEAN ECONOMIC AND SOCIAL COMMITTEE AND THE COMMITTEE OF THE REGIONS An Economic and Investment Plan for the Western Balkans* {SWD（2020）223 final}，Brussels，6. 10. 2020 COM（2020）641 final，https：//ec. europa. eu/neighbourhood – enlargement/sites/near/files/communication_ on_ wb_ economic_ and_ investment_ plan_ october_ 2020_ en. pdf.

③ *Western Balkans Summit in Sofia：Important steps taken to advance regional cooperation to boost socio – economic recovery and convergence with the EU*，10 November 2020，https：//ec. europa. eu/commission/presscorner/detail/en/ip_ 20_ 2051.

## (三）俄罗斯在西巴尔干地区的介入

俄罗斯与西巴尔干地区具有历史、文化和种族上的同一性与深厚联系。南斯拉夫解体后，俄罗斯继承了苏联在该地区的影响力。俄罗斯介入西巴尔干的基本目标是：在塞尔维亚、黑山、北马其顿和波黑境内培植亲俄势力，竭力阻止或尽量延缓该地区国家加入北约（北马其顿已于2020年3月加入），弱化北约和欧盟在该地区的影响。在单独无力阻挡北约和欧盟的攻势下，希望实现该地区外部力量介入多元化，平衡美欧势力，尽力维护俄罗斯在该地区的地缘政治影响等传统优势。

1. 政治和军事介入

塞尔维亚是俄罗斯在西巴尔干地区的最主要伙伴，是俄罗斯在该地区的最主要军备出口对象。俄罗斯还在政治上干预西巴尔干事务。主要案例包括：俄罗斯政治人物直接发声反对波黑等国家加入北约；对之前北马其顿更改国名以便加入北约的问题发表评论或采取秘密行动，引发北马其顿内部纷争，增加其改名难度；利用本国东正教在该地区信仰东正教民众中的权威地位，干预西巴尔干地区东正教教会并寻求后者支持，等等。

2. 扶植代理人

俄罗斯在塞尔维亚各界有深厚人脉，借此获取情报并对塞尔维亚开展宣传。俄罗斯曾培植黑山反对派力量，于2016年发动未遂政变以推翻亲西方政府。波黑塞族共和国现任总统兼波黑政府主席团成员之一的多迪克与俄罗斯关系密切，他在俄罗斯支持下试图在塞族共和国组建塞族准军事武装部队，并在俄罗斯和塞尔维亚接受培训。

3. 对能源和战略领域投资

尽管俄罗斯不是西巴尔干地区的主要贸易伙伴或投资来源（黑山除外），但俄罗斯企业对该地区的能源、重工业、采矿和银行业等战略领域进行了重大收购。国有天然气巨头"俄罗斯天然气工业股份公司"（Gazprom Neft）购买了塞尔维亚国有石油集团（NIS）的控股权。俄罗斯还拥有两家波黑炼油厂，在该国石油产品市场获得准垄断地位。俄罗斯还是跨越塞尔维亚、波黑塞族共和国和北马其顿的巴尔干单线天然气管道的实控者。目前塞尔维亚约75%的天然气从俄罗斯进口。俄罗斯国有银行（Sberbank）在2018年购买了克罗地亚国有食品巨头"阿格罗科尔"（Agrokor）近一半股份。俄罗斯还是黑山地产的重要买家，有报告统计，黑山40%的地产为俄罗斯人所有。

有趣的是，上述不少投资实际处于亏本状态，如在波黑的能源公司的投资存在重大财务损失，但该公司无意退出波黑市场，这表明俄罗斯在西巴尔干的部分投资主要目的不是盈利，而是使该地区的国家在某些领域（如能源）形成对俄罗斯的依赖。

4. 文化渗透

由俄罗斯政府资助的"俄罗斯世界"基金会资助波黑设立了俄语中心，资助北马其顿的大学设立了俄语专业。俄罗斯也一直试图扩展在西巴尔干的媒体业务，其卫星新闻服务自2014年以来一直在塞尔维亚和波黑的塞族共和国开展业务，并向阿尔巴尼亚、北马其顿、黑山等亲俄媒体提供资金援助。

（四）土耳其在西巴尔干地区的介入

西巴尔干部分地区曾被奥斯曼帝国统治约500年之久，在宗教、文化等方面深受伊斯兰文化影响。西巴尔干与土耳其山水相连，西巴尔干境内有约11万土耳其侨民居住。由于血缘、文化、历史等方面的深厚和复杂关系，土耳其将西巴尔干看作自己的"天然腹地"，其西巴尔干政策的主要目标：一是促进该地区繁荣稳定，维护其周边安全；二是增进在西巴尔干地区的政治和文化影响力，提升土耳其在国际舞台上的"大国"地位；三是利用土耳其对西巴尔干地区的影响力，争夺在与欧盟交往中的竞争优势与发言权。

1. 经济参与

土耳其注重在关键基础设施领域对西巴尔干地区进行大量投资，促进与该地区人员和货物的自由流通。土耳其在该地区的最大投资对象国是塞尔维亚，主要投资于基建和能源，如贯穿塞尔维亚境内的能源管道项目等。它也是科索沃的重要投资来源，主要投资于银行业、矿业、煤炭能源等，并为科索沃"首都"普里什蒂纳建设新机场。它还建设了穿越塞尔维亚与波黑的高速公路，并在阿尔巴尼亚投资兴建清真寺等。至今，土耳其已与所有西巴尔干国家签订了自由贸易协定和免签政策。

2. 文化渗透

土耳其在西巴尔干地区积极推广文化软实力，将自身塑造成伊斯兰文化、现代化和世俗社会良好结合的典范。土耳其国家广播公司设立了针对西巴尔干地区民众的节目，向他们推广本国电视剧和肥皂剧，并建立相关网站，提供有关土耳其的新闻和文化，以巩固和推广上述良好形象。

土耳其在西巴尔干各国建立起一个或多个土耳其文化中心，以传播土耳其语言和文化。土耳其还在阿尔巴尼亚、波黑、科索沃和北马其顿资助成立学校，用来教授土耳其语言和文化，并抵制土耳其流亡海外的异见分子在该地区所资助的学校的影响。土耳其还通过本国对外援助资金，力图恢复奥斯曼帝国时代遗留下来的清真寺、桥梁、学校和其他建筑，进一步帮助提升土耳其的文化影响力。

## 二、强权介入西巴尔干地区事务对我国的影响

除美国、欧盟、俄罗斯和土耳其外，阿联酋、伊朗等波斯湾国家及以色列等也在西巴尔干地区具有较大影响力。诸多力量在这一地区的争夺导致大国竞争加剧，也使该地区内部政治形势复杂化。尤其是欧美带着质疑态度日益强烈关注我国在这一地区的经济参与活动。整体而言，外部势力对该地区的介入对中国的影响主要涉及"一带一路"项目开展及中国与该地区国家的双边关系。

（一）多元力量竞争加剧"一带一路"项目在西巴尔干地区开展难度

2008年全球金融危机爆发后，欧美对西巴尔干地区的关注程度有所下

降，但近些年随着俄罗斯和其他外部国家参与力度增大，欧美加大了对该地区的关注。由于外部力量介入加速，各自目标和手段不尽相同，这使中国在西巴尔干地区的经济活动面临较为复杂的局面。

首先，中国在此地区的经济参与受到欧美（尤其是欧盟）越来越多的质疑与指责。欧盟的质疑和指责包括：中国在此地投资不附带政治条件，尽管让急需改善基础设施建设的西巴尔干国家能较快获得融资，但从长远看会增大这些国家的债务负担；不太透明的招标和项目运作模式也助长这些国家的政治腐败；并且这些国家在经济上与中国的合作冷落了与欧盟关系，使欧盟要求的所谓法治、民主化和环境标准等难以在该地区推广，等等。

其次，大国竞争给中国在西巴尔干地区的合作项目带来一定风险。西巴尔干国家中克罗地亚是欧盟成员国，其他国家虽未加入但正努力加入。因此，欧盟给这些国家施加的压力会给其内部稳定带来影响，国内反对党和一些社会媒体会利用欧盟压力攻击与中国签署合作项目的政治领袖与人物，使中国在该地区的项目可能面临一定政治风险。如中国企业在波黑的火力发电厂建设及在黑山承建的高速公路项目等，均受到各自国内反对党的攻击。中国在该地区有些项目投标失利的背后，也存在美欧势力从中作梗的嫌疑。比如，克罗地亚的里耶卡港口集装箱码头招标50年特许经营权，但出于对中国竞标的反对，美国和欧盟对克罗地亚施加压力，从而使中国三家公司（宁波舟山港股份有限公司、天津港海外控股有限公司和中国路桥公司）组成的联合投标体失去了中标机会。①

最后，更多大国竞争使中国企业在该地区的参与机会受到一定限制。所有大国都希望通过在该地区的经济参与来实现各自政治和战略上的目的，美国和俄罗斯在能源领域进行较量，土耳其和欧盟在基建和文化领域进行投资竞争。上述投资同质化程度越高，中国企业遭遇的对手就会越多，只有体现更高竞争优势才能获胜。

---

① *Zbog pritiska EU i SAD – a Kinezi ne ulaze u riječku luku*，2021年1月2日，https://www.vecernji.hr/vijesti/zbog-pritiska-eu-i-sad-a-kinezi-ne-ulaze-u-rijecku-luku-1458111.

## （二）中国与重要国家及与该地区国家间关系变得更为复杂

外部强权在西巴尔干地区的深度介入和中国在此地推行"一带一路"倡议既存在共同利益，也存在冲突，这使中国与欧盟、美国、俄罗斯等国家的双边关系变得较为复杂。譬如，尽管欧盟不希望看到中国在西巴尔干地区的经济参与"破坏"其促进该地区国家"改革"的进度，但中国的经济参与有利于改善该地区的道路等基础设施状况和促进地区经济发展，使该地区更快达到加入欧盟的经济标准，甚至可实现中欧与西巴尔干国家三方合作。比如在克罗地亚的"佩列沙茨"大桥建设项目，就主要由欧盟资助，并由中国公司承建。又如，尽管俄罗斯不希望有新的外部力量破坏或分享它对该地区的传统影响力，但当它无力改变这种大国竞逐局面时，会乐见中国参与进来以平衡欧美的影响力，打破欧美的独霸趋势。因此，欧、俄等力量对中国在西巴尔干地区经济参与的态度存在既支持又反对的矛盾心理和立场，这会对中欧、中俄等整体外交关系产生微妙影响，使中国与上述力量的关系变得复杂化。

同时，由于大国在此地区的争夺，中国与西巴尔干地区国家的关系也会受到影响。比如，美国在该地区鼓吹共同建立清洁和安全网络，排除中国华为5G技术，或者欧盟对中国在此地投资的忌惮，往往会使中国与该地区国家的双边关系出现微妙变化，在外部力量干预下不能自然健康地发展。

# 三、结语

在各大国都积极介入西巴尔干地区，并建构有较明确的西巴尔干地区政策目标和手段之际，中国也应针对既有形势，制定较为明确的西巴尔干地区政策。对此，首先中国对西巴尔干地区的对外关系有明确定位。西巴尔干地区是欧洲边陲，具有重要地缘战略地位，是"一带一路"倡议重要沿线地区，是连接地中海和西欧的桥梁，因此中国应重视该地区，将其看作推进和维护"一带一路"倡议,促进和深化中欧整体关系的重要对象。

  为此,中国应尝试在"17+1"合作框架内,务实推进与该地区的关系,加强人财物的投入,促进双方在投资、贸易、旅游、教育等领域的交流。另外,由于俄罗斯一定程度上不反感介入西巴尔干地区力量的多元化,中国可适度加强与俄罗斯在西巴尔干地区的政策协调,寻求具体经济项目三方合作,实现在该地区经济领域互利共赢。此外,通过寻求与欧盟在西巴尔干地区经济合作机会,一定程度上缓解欧盟对中国在该地区参与的疑虑,同时,尽量要求中国企业在该地区的投资项目和承包工程按欧盟标准实施,提升中国企业在国际市场的竞争力,实现双赢或多赢。

# 欧盟在中亚的能源互联互通：
# 进展与挑战

戴轶尘[*]

[内容提要] 为改善能源供应安全，欧盟一直寻求从中亚获得能源，并将其作为实施中亚战略的一项优先议题。但在一系列因素的掣肘之下，欧盟在中亚规划的能源互联互通项目迟迟未能落地动工，集中体现了欧盟在推动欧洲和亚洲的互联互通中所面临的多重矛盾和挑战。

[关键词] 欧盟 中亚里海 能源互联互通

欧盟作为当今世界主要的能源消费方和进口方，确保能源供应安全不仅是其能源政策的首要支柱，也是对外政策的安全关切之一，其核心就是实现能源供应的来源和路线的多样化。为此，欧盟将能源蕴藏丰富的中亚地区视为重要的能源来源地，而加强欧洲与该地区之间的能源互联互通，始终是欧盟在该地区追求的优先战略目标之一。欧盟先后在2018年、2019年出台互联互通战略、更新中亚战略，再度将由其主导的南部天然气走廊延伸到中亚列为重要议题，但在实践中仍然面临着一系列的内外挑战而充满不确定性。

---

[*] 戴轶尘，上海社会科学院国际问题研究所助理研究员。

# 一、欧盟在中亚推进能源互联互通的政策演进

长期以来，对外能源依存度居高不下一直是悬在欧盟头上的一柄"达摩克利斯之剑"，困扰着欧盟的能源供应安全。据欧盟统计，自1990年以来，欧盟自身的一次能源生产日益萎缩，一次能源和能源产品的进口则与日俱增，导致其对外能源依存度持续上升，在2018年已高达58%。与此同时，欧盟还面临着能源进口过于集中的问题：一方面，欧盟的能源进口过于集中在原油和天然气两大一次能源上，分别约占其能源进口总量的近67%和24%；另一方面，欧盟的能源进口过于集中在少数几个能源产地，其中俄罗斯是欧盟最大的原油、天然气和煤炭的进口来源地，2018年欧盟分别有30%的原油、40%的天然气和42%的煤炭的进口来自该国。[1]

欧盟的能源进口格局导致其能源供应安全面临着较高的敏感性和脆弱性风险。敏感性是指总体能源需求的进口比重，脆弱性则是指能源进口的替代措施及其成本。[2] 在敏感性方面，欧盟不仅对外能源依存度高，而且占据主导地位的原油和天然气的进口稳定性易于受到市场之外的地缘政治因素干扰，欧盟对依赖俄罗斯能源进口的担心与日剧增。在脆弱性方面，欧盟除了面临能源供应中断的安全风险外，还需要在寻求替代性能源及其进口的来源上付出大量的政治和经济成本。因此，欧盟改善能源供应安全的关键在于实现能源供应的多样化。尤其是在天然气进口方面，欧盟长期依赖俄罗斯的天然气及其主导的管道运输，寻求替代性的天然气来源和运输路线就成为实现能源供应多样化的主要任务。

---

[1] 对外能源依存度是经济体必须进口的能源比例，即净能源进口量占内部能源消费总量的百分比。数据参见欧洲统计局网站，https：//ec.europa.eu/eurostat/cache/infographs/energy/bloc-2c.html.

[2] Fillpos Proedrou, *EU Energy Security in the Gas Sector: Evolving Dynamics, Policy Dilemmas and Prospects*, Farnham & Burlington: Ashgate Publishing Limited, 2012, p.54.

在这一背景下，欧盟日益重视中亚在改善自身能源供应安全上的巨大潜力，寻求将中亚纳入到欧盟主导的泛欧能源市场，并在该地区发展独立于俄罗斯的能源基础设施网络。中亚的能源蕴藏主要分布在里海沿岸的哈萨克斯坦、土库曼斯坦以及邻近里海的乌兹别克斯坦。据 BP 的最新统计，哈萨克斯坦的探明石油储量为 39 亿吨，占世界石油储量的 1.7%；土库曼斯坦和乌兹别克斯坦也分别有 1 亿吨的探明石油储量。在天然气方面，哈萨克斯坦的探明储量达 2.7 万亿立方米，占世界探明储量的 1.3%；土库曼斯坦则有 19.5 万亿立方米的探明储量，占世界的 9.8%；乌兹别克斯坦的探明储量为 1.2 万亿立方米，占世界的 0.6%。[1] 巨大的能源生产潜力吸引着西方能源企业在冷战结束初期就竞相进入中亚开发能源。英国、德国、法国、意大利、荷兰、比利时等欧盟国家的能源企业分别与哈萨克斯坦、乌兹别克斯坦和土库曼斯坦达成了开采油气田、建立能源工厂和开展能源贸易的协议。[2] 同时，在欧盟层面，也开始从推动中亚的能源市场自由化和推进能源基础设施建设两方面着手，加强欧盟从该地区获得能源的能力。在推动能源市场自由化方面，欧盟在 1991—1997 年期间成功与中亚五国先后签订了《能源宪章条约》。该条约旨在"规制能源部门和东西方之间的能源贸易模式，依据市场开放和竞争性原则，促进能源从东方流向西方，而资金从西方流向东方"。[3] 通过这一条约，欧盟在能源领域对当时尚未加入世贸组织的中亚国家给予了世贸组织成员国待遇，也相应地要求这些国家履行相应的义务，从而为欧盟与中亚国家开展能源贸易奠定了法律基础。在推进能源基础设施建设方面，欧盟则在 1995 年设立了对欧跨国油气运输项目（下文简称 IN-OGAT），提供给包括中亚国家在内的 11 个独联体国家，主要目标是推进中亚地区的能源管网基础设施现代化，发展新的基础设施和运输路线，建立起

---

[1] BP, *Statistical Review of World Energy* 2020.

[2] 孙壮志：《中亚五国对外关系》，北京：当代世界出版社，1999 年版，第 152—170 页。

[3] Fillpos Proedrou. *EU Energy Security in the Gas Sector: Evolving Dynamics, Policy Dilemmas and Prospects*, Farnham & Burlington: Ashgate Publishing Limited, 2012, pp. 46 - 47.

从欧洲到中亚的跨国油气运输网络，并按照国际规则和标准进行市场化运作。①

此后，欧盟开始不断加大对中亚能源互联互通的关注和投入。欧盟委员会在 2000 年发表的《走向欧洲能源供应安全》绿皮书中提出，可以通过加强与周边的能源生产国和过境国的互联互通以改善能源供应安全，而持续的市场自由化将长期有助于提高非欧盟国家的互联互通能力，并强调"应当密切关注里海的石油和天然气资源的开发，尤其是发展油气生产的运输路线"。② 2002 年，欧盟将改善中亚的能源供应作为向该地区提供技术援助的重点之一，寻求"发展将中亚与欧洲及其他周边国家连接起来，可行的、安全的和有竞争力的交通和能源运输路线"。③ 2006 年俄罗斯和乌克兰爆发首次天然气争端后，欧盟更为迫切地意识到"更新和建设新的基础设施对于欧盟的能源供应安全不可或缺"，寻求建设从中亚里海、北非和中东进入欧盟中心的独立的天然气管道，以及在中欧建设石油管道，以促进里海石油对欧盟的供应等。此外，欧盟还提出通过创建新的条约或双边协议，将包括中亚国家在内的天然气供应国和相关过境国纳入到欧盟主导的泛欧能源共同体之中。④

在此基础上，欧盟于 2007 年出台的中亚战略，首次从战略层面界定了在该地区推进能源合作的目标和路径。在导言部分，欧盟开宗明义地指出："欧盟对外部能源来源的依赖，和以能源供应多样化加强能源安全的需求，

---

① INOGATE 的成员包括东欧地区的乌克兰、摩尔多瓦、白俄罗斯，高加索地区的亚美尼亚、格鲁吉亚、阿塞拜疆，以及中亚地区的哈萨克斯坦、吉尔吉斯斯坦、塔吉克斯坦、土库曼斯坦和乌兹别克斯坦。土耳其为观察员。

② European Commission, *Green Paper: Towards a European Strategy for the Security of Energy Supply*, Brussels: European Commission, COM (2000) 769 final, Nov. 2000, p. 75.

③ European Commission, *Strategy Paper 2002 – 2006 & Indicative Programme 2002 – 2004 for Central Asia*, Brussels: Oct. 2002, p. 21.

④ European Commission, *Green Paper: A European Strategy for Sustainable, Competitive and Secure Energy Brussels*, Brussels: European Commission, COM (2006) 105 final, Aug. 2006, pp. 15 – 16.

扩大了欧盟与中亚的合作视野。……欧盟和中亚在加强能源安全上共享着至关重要的利益，在出口路线、供需结构和能源来源的多样化上存有共同利益。……来自该地区的天然气对欧盟尤为重要。"[①] 具体来说，欧盟寻求通过三方面的努力加强与中亚之间的能源互联互通。

第一，推进中亚的能源市场规则与欧盟趋同。欧盟希望在"巴库倡议"框架下加强与中亚国家的定期能源政治对话，并以《能源宪章条约》和双边合作谅解备忘录为基础，推动中亚国家能源部门的市场自由化改革，改善欧洲企业在中亚国家进行能源投资和贸易的政策环境。2004 年，欧盟委员会与黑海和里海沿岸国家及其邻国，在阿塞拜疆巴库举行了部长级多边能源会议，并达成了称之为"巴库倡议"的政治共识。欧盟希望通过向加入该倡议的国家提供资金和技术援助，与之在能源市场规则趋同、加强能源安全、支持能源可持续发展以及吸引能源项目投资四个领域开展多边合作。[②]

第二，改善中亚的能源供应和运输网络的多样化。欧盟意图通过为发展里海—黑海—欧盟的能源运输走廊提供政治支持，从而改变欧盟和中亚国家之间依赖俄罗斯主导的能源管道开展能源贸易的被动局面。冷战结束以来，西方能源企业一直在积极谋划建立绕开俄罗斯进入中亚的能源运输网络，而欧盟官方层面则是在 2006 年之后，从保障能源供应安全的视角出发，开始考虑与主要的能源供应国和过境国之间建立由其主导的能源走廊，并于 2008 年正式提出了"南部天然气走廊"（Southern Gas Corridor，SGC）的战略规划。按照欧盟的设想，跨里海管道（Trans‒Caspian Pipeline，TCP）作为"南部天然气走廊"的延伸段，可以将土库曼斯坦的天然气经里海输送到阿塞拜疆，然后再经格鲁吉亚和土耳其进入欧盟市场。

第三，支持中亚能源可持续发展的项目融资和技术合作。欧盟寻求支持中亚地区共同利益的能源项目投资，并加强与中亚国家在能源领域的技术合作，促进这些国家在节能、提高能效、发展可再生能源和能源需求管理方面

---

① Council of the European Union, *European Union and Central Asia: Strategy for a New Partnership*, Brussels: Oct. 2007, pp. 18 – 19

② European Commission, *Ministerial Conference on Energy Co‒operation between the EU, the Caspian Littoral States and their neighbouring countries*, Baku: 2004, p. 2.

接受欧盟的技术和经验，实现能源的可持续发展。

2014年乌克兰危机爆发后，欧盟更为迫切地寻求能够替代俄罗斯天然气进口的来源地和运输路线，并在2015年2宣布建立欧洲能源联盟，将兴建能源基础设施作为确保能源供应安全的关键，计划到2020年投入1万亿欧元形成互联互通的泛欧能源网络。① 在这一规划的指导下，欧盟在2015—2016年期间更新并细化了构成"南部天然气走廊"的9条管道及其相关配套基础设施的工程名录，其中包括南高加索管道扩建工程（阿塞拜疆—格鲁吉）、跨安纳托利亚管道（格鲁吉亚—希腊）、跨亚得里亚海管道（希腊—意大利）3条基础性管道，预计在2020年完工，实现每年输送100亿立方米天然气的初期目标。跨里海管道（阿塞拜疆—土库曼斯坦）和东地中海管道（黎凡特海盆—希腊）作为2条拓展性管道，将帮助欧盟实现每年从"南部天然气走廊"获得800亿—1000亿立方米天然气的远期目标。此外还有4条辅助性管道改善南欧地区的天然气互联互通。②

在2018年欧盟出台的《连接欧洲和亚洲》的互联互通战略中，确立了交通、数字、能源和人员四大互联互通领域。结合这一战略，欧盟在2019年更新的中亚战略，将增进中亚地区的可持续的互联互通确立为欧盟与中亚建立更强大伙伴关系的一项重要合作议题。在能源互联互通上，欧盟将继续致力于加强中亚在促进欧盟的能源供应安全、供应来源和路线多样化方面的作用，包括评估建设跨里海管道的可能性。欧盟将与中亚国家继续加强双边能源对话，并酌情组织专门的地区能源问题会议。同时，欧盟将利用自身的拨款和贷款，以及加强与国际金融机构的协作，支持中亚的能源互联互通项目。③

---

① 曹慧：《特朗普时期美欧能源和气候政策比较》，《国外理论动态》，2019年第7期，第122页。

② 潘楠：《欧盟南部天然走廊计划及其影响》，《国际石油经济》，2016年第9期，第59—60页。

③ European Commission, *The EU and Central Asia: New Opportunities for a Stronger Partnership*, 15.5.2019, pp. 11–13.

## 二、欧盟推动中亚能源互联互通建设的进展

多年来,欧盟一直追求在发展能源贸易和能源基础设施两方面与中亚国家建立更为紧密的能源合作关系,但是由于欧盟主导的"南部天然气走廊"建设滞后于其天然气进口的需求,使得欧盟与中亚国家之间的能源互联互通面临着缺乏基础设施提供物理支撑的瓶颈。

自 2007 年欧盟实施中亚战略以来,欧盟通过与中亚国家开展多边和双边能源政治对话以及提供经济和技术援助,在推进中亚国家的能源市场规则趋同和可持续发展上取得了一定的进展。

在多边层面,欧盟为吸引中亚国家参与"巴库倡议",在 2007—2013 年期间,通过 INOGATE 向中亚国家的能源部门提供了 4500 万欧元的援助,占这一时期欧盟对中亚发展援助预算总额的 6%。[①] 欧盟又在 2014—2020 年期间向 INOGATE 投入了 1660 万欧元用于支持"巴库倡议"。[②] 此外,欧洲投资银行(EIB)在 2010 年启动了初始规模为 2000 万欧元的中亚投资基金(Investment Facility for Central Asia, IFCA),重点为中亚五国的能源、环境、社会公共基础设施以及中小企业提供融资和技术援助。在 2011—2013、2014—2020 年期间,欧盟委员会向该基金分批投入了 4500 万欧元和 1.4 亿欧元的财政拨款。截至 2016 年,中亚投资基金在能源领域分配了 21% 的投资组合,用于支持中亚国家的能源部门改善供应安全和可持续发展。[③] 其

---

① European Commission. *Central Asia Indicative Programme* (2007 – 2010)[R]. Brussels:2007:4. *Central Asia DCI Indicative Programme* (2011 – 2013)[R]. Brussels:2011:14.

② European Commission, *The EU and Central Asia: New Opportunities for a Stronger Partnership*, 15.5.2019, p.13.

③ EEAS, European Commission, *Multiannual Indicative Programme: Regional Central Asia* 2014 – 2020.

中,该基金从 2012 年 12 月起向哈萨克斯坦提供了为期 7 年的 3000 万欧元拨款和贷款,用于能源可持续发展;向土库曼斯坦提供了为期 3 年的 2100 万欧元拨款和贷款,用于降低能耗。① 随着这些项目的实施,欧盟认为,哈萨克斯坦和乌兹别克斯坦两国在能源市场规则趋同上有所进展,特别是天然气部门的第三方管网接入和销售模式上已采用较为先进的规则;哈萨克斯坦、乌兹别克斯坦和土库曼斯坦在能源基础设施的维护、更新和新建上也有所改善,但是土库曼斯坦的能源投资环境对欧洲企业仍然不友好。②

在双边层面,欧盟则于 2006—2011 年期间,先后与哈萨克斯坦、土库曼斯坦和乌兹别克斯坦分别签订了双边能源合作谅解备忘录,但落实情况却与欧盟的预期相差甚远。其中,欧盟与哈萨克斯坦在 2006 年签订双边谅解备忘录,除了落实"巴库倡议"确立的四个能源合作领域外,还专门强调改善或兴建符合共同利益的能源运输基础设施,协作推进将中亚的油气资源运输到欧洲市场。③ 此后,随着欧盟和哈萨克斯坦的能源贸易发展,哈萨克斯坦在改善欧盟能源供应多样化上的作用日益显著。据欧盟统计,哈萨克斯坦有 70% 的石油出口到欧盟,满足了欧盟 6% 的石油需求,是欧盟第五大石油供应方。同时,哈萨克斯坦出口的铀矿石也满足了欧盟 21% 的需求,是欧盟核能工业的最大单体供应方。由于哈萨克斯坦的对外贸易绝大部分集中在能源领域,欧盟也因此成为哈萨克斯坦最重要的贸易伙伴,占其对外贸易的 40%。欧盟和哈萨克斯坦之间的能源贸易发展带动了双边关系的提升。双方在 2015 年签订的《增强伙伴关系与合作协定》(Enhanced Partnership and Cooperation Agreement,EPCA)已于 2020 年 3 月生效,为全方位升级欧盟及其成员国与哈萨克斯坦之间的关系,设立了 29 个关键政策领域的合作,

---

① INOGATE. *INOGATE Programme Status Report* 2011: *an Energy Review of the INOGATE Partner Countries* [R]. Brussels: Oct. 2012: 174.

② Ibid., pp. 32 – 35.

③ *Memorandum of Understanding on Co – operation in the Field of Energy between the European Union and the Republic of Kazakhstan* [R]. Brussels: Dec. 4, 2006.

其中能源和交通是第三项合作优先。①

然而，自2008年欧盟与土库曼斯坦达成能源谅解备忘录以来，迄今为止双方并未开展天然气贸易。当时土库曼斯坦政府向欧盟承诺，从2009年起每年为其预留100亿立方米的天然气，但是欧盟一直没有解决如何将土库曼斯坦的天然气运输到欧洲市场的问题。2008年12月，德国的RWE和奥地利的OMV两家能源企业成立了里海开发财团（Caspian Development Corporation，CDC），以便大批量购买土库曼斯坦的天然气，并为建设跨里海管道的融资提供必要的合同担保。② 次年4月，德国RWE公司和土库曼斯坦政府正式签署了开发离岸天然气的长期合作框架协议。③ 2010年，在欧盟委员会、欧洲投资银行和世界银行的联合资助下，里海开发财团的咨询委员会完成报告，建议欧洲能源企业应采取打包模式（Bundler Model）长期采购土库曼斯坦的天然气，并签订建设直接通往欧洲的新管道的长期协议。2011年1月，欧盟委员会主席获得授权，就建设跨里海管道与阿塞拜疆和土库曼斯坦展开谈判，以达成有约束性的正式协议。然而，欧盟委员会并未落实建设跨里海管道的资金来源。欧洲复兴开发银行以土库曼斯坦侵犯人权和能源部门不透明为由，拒绝向其提供大规模的融资，欧洲投资银行也没有提供直接融资服务。④ 此后随着里海开发集团在2012年破产，跨里海管道项目被搁置。

2015年，欧盟委员会确定了"南部天然气走廊"的最终管道构成后，跨里海管道建设重新被提上议事日程。欧盟希望先期从土库曼斯坦在里海东岸的切列肯油气田获得气源，通过300千米长、年运输能力为320亿立方米

---

① EEAS, *Kazakhstan and the EU*, https://eeas.europa.eu/headquarters/headquarters-homepage/1367/kazakhstan-and-eu_en

② Michael Denison. *The EU and Central Asia: Commercialising the Energy Relationship* [R]. Brussels: EUCAM, Working Paper No. 2, July 2009: 9-10.

③ 庞昌伟、褚昭海：《土库曼天然气出口多元化政策与决策机制分析》，《俄罗斯研究》，2009年第6期，第104页。

④ Jos Boonstra, "The EU's Interests in Central Asia: Integrating Energy, Security and Values into Coherent Policy", Bonn: EDC 2020, Policy Brief No. 9, Jan. 2011, p. 16.

的跨里海管道与阿塞拜疆的南高加索管道相连,进入"南部天然气走廊"输送到欧盟,并预计在2019—2020年完工。①注册在爱沙尼亚的白溪里海管道公司(W-stream Caspian Pipeline Company Ltd)被欧盟委员会指定为该项目的承建商。欧盟从专门用于基础设施投资的联通欧洲基金(Connecting Europe Fund,CEF)为该公司提供了187万欧元的拨款,用在2018—2020年期间进行预前端工程设计(Pre-FEED)。②2018年,欧盟委员会负责能源的副主席马罗斯·塞夫科维奇(Maros Sefcovic)向外界表示仍在继续与土库曼斯坦磋商能源合作,土库曼斯坦也再次向欧盟承诺,每年向其提供300亿立方米的天然气,时间不少于30年。③但是迄今为止,跨里海管道的承建商并未公布任何相关工作的进展,而欧盟也未能从土库曼斯坦进口天然气。

## 三、欧盟在中亚的能源互联互通中面临的挑战及其前景

尽管欧盟的诸多战略文件中一再强调,推动中亚的能源互联互通对其改善能源供应安全的重要意义,然而在各种内外制约因素的共同作用之下,欧盟始终无法将跨里海管道从纸面规划变成落地项目。

---

① 潘楠:《欧盟南部天然走廊计划及其影响》,《国际石油经济》,2016年第9期,第61—64页。

② Robert M. Cutler, "The Trans-Caspian Is a Pipeline for a Geopolitical Commission", *Energy Security Program Policy Paper*, No. 1 March 2020, NATO Association of Canada, p.9.

③ Simon Pirani, "Let's not exaggerate: Southern Gas Corridor prospects to 2030", OIES Paper, NG 35, The Oxford Institute for energy studies, July 2018. 焦一强:《〈里海法律地位公约〉的签署及其影响》,《国际问题研究》,2019年第1期,第117页。

西方专家认为，建设跨里海管道在技术上并无难度，但在政治上相当困难。① 从欧盟内部而言，推进中亚能源互联互通的意愿和能力不足。首先，欧盟在推进跨里海管道建设上难以调和地缘政治与市场竞争两种逻辑的矛盾。从地缘政治角度看，欧盟需要尽可能降低对俄罗斯的能源依赖，避免在地缘政治博弈中向俄罗斯天然气大棒屈服，修建跨里海管道对欧盟的能源供应安全具有战略利益。但是从市场竞争的角度看，俄罗斯的天然气具有量大价廉的优势，难以被第三国替代。在进口量上，土库曼斯坦按照协议预留给欧盟的天然气，仅能满足其每年3%的天然气进口量，无法撼动俄罗斯在欧盟天然气市场上一家独大的地位。同时在价格上，土库曼斯坦的天然气也没有竞争力。据牛津能源研究所在2018年的测算，土库曼斯坦通过"南部天然气走廊"将天然气输送到意大利的费用高达335.52—405.52美元/千立方米，比俄罗斯运输到奥地利的天然气价格高出近1倍。跨里海管道本身的建造成本在经济上并非不可承受，但是建成后高昂的天然气运输成本令人望而却步。② 尽管能源企业可以通过向欧盟申请基金拨款和欧洲投资银行等金融机构的贷款，部分解决跨里海管道的建设成本，但是建成后的高价天然气也无法在欧盟市场上与俄罗斯展开竞争，无法依靠销售收入维持管道的长期运营。

其次，欧盟还难以解决超国家机构和成员国之间在能源领域的权能竞争，整体利益与个体利益存在冲突。2009年《里斯本条约》生效后将能源划归为欧盟委员会和成员国的共享权能，为欧盟的超国家机构推动共同对外能源政策创造了法律基础。然而，"欧盟成员国的能源结构偏好、历史联系以及与之相关的能源市场地位等原因，使之在能源议题上对待第三国的方式存在着明显的不对称性"。③ 欧盟成员国对于是否需要替代俄罗斯天然气的

---

① Robert M. Cutler, "The Trans – Caspian Is a Pipeline for a Geopolitical Commission", *Energy Security Program Policy Paper*, No. 1 March, 2020, NATO Association of Canada, p. 9.

② Simon Pirani, "Let's not exaggerate: Southern Gas Corridor prospects to 2030", Oxford Institute for Energy Studies, Jul 2018.

③ Sijbren de Jong, Jan Wouters. *Central Asia and the EU's Drive towards Energy Diversification* [R]. Leuven: Leuven Centre for Global Governance Studies, Working Paper No. 64, June 2011: 41.

立场并不一致。除丹麦外，其余欧盟成员国都是天然气净进口国，但是各国对俄罗斯的天然气依存度不同。据欧盟统计，2020年上半年，从进口量来看，欧盟进口的俄罗斯天然气集中在德国、法国、意大利、荷兰和波兰5国；但从依存度来看，除了德国和波兰在50%以上之外，法国、意大利和荷兰均低于25%，而靠近俄罗斯的波罗的海和中东欧国家大多在75%以上。[①] 由于德国、意大利、法国、荷兰等西欧国家从20世纪80年代就开始致力于推动能源消费结构和来源地的多样化，而且能源市场规模较大，使之足以抵御外部依赖造成的威胁，因此主张通过市场竞争实现能源供应安全，并与俄罗斯形成了长期且稳定的双边能源合作关系。德国、法国、荷兰等国的能源企业参与了"北溪"和"北溪-2"管道的建设与运营，意大利的能源企业也曾与俄罗斯签订协议，加入其规划"南溪"项目。目前，"北溪"管道已成为俄罗斯对欧盟供应天然气的主要线路，占到了欧盟从俄罗斯进口天然气的45%。[②] 因此，西欧市场并不迫切需要替代俄罗斯的天然气。相反，中东欧和波罗的海国家的能源市场规模较小且碎片化，希望欧盟委员会在能源供应来源的多样化和互联互通上发挥更大的作用。以波兰为首的中东欧国家坚决反对"北溪"和"北溪-2"管道，认为将进一步加深欧盟对俄罗斯天然气的依赖而损害欧盟的整体利益，并要求欧盟委员会就其是否符合欧盟法律进行审查。2019年，欧盟内部围绕"北溪-2"项目展开了激烈的争论，削弱了对跨里海管道的关注。[③]

最后，欧盟也面临着应对中短期危机和推进长期项目之间的取舍。由于

---

① 超过75%的为保加利亚、捷克、爱沙尼亚、拉脱维亚、匈牙利、奥地利、罗马尼亚、斯洛文尼亚、斯洛伐克和芬兰，德国和波兰在50%—75%，25%—50%之间有希腊、意大利、立陶宛、瑞典、比利时、丹麦、爱尔兰、西班牙、法国、塞浦路斯、卢森堡、马耳他、荷兰、葡萄牙低于25%。Eurostate, *EU imports of energy products – recent development*, Oct. 2020, pp. 9 – 11.

② European Commission, *Quarterly Report on European Gas Markets*, issue 1, first quarter of 2020.

③ Robert M. Cutler, "The Trans – Caspian Is a Pipeline for a Geopolitical Commission", *Energy Security Program Policy Paper*, No. 1 March 2020, NATO Association of Canada, p. 8.

目前的国际天然气贸易主要依靠管道运输，为了降低建设管道所需的高额基础设施投资，生产国、过境国和消费国通常采用签订20年以上长期协议的方式共同分担风险，但由此形成的长期经济捆绑关系，也导致天然气市场有较强的地区特征并缺乏灵活性。[1] 跨里海管道作为在经济上并无竞争优势的战略性项目，其主要的推动力来自欧盟官方的政治支持，但经常被其他更紧迫的议题抢走欧盟的关注和投入，被迫一再推迟。2011年后，跨里海管道项目遭到搁置，就与欧债危机对欧盟造成的经济冲击有密切关系。欧债危机不仅导致欧洲投资银行和欧洲复兴开发银行的融资无法到位，而且也使欧盟的天然气需求在2010—2013年急剧下降了23%。[2] 自顾不暇的欧盟对遥远的中亚难免力有不逮，天然气的需求和价格双双下跌也引发了欧盟内部对进口中亚天然气的质疑，修建跨里海管道的必要性和紧迫性随之下降。当前，欧盟还在遭受新冠肺炎疫情的肆虐，经济复苏前景不明。受疫情影响，2020年前5个月，欧盟的天然气需求同比下降了7%。[3] 欧洲专家认为，新冠肺炎疫情不仅导致欧洲市场的天然气和电力价格在短期内出现暴跌，而且还会在中期内消耗能源部门的投资而推迟关键基础设施建设。[4] 此外，从长期来看，欧盟为应对气候变化所推出的绿色新政，正逐步将更多资源向发展可再生能源倾斜，而减少对传统能源及其基础设施的投入。这一趋势已在欧盟对中亚战略的最新调整中有所反映。在2019年更新的中亚战略中，欧盟提出寻求与中亚在开发可再生能源、节能技术和能源投资监管等方面开展技术合

---

[1] Nataliya Esakova, *European Energy Security: Analysing the EU–Russia Energy Security Regime in Terms of Interdependence Theory*, Frankfurt: Springer VS, 2012, pp. 62–63.

[2] Dave Jones, Manon Dufour, Jonathan Gaventa, "Europe's Declining Gas Demand: trends and facts on European gas consumption", June 2015, https://www.europeangashub.com/wp-content/uploads/attach_482.pdf.

[3] "Decline in natural gas demand may take years to reset", *World Oil*, 6/10/2020, https://www.worldoil.com/news/2020/6/10/decline-in-natural-gas-demand-may-take-years-to-reset.

[4] Maria Pastukhova, Jacopo Maria Pepe, Kirsten Westphal, "Beyond the Green Deal: Upgrading the EU's Energy Diplomacy for a New Era", SWP Comment, June 2020.

作,并将利用创新融资鼓励中亚的绿色投资。为支持这一目标,欧盟委员会在 2020 年推出了"欧盟支持中亚可持续能源互联互通"行动,提供 800 万欧元预算,推动中亚地区加强支持可持续能源系统的政策框架,并增加对相关项目的投资,以及建立欧盟—中亚可持续能源中心和举行定期的高级别磋商和技术会议。①

在欧盟内部对是否需要中亚的天然气犹豫不决的同时,中亚复杂的地缘政治局势也使欧盟在这一地区推进能源互联互通遭遇重重阻力。如前文提及,俄罗斯一直利用能源杠杆分化欧盟,通过与其在欧盟的主要能源市场之间签订长期的双边合作协议,绑定成员国对俄罗斯的天然气及其运输管道的依赖,从而使德国等成员国为了优先满足自己的能源供应安全,大力推动欧盟委员会为俄罗斯主导的"北溪""北溪-2"项目放行,而使跨里海管道失去了竞争力。

同时,里海法律地位争议为俄罗斯和伊朗反对欧盟修建跨里海管道提供了借口。里海曾被苏联和伊朗确定为双方共管的内陆水体,苏联解体后新独立的哈萨克斯坦、土库曼斯坦和阿塞拜疆三国则希望打破这一格局。由此在按照《联合国海洋法公约》界定里海是海洋还是跨界湖泊、如何分配里海水体及其水下资源等关键问题上,里海沿岸 5 国一直僵持不下,其实质就是为了争夺里海丰富的油气资源。2018 年,各方经过长期谈判最终签署了《里海法律地位公约》,赋予里海"非海非湖"又"湖海兼具"的特殊法律地位,并区分了里海水域和海床底土,但是没有明确界定海床底土的划界方法,而"划分海床底土是里海海底资源开发和油气管道建设的首要前提",同时管道建设还需要符合里海环境保护标准。② 因此,尽管《里海法律地位公约》解除了修建跨里海管道的法律障碍,但是并未完全扫除修建这一管道的政治障碍。不仅阿塞拜疆和土库曼斯坦、阿塞拜疆和伊朗在里海的若干油气田划界问题上仍有争议,而且俄罗斯和伊朗也能够以环境为由阻碍欧盟

---

① European Commission, *Action Document for "EU Support to Sustainable Energy Connectivity in Central Asia"*, 2020.

② 匡增军、马晨晨:《〈里海法律地位公约〉评析》,《现代国际关系》,2018 年第 11 期,第 27—28 页。

修建跨里海管道，防止土库曼斯坦向西大量出口天然气，以削弱俄罗斯和伊朗的经济利益及其与欧盟战略博弈中的政策杠杆。

不仅如此，美国的立场变化也使欧盟在推动跨里海管道建设上面临更复杂的抉择。随着页岩技术在美国的大规模使用，美国从2007年起开始由能源净进口国向主要的石油和天然气出口国转变。2016年特朗普上台后，不仅解除了美国国内石油出口的禁令，也积极推动欧洲和亚洲市场购买美国的石油和天然气。由此，美国与俄罗斯在欧亚大陆不仅存在着战略上的地缘政治竞争，也存在着能源上的经济利益竞争，因此美国不仅不断加码对俄罗斯的制裁，而且不顾德国的反对坚决叫停"北溪-2"项目。同时，美国还支持由波兰、克罗地亚在2016年发起的"三海倡议"，推动中东欧国家的能源基础设施互联互通，兴建液化天然气接收站，为美国扩大对欧盟的天然气出口做好基础设施准备。为了打击俄罗斯的天然气出口，特朗普在2019年3月致信土库曼斯坦总统别尔德穆哈梅多夫，表示他个人希望土库曼斯坦尽快向西方出口天然气。此后5月，特朗普又致信阿塞拜疆总统阿利耶夫，称赞阿塞拜疆与美国的合作"将促使欧洲的能源路线和能源来源多样化"。[1]但是，特朗普对跨里海管道的政治支持并未转化成具体的政策行动或实质性的资金支持。拜登当选美国总统后，急于修补美欧关系的欧盟发布的新跨大西洋议程中，首先聚焦应对疫情、气候变化、全球治理等更为紧迫且重要的战略议题，而在应对一系列的地缘政治挑战中只字未提及中亚。[2] 大选之后，美国的疫情仍在加剧而政治撕裂更趋激烈，也不可能有更多的精力介入中亚事务。相反，阿塞拜疆和亚美尼亚因领土争端在2020年爆发了纳卡冲突，吉尔吉斯斯坦也再度陷入政局动荡，对中亚里海未来的安全态势蒙上了阴影，而缺少美国在政治和外交上的支持和配合，欧盟无力独自在这一地区的地缘政治争端中发挥实质性影响。

综上所述，尽管欧盟早已意识到了推动中亚能源互联互通的战略意义，

---

[1] Matthew Bryza, Robert M. Cutler and Giorgi Vashakmdze, "US foreign policy and Euro-caspian energy security: The time is now to build the Trans-Caspian Pipline", Atlantic Council, Jun 12, 2020.

[2] European Commission, *A new EU_ US agenda for global change*, 2.12.2020.

几度试图重启跨里海管道的建设进程并给予政治支持和资金投入。但是，欧盟既无法改变跨里海管道在经济竞争力上的不利地位，也缺乏足够的政策杠杆改变自己在与俄罗斯博弈中的被动处境，更难以在介入遥远的中亚地区事务时独立于美国发挥"战略自主性"。因此，近期内欧盟在该地区的能源互联互通建设仍然前景黯淡。

# 中欧关系发展、双边经贸合作现状及建议

杨逢珉　田洋洋[*]

[内容提要]　一直以来，中国和欧盟互为重要的贸易伙伴。本文在梳理中欧关系发展历程的基础上，分析2010—2020年9月期间中欧贸易现状。与此同时，深入研究新时期背景下新冠肺炎疫情和英国脱欧对中国对欧盟出口贸易的影响。结果显示：短期内新冠肺炎疫情对中欧贸易有相对明显的冲击作用，尤其体现在进口贸易、资源密集型产品等问题上。但长期内会逐渐恢复常态。最后从英国和欧盟（27国）对中国货物的进口需求、自由贸易协定、贸易转移效应、削弱英国和欧盟（27国）的话语权这几个角度分析英国脱欧对中英贸易和中欧贸易的利弊。

[关键词]　中欧关系　贸易　新冠肺炎疫情　英国脱欧

---

[*] 杨逢珉，华东理工大学商学院教授，博士生导师，华东理工大学欧洲研究所所长；田洋洋，华东理工大学商学院博士生。

## 一、中欧关系发展

　　长期以来中国与欧盟保持着密切的经贸关系。新中国成立前，中国与西欧国家以古"丝绸之路"为桥梁，进行丝绸、瓷器、漆器等商品的贸易往来。新中国成立至20世纪80年代末，由于中欧分属于社会主义阵营和帝国主义阵营，此时中国仅与中东欧国家（保加利亚、波兰、捷克等）和北欧国家（瑞典、丹麦、芬兰等）建立了外交关系。1964年，中法建交标志着中欧关系迈向新的发展阶段，随后中国与德国、英国、意大利等西欧国家及欧共体（欧洲经济共同体）建立正式外交关系，并先后签订《欧洲经济共同体与中国贸易协定》《欧洲经济共同体与中华人民共和国贸易与经济合作协定》，促使双边经贸关系快速发展。20世纪90年代，在经济全球化、亚洲经济崛起、世界格局多极化等多重因素的影响下，欧盟更加重视发展与中国的经贸关系，先后制定了若干份对华战略文件，如《欧中关系长期政策》《欧盟对华新战略》等，1998年双边关系确立为"面向21世纪的长期稳定的建设性伙伴关系"。21世纪以来，随着经济全球化深入发展和中国加入世贸组织，双方的经贸关系取得进一步发展，2003年升级成"全面战略伙伴关系"。随后中国先后发表多份《中国对欧盟政策文件》，并且与欧盟共同制定《中欧合作2020战略规划》，双边关系由量变转向质变。尽管中欧经贸摩擦不断，但中欧双边经贸合作依然取得了飞跃性增长。根据中国海关总署的数据显示，2019年中欧[①]双边进出口贸易额为7052.96亿美元，同比增长了3.39%。其中，中国对欧盟出口规模为4287.01亿美元，同比增长了4.91%，在中国出口总额中占比达到17.15%；中国从欧盟进口规模为2765.96亿美元，同比增长了1.12%，在中国进口总额中占比为13.31%。

　　在对外直接投资领域，中欧更是成为彼此重要的投资市场。2018年中

---

① 为了统计一致，2020年依然将英国算作欧盟成员国。

国企业对欧盟直接投资达到88.7亿美元,[①] 主要分布在英国、荷兰、卢森堡、德国、瑞典、法国、意大利、西班牙等国家。中欧双边投资协定谈判必将进一步助力中欧双边投资规模的扩大。2020年9月14日,中德欧领导人进行视频会晤,签订了《中欧地理标志协定》,并确定于2020年底完成《中欧双边投资协定》谈判。该谈判的核心内容主要包括投资保护、市场准入、投资监管、可持续运营发展四个方面。与传统的投资协定相比,《中欧双边投资协定》谈判的主要差异是引入了"准入前国民待遇和负面清单"的管理体制,选择投资争端解决机制的模式(投资者—国家争端解决机制与欧盟投资法庭制度),追求对等性开放,抵制强制性技术转让,关注国有企业的"竞争中立"。在新冠肺炎疫情暴发、国际经济形势低迷、贸易保护主义抬头、国际投资大幅萎缩的大背景下,《中欧双边投资协定》谈判能有效推动进一步加深双边经贸合作,促使中欧"全面战略伙伴关系"更上一个台阶。

在构建和平、增长、改革、文明新型国际关系背景下,中欧双边贸易现状如何?新时期下新冠肺炎疫情对中欧贸易产生了多大的冲击?英国脱欧对中欧双边关系会产生多大程度的影响?中国应该采取哪些有效措施来有效应对?这些问题都值得进一步深究。因此,本文以2010—2020年9月间的中欧贸易数据为样本,深刻剖析中国对欧盟出口贸易现状,同时研究在新时期背景下新冠肺炎疫情和英国脱欧对中欧关系的影响,并提出针对性的政策建议。

## 二、文献综述

自中欧建交以来,中欧关系作为世界上最重要的国际关系之一,一直是学界研究的热点。周弘、金玲从中欧建立外交关系、中国改革开放、中欧关系的"蜜月期"、中欧的相互调适期四个阶段来回顾中欧关系70年的发展

---

① 数据来源于《2019年度中国对外投资发展报告》。

历程，并运用和平伙伴关系、增长伙伴关系、改革伙伴关系、文明伙伴关系来审视新时代背景下的中欧关系。丁纯、纪昊楠从经贸合作、政治互信、人文交流、全球治理这几个方面梳理了 70 年来中欧关系所获得的成就与面临的挑战，并对中欧关系持谨慎乐观的态度。田德文以中欧"四大伙伴关系"为基础，对比"中国梦"与"欧洲梦"的差异与共同点，认为"和平与发展"是中欧共同追求的目标。刘作奎认为尽管新冠肺炎疫情与中美经贸摩擦对中欧关系产生了较大影响，但中欧依然存在较大的经贸合作潜力。程卫东认为合作共赢是中欧双方一直秉持的信念，并且双方在贸易、投资、技术等领域的合作为中欧关系可持续发展定了良好的基础。冯仲平通过梳理改革开放 40 多年来的中欧关系发展历史，认为中欧关系具有良好的发展前景。门镜也同样回顾了改革开放以来的中欧关系的演变历程，认为随着中国经济的快速崛起，尽管中欧之间不可避免地存在着竞争关系，但中欧作为彼此不可或缺的经贸伙伴，双方依然有稳固的合作基础。也有少数学者研究了具体事件对中欧关系的影响，如冯仲平通过分析认为，鉴于英国独特的政治地位，英国脱欧可能使中国对欧盟出口规模减少。崔宏伟认为"跨大西洋贸易与投资伙伴关系协定"（TTIP）对中欧关系的影响主要体现在：欧盟对华规制趋强、中欧竞争压力增大、欧盟借力跨大西洋同盟提升对华经济地位。周弘通过解读"一带一路"倡议和中欧关系，认为"一带一路"倡议能有效促进中欧关系的发展。

关于中欧经贸合作的研究，现有文献主要运用引力模型、竞争性指标和互补性指标等方法来分析。于民、刘一鸣以 2011—2018 年中欧贸易数据为样本，运用引力模型实证分析了中欧班列运行对贸易的影响及中欧贸易前景，结果显示中欧班列对双边贸易有比较明显的正向作用，且中欧贸易潜力较大。胡玫、滕柳运用贸易互补性指数、出口强度指数、产业内贸易指数、贸易竞争指数、显示性比较优势指数、出口相似度指数等指标来分析中欧贸易的竞争性与互补性，实证显示中欧贸易竞争性与互补性共存，但互补性明显大于竞争性。檀怀玉运用贸易结合度指数、贸易互补性指数和贸易引力模型来衡量中欧贸易的潜力，结果显示中欧间的贸易结合度和贸易互补性较低，且双边贸易潜力有待进一步开发。王雅梅从中国、欧盟、中欧关系、全球四个角度阐述影响中欧投资合作的重要因素，并认为中欧投资合作力度仍然较小，二者扩大相互投资潜力较大。王洪庆以 1990—2003 年间中欧进出口贸易数据为样本，运用面板数据模型研究欧盟对华直接投资对双边贸易的影响，实证结果显示二者之间的关系表现为正向促进作用，但作用效果不大。姜宝、刑晓丹等构建双向引力模型来实证分析中国对欧盟直接投资对中欧双边贸易的影响，结果显示中国对欧盟直接投资对进出口贸易的作用方向不同，进口表现为促进作用，出口的影响效果不显著。

从目前已有文献可见，关于新时期背景下新冠肺炎疫情对中欧经贸关系影响的研究尚处于空白状态，大部分学者主要从中国对外贸易的整体角度进行分析，并未细分到中欧贸易。如沈国兵、徐源晗认为，疫情蔓延导致中国货物出口贸易规模出现较大幅度下滑，全球产业链遭到破坏，外贸环境进一步恶劣，中美第一阶段经贸协议难以履行；但与此同时，疫情也使我国防疫物资的进口需求和出口规模呈现快速上涨趋势。关于英国脱欧对中欧关系的影响，现有文献对此看法不一，如冯仲平认为英国脱欧不会改变中欧双方加强合作的强烈愿望，因此对中欧经济、政治关系影响不大。王原雪、许志瑜等认为英国脱欧既会给中欧经贸合作带来风险，同时也会存在新的机遇。风险主要体现在中国对欧出口规模降低；机遇则表现为中欧经贸合作加深。徐建炜、张佳唯等从英国脱欧后的第一要务、中国企业是否能利用英国作为过渡而进入欧盟市场、贸易互补性等角度，分析英国脱欧对中欧贸易的影响，认为其对中欧贸易影响不大。杨长湧从短期和中长期两个时间段来阐述英国脱欧对中英和中欧贸易的影响，认为短期内我国对英国和欧盟的出口贸易可能会受到一定影响，但中长期影响不大。

综上所述，已有文献偏向于对中欧关系和中欧贸易投资进行研究，但极少有文章关注新时代背景下新冠肺炎疫情对中欧贸易的影响、英国脱欧对中英贸易和中欧贸易的影响。因此，本文以 2010—2020 年 9 月期间的中欧贸易数据为样本，分析中欧双边贸易现状，在此基础上从多个角度探讨新时代疫情和英国脱欧对中欧贸易的影响。

## 三、中欧双边经贸现状

### （一）中欧贸易规模呈现稳步增长的态势

自中欧建交以来，中欧彼此互为重要的贸易伙伴，互为对方不可替代的进口来源地和出口市场。尤其是2020年以来，我国首次超越美国，一举跃升为欧盟的第一大贸易伙伴。[①] 由表1可知，在此期间，中欧进出口贸易规模基本呈现稳步增长的趋势，由2010年的4811.93亿美元上升为2019年的7052.96亿美元，增长了1.46倍，年均增长率达到4.33%。从出口的角度来看，中国对欧盟出口规模呈现小幅波动增长的态势，2010—2019年间由3127.73亿美元增加到4287.00亿美元，增长了1.37倍，年均增长率达到3.56%。从进口的角度来看，中国从欧盟进口总额也同样表现为波动增长的趋势，在近10年间增长了1.64倍，年均增长率达到5.67%。从贸易地位的角度来看，在中欧贸易中，中国一直处于贸易顺差地位。2019年顺差额达到1521.05亿美元，为近10年来的最大值。综上可知，在中欧双边贸易中，2010—2019年中国的进口规模和出口规模均表现为波动上涨的趋势，但总体而言，进口增长的速度相对快于出口。

2020年1月暴发的新冠肺炎疫情对中欧双边贸易产生了一定程度的影响。2020年1—9月，中欧双边贸易规模达到5257.78亿美元，与2019年同期相比仅增长了0.62%。其中，中国对欧盟出口规模为3294.65亿美元，同比增长了4.01%；而欧盟对中国出口规模为1963.13亿美元，同比下滑了4.60%；中国顺差额为1331.51亿美元，同比大幅增长，为19.98%。这说明相比出口，新冠肺炎疫情对中国从欧盟的进口贸易影响更大。

---

① http://www.mofcom.gov.cn/article/i/jyjl/m/202010/20201003005944.shtml.

表1  2010—2020年9月中欧贸易规模及增速情况   单位：亿美元

| 年份 | 进出口 总额 | 进出口 增速 | 出口 总额 | 出口 增速 | 进口 总额 | 进口 增速 | 贸易差额 总额 | 贸易差额 增速 |
|---|---|---|---|---|---|---|---|---|
| 2010 | 4811.93 | — | 3127.73 | — | 1684.20 | — | 1443.53 | — |
| 2011 | 5690.06 | 18.25% | 3577.66 | 14.39% | 2112.41 | 25.43% | 1465.25 | 1.50% |
| 2012 | 5477.15 | -3.74% | 3355.69 | -6.20% | 2121.46 | 0.43% | 1234.24 | -15.77% |
| 2013 | 5591.38 | 2.09% | 3391.91 | 1.08% | 2199.47 | 3.68% | 1192.43 | -3.39% |
| 2014 | 6151.39 | 10.02% | 3708.84 | 9.34% | 2442.55 | 11.05% | 1266.29 | 6.19% |
| 2015 | 5647.55 | -8.19% | 3558.76 | -4.05% | 2088.79 | -14.48% | 1469.97 | 16.08% |
| 2016 | 5470.18 | -3.14% | 3390.48 | -4.73% | 2079.70 | -0.44% | 1310.78 | -10.83% |
| 2017 | 6169.16 | 12.78% | 3720.42 | 9.73% | 2448.74 | 17.74% | 1271.67 | -2.98% |
| 2018 | 6821.64 | 10.58% | 4086.32 | 9.83% | 2735.33 | 11.70% | 1350.99 | 6.24% |
| 2019 | 7052.96 | 3.39% | 4287.00 | 4.91% | 2765.96 | 1.12% | 1521.05 | 12.59% |
| 2020.1-9 | 5257.78 | 0.62% | 3294.65 | 4.01% | 1963.13 | -4.60% | 1331.51 | 19.98% |

资料来源：中国海关总署网站。

### （二）劳动密集型产品和资本密集型产品是对欧盟出口的主要产品

根据要素密集度标准，将出口产品划分为资源密集型产品、劳动密集型产品、资本密集型产品三类。① 表2展示了中国不同类型产品对欧盟国家出口的占比及增速情况。由表2可知，2010—2019年，劳动密集型产品和资本密集型产品是中国对欧盟国家出口最主要的产品类型，资源密集型产品占比较低。具体而言，2010—2019年，中国资源密集型产品对欧盟出口规模从87.67亿美元上升至117.72亿美元，增长了1.34倍，年均增长率为3.32%，在中国对欧盟出口的所有产品中占比维持在3%左右。劳动密集型产品的出口规模则从2010年的1177.57亿美元上升至2014年的最大值1621.78亿美元，随后又缓慢下降至2018年的1368.82亿美元，在中国对欧盟出口所有产品中的占比始终维持在40%左右。资本密集型产品是现阶段

---

① 资源密集型产品包括HS编码中第1、2、3、4、5类；劳动密集型产品包括第7、8、9、10、11、12、13、14、15、20类；资本密集型产品包括第6、16、17、18类。

中国对欧盟出口规模最大的产品,由 2010 年的 1861.49 亿美元波动上升至 2019 年的 2406.08 亿美元,增长了 1.29 倍,年均增长率达到 2.89%,在中国对欧盟出口所有产品中的占比维持在 60% 左右。

2020 年 1 月暴发的新冠肺炎疫情对不同类型产品出口欧盟都产生了一定的影响,但效果差异较明显。相对劳动密集型产品和资本密集型产品而言,疫情对资源密集型产品出口到欧盟国家有较大的负向作用。2020 年 1—9 月,资源密集型产品对欧盟的出口规模为 78.74 亿美元,与 2019 年同期相比,下降幅度为 11.89%,在所有产品出口总额中的占比达到最低点 2.42%;在此期间,劳动密集型产品对欧盟的出口规模为 1341.31 亿美元,与 2019 年同期相比,增幅为 3.62%;资本密集型产品对欧盟的出口额为 1838.94 亿美元,同比增长了 3.88%。因此,相对而言,短期内新冠肺炎疫情对资源密集型产品出口欧盟国家的冲击最大,对劳动密集型产品和资本密集型产品出口的影响比较小。

**表 2　不同类型产品对欧盟国家出口的占比及增速情况**

| 年份 | 资源密集型产品 占比 | 资源密集型产品 增速 | 劳动密集型产品 占比 | 劳动密集型产品 增速 | 资本密集型产品 占比 | 资本密集型产品 增速 |
| --- | --- | --- | --- | --- | --- | --- |
| 2010 | 2.80% | — | 37.66% | — | 59.53% | — |
| 2011 | 2.97% | 20.95% | 40.64% | 23.41% | 56.40% | 8.34% |
| 2012 | 2.91% | -7.94% | 41.55% | -4.09% | 55.54% | -7.62% |
| 2013 | 2.96% | 2.97% | 43.09% | 4.83% | 53.94% | -1.82% |
| 2014 | 2.74% | 1.10% | 43.71% | 10.99% | 53.55% | 8.61% |
| 2015 | 2.64% | -7.62% | 44.28% | -2.86% | 53.08% | -4.95% |
| 2016 | 2.77% | 0.06% | 42.75% | -8.10% | 54.48% | -2.30% |
| 2017 | 2.80% | 10.81% | 41.14% | 5.48% | 56.06% | 12.81% |
| 2018 | 2.99% | 17.01% | 39.73% | 6.05% | 57.29% | 12.21% |
| 2019 | 3.02% | -3.35% | 35.16% | -15.48% | 61.81% | 3.03% |
| 2020.1-9 | 2.42% | -11.89% | 41.16% | 3.62% | 56.43% | 3.88% |

资料来源:中国海关总署网站。

## （三）出口市场相对集中

德国、法国、英国、意大利、荷兰等国是中国产品在欧盟的主要出口市场。表3展示了2020年1—9月中国对欧盟各国的出口额及占比情况。由表3可知，德国、荷兰和英国是中国对欧盟出口额最大的国家，2020年1—9月，中国对这3个国家出口规模均达到500亿—600亿美元，在中国对欧盟的出口总额中占比为15%—18%；其次是法国、意大利、西班牙、比利时、波兰，在此期间，中国对这几个国家的出口规模均在145亿—266亿美元，在中国对欧盟的出口总额中占比为4%—8%。丹麦、希腊、匈牙利、罗马尼亚、瑞典、捷克在中国对欧盟的出口额中占比相对较低，为1%—3%。而爱尔兰、卢森堡、葡萄牙、奥地利、保加利亚、芬兰、马耳他、爱沙尼亚、拉脱维亚、立陶宛、斯洛文尼亚、克罗地亚、斯洛伐克、塞浦路斯在中国对欧盟的出口总额中占比不到1%，中国对这些国家出口规模均小于31亿美元。综上所述，中国对欧盟的出口贸易相对集中化，主要聚焦于德国、英国、法国、意大利等国家。因此，在稳定传统贸易大国市场的基础上，中国需要进一步挖掘新兴欧盟市场潜力，如奥地利、爱沙尼亚、斯洛文尼亚等国，以带动中国对外出口贸易规模持续扩大。

表3 2020年1—9月中国对欧盟国家出口额及占比情况

单位：亿美元

| 国家 | 出口额 | 占比 | 国家 | 出口额 | 占比 |
| --- | --- | --- | --- | --- | --- |
| 比利时 | 145.25 | 4.41% | 芬兰 | 22.26 | 0.68% |
| 丹麦 | 54.39 | 1.65% | 匈牙利 | 55.34 | 1.68% |
| 英国 | 499.23 | 15.15% | 马耳他 | 10.20 | 0.31% |
| 德国 | 619.13 | 18.79% | 波兰 | 195.55 | 5.94% |
| 法国 | 266.98 | 8.10% | 罗马尼亚 | 37.07 | 1.13% |
| 爱尔兰 | 28.36 | 0.86% | 瑞典 | 62.56 | 1.90% |

续表

| 国家 | 出口额 | 占比 | 国家 | 出口额 | 占比 |
|---|---|---|---|---|---|
| 意大利 | 237.84 | 7.22% | 爱沙尼亚 | 6.31 | 0.19% |
| 卢森堡 | 6.10 | 0.19% | 拉脱维亚 | 7.65 | 0.23% |
| 荷兰 | 552.92 | 16.78% | 立陶宛 | 13.44 | 0.41% |
| 希腊 | 50.60 | 1.54% | 斯洛文尼亚 | 24.89 | 0.76% |
| 葡萄牙 | 31.03 | 0.94% | 克罗地亚 | 11.68 | 0.35% |
| 西班牙 | 197.39 | 5.99% | 捷克 | 95.74 | 2.91% |
| 奥地利 | 24.92 | 0.76% | 斯洛伐克 | 20.26 | 0.61% |
| 保加利亚 | 10.91 | 0.33% | 塞浦路斯 | 6.62 | 0.20% |

资料来源：中国海关总署网站。

### （四）中国与欧盟贸易互补性强

显示性比较优势指数[①]（RCA 指数）能有效反映中国或欧盟出口具体产品时的竞争优势强弱，同时通过对比二者指数的高低，能有效判断中国与欧盟的贸易结构是否存在互补性。表4 为2019 年中国和欧盟不同产品出口的 RCA 指数。由表4 可知，欧盟在活动物、肉及食用杂碎、食用蔬菜、可可制品、饮料、烟草、羊毛、钢铁、铝等这些产品的显示性比较优势指数大于1，尤其是第6 章（活树及其他活植物等）和45 章（软木及软木制品）的 RCA 指数均大于2。中国在其他动物产品、树胶、无机化学品、有机化学品、皮革制品、蚕丝、棉花、地毯、鞋、帽类、玻璃等这些产品上具有比较强的竞争优势，尤其表现在第43 章（毛皮、人造毛皮及其制品）、46 章（编结材料、编织制品等）、50 章（蚕丝）、54 章（化学纤维长丝）、58 章（特种机织物等）、60 章（针织物及钩编织物）、63 章（其他纺织制成品等）、65 章（帽类及其零件）、66 章（雨伞等）、67

---

① $RCA = \dfrac{X_{ik}}{X_{it}} / \dfrac{X_{wk}}{X_{wt}}$，$X_{ik}$ 表示 i 国出口 k 产品的总额，$X_{it}$ 表示 i 国出口所有产品的总额，$X_{wk}$ 表示世界出口 k 产品的总额，$X_{wt}$ 表示世界出口所有产品的总额。

章（人造花等）、69 章（陶瓷产品）、95 章（玩具等）、96 章（杂项制品）的产品。

通过进一步对比发现，在某些产品上只有中国或者欧盟一方具有竞争优势，如中国在第 7 章（食用蔬菜等）、28 章（无机化学品）、36 章（烟火制品等）、43 章（毛皮）、46 章（编结材料、编结制品）、50 章（蚕丝）、52 章（棉花）、54 章（化学纤维长丝）、55 章（化学纤维短丝）、58 章（特种机织物等）、59 章（浸渍、涂布等的织物）、60 章（针织物及钩编织物）、61 章（针织或钩编的服装等）的产品上具有欧盟不具备的竞争优势。欧盟在第 1 章（活动物）、2 章（肉及食用杂碎）、11 章（制粉工业品）、18 章（可可制品）、19 章（谷物、粮食粉）、20 章（蔬菜、水果等的制品）、21 章（杂项制品）、22 章（饮料）、23 章（食品工业的残渣）、24 章（烟草）、30 章（药品）、32 章（油漆等）、33 章（精油及香膏）、34 章（肥皂等）、35 章（蛋白类物质）、38 章（杂项化学品）、39 章（塑料及其制品）、40 章（橡胶及其制品）的产品上具有中国不具备的竞争优势。

即使中国和欧盟在某种产品上 RCA 指数均大于 1，但二者大小也有明显的差异，如中国在第 5 章（其他动物产品）、13 章（树胶等）、16 章（肉制品等）、42 章（皮革制品）、51 章（羊毛）、53 章（其他植物纺织纤维）、56 章（特种纱线等）、57 章（地毯等）、62 章（非针织或钩编的服装）、64 章（鞋靴等）、68 章（石膏制品等）、69 章（陶瓷产品）、70 章（玻璃及其制品）、73 章（钢铁制品）、82 章（贱金属工具等）、83 章（贱金属杂项制品）、84 章（锅炉等）、86 章（铁道及电车道机车）、94 章（家具等）这些产品上的比较优势强于欧盟，欧盟在 29 章（有机化学品）、76 章（铝及其制品）的产品上的竞争优势强于中国。因此，中国和欧盟的贸易结构存在较强的互补性，双方具有良好的贸易基础。根据比较优势理论，中国和欧盟可以通过专业化生产各自比较优势较强的产品，并进行贸易往来，则双方都可以从中获利。

### 表4  2019年中国和欧盟不同产品出口的RCA指数

| HS | 欧盟 | 中国 | HS | 欧盟 | 中国 | HS | 欧盟 | 中国 | HS | 欧盟 | 中国 |
| --- | --- | --- | --- | --- | --- | --- | --- | --- | --- | --- | --- |
| 01 | 1.76* | 0.17 | 26 | 0.19 | 0.06 | 51 | 1.15* | 1.36* | 76 | 1.14* | 1.11* |
| 02 | 1.26* | 0.05 | 27 | 0.47 | 0.17 | 52 | 0.30 | 1.89* | 78 | 1.17* | 0.07 |
| 03 | 0.68 | 0.77 | 28 | 0.82 | 1.12* | 53 | 1.31* | 2.33* | 79 | 1.24* | 0.14 |
| 04 | 1.89* | 0.05 | 29 | 1.14* | 1.05* | 54 | 0.54 | 3.13* | 80 | 0.57 | 0.18 |
| 05 | 1.08* | 1.58* | 30 | 1.94* | 0.11 | 55 | 0.64 | 2.50* | 81 | 0.97 | 1.44* |
| 06 | 2.10* | 0.14 | 31 | 0.69 | 0.92 | 56 | 1.18* | 1.65* | 82 | 1.11* | 1.84* |
| 07 | 1.18* | 1.06* | 32 | 1.50* | 0.69 | 57 | 1.05* | 1.38* | 83 | 1.20* | 1.96* |
| 08 | 0.77 | 0.36 | 33 | 1.51* | 0.28 | 58 | 0.65 | 3.08* | 84 | 1.16* | 1.41* |
| 09 | 0.78 | 0.59 | 34 | 1.56* | 0.52 | 59 | 0.96 | 2.26* | 85 | 0.61 | 1.81* |
| 10 | 0.70 | 0.08 | 35 | 1.50* | 0.77 | 60 | 0.34 | 3.73* | 86 | 1.23* | 1.73* |
| 11 | 1.25* | 0.31 | 36 | 0.98 | 1.47* | 61 | 0.89 | 2.45* | 87 | 1.46* | 0.36 |
| 12 | 0.49 | 0.23 | 37 | 0.89 | 0.52 | 62 | 1.02* | 2.31* | 88 | 1.25* | 0.08 |
| 13 | 1.15* | 1.44* | 38 | 1.39* | 0.62 | 63 | 0.66 | 3.13* | 89 | 0.79 | 1.56* |
| 14 | 0.47 | 0.98 | 39 | 1.16* | 1.00 | 64 | 1.11* | 2.40* | 90 | 1.13* | 0.82 |
| 15 | 0.87 | 0.10 | 40 | 1.08* | 0.88 | 65 | 0.94 | 3.39* | 91 | 0.54 | 0.69 |
| 16 | 1.04* | 1.27* | 41 | 1.29* | 0.27 | 66 | 0.47 | 5.63* | 92 | 0.91 | 1.80* |
| 17 | 0.94 | 0.35 | 42 | 1.20* | 2.48* | 67 | 0.16 | 5.81* | 93 | 0.88 | 0.06 |
| 18 | 1.62* | 0.06 | 43 | 0.80 | 3.97* | 68 | 1.24* | 1.58* | 94 | 1.10* | 2.79* |
| 19 | 1.70* | 0.21 | 44 | 1.22* | 0.75 | 69 | 1.03* | 3.10* | 95 | 0.76 | 3.75* |
| 20 | 1.38* | 0.90 | 45 | 2.74* | 0.10 | 70 | 1.19* | 1.71* | 96 | 0.83 | 3.11* |
| 21 | 1.31* | 0.37 | 46 | 0.36 | 4.55* | 71 | 0.54 | 0.24 | 97 | 1.27* | 0.14 |
| 22 | 1.86* | 0.12 | 47 | 0.84 | 0.02 | 72 | 1.16* | 0.81 | 99 | 0.91 | 0.21 |
| 23 | 1.10* | 0.28 | 48 | 1.52* | 0.95 | 73 | 1.24* | 1.66* | | | |
| 24 | 1.30* | 0.24 | 49 | 1.64* | 0.79 | 74 | 0.91 | 0.36 | | | |
| 25 | 0.89 | 0.57 | 50 | 0.80 | 3.63* | 75 | 0.87 | 0.27 | | | |

注：表中*号表示i国k产品在国际市场上竞争力较强。

资料来源：根据联合国商品贸易统计数据库数据整理。

## 四、新时代背景下疫情、英国脱欧对中欧关系的影响

(一) 疫情对中国出口欧盟的影响

1. 出口规模视角

图 1 为 2019 年 1 月—2020 年 9 月中国对欧盟出口规模及增速情况。由图 1 可知,2020 年 1—2 月,新冠肺炎疫情对中国出口欧盟的贸易规模产生了比较明显的负向作用。根据中国海关总署数据显示,2020 年 1—2 月期间,中国对欧盟的出口规模合计为 519.14 亿美元,与 2019 年同期相比,同比下滑了 19.67%。平均来看,[①] 2020 年 1 月中国对欧盟出口规模环比 2019 年 12 月下降了 35.61%。随着 3—4 月国内疫情逐渐得到有效控制,中国对欧盟的出口贸易呈现缓慢复苏态势,2020 年 4 月对欧盟的出口规模为 365.06 亿美元,同比增长了 8.12%,环比增长了 26.95%。2020 年 5—6 月,尽管中国的疫情已完全得以解除,但欧盟各国疫情的持续发酵,使中国的出口贸易规模增长幅度较小,2020 年 5—6 月的出口规模均为 400 亿美元左右,同比增长速度均为 13% 左右,但环比增长由正向转为负向。随着 7—8 月欧盟各国的疫情逐步得到控制,中国对其出口规模不断增加,在此期间中国对欧盟的出口规模均在 440 亿美元左右,同比增长速度为 15%,环比增长也持续为正。但 2020 年 9 月英国、法国、西班牙等欧盟国家的疫情均出现大幅反弹的现象,导致中国对欧盟的出口贸易规模再次出现下滑,为 419.68 亿美元,同比增长了 11.94%,但环比下降了 5%。因此,新冠肺炎疫情对中国对欧盟的具有明显的短期冲击作用,但随着疫情的不断缓解,中国对欧盟的出口贸易会逐渐恢复至常态。

---

① 中国海关官方网站将 2020 年 1—2 月数据进行合并统计。

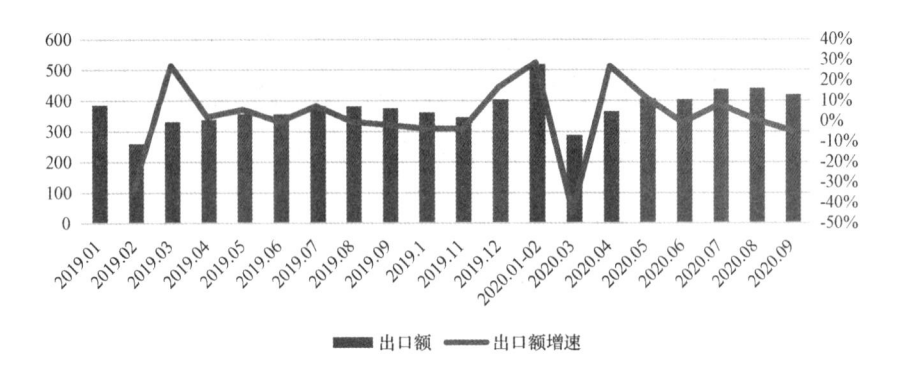

**图 1  2019 年 1 月—2020 年 9 月中国对欧盟的出口额及增速情况（单位：亿美元）**

资料来源：中国海关总署网站。

2. 出口结构视角

图 2 为 2019 年 1 月—2020 年 9 月中国不同要素密集度产品的出口贸易规模及增速情况。由图 2 可知，2020 年 1—2 月，新冠肺炎疫情暴发使中国所有类型产品的出口规模均呈现比较明显的下滑趋势。与 2019 年同期相比，2020 年 1—2 月资源密集型产品、劳动密集型产品、资本密集型产品对欧盟的出口规模分别同比下滑了 15.82%、24.54%、16.86%。平均来看，2020 年 1 月资源密集型产品、劳动密集型产品、资本密集型产品对欧盟的出口规模环比 2019 年 12 月均下降了 22%—34%。随着中国国内疫情逐步得到有效控制，中国的劳动密集型产品和资本密集型产品的出口贸易规模均呈现缓慢恢复的趋势，2020 年 4 月这两类产品对欧盟的出口规模分别为 135.10 亿美元、216.18 亿美元，同比分别增长了 3.79%、11.13%，环比分别增长了 46.52%、18.62%。随着欧盟各国疫情逐步得到控制，劳动密集型产品和资本密集型产品的出口贸易规模继续增长，2020 年 7 月这两类产品的出口额分别为 203.07 亿美元、231.17 亿美元，同比分别增长了 18.22%、15.94%，环比分别增长了 12.96%、9.16%。但随着欧盟各国疫情开始反弹，中国的劳动密集型产品对欧盟的出口贸易受到比较明显的影响，出口规模呈现较大幅度的下滑，2020 年 9 月出口额为 166.06 亿美元，同比增长了 16.21%，但环比下降了 14.21%。而此时资源密集型产品和资本密集型产

品受到的影响程度较小，2020年9月这两类产品对欧盟出口额环比2020年8月均呈现为正向的小幅增长，为2.6%左右。因此，短期内新冠肺炎疫情对不同种类的产品都具有比较显著的冲击作用，尤其是资源密集型产品。但随着疫情的缓解，中国的劳动密集型产品和资本密集型产品对欧盟的出口呈现缓慢复苏的态势。

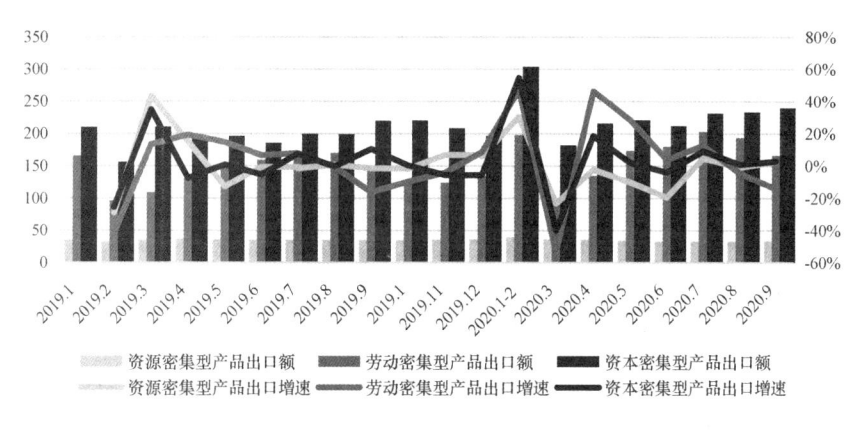

**图2　2019年1月—2020年9月不同类型产品对欧盟的出口额及增速情况（单位：亿美元）**

资料来源：中国海关总署网站。

3. 区域分布视角

德国、法国、英国、荷兰、意大利、西班牙是中国对欧盟国家出口贸易的重要伙伴。根据表3数据显示，2020年1—9月，中国对这几个国家的出口额在对欧盟出口总额中的占比为72.03%，即中国对欧盟市场的出口贸易具有高度集中的特性。图3为2019年1月—2020年9月中国对欧盟6国的出口额及增速情况。由图3可知，2020年1—2月，新冠肺炎疫情爆发对中国出口欧盟6国的贸易规模有比较明显的负向作用，与2019年同期相比，2020年1—2月中国对德国、法国、英国、荷兰、意大利、西班牙的出口规模分别同比下滑了23.94%、14.91%、29.03%、15.72%、18.14%、15.40%。平均来看，2020年1月对德国、法国、英国、荷兰、意大利、西班牙的出口规模环比2019年12月均下降了31%—42%。随着国内新冠肺炎疫情逐步得到控制，中国对德国、法国、英国、荷兰、意大利、西班牙的出口规模逐渐呈现缓慢恢复的态势,2020 年 4 月中国对以上 6 个国家出口额依次为 77.50 亿美元、34.57 亿美元、42.65 亿美元、68.83 亿美元、25.93 亿美元、20.99 亿美元,环比分别增长了 37.06%、34.86%、15.37%、30.93%、21.55%、18.84%,对德国、法国、荷兰同比表现为正增长,对英国、意大利、西班牙同比表现为负增长,说明对德国、法国、荷兰的出口贸易恢复速度明显快于英国、意大利、西班牙。随着欧盟 6 国的疫情也逐渐得到控制,中国对欧盟 6 国出口规模继续增长,2020 年 7 月对德国、英国、荷兰、意大利、西班牙出口额环比 2020 年 6 月增长分别为 9.86%、19.93%、20.26%、5.37%、1.68%,但对法国出口额环比下降 2.99%。与此同时,除西班牙外,对其他国家出口额同比均表现为正向增长。由于欧盟 6 国的疫情感染人数再次反弹,2020 年 8—9 月中国对这几个国家的出口规模呈现为负向增长,2020 年 9 月对德国、英国、法国、荷兰、意大利、西班牙出口额分别为 70.91 亿美元、73.89 亿美元、34.27 亿美元、69.95 亿美元、28.37 亿美元、25.55 亿美元,除意大利外,对其他国家出口同比均表现为正向增长,幅度为 7%—23%。除意大利和荷兰外,对其余 4 国出口环比均表现为负增长,幅度为 2%—11%。因此,短期内新冠肺炎疫情对不同出口市场都具有比较显著的冲击作用,尤其是德国、英国。但随着疫情的缓解,欧盟 6 国市场对中国商品的进口需求则出现了快速反弹,尤其是德国、法国、荷兰。

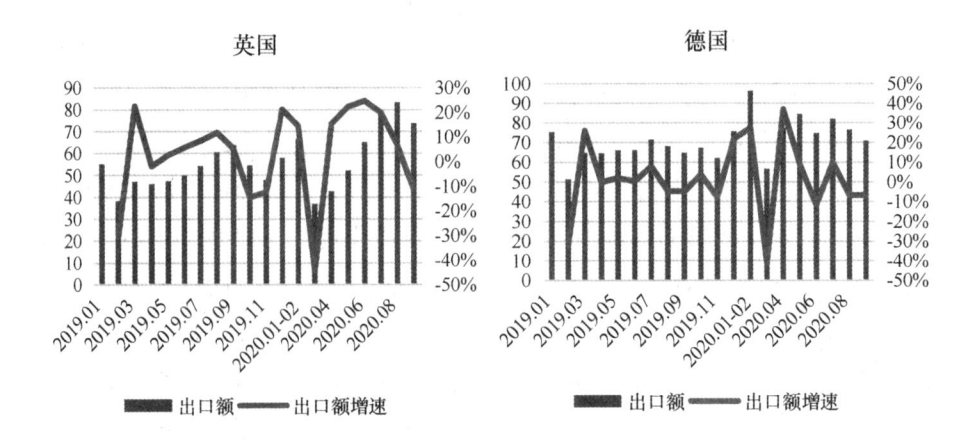

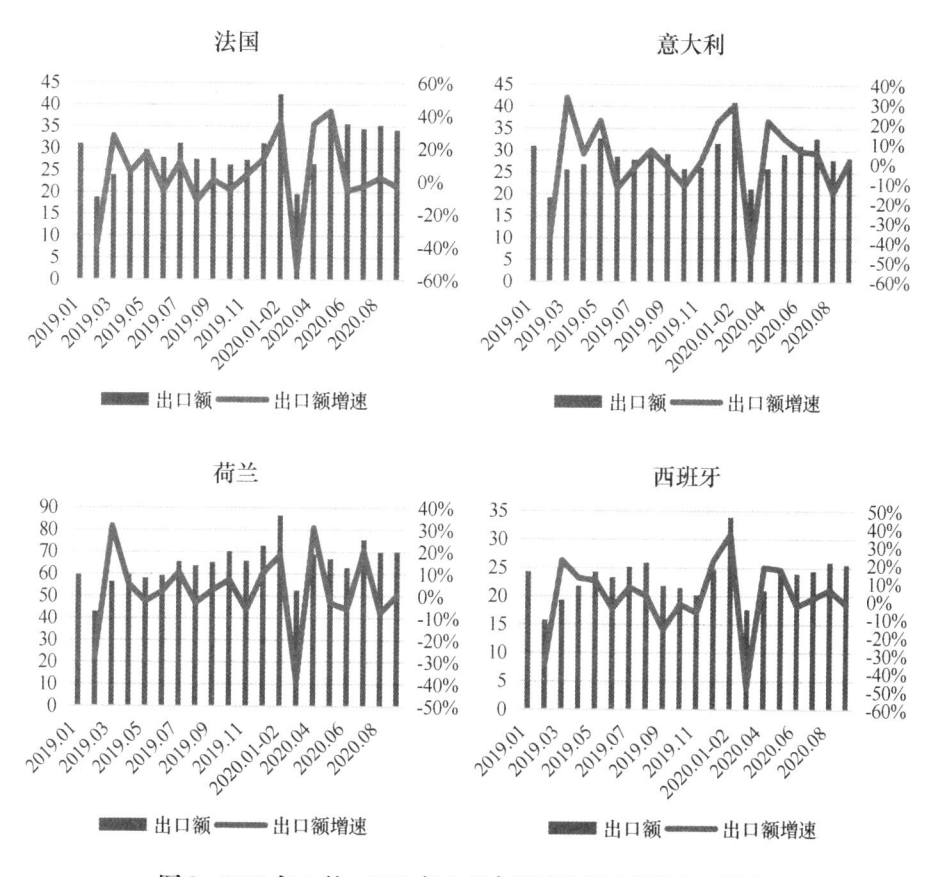

**图3　2019年1月—2020年9月中国对欧盟6国的出口额及增速情况（单位：亿美元）**

资料来源：中国海关总署网站。

### （二）英国脱欧对中欧贸易关系的影响

一直以来，英国和欧盟（27国）都是中国重要的贸易伙伴。2020年1月31日英国正式脱欧，这一事件除了对英国和欧盟自身产生影响外，也将不可避免地对中英和中欧经贸关系产生重大影响。

首先，英国脱欧可能会降低英国和欧盟（27国）对中国货物的进口需求。近年来，受欧债危机、世界经济低迷、逆全球化等的影响，英国和欧盟

（27国）的经济增长速度趋缓。英国脱欧会进一步重创英国和欧盟（27国）的经济发展。据经合组织（OECD）测算，由于英国脱欧，英国每个家庭的年收入到2030年将损失3200英镑。鉴于收入是决定进口需求的重要原因，英国经济衰退将直接影响到中国对英国的货物出口贸易。由于英国是欧盟（27国）的重要贸易伙伴，并且在全球化背景下不同经济体之间互相联动，欧盟（27国）的经济增长速度同样也可能会放缓，进而导致欧盟（27国）对中国货物进口需求量下滑；同时，为了维护欧盟（27国）经济稳定，欧盟（27国）可能会再次倡导执行贸易保护主义政策，进而使中国对欧盟（27国）的出口规模出现缩减。除此之外，英国脱欧前，英国适用于欧盟与中国已经达成的经贸合作协议；但脱欧后，英国和欧盟均需要与中国重新谈判经贸合作协议，在达成协议前，存在巨大的交易成本与时间成本，这不利于过渡期的中英贸易、中欧贸易。

其次，英国脱欧可能会促使中英、中欧（27国）签订自由贸易协定。英国一向主张自由贸易，也有意愿同中国签订自由贸易协定，脱欧后则不再受制于欧盟统一政策的制约。而且，欧盟（27国）作为英国重要的贸易伙伴，脱欧后无法再享受区域内优惠政策，面临着各种关税壁垒，在当前经济形势已经不明朗的情况下，新兴的中国市场将成为英国的不二选择。如果英国在与中国的贸易合作中采取更加积极态度，将助推中英自由贸易协定的签订。同时，英国作为欧盟区域内仅次于德国的第二大经济体，失去英国这一重要支撑，将使欧盟（27国）经济雪上加霜。为了稳定经济，欧盟（27国）将寻求与中国这一重要贸易伙伴合作，同时在中国大力发展自由贸易区战略和"一带一路"倡议的背景下，中国和欧盟作为"一带一路"的东西两头，将有效助力于中欧（27国）自贸协定的签订。中英、中欧（27国）自贸协定的签订，将极大地削减中英、中欧（27国）关税壁垒，降低贸易成本，促使双边贸易释放新活力。

再次，英国脱欧将会产生贸易转移效应。英国脱欧前，基于欧盟内部的各种优惠政策，英国主要与欧盟内部成员国之间进行贸易往来；脱欧后，英欧（27国）间的贸易壁垒不可被忽视，且贸易政策均不确定。因此，在新的经贸协议生效前，英国与欧盟成员国间的贸易可能会发生贸易转移效应，而中国作为全球第二大经济体，可能会从中受益，进而扩大对英国和欧盟

（27国）的出口贸易。

最后，英国脱欧可能会削弱英国和欧盟（27国）谈判话语权，进而有助于中英、中欧（27国）经贸协议谈判，为中国争取更多的优惠贸易制度。英国脱欧前，英国与欧盟（27国）隶属于一个强大的经济体，在与其他国家进行贸易谈判时有更多的话语权。此时英国和欧盟（27国）对中国的贸易依赖性不太高。英国脱欧后，叠加新冠肺炎疫情的冲击，无论是英国还是欧盟（27国），都将面临更大经济压力。因此，英国脱欧后，在与寻求开拓市场的英国和欧盟（27国）进行经贸协议谈判时，中国将有更大话语权，可以要求英国、欧盟（27国）给予中国更加优惠的贸易政策，如更低的贸易关税，进而有利于中国对英国、欧盟（27国）的出口贸易。

## 五、研究结论与政策建议

本文以2010—2020年9月期间中欧贸易数据为样本，全面分析中国对欧盟进行货物出口贸易的现状。在此基础上，讨论新时代背景下新冠肺炎疫情和英国脱欧对中欧贸易的影响。结果显示：中欧贸易规模呈现稳步增长的态势；劳动密集型产品和资本密集型产品是对欧盟出口的主要产品；出口市场相对集中，主要分布在德国、法国、英国、意大利、荷兰等国；中欧贸易互补性强。关于新冠肺炎疫情对中欧贸易的影响表现为：从出口规模角度看，短期内疫情对中国对欧盟的出口贸易有较明显的冲击作用，但长期内会逐渐恢复常态。从出口结构角度看，相比劳动密集型产品和资本密集型产品，疫情对资源密集型产品出口欧盟的影响更大。从区域分布角度看，相比法国、荷兰、意大利、西班牙，短期内疫情对货物出口德国、英国的冲击更为明显。最后从英国和欧盟（27国）对中国货物的进口需求、自由贸易协定、贸易转移效应、削弱英国和欧盟（27国）的话语权这几个角度分析，英国脱欧对中英贸易和中欧贸易有利也有弊。

目前欧盟各国疫情仍未结束，德国、法国、西班牙等国均出现反弹现象，英国脱欧也正处于过渡期。因此，在疫情持续存在、贸易保护主义抬头、世界经济增长乏力的背景下,中国需要采取有效的措施以保持对欧盟的出口贸易持续增长。

(一) 开拓新兴欧盟市场的潜力

中国对欧盟的输出国主要集中于德国、法国、英国、意大利、荷兰、西班牙6个国家,对其出口额合计在中国对欧盟出口总额中的占比为70%左右,对波兰、奥地利、捷克、爱沙尼亚、卢森堡、斯洛文尼亚等国家出口的占比不到1%。因此,中国在稳定对德国、法国、意大利等传统贸易大国的出口前提下,要进一步开发对其他冷门欧盟国家的出口贸易潜力,在保证稳固传统欧盟合作伙伴的市场以外,以在欧盟传统强国累计的品牌和供应链的优势,加强拓展新兴欧盟国家市场潜力,扩大对欧盟市场出口的总额。如复制对欧盟传统市场的成功经验,加快中国品牌本土化运营进程,设置专门的中国对东欧国家的贸易展会,加大中国与新兴欧盟国家之间的民间交流,利用"一带一路"的政策引导中国企业加快对这些新兴市场的开拓。

(二) 加快发展跨境电子商务

短期内,新冠肺炎疫情对中欧贸易产生了较大的冲击,随着疫情逐渐得到控制,中欧贸易逐步恢复至常态。但在欧洲疫情再次反复的背景下,人们的出行活动受到限制,无接触式购物则相对更安全。因此,中国应该加快发展跨境电子商务以促进贸易便利化。通过打造专业的国际线上平台,有助于外贸企业有效对接海外市场,提升对外贸易全链条的运行效率,及时满足国外消费者的购买需求,进而使消费行为更高效、低成本、更便捷,降低新冠肺炎疫情对中国与欧盟出口贸易的负向作用,以实现稳定外需的目的。

(三) 灵活调整贸易政策

英国脱欧可能会导致英国和欧盟(27)经济衰退,进而降低对中国货物的进口需求。因此,一方面中国应随时关注英国与欧盟的贸易政策新动态，洞悉其中蕴藏的商机，并及时做出相应的对策调整。脱离欧盟的英国具有更加灵活的外交和贸易政策，在对英贸易中，灵活调整有利于双方的贸易政策，可能会收获比英国脱欧前更好的效果。另一方面，一旦英国、欧盟表现出加强经贸合作的意愿，中国要抓住机会启动中英、中欧自贸区谈判，降低关税壁垒，促进贸易便利化，进而深化与英国、欧盟的经贸关系。

# 国际战略竞争压力下的欧盟新产业战略及其对中欧关系影响

忻 华[*]

[内容提要] 聚焦于技术与产业的国际战略竞争使世界地缘政治出现新的变局,促使欧盟制定新的产业战略。欧盟希望赶超美国,成为尖端技术和先进制造业领域的"世界领导者",意图建立起欧盟可以自主掌控的数字信息平台和高端制造业体系,并在宏观经济、战略安全和经济外交等领域出台配套政策,以帮助推进新产业战略的实施。欧盟制定和实施新产业战略,是为了应对全球层面的地缘政治变局和双边层面的美欧冲突与中欧竞争,同时回应成员国和工商界利益集团的诉求。欧盟新产业战略将加速全球产业链重组,增强其在中美之间两面下注的机会主义和交易主义倾向,并可能使中欧关系更趋负面。在中美战略竞争加剧的背景下,中国需妥善推进对欧关系,以争取更大的国际战略空间。

[关键词] 国际战略竞争 欧盟 新产业战略 中欧关系 美欧关系

---

[*] 忻华,上海外国语大学欧盟研究中心执行主任,研究员,博导。

近年来，以技术和产业为基础的新一轮国际战略竞争的帷幕正在拉开。一方面，以人工智能为代表的新兴尖端技术的研发不断取得重大突破，深刻改变了经济运行的速度与机制，使国际社会掀起了关于"第四次产业革命"的热烈讨论；另一方面，冷战结束以来的新一轮全球化所积累的贫富分化和地区发展不平衡的矛盾集中爆发，导致民粹主义力量崛起，美欧国家的社会撕裂日趋激烈，自由主义国际秩序出现动摇。与此同时，中国经济的强势崛起改变了世界经济和既有国际格局，尤其是 2015 年公布《中国制造 2025》后，西方世界的危机感陡增。[①] 技术进步带来的经济动力、社会危机激发的政治压力和世界格局的深刻变化交织在一起，迫使美欧国家的决策者竞相出台新的产业政策，以期加速经济增长，应对国际变局。美国特朗普政府从 2017 年上任以来发布了 50 余份技术与产业政策文件，涵盖了新兴技术和高端制造业的几乎所有领域，意在阻止中国的赶超。英国在 2017 年 2 月、德国在 2019 年 2 月都出台了新产业战略文件，同时德国还与法国共同发表了《适合 21 世纪的欧洲产业政策法德联合宣言》。2020 年初以来，作为国际战略竞争的重要参与者，欧盟也在构建新产业战略体系。观察与分析欧盟的新产业战略，对于深入理解当前国际变局的特征与趋势，具有重要现实意义。

## 一、欧盟新产业战略的总体架构与具体内容

在特朗普政府国家重商主义与经济民族主义政策的刺激下，欧盟委员会从 2017 年初开始，加快了欧盟新产业战略的决策进程。冯德莱恩领导的新一届欧盟委员会从 2019 年底上任至今已出台 30 多份政策文件，尤其是 2020 年 2—7 月出台的《人工智能白皮书》《欧洲数据战略》《循环经济行动计

---

[①] 笔者 2016 年 9 月、11 月和 2017 年 10 月在欧洲对智库学者和欧洲议会研究人员开展访谈调研时，受访者都谈到：《中国制造 2025》计划在美欧决策层和战略研究界产生了震动，而德国"墨卡托中国研究所"（MERICS）和欧盟驻中国商会在 2016 年下半年至 2017 年上半年出台的研究报告，对欧盟决策层影响很大。

划》《欧洲新产业战略》《欧洲能源系统一体化战略》《有利于气候的欧洲氢战略》等文件,[①]勾勒出了欧盟新领导层的产业战略构想。

首先,欧盟新产业战略的宏观愿景是赶超美国,从而在尖端技术和高端制造业领域成为"世界领导者"。换言之,使欧盟占据当前世界经济和国际地缘政治的"制高点"。西欧是18—19世纪第一和第二次产业革命的发源地,在二战之前一直拥有世界最发达的制造业和最先进的尖端技术研发体系,但在二战结束以来的70多年里,欧洲制造业的劳动生产率水平和技术创新速度已明显落后于美国。然而欧洲政治精英和工商界人士从不甘心亦步亦趋地追随美国,始终怀有争做世界领导者的宏大抱负。在2020年初以来欧盟出台的新产业战略的各项文件里,"领导者"和"领导地位"成为出现频率极高的关键词。欧盟决策层认为,在清洁能源、低碳绿色生产和循环经济的领域,欧盟与美国相比存在优势,理应成为世界领导者;在以人工智能为代表的智能制造、数字信息平台和数字化通信等技术领域,欧盟虽然暂时落后于美国,但借助欧洲一体化架构的资源整合能力和现有的制造业基础,仍可迎头赶上。

其次,欧盟新产业战略的总体架构是借助带有"纵向扶持"色彩的产业政策,以构建"战略性价值链"为核心目标,以推进"绿色新政"和"数字基础设施"建设为具体途径,构建欧盟可以自主掌控的先进的数字信息平台和完整的高端制造业体系。自从20世纪90年代初冷战结束以后,受到新自由主义经济理论的深刻影响,欧盟一直致力于推行间接的和"横向"的产业政策,采取一定程度的"市场原教旨主义"的态度,避免直接干预特定领域的技术研发或直接扶持特定产业部门。然而2008年金融危机爆发以来的十余年间,美国在人工智能、量子通信、数字信息平台、新能源与新材料开发等领域的技术研发与产业升级可谓进展迅速,导致美欧差距急剧拉大,2017年特朗普上台以来的经济民族主义政策正在强化这一趋势。面对

---

[①] European Commission, *White Paper on Artificial Intelligence: A European Approach to Excellence and Trust*, COM (2020) 65 final, Brussels, February 19th, 2020; *A European Strategy for Data*, COM (2020) 66 final, Brussels, February 19th, 2020; *A New Industrial Strategy for Europe*, COM (2020) 102 final, Brussels, March 10th, 2020.

危机，欧洲政治精英感到必须增强欧盟对技术与产业的直接干预与纵向扶持，唯此才能缩小美欧差距，因而2017年以来，从容克到冯德莱恩的两届欧盟委员会持续推进关于新产业战略的具体架构的决策进程。

容克领导的欧盟委员会在2017年9月提出了"战略性价值链"的概念和目标，认为欧盟应与成员国联合出资，着力研发那些能够交叉带动多个部门乃至整个经济体系升级换代的关键性技术（Key Enabling Technology，KET），即纳米、微电子与半导体、先进材料等"牵一发而动全身"的技术。2019年11月，欧盟委员会出台了《为建设面向未来的欧盟产业而强化战略性价值链》的研究报告，提出要在新能源汽车、氢的利用、智能健康、工业物联网、低碳经济和网络安全6个领域建设"战略性价值链"体系，以此作为"欧洲产业2030愿景"的主要内容。2020年初以来，冯德莱恩领导的新一届欧盟委员会发布了30多份政策文件，制订出更为详细具体的方案，打算以"绿色新政"和"数字基础设施"为具体抓手，从成员国内部、成员国和欧盟三个层面汇集资源，重点支持人工智能、量子计算、机器人制造、5G通信网络、数字信息服务平台、绿色交通体系、能源一体化系统等方面的联合研发项目，意图通过欧洲一体化架构的制度整合和数字信息平台的沟通能力，将欧洲先进制造业各部门的产业链整合为完整而高效的整体。

再次，欧盟决策层为推进新产业战略，正在宏观经济、战略安全和经济外交等多个领域着手制定详细的配套政策体系，以期保护欧洲高端制造业的本土市场与自主技术研发，使其免受来自中美等世界主要经济体的竞争。在欧洲共同市场内部，以冯德莱恩为首的欧盟新领导层着手修改原有的反垄断政策，意图放宽对欧洲企业并购的限制，鼓励工商界打造龙头企业，以便对中美展开更加有力的国际商业竞争；在贸易与投资领域，欧盟正在建立更加严密的贸易保护和投资审查机制，并将其要素融入新产业战略，以抵制中国产品与资本的输入，阻止中国对欧盟形成竞争优势，同时吸引欧洲制造业资本回流，确保关键性原料和能源的输入；在金融领域，推广信息通信技术在欧元区金融交易中的应用，建设欧盟自主掌控的国际交易结算与支付体系，为欧洲高技术产业提供融资便利，并对美元霸权形成制衡；在战略安全领域，建设欧洲共同国防产业体系；同时推进科技与经济外交，以保护欧洲企业及其知识产权。

## 二、欧盟新产业战略的决策动因

在大国战略竞争加剧的背景下,欧盟投入大量资源,持续推进对新产业战略的布局。具体而言,欧盟决策者对以下三层形势危机与变局的焦虑与应对,是推动欧盟制订新产业战略的决策动因。

第一,面对全球层面的国际战略变局,欧盟产生对"大国地缘政治新态势"的焦虑,不得不改变对外战略的重心。欧盟领导层认识到:经济全球化和欧洲一体化已遭遇挫折;以世贸组织为代表的国际多边贸易体系和全球治理架构陷入严重危机;能够稳定世界秩序的国际公共产品越来越稀缺,"金德尔伯格陷阱"再现;大国之间争夺国际战略主导权和力图改变既有力量格局的地缘政治竞争日益加剧。在"地缘政治焦虑"的推动下,欧盟不再尽全力维护全球化进程,而是更加关注自身与主要大国之间的实力对比和竞争得失,急于通过产业战略的实施来提升欧盟在国际战略格局中的地位,因而将技术与产业视为与中美展开竞争的重要领域。

冷战结束以来,欧盟相当推崇自由主义国际秩序和经济全球化理念,一直以"规范性力量"自居,固守既有意识形态。因而与美国同行相比,欧洲政治精英和学者对国际战略力量消长的敏感度较低,反应较慢。早在2011—2012年国际金融危机震荡尚未消退和中国成长为世界第二大经济体的背景下,国际社会各种力量的重组就已渐露端倪。此时美国经济学界的罗德里克(Dani Rodrik)、斯蒂格里茨(Joseph Stiglitz)与战略研究界的米尔斯海默(John J. Mearsheimer)等人就已预见到,苏联解体以来的新一轮全球化进程和自由主义国际秩序必将出现急剧动荡。[1] 奥巴马执政后美国开始

---

[1] Dani Rodrik, *The Globalization Paradox: Why Global Markets, States, and Democracy can't Coexist*, Oxford, UK and New York: Oxford University Press, 2011, pp. 184 – 206, 232. Joseph E. Stiglitz, *The Price of Inequality: How Today's Divided Society Endangers Our Future*, New York and London: W. W. Norton & Company, 2012, pp. 136 – 166.

实施"亚太再平衡"战略。而同时期的欧洲决策者与学者仍觉得"岁月静好"。2016年6月，具有对外政策纲领性质的《欧盟外交与安全政策全球战略》文件出台，通篇没有提及"地缘政治"，却有11处提到如何改善"全球治理"。

2016年英国公投"脱欧"，彻底打破了欧洲内外的政治平衡，也深刻改变了欧洲政治精英的战略认知。欧洲内部的技术创新乏力、经济持续低迷、民粹力量崛起等问题在英国公投"脱欧"的刺激下变得更加严重，与外部的地缘格局碎片化、大国战略竞争加剧等问题日益紧密地关联在一起，使欧盟陷入内外交困之中。欧盟决策者终于意识到，国际格局已出现深刻转变，大国战略竞争日趋激烈，形势对欧洲越来越不利，焦虑由此而产生。冯德莱恩在2019年11月底上任之际将自己的团队称为"地缘政治的欧盟委员会"，[①] 可见其焦虑之深。欧盟政治精英认为，大国间的技术与经济竞争已非单纯的经济议题，而是与地缘政治日益融为一体，具有战略安全层面的深刻意义。[②] 而2020年3月以来的新冠肺炎疫情更加强化了欧盟的这一信念。欧盟外交与安全政策高级代表博雷利（Josep Borrell）4月30日发表的评论和欧洲议会6月17日发布的政策简报，一致认为"疫情将放大既有的地缘政治演变态势"。[③]

第二，在双边关系层面，由于美欧冲突和中欧竞争同时加剧，欧盟陷入战略困境，并因此产生对"欧洲国际竞争力"和"欧洲经济对外依赖"的焦虑，希望通过实施新产业战略，以"对标"中美的方式，缩小欧洲与美国在技术创新、经济增速和发展水平上的差距，减少对中国的产业链"依

---

[①] Ursula von der Leyen, "Speech in the European Parliament Plenary Session, Strasbourg," November 27th, 2019.

[②] 2020年3月10日欧盟出台的《欧洲新产业战略》文件一再强调："当前是一个地缘政治板块出现巨变的时代，这些变化影响到国际竞争的本质"，"地缘政治现实的不断变化正在深刻地影响着欧洲的产业"。

[③] Josep Borrell, "The Post – Coronavirus World Is Already Here," European Council on Foreign Relations, Policy Brief, April 2020, p. 3; European Parliament, "Foreign Policy Consequences of Coronavirus," June 11st, 2020, p. 1.

赖",缓解与中美两个大国同时展开竞争的沉重压力。

特朗普政府上台后,美欧关系出现前所未有的裂痕。在经济层面,美欧一直在贸易战边缘徘徊,2020年6月以来双方又因数字税再起争执。在全球治理层面,特朗普政府意图废弃世贸组织,拆解欧盟推崇的现有国际多边贸易体系。在战略安全层面,美国退出欧盟看重的伊朗核问题全面协议,不再愿意承担欧洲防务的成本,2020年7月中旬特朗普还打算从德国撤走大量驻军。在意识形态层面,特朗普公开支持欧洲激进的民粹主义政党,贬斥欧盟的自由主义理念。同时美欧技术与产业竞争也在加剧,双方都希望由自己来主导新兴技术和先进制造业的标准与规则体系。美国依恃硬实力,而欧盟则寄希望通过自身"规范性权力"对外输出管制规则,即所谓"布鲁塞尔效应"。[①] 美欧关系紧张使欧盟追求"产业自主"的意愿更加强烈。

中欧关系近年来也呈现出更多的竞争性。由于中欧之间的技术与产业差距在缩小,中国输欧产品的技术密集度与附加值越来越高;中欧在拉美和非洲等第三方市场开展的竞争越来越激烈;而中国对欧投资也遭到部分欧洲政治精英与工商界的抵制。2016年底中国美的集团收购德国工业机器人供应商库卡公司,成为压垮欧洲对中国优越感的"最后一根稻草"。[②] 此后欧洲智库和利益集团关于中国对欧洲经济挑战的研究报告迅速增多。以冯德莱恩为首的欧盟决策层也愈发急迫地强调中欧竞争带来的压力。2020年1月16日,欧盟贸易委员霍根(Phil Hogan)在演讲中感叹:"没有比中国更复杂的挑战了。"[③] 5月下旬欧洲议会推出的研究报告表示:"欧盟若想保持自己

---

[①] 对"布鲁塞尔效应"的阐释,参见:Anu Bradford, *The Brussels Effect: How the European Union Rules the World*, New York: Oxford University Press, 2020, pp. 47 – 90.

[②] 2017年9—10月笔者在布鲁塞尔和柏林调研时,布鲁塞尔和德国的智库专家和工商界人士都表示,"库卡收购案"是导致欧洲政治与商业精英改变对华认知的关键转折点。

[③] Commissioner Phil Hogan, "Speech at the Publication of BusinessEurope's Strategy Paper on the EU – China Economic Relations, DG Trade, European Commission," January 20th, 2020.

的经济力量,就必须在全球层面认真对待中国的竞争。"①

美欧矛盾和中欧竞争的加剧,使欧盟决策层产生了两方面的焦虑。一方面是"竞争力焦虑"。欧洲从 2009—2010 年主权债务危机暴发以来的经济低迷状态尚未得到充分改观,在新兴技术的研发上不仅落后于美国,也受到中国的强劲挑战。2019 年初以来,多家欧洲智库、欧盟委员会和欧洲议会发布了十多篇长达 100 页以上的研究报告,围绕人工智能开发的国际竞争现状展开分析,无一例外都认为中美两国的走势决定着这些技术的演变方向,痛感欧洲已被中美甩在后面。② 2020 年 3 月冯德莱恩在一次演讲中呼吁,"欧洲要做全球行为体,而不是(被中美争夺的)全球竞技场",显示出领导层的焦灼心态。③

另一方面是关于"欧洲经济对外依赖性"的焦虑。特朗普政府对欧洲的关税制裁、谷歌公司等美国数字技术巨头对欧洲市场的垄断和疫情暴发后医疗产品的急剧短缺等形势促使欧盟认识到,必须要借助"技术与产业自主"来实现欧盟"战略自主"④,以摆脱对外经济依赖。在这种焦虑的驱使

---

① Alicia Garcia – Herrero et al, "EU – China Trade and Investment Relations in Challenging Times," Policy Department for External Relations, the European Parliament, May 25th, 2020, p. 18.

② 这些报告中最具代表性的是:Ulrike Franke and Paola Sartori, "Machine Politics: Europe and the AI Revolution," Policy Brief, European Council on Foreign Relations, July 2019; Michael Servoz, "The Future of Work? Work of the Future: on How Artificial Intelligence, Robotics and Automation are Transforming Jobs," European Commission Report, May, 2019; European Parliament, "How to Tackle Challenges in a Future – Oriented EU Industry Strategy?," 2 volumes, June 14th, 2019.

③ European Commission, "Keynote Speech by Commission President von der Leyen at the BusinessEurope Day 2020," Brussels, March 5th, 2020.

④ Commissioner – designate on Internal Market Thierry Breton, Commitments made at the Commissioners – designate Hearings, November 14th, 2019, pp. 87 – 90; European Commission, "Europe's Moment: Repair and Prepare for the Next Generation," SWD (2020) 98 final, COM (2020) 456 final, Brussels, May 27th, 2020, p. 17.

下，欧盟在 2016—2017 年出台了《5G 行动计划》文件和旨在增强汽车业竞争力的《装备 2030 计划》，在 2018—2019 年出台了关于电池和太空产业的战略计划，在 2020 年上半年出台了涉及高端制造业、数字技术战略和能源领域的 30 多份产业政策文件，无不强调要建设欧盟可以自主掌控的、"独立于"外部的高技术产业体系。2020 年 2 月以来，随着欧洲新冠肺炎疫情的加剧，欧盟层面的政治精英、欧洲智库和工商界人士还密集研讨了对产业链的地理布局进行重组的可行性与具体方案，意在摆脱对中国的"依赖"。

第三，欧盟成员国和利益集团的利益诉求，是促使欧盟制定新产业战略的内部动因。2017 年以来，欧盟成员国政治精英不断向欧盟施压，强烈要求新领导层出台并落实新产业战略，以应对中欧和美欧竞争加剧的新态势。2018 年 4 月，欧盟 28 个成员国发表联合宣言，要求欧盟加大力度扶持人工智能产业；同年 12 月，欧盟 18 个成员国的经济部长发表联合声明，希望欧盟新领导层构建强有力的产业政策体系。2019 年 1 月，欧盟否决了西门子公司与阿尔斯通集团的并购案，引起德、法等欧盟主要成员国的强烈不满，各成员国认为欧盟决策层固守陈旧的"市场原教旨主义"理念，已危及欧洲产业的对外竞争力。因而 2019 年 2 月 15 日德法两国经济部长共同发表了《面向 21 世纪的欧洲产业政策的德法联合宣言》，呼吁欧盟领导层改革反垄断等领域的市场管制框架。2020 年 2 月 4 日，德、法、意大利和波兰四个欧洲大国的经济部长联合致信新上任的欧盟委员会领导层，再次呼吁修改欧盟反垄断政策，加紧出台新产业战略，强化贸易保护机制，以便为欧洲工商界提供便利，促使其形成足以与中美企业抗衡的欧洲龙头企业。

与此同时，欧洲工商界也在发出越来越强烈的呼声，要求欧盟加强技术与产业领域的决策，以帮助其应对日益激烈的国际商业竞争。早在 2017 年 4 月，"欧盟驻中国商会"（EUCCC）关于《中国制造 2025》的研究报告就已使欧洲工商界备感压力，因而布鲁塞尔"欧洲商会"（BusinessEurope）在同年 6 月 30 日公布了《关于新的欧盟产业战略的意见书》，呼吁欧盟政治精英制定新政策，应对世界范围的技术与产业竞争可能加剧的现实。2019 年 4—12 月，在冯德莱恩及其团队从获得提名到正式上任的整个进程中，布鲁塞尔"欧洲商会""欧洲基层商会"（Eurochambre）、"欧洲产业圆桌"（ERT）、"欧洲电信网络运营商协会"（ETNO）等全欧洲层面的工商界利益集团提出了20多份建言，阐述关于新产业战略的设想与愿景。[①] 2020年4—5月，由于疫情加剧，这些利益集团又多次发声，要求欧盟大幅增加对"战略性价值链"的投资。[②] 值得一提的是，这些利益集团尤其关注中欧竞争，对此多有建言。2019年1月，德国影响力最大的工商界利益集团"德国产业协会"（BDI）发布了题为《伙伴与体系性竞争者：我们如何应对中国的国家控制的经济》的意见书，呼吁欧盟重视提升欧洲产业的"竞争力"。2020年1月，布鲁塞尔"欧洲商会"又发布了题为《欧盟与中国：应对体系性的挑战》的立场意见书，为欧盟新领导层拟定对华政策提出了详细而系统的建议，尤其强调需要借助"宏大的产业战略"来大幅增强欧盟对中国的竞争力。欧洲工商界利益集团的政策诉求，形成强大的政治压力，深刻影响着当前欧盟新产业战略决策的节奏与进度。

## 三、欧盟新产业战略的国际影响

在欧盟的决策考量中，政治与战略逻辑总是被置于比经济理性更优先的位置。现在欧盟着力推进新产业战略架构，是为了适应全球形势与大国关系的急剧变化，其决策与实施进程也必然会深刻影响国际战略格局。

从全球产业链重组的视角看，欧盟在中美竞争加剧的背景下实施新产业战略，可能会使高端制造业的全球分布体系更趋碎片化，原有的国际产业分工合作架构会出现重大转变。欧盟2020年初以来出台的各项文件，不再关注经济全球化带来的跨国产业分工的效率，而是反复强调必须在尖端技术与高端制造业领域减少对外部的依赖。冯德莱恩执政团队的重要成员，如欧盟

---

① 欧洲工商界利益集团关于欧盟新产业战略的建言中最具代表性的材料有：BusinessEurope, "Prosperity, People, Planet: Three Pillars for the European Union Agenda in 2019–2024," Brussels, November, 2019.

② Business Europe, "BusinessEurope Proposals for A European Economic Recovery Plan," April 30th, 2020.

外交与安全政策高级代表博雷利、贸易委员霍根和产业与内部市场委员伯莱顿（Thierry Breton）以及部分工商界人士，也都谈到要减少对中美任何一方的经济依赖。[①] 欧盟决策者、欧洲学者和工商界人士都有意避免使用"脱钩"的字眼，但频繁使用"经济与技术主权""战略自主""欧洲的独立性"等用语。换言之，欧盟正在推行"超国家"层面的"经济与技术民族主义"，经济竞争加剧将使世界范围的产业链重组成为趋势。

从中美欧三边战略互动的视角看，随着新产业战略的推进，欧盟在中美之间两面下注的机会主义和交易主义倾向会进一步增强。欧盟政治精英将根据外部形势的即时变化、双边关系的走向与节点和特定议题的性质，分别与中美两方中的一方进行利益交换性质的合作，并借此制衡另一方。欧盟新产业战略的布局并非只限于技术与产业，而是涵盖了贸易、投资、金融、防务和经济外交等多个领域，制定了成体系的配套政策，这为欧盟在中美之间进行灵活周旋提供了较大空间。例如，欧盟一方面对特朗普政府对华"贸易战"乐见其成，希望美国能够压迫中国做出欧盟所期待的制度性的退让；另一方面在涉及过剩产能和政府补贴的所谓"不公平贸易"议题上追随美国发声，[②] 同时还在贸易保护与投资审查的决策上借鉴美国的做法。不过，美欧围绕数字税和民用飞机、汽车与钢铝的出口等问题，不断爆发贸易争端，并且特朗普政府推行"美国优先"原则和架空世贸组织会危及欧盟产业战略的有序推进。因此，欧盟在维护多边贸易体系和全球治理等议题上，又会选择与中国合作以抗衡美国。

从中欧双边关系的视角看，欧盟新产业战略的实施，可能导致欧盟对中欧关系的战略定位更趋负面。目前欧盟越来越多地强调中欧经济与政治基本

---

① Josep Borrell, "The Post-Coronavirus World Is Already Here," European Council on Foreign Relations, Policy Brief, April 2020, pp. 3–10; Commissioner Breton, "Speech at the European Parliament Committee on Industry," April 24th, 2020.

② 从2017年12月开始，美国、日本和欧盟三方主管贸易实务的最高层官员不定期举行三边会谈并发表关于"不公平贸易"状况的联合声明，不点名地批评中国，实际上发展为美日欧三边协作向中国施压的固定机制，欧盟从2018年以来一直积极参与这一机制。最近一次美日欧三边会谈于2020年1月14日在华盛顿举行。

制度的差异,并将其视为中欧矛盾的根源。2019年3月欧盟委员会出台的《欧盟对华战略展望》文件,将中国定位为同欧盟争夺技术主导权的"经济竞争者"和推行异质制度模式的"制度性对手"(Systemic Rival)。[1] 冯德莱恩领导的新一届欧盟委员会迄今没有提到"中欧战略伙伴"的字眼,反而频繁引用和肯定"制度性对手"这个概念,[2] 可见欧盟政治精英对中欧关系的基本定位已经改变。欧盟在2020年3月和6月,先后发布了《关于保护欧洲战略资产和成员国处理来自第三国的外来直接投资与资本自由流动的指南》和《关于外国补贴和建立公平竞技场的白皮书》,意在保护欧洲高技术产业免受中国收购或竞争。这表明欧盟新产业战略的实施会加剧中欧竞争,欧盟政治精英会更加强化中国是"对手"的印象,并将进一步细化抵制中国输欧产品与资本的政策体系。

## 四、应对欧盟新产业战略的对策与建议

随着中国经济的崛起,中欧关系的走势悄然发生了变化。2020年1月16日,欧盟贸易委员霍根在向欧洲工商界发表演说时感叹:"几乎没有比中国更复杂的挑战了!"[3] 这表明当前欧盟决策者在处理对华关系时,已将中欧竞争视作优先考虑的形势变量了。而疫情的加剧导致欧盟决策层越来越将中欧经济的相互依存视为欧盟对华"依赖",赋予其负面含义。随着欧盟逐

---

[1] European Commission, *EU – China: A Strategic Outlook*, March 12th, 2019.

[2] Commissioner Phil Hogan, "Speech at the Publication of BusinessEurope's Strategy Paper on the EU – China Economic Relations," DG Trade, European Commission, January 20th, 2020; Josep Borrell, "Remarks at the Press Conference for the EU – China Strategic Dialogue, Brussels," June 9th, 2020.

[3] Commissioner Phil Hogan, Speech at the Publication of BusinessEurope's Strategy Paper on the EU – China Economic Relations, DG Trade, European Commission, January 20th, 2020.

次推进新产业战略的决策进程，未来中国处理对欧关系时需要注意以下几点。

第一，中欧竞争在未来会继续增强，但欧盟会避免与中国直接对抗，因而在中美对抗愈加激烈的形势下，可以通过改善中欧关系，为中国找到可以转圜的战略空间。欧盟新产业战略立足于与中美争夺尖端技术与先进产业的主导权，包括掌控技术创新速度、占有市场份额和塑造国际规则与标准体系的权力，因此中欧竞争也会加剧。但欧盟受制于推崇经济全球化和市场自由化的价值理念，不会像特朗普政府那样以强硬的措施公开寻求与中国的"脱钩"，同时也会尽量避免在中美之间公开选边。[①] 换言之，欧盟和欧洲是与美国相对的"另一个西方"，中国应密切关注美欧矛盾的演变，寻找时机发展中欧关系，以便为中国面向发达国家的外交与经贸活动找到新的资源与机会。

第二，当前欧盟决策层在建设欧洲"战略性价值链"的同时，也在加强对中国输欧资本的防范，尤其警惕和反感具有国企背景的中国企业收购欧洲的"战略性资产"，即欧洲基础设施行业和高端制造业的领军型企业的资产，欧盟新产业战略中就包含了阻止此类收购的政策设计。为化解欧盟的这种心态以改善中欧关系，中国企业在欧洲最好能避免纯粹资本运营，避免过于明显地实施仅仅意在获取尖端技术的并购，而应多开展制造业的绿地投资，让欧洲社会明确感受到中国投资对欧洲就业岗位的增加和当地消费的拉动所发挥的作用。

第三，欧洲工商界利益集团是对冯德莱恩欧委会的产业战略决策和对华经济决策同时产生影响的重要力量。这些利益集团越来越将中国企业视为竞争对手，将中欧经济关系视为挑战，因而在促使欧盟领导层持续推进产业战

---

① 笔者2020年6月18日和25日与布鲁塞尔和瑞典斯德哥尔摩的智库专家沟通时，对方都谈到，欧盟不太可能在中美之间公开选边。2020年初以来布鲁塞尔和英国、德国的多家智库的研究报告也都持有这样的观点。关于欧盟在中美竞争中的总体战略意向与政策选择，欧洲智库有代表性的研究报告有：Barbara Lipper and Volker Perthes eds., "Strategic Rivalry between United States and China: Causes, Trajectories, and Implications for Europe", SWP Research Paper, April 2020, Berlin.

略决策的同时，也在中欧双边贸易与投资关系议题上不断施压，要求欧盟采取更为强硬的态度。他们将新产业战略的实施与对华经济竞争联系在一起，认为两者互为犄角，相辅相成。有鉴于此，应对欧洲工商界、尤其是制造业的利益集团展开公共外交，尽力促使其转变对中欧经济关系的负面看法，使其认识到中欧互利共赢的共同利益点，从而减少中欧关系向前发展的阻力。

总之，当前大国权力斗争主导的地缘政治正在深刻影响着国际战略形势，包含经济竞争在内的新一轮大国战略竞争已经拉开序幕，在此背景下浮出水面的欧盟新产业战略并非基于纯粹经济理性的技术性政策，而是欧盟在中美欧三边战略竞争加剧的压力之下所构建的宏观政策架构的一部分。欧盟新产业战略的总体方向与布局体现出欧盟希望与中美争夺对世界经济主导权的急切心态，而其政策设计则隐含着新领导层有关涉华议题的认知与研判，因而这一战略必将对中欧关系产生深刻影响。中国应从中美战略竞争影响下的全局视角出发，将处理中欧关系的宏观方略与开展对欧投资和公共外交的微观筹划相结合，在应对欧盟新产业战略的过程中，为自身争取更大的国际战略空间。

# 百年未有之大变局下中法关系的再定位

## ——国际关系创新的伙伴[*]

张 骥[**]

[内容提要] 中法建交55周年之际,中法关系处于百年未有之大变局的历史关口。本文提出"权力结构—秩序结构—观念结构"的分析框架,旨在研究"百年未有之大变局"及其对中法关系的结构性影响。中法关系面临的权力结构、秩序结构和观念结构均已发生重大甚至根本性的变化,要以新的框架来认识和谋划新形势下的中法关系。面对权力的重组、秩序的过渡和观念的竞争,中法都主张推动国际关系的转型和国际秩序的创新,这构成了中法关系的新基础。中法应该成为推动国际关系创新的伙伴,以创新、责任、共赢的精神,推动构建平衡的新型大国关系和合作共赢的新型国际关系,推动全球治理供给和新的国际制度供给,推动构建新型文明关系和观念创新。

[关键词] 中法关系 百年未有之大变局 中国外交 新型国际关系

中法建交50余年来,中法关系始终在中国同西方国家的关系中展现出

---

[*] 本文原文发表在《欧洲研究》2019年第6期,辑入本书时做了大幅删节。

[**] 张骥,复旦大学国际关系与公共事务学院院长助理、外交学系主任、副教授,复旦大学法国研究中心副主任。

开创性和特殊性,法国长期在欧盟(欧洲国家)对华政策中发挥着引领作用。同时,中法关系也曾经历了数次波折。进入21世纪后,随着国际格局和法国国内政治生态的演变,中法关系一度呈现出"去特殊化"的特征。[①]近年来,国际格局、欧洲格局急剧演变,法国国内政治格局和政治生态发生重大变化,中国进入内政外交的新时代。如何在国际关系和国际秩序的大变局中继往开来、谋划中法关系的未来发展,是中法共同面临的课题,也将对世界格局产生重大影响。

以往关于中法、中欧关系的研究,对中国的主体性重视不足。这与过去双边关系的结构密切相关。随着中法、中欧关系对等性的增强,中国对双边关系的影响力和塑造力相较过去有了较大提升,在双边关系的研究中,应该充分重视中国主体性和塑造力的增强。当然,这并非否定和忽视对方的重要性。本文通过"权力结构—秩序结构—观念结构"的分析框架,基于中法关系在"百年未有之大变局"中面临的内外结构性变化及中法双方新的实践和认知,提出新时代条件下中法关系发展的新定位及其路径。

# 一、权力结构的变化:国际关系转型的伙伴

(一)权力结构的变化

权力结构的变化是国际格局中最为根本的变化。从中法关系的历史发展来看,国际权力结构对中法关系具有重大影响。百年前的勤工俭学运动见证了半殖民地半封建社会的中国向处于国际格局中心的欧洲国家全面学习的历程。55年前中法建交,正值冷战时期两极对立。一方面,中法都是各自阵营中的二等大国,联合起来应对美苏霸权的威胁;另一方面,处于发达国家阵营的法国对中国具有明显的领先优势。两极格局的解体从两个方面给中法

---

① 张骥:《去特殊化的中法战略伙伴关系》,载《世界经济与政治》,2013年第12期。

关系带来影响：一方面，冷战结束初期，法国以西方阵营的胜利者自居，带头制裁中国并向中国台湾地区出售尖端武器，挑战中国的核心利益，造成中法关系的严重倒退；另一方面，随着美国单极霸权地位的凸显和单边主义外交的横行，中法联合起来推动国际格局多极化和制衡美国的单极霸权，法国也成为第一个与中国建立战略伙伴关系和开展战略对话的西方大国，并推动欧盟与中国建立战略伙伴关系。中法在反对美国发动伊拉克战争、推动欧盟解除对华军售禁令、挫败美国反华人权提案等具有战略性的重大问题上实现了真正意义上的战略合作，使中法战略关系达到了前所未有的高度。进入新世纪，随着中国的迅速崛起和法国发展速度的减缓，中法之间的利益摩擦增加，竞争性关系增强，加之美国单极霸权的相对衰落和奥巴马政府向多边主义外交的回归，弱化了中法联合制衡美国霸权的动力和意愿，中法关系一度呈现出"去特殊化"的特征。[①]

权力结构对中法关系的影响体现在三个方面：第一，法国曾长期在权力结构中对中国具有相对优势，这种优势也是西方国家对发展中国家优势的体现，但随着中国的迅速发展和法国国力的衰弱而减弱。第二，中法关系长期受到权力结构中主导国家的影响，中法关系都不是各自最核心的双边关系，却相互借重，用以平衡各自最核心的战略关系。冷战结束后，它集中体现在美国因素对中法关系的影响上。当美国单极地位凸显、单边主义盛行时，中法合作的动力就增强；当美国单极地位衰落、向多边主义回归时，中法合作的动力就减弱。第三，法国在欧盟（欧洲国家）中突出的领导地位是其在中欧关系中发挥主导影响的基础。一直以来，法国力图推动欧盟对华政策的"法国化"，同时将团结起来的欧洲作为对华政策的杠杆。当法国的领导地位巩固时，它就能在欧盟对华政策中发挥主导作用；当法国的领导地位削弱时，它对欧盟对华政策的影响就下降。

在百年未有之大变局下，中法关系面临国际权力结构的三方面变化。

第一，中法力量对比的变化。百年未有之大变局最根本性的变化体现在以中国为代表的发展中国家的群体性崛起，总体上呈现"东升西降"的趋势。法国总统马克龙在2019年驻外使节会议的讲话中坦言："我们正在经历

---

① 张骥：《去特殊化的中法战略伙伴关系》，第101、106页。

西方对世界的霸权的终结。"① 中国已经成为一支具有全球性影响的力量，并将逐渐成为国际格局中的主导性国家。这对长期居于国际格局中心的发达国家而言是一项巨大挑战。无论是法国政府还是民众，对中国的崛起充满矛盾和复杂心理。对中国而言，随着国际力量分布的扁平化和新兴国家重要性的上升，法国在中国对外战略格局中的重要性也面临新的定位问题。

第二，美国因素的变化。美国因素对中法各自对外战略的主导性影响在下降。一方面，美国在国际权力格局中的"一超"优势正由于新兴国家的追赶和特朗普政府的新孤立主义政策而衰减。美国对整个国际战略格局的控制能力和影响力都在下降。随着中美力量差距的缩小，中美关系对中国其他双边关系的战略影响在下降，中国外交的战略自主性在不断增强。而美国对欧洲盟国的吸引力也在下降，美法、美欧在一系列战略问题上的裂痕急剧扩大，马克龙积极重提欧洲的"战略自主"，更是提出北约"脑死亡"的说法。另一方面，由于特朗普政府奉行保护主义、单边主义和贸易霸凌主义的对外政策，中法有了新的合作动力制衡美国的霸道行为，推动世界的多极化。

第三，欧洲权力格局的变化。首先，欧洲在国际权力格局中的地位在下降。欧盟作为多极世界中一极的地位下降构成百年未有之大变局的重要表现。自2008年欧洲主权债务危机暴发以来，在一系列危机的拖累下，欧盟不仅自身力量遭到严重削弱，而且战略上呈现明显的"内向化"。英国"脱欧"对国际战略格局带来结构性影响，进一步削弱了欧盟的地位和影响力。其次，欧洲内部的权力格局也发生了重大的结构性变化。英国"脱欧"改变了欧盟内部近几十年来德、法、英三大领导国并立的局面，人们普遍期待"法德轴心"的重启。然而，"法德轴心"的重启面临重重挑战。德国在欧盟中突出的领导地位开始出现走弱的趋势。英国的"脱欧"和默克尔地位的下降为法国重振在欧盟中的领导地位提供了契机，坚守欧洲一体化立场的

---

① Emmanuel Macron, "Discours du président de la République à la conférence des ambassadeurs et des ambassadrices de 2019", Le site de l'Élysée, le 27 août 2019, https://www.elysee.fr/emmanuel-macron/2019/08/27/discours-du-president-de-la-republique-a-la-conference-des-ambassadeurs-1, dernier accès à 29 août 2019.

马克龙当选抓住了这一机遇。然而，法国不断衰落的国家实力、内部治理和改革面临的重重困境以及国内高涨的民粹主义浪潮，都构成对其欧洲领导力的制约和挑战。法德如何弥合对深化一体化的政策重点以及外交政策的分歧，也将对"法德轴心"的重启提出考验。最后，欧洲权力格局的变化还体现在欧盟内部大国与中小国家、西欧与东欧的关系上，欧盟大国的主导地位受到挑战。欧债危机和难民危机不仅加剧了欧盟成员国间的利益分化，而且严重削弱了欧盟对中东欧等成员国的吸引力。一些经济发展水平相对滞后或遭遇严重经济困难的成员国加大了寻求欧盟外部经济机遇的努力，其中就包括希腊以及中东欧国家率先开展与中国"一带一路"倡议的合作。[①] 这却被法、德等核心成员国及欧盟机构视为"分裂欧盟"。此外，波兰、匈牙利等一些中等国家也在移民政策、经济政策等领域向核心大国发起挑战。

欧洲权力格局的结构性变化使得法国在欧盟中的地位和作用发生了复杂变化，这给中法关系带来了复杂的影响。第一，法国外交赖以借力"放大影响力"的欧盟地位下降，将影响法国在世界格局中的影响力，内部问题和危机也将限制法国和欧盟在外交上的资源和精力。第二，总体上法国不再具有过去那样在欧盟（欧洲国家）对华政策中的主导性影响，欧洲大国的对华政策更难协调，中小国家也在对华政策上奉行更加独立的立场。第三，英国"脱欧"和后默克尔时代的开启为法国领导力的发挥提供了新的空间。法国提出，欧盟要在同美中等大国的竞争中保持地位，需要有更加统一的对外政策，要确立所谓欧洲的"主权"。

（二）国际关系转型的伙伴

权力结构的变化首当其冲对大国间关系提出挑战。国际力量对比的变化引起了法国对自身国家地位、国际权力结构和国际关系行为方式的担忧。法国总统马克龙指出，美中两国正在成为影响世界格局的主要"玩家"，印度等新兴国家也在赶超欧洲，法国和欧洲如果不能奋起维护自身的"主权"，

---

① 张骥、陈志敏：《"一带一路"倡议的中欧对接：双层欧盟的视角》，载《世界经济与政治》，2015年第11期，第45页。

将来可能被迫在美中之间进行选择，成为它们其中一个盟友或者"小伙伴"。[①] 这在一定程度上是用西方国家成为世界主导力量的发展经验和行为逻辑来看待中国的崛起。

中国崛起走过的道路及其战略已充分表明，中国将走一条与过去西方国家成为世界霸权所不同的和平发展道路。中国认为大国是构建新型国际关系的关键因素，可通过大国协调和合作来构建总体稳定、均衡发展的大国关系框架。[②] 这与法国倡导的"平衡"的大国关系结构具有共同点。中法可以成为推动世界多极化和构建平衡的新型大国关系的伙伴。

要成为国际关系转型的伙伴，中法首先应该在双边关系中加强战略沟通，准确把握对方的战略意图和发展战略。构建中法新型大国关系，要朝着发展战略协调合作的方向努力，而不是针锋相对。马克龙提出的"平衡大国"外交战略和捍卫"主权"的核心政策手段，既有针对美国单边主义和霸凌主义的一面，也有针对新兴国家的一面。在新的外交布局中，法国强化了印太战略，要在亚洲发挥"平衡大国"的作用，尤其是增加了军事和意识形态色彩。法国印太战略中具有制衡中国地区影响的导向。[③]

中法在印太区域没有地缘战略矛盾和重大利益冲突，不应形成战略竞争关系，完全可以以合作共赢的精神实现法国印太战略与中国"一带一路"倡议的协调合作。中法在第三方市场上的合作正在务实推进。中方还要完善意图的表达，让外界更为准确地认知"一带一路"倡议，合作进程的推进也需要更好地照顾各方的关切和舒适度。

若要成为国际关系转型的伙伴，中法还需进一步增强"战略自主"，推动双边关系和中欧关系健康、稳固发展。中法双方都要降低美国因素对双边

---

① Emmanuel Macron, "Discours du président de la République à la conférence des ambassadeurs et des ambassadrices de 2019".

② 《新时代的中国与世界》白皮书，中国国务院新闻办公室网站，2019年9月，http://www.scio.gov.cn/zfbps/32832/Document/1665426/1665426.htm，2019年9月27日访问。

③ 参见刘艳峰、冯梁：《法国在印太地区的战略新动向及其影响》，载《和平与发展》，2018年第6期，第75页。

关系的影响和干扰,更加独立地对待和建设中法关系,稳固独立自主的战略基础。中方明确表示支持法方在欧洲联合自强进程中继续发挥引领作用。因此,法国对更加协调统一的欧洲立场的追求和引领作用的发挥,应该朝着促进中欧关系积极发展的方向发展,而不是相反。

## 二、秩序结构的变化:国际秩序创新的伙伴

(一)秩序结构的变化

秩序结构的变化在一定程度上滞后于权力结构的变化,过渡性特征显著。二战结束以来形成的国际秩序,正日益面临有效性与合法性的双重挑战。美国通过单边主义和保护主义的行为,带头违反自己制定的国际规则和国际承诺。作为现行秩序主要受益者的发达国家群体同样对秩序表现出矛盾的心态:一方面,试图维护自身在既存国际秩序中的主导地位和收益;另一方面,又由于在秩序中收益的减少而日益对秩序表现出不满。以中国为代表的新兴国家,在发展的过程中付出巨大代价,通过学习和改革融入现行的秩序和规则体系,既得益于现行的秩序,又不断推动现行秩序朝着更加公正合理的方向变革。百年未有之大变局正是新旧秩序交织变革、原有秩序维护者向秩序修正者转换、原有秩序接受者向新秩序构建者转换的进程。

第一,国际秩序的变革首先缘于国际制度和国际机制面临危机。其中最大的变量是特朗普主义对现行国际秩序的冲击,加剧了原有国际制度体系的危机,带来了巨大的不确定性。法国在对待国际秩序变革的问题上是矛盾的。一方面,法国是美国破坏国际秩序的受害者。中法对此存有共识。法国认为,当前国际秩序受到动摇,某些领域的平衡被打破,多边体系面临被摧

毁的风险，国际事务不能由一个国家说了算，不管它有多么强大。[1] 法国在维护《巴黎协定》《伊核协议》等国际机制方面迫切需要中国的支持。中法在维护以联合国为核心的国际制度体系和联合国权威、坚持多边主义和国际关系基本准则、完善全球治理和应对气候变化、维护多边贸易体制反对保护主义，以及推动全球经济治理体制改革方面形成共识。[2] 另一方面，法国对国际秩序的变革持矛盾的态度，希望国际秩序的改革能够确保法国的利益。法国在反对美国单边主义的同时也不愿看到中国和其他新兴国家过多获益，对中国不断增长的权势进行制衡，以防止中国对国际秩序的"主导"。在全球贸易规则和世界贸易组织（WTO）改革的问题上，一方面法国反对美国的贸易保护主义，希望解决美国使WTO争端解决机制瘫痪的问题，中法在这方面存在共识；但另一方面，法国又对自由贸易持矛盾态度，积极主张增加WTO的透明度，强化对所谓"市场扭曲"和国家补贴行为的监管，对"发展中国家"重新分类等，这些都是针对中国等新兴国家的。

第二，国际秩序的变革还缘于全球化面临危机，全球治理与国家治理之间的关系亟须调整。反全球化浪潮是秩序结构的又一重要变革。2008年的全球金融危机对世界经济增长造成严重影响，极大地暴露了自由市场的弊端，世界政治走向分化，形成了一波前所未有的反全球化、逆全球化浪潮。[3] 在此过程中，总体上形成了发达国家和新兴国家对全球化态度的分

---

[1] Emmanuel Macron, "Déclaration presse du président de la république, à l'occasion de la visite d'etat du président de la République Populaire de Chine, M. Xi", Le site de l'Élysée, le 25 mars 2019, https://www.elysee.fr/emmanuel-macron/2019/03/25/declaration-conjointe-avec-xi-jinping-president-de-la-republique-populaire-de-chine, dernier accès à 25 mars 2019.

[2] 《中华人民共和国和法兰西共和国关于共同维护多边主义、完善全球治理的联合声明》，中国外交部网站，2019年3月27日，https://www.mfa.gov.cn/web/zyxw/t1648697.shtml，（上网时间：2019年3月27日）。

[3] 王缉思：《世界政治进入新阶段》，载《中国国际战略评论2018（上）》，世界知识出版社，2018年版，第4—9页。

化。发达国家越来越觉得新兴国家从全球化中收益巨大,而自己的收益不断减少甚至成为受害者。新兴国家从过去反对、担忧全球化,变成全球化的积极参与者和推动者。这构成百年未有之大变局的又一显著特征,而中法恰恰是这种变革的两个典型代表。

法国经济不适应全球化的问题由来已久,全球金融危机和欧债危机进一步加剧了法国竞争力的下降,使其产生了一种焦虑和失去感,也越来越将全球化视作一种威胁而非机遇。民粹主义政党利用民众对现状和"体制"的不满,将国内经济、社会危机的症结指向欧盟和全球化,这股势头在法国国内引发的对立情绪于2017年的总统大选中达到高峰。尽管主张适应全球化、提升法国竞争力的马克龙赢得了大选,但不久便爆发了"黄马甲"运动。以反对政府征税兑现全球气候治理承诺为导火索的"黄马甲"运动表明法国国家治理与全球治理之间的紧张关系愈发加剧。[①]

中国对全球化的态度恰恰经历了一个相反的路径,从最初的反对、担忧,到接受、参与和引领。当反全球化的浪潮在全球化策源地美欧资本主义国家兴起时,中国认为,要适应和引导全球化,消解全球化的负面影响,使其惠及各国人民。中国所倡导的"人类命运共同体"实际上是适应和引导全球化,提出一条国家治理与全球治理相互促进、有机统一的道路。

第三,秩序结构的变革还体现在国内秩序的变化上,传统政治结构和治理机制面临危机。这一变化非常典型地反映在法国国内政治结构和政治生态的重大变革上。2017年的法国总统大选和2018年爆发的"黄马甲"运动都体现出对传统秩序的颠覆性特征。法国国内秩序的深刻演变从一定程度上揭开了欧洲传统政党衰落和政治力量世代更替的序幕,这构成百年未有之大变局的一个方面。国内秩序的变革将使我们面对一个不一样的法国和一个不一样的欧洲,它不仅反映出法国社会内部深刻的结构性矛盾,也进一步反映了法国国家治理与参与、引领全球治理之间的紧张关系。民粹主义和保护主义的兴起,将制约法国在全球和欧洲发挥影响力,从而限制了马克龙政府积极进取的外交努力。为了回应民意,马克龙政府的外交

---

[①] 张骥:《法国"黄马甲"运动及其对法国外交的影响》,载《当代世界》,2019年第1期,第30—31页。

政策也将在某些方面呈现保护主义的特征,这将会明显反映在中法、中欧经贸关系领域。

(二) 国际秩序创新的伙伴

随着权力结构的变化,秩序结构不匹配权力结构的问题日益突出,同时国际秩序不能满足全球治理需要的矛盾也日益凸显。面对原有秩序的失效和主导者对秩序的破坏,国际社会呼唤国际秩序的创新和新的国际制度供给。法国对原有秩序的矛盾态度和中国对既存秩序的增量改革政策,使得中法在诸大国中存在较大的合作空间,这也是中法在全球治理领域能够开展有效合作的重要原因,中法可以成为国际秩序创新的伙伴。

尽管中法在对待全球化的态度上发生了结构性的位移,但在全球治理领域却存在一些基础性的重要共识。首先是在全球治理上应该坚持多边主义的共识。当然,中国强调的是坚持"共商共建共享"的全球治理观,积极推进全球治理规则民主化。这包含了要保护和增强广大发展中国家权益的意涵。法国首先强调要建立"新的平衡关系"和新的公平框架,[1] 既有针对单边主义的制衡,也有针对新兴国家的制衡。其次是强调主权国家在全球治理中的作用。中国对主权的强调,一是反对以全球治理为名干涉内政,二是认为主权国家的有效治理是实现全球治理的基础。[2] "主权"是马克龙对外政策的一个核心概念,他不仅强调"新的平衡关系"应该建立在尊重主权的

---

[1] Emmanuel Macron, "Déclaration du président de la République en présence de M. Xi Jinping, président de la République Populaire de Chine, de Mme Angela Merkel, chancelière de la République d'Allemagne, et de M. Jean-Claude Juncker, président de la Commission Européenne", Le site de l'Élysée, le 26 mars 2019, https://www.elysee.fr/emmanuel-macron/2019/03/26/union-europeenne-chine-declarations-conjointes, dernier accès à 26 mars 2019.

[2] 张骥:《人类命运共同体的政治外交逻辑》,载《人类命运共同体:理论与实践》,上海人民出版社,2019年版,第72页。

基础上①，而且在其欧洲方案中也强调一个"主权的欧洲"。② 法国重提对主权的强调有一定的保护主义色彩。

中法在国际秩序变革方面的合作，可以体现新旧秩序的协调、发展中国家与发达国家诉求的协调，这对国际秩序的平稳过渡至关重要。推进国际秩序的创新，需要增加治理的供给和新的国际制度的供给。在原有秩序主导力量奉行孤立主义的情况下，中法应该承担责任，成为国际秩序创新的伙伴。第一，成为联合国改革的伙伴。作为联合国安理会常任理事国，中法坚定维护以联合国为核心的国际体系，坚定维护联合国权威和地位；同时，也要为联合国的改革提供创新的方案和制度安排，以适应国际权力结构的变革和全球治理的需求。第二，成为生态秩序构建的伙伴。法国是应对气候变化和保护生物多样性的核心倡导者，生态建设是中国倡导的五位一体的人类命运共同体的主要维度之一，中法在这一领域的合作对构建全球生态秩序具有决定性意义。第三，成为经贸秩序改革的伙伴。中国提出推动开放、包容、普惠、平衡、共赢的新型经济全球化，对多边贸易体制改革和国际货币金融体系改革持开放性态度。而对法国而言，封闭、民粹和保护主义的政策选择无助于其改变在经济全球化中的不利地位，可积极推动结构性改革，促进中法中欧经贸关系改善和双向对等开放。中法还应加强在国际经济治理机制改革和新制度构建方面的协调和合作。第四，成为维护安全秩序的伙伴。中法对核不扩散体系和国际军控制度遭到破坏、解决核问题努力受挫感到担忧，在维护全球战略平衡与稳定方面存在共识。中法都是恐怖主义的受害者。中国

---

① Emmanuel Macron, "Déclaration du président de la République en présence de M. Xi Jinping, président de la République Populaire de Chine, de Mme Angela Merkel, chancelière de la République d'Allemagne, et de M. Jean - Claude Juncker, président de la Commission Européenne".

② Emmanuel Macron, "Initiative pour l'Europe - Discours d'Emmanuel Macron pour une Europe souveraine, unie, démocratique", Le site de l'Élysée, 26 Septembre 2017, http://www.elysee.fr/declarations/article/initiative - pour - l - europe - discours - d - emmanuel - macron - pour - une - europe - souveraine - unie - democratique/, dernier accès à 28 Septembre 2017.

提出共同、综合、合作、可持续的新安全观，中法在国际和地区安全治理制度供给和反恐制度供给方面存在较大合作空间。第五，成为发展援助的伙伴。法国是国际发展援助体系中最重要的行为体之一，中国正为国际发展援助做出越来越大的贡献，中法应加强在国际发展援助体系改革创新方面的合作。第六，加强治理机制和平台的对接。法国为全球治理问题设立了巴黎和平论坛，中国倡设的"一带一路"国际合作高峰论坛成为探讨全球治理之道的重要平台，中法应加强这些机制之间的合作和交流。

## 三、观念结构的变化：新型文明关系和观念创新的伙伴

（一）观念结构的变化

国际政治中的观念结构往往是权力结构和秩序结构的反映，同时又反作用于权力结构和秩序结构。观念结构的变化在大多数情况下滞后于权力结构和秩序结构的变化，与后者相互交织。百年未有之大变局下，"东升西降"的权力结构变化和新旧秩序的交织，反映在观念结构中就是自由主义意识形态的式微和民族主义、民粹主义的兴起。

近代以来西方国家在国际体系中的主导地位使其在意识形态领域取得了压倒性的优势地位。特别是冷战以苏联解体告终后，自由主义更是在国际上大行其道，甚至成为"历史的终结"。法国因其意识形态领域的进攻性一度冲在欧美国家的前列，甚至成为对外发动干预战争的先锋。

然而，近些年来，自由主义意识形态的优势地位开始受到三个方面的严峻挑战：第一，在法国和西方国家社会内部，全球金融危机和欧债危机使人们认识到不受国家监管的市场经济带来的巨大破坏力量，新自由主义理论和制度盛极而衰。[1] 全球化在推进自由主义全球传播的同时也进一步造成了意

---

[1] 王缉思：《世界政治进入新阶段》，第6页。

识形态的碎片化和认同危机。[1] 第二，非西方国家经济的快速增长和社会发展取得的巨大进步直接挑战了西方社会制度和意识形态的普世性和优越性。以中国为代表的经济社会发展道路，为发展中国家走向现代化的途径提供了全新的选择。[2] 第三，大量移民的进入带来法国和欧洲社会结构的变化，外输型和内生型的宗教极端主义都在上升，激发了保守主义的回潮。难民危机、恐袭危机和宗教极端主义的上升使得法国和欧洲社会强烈意识到民族认同、国家认同和政治忠诚受到的威胁，从而助推了右翼保守势力及其思想基础的回潮。[3]

然而，自由主义意识形态的惯性依然强大，其与民粹主义和民族主义的竞争与斗争构成法国和欧洲社会新的观念格局。不仅国家内部的政治分裂加剧，东西欧国家之间的关系也由于持民粹主义立场的政党和领导人的上台而产生分裂。国内政治的分裂已经显著体现在2017年法国总统大选中。在这样的观念格局中，法国公众对现实和全球化的不满很容易被"外部化"，被引导归咎于中国等发展中国家的崛起，对双边关系产生消极影响。

同时，欧美在意识形态领域仍然保持一种惯性式的优越感，并竭力捍卫其意识形态的全球影响力，在这一领域与新兴国家的竞争和斗争日趋激烈。在国家实力下降的情况下，法国和欧洲可能在意识形态领域更具进攻性。法国在意识形态领域追求的不只是欧洲内部的协调，在欧美之间也寻求合作。

(二) 新型文明关系和观念创新的伙伴

观念结构是中法关系竞争性较强的领域，加之观念结构变化具有滞后性和强大的惯性，这一领域的矛盾会相对突出。法国对权力结构中的多极化相对容易接受，而对于发展模式和意识形态的多样化却较难接受。法国是文明

---

[1] 朱锋：《四、国际关系发展新周期的特点》，张蕴岭、杨光斌等：《如何认识和理解百年大变局》，载《亚太安全与海洋研究》，2019年第2期，第8页。

[2] 参见《决胜全面建成小康社会 夺取新时代中国特色社会主义伟大胜利——在中国共产党第十九次全国代表大会上的报告》，北京：人民出版社，2017年版，第10页。

[3] 王缉思：《世界政治进入新阶段》，第7页。

多样性的倡导者，应该摒弃傲慢与偏见，正确看待中国等新兴国家的发展成就和发展模式，相互学习，共同推进人类社会的发展和进步；正确看待经济全球化和自身经济社会发展中遭遇的挑战，不将矛盾向外部转移，动辄责咎新兴国家。

中法还应超越双边关系的范畴，推动不同文明间的对话，构建新型文明关系。近年来，中国在促进世界不同文明对话方面搭建起一些新的平台，如亚洲文明对话、中欧文明对话等。法国是文明多样性的主要倡导者，也搭建了不少文明对话的平台，中法可以加强在推动多边文明对话领域的合作。

作为两大文明和两个具有开放包容精神的民族，在民粹主义高涨、"文明冲突论"卷土重来的形势下，中法有责任推进良好的观念生态，推动观念的创新。中国倡导平等、多样、包容、开放的文明观，新型国际关系和人类命运共同体理念将"人文"的理念和维度注入传统的以权力和利益为核心的国际关系。法国十分强调将"人文主义"作为政府战略和外交战略的核心价值。尽管中法对于"人文"的理解不尽相同，但相似的理念和追求使得中法可以成为超越权力政治和"文明冲突"、促进国际关系观念创新的伙伴。

## 四、结语

中国和法国是具有全球战略影响的大国。55年前，中法建交对国际战略格局产生了重大影响。世界处于新的大变局中，中法各自的发展变化构成了百年未有之大变局的重要因素，中法关系面临的权力结构、秩序结构和观念结构都发生了重大甚至根本性的变化。大变局意味着权力的重组、秩序的调整和观念的更替，大国关系必然面临深刻、复杂的调整和重塑。站在新的历史起点上，中法双方需要冷静、客观地认知对方所发生的变化，以及双边关系和国际关系、国际秩序所发生的变化，对双边关系进行再定位。

百年未有之大变局下的中法全面战略伙伴关系，必然不同于冷战两极格局下的中法关系，不同于冷战结束后"一超多强"格局下的中法全面战略伙伴关系。在诸大国中，中法对于国际秩序的主张较为接近，中法都是具有全球视野、全球胸怀和责任担当的大国。中法关系在大国关系中亦有开创性特点。面临百年未有之大变局，中法应该成为推动国际关系转型和国际秩序创新的伙伴，以创新、责任、共赢的精神，推动构建平衡的新型大国关系和合作共赢的新型国际关系，推动全球治理供给和新的国际制度供给，推动构建新型文明关系和观念创新。中法在国际关系转型和国际秩序创新方面的协调合作，对于新型大国关系的构建具有示范性作用，将为不确定性增加的世界提供稳定力量，为深处百年未有之大变局中的世界提供方向和方案。

# 中国—丹麦全面战略伙伴关系演进与深化路径

夏立平　葛倚杏[*]

[内容提要]　近年来，中国与丹麦政治互信增强，各领域合作不断扩大和深化，人文交流活跃。作为与中国最早建交的西方国家之一，当前中国与丹麦全面战略伙伴关系的发展面临着新的机遇和挑战。本文从中丹全面战略伙伴关系的基础、建立与发展等方面分析中丹全面战略伙伴关系的演进，归纳出重构后的小国国际作用理论下丹麦国际作用的新特点，进而得出深化中丹全面战略伙伴关系的可行路径。丹麦等北欧国家推行有一定独立性的和平外交或平衡外交，有利于深化中丹全面战略伙伴关系。丹麦等北欧国家对外关系的和平性与合作性，有利于实现中国与北欧国家关系的合作共赢。与丹麦等北欧国家的科技合作有利于促进我国科技实力的进一步提升。

---

[*] 夏立平，同济大学政治与国际关系学院教授、中国战略研究院副院长；葛倚杏，同济大学政治与国际关系学院国际关系专业硕士研究生。本文系以下课题的成果：教育部哲学社会科学重大课题攻关项目"美国国家安全战略研究"（项目编号：20JZD058）；2020年上海高校智库内涵建设项目；2019年同济大学研究生核心课程建设项目"国家安全研究"（项目编号 ZD1903066）。

[**关键词**] 中国与丹麦关系 小国国际作用理论 战略伙伴关系

丹麦王国是最早同新中国建交的西方国家之一。自中华人民共和国与丹麦王国于1950年5月11日正式建立外交关系，特别是两国于2008年10月建立全面战略伙伴关系以来，两国政治互信增强，各领域合作不断扩大和深化，人文交流活跃。丹麦是北欧国家中唯一一个既是北约成员国和欧盟成员国，又与中国建立全面战略伙伴关系的国家。中丹全面战略伙伴关系对其他北欧国家和欧盟国家有示范作用。当前中国与丹麦全面战略伙伴关系的发展面临着新的机遇和挑战。

# 一、小国国际作用理论重构视阈下中丹全面战略伙伴关系

冷战结束以来，随着小国国际作用的上升，小国国际作用理论也进行了重构。丹麦等北欧国家是具有较大软权力的小国，在国际事务中发挥了超过其本身硬权力的作用。小国国际作用理论的重构有助于理解中丹全面战略伙伴关系。

小国国际作用理论起源于20世纪50年代末60年代初。在这一时期，小国国际作用理论的主要论点包括两个方面：一是小国有时可能是外交强国。美国学者安妮特·贝克·福克斯（Annette Baker Fox）从第二次世界大战中寻找案例来证实小国有时在外交上能发挥大国无法替代的重要作用。[1] 美国学者戴维·维特（David Vital）认为，弱国的外交不一定弱，有时可能是外交强国。[2] 彼得·卡赞斯坦指出："我们应该改变长期以来一直都有的

---

[1] Annette Baker Fox, "The Power of Small States: Diplomacy in World War II", Chicago: Chicago University Press, 1959.

[2] David Vital, "The Inequality of States: A Study of the Small Power in International Relations", Oxford: Oxford University Press, 1967, p. 149.

认识，即认为小国会永远处于不利地位。为什么呢？因为实际上欧洲有的军事力量弱的小国会在外交的创造性和弹性方面表现不俗，比它周围的大国更出色。"[1] 二是小国联盟可以制衡大国。罗伯特·罗森斯坦长期研究小国联盟，分析了"小国联盟"的运作方式。他提出了"全面制衡"理论，认为小国联盟最主要的功能是制衡，制衡的对象可以是来自外部的威胁，也可以是联盟内部的冲突。他认为："'小国联盟'的成员国是否拥有清晰的共同威胁和共享价值规范的程度一起决定了这个国家集团的类型。"[2] 但罗森斯坦也强调："'小国联盟'只不过是一个用处有限的工具，难以采取较大的独立政策。"[3]

小国国际作用理论的出现，是对传统国际关系理论的批判。传统国际关系理论主要关注大国政治。在国际关系理论和实践的研究方面，小国是不受专家学者重视的，甚至处于研究的边缘化地位，而大国之间的竞争与合作是关注的重点。肯尼斯·沃尔兹就认为："大国之间的权力分配决定国际关系体系的结构。国际政治实际上是大国之间的政治。小国往往是大国博弈的棋子或争夺的对象，常常是政治游戏的筹码和权力交易的牺牲品。你可以对它们忽略不计，因为它们产生不了什么影响。"[4] 然而，冷战结束以来，特别是世界进入以和平与发展为主题的时代和新科技革命的发展时期后，小国的国际作用随之上升。随之而来的是小国国际作用理论开始处于重构之中，具有了崭新的形态。重构后的小国国际作用理论的主要内容，包括如下几个方面：

其一，小国利用软权力可以大幅提高其国际影响力。美国哈佛大学教授约瑟夫·奈（Joseph Nye）于1990年提出了关于软权力的概念。"软权力是

---

[1] Peter J. Katzenstein, "Small States in World Markets: Industrial Policy in Europe", New York: Cornell University Press, 1985, p. 234.

[2] Robert Rothstein, "Alliances and Small Powers", New York: Columbia University Press, 1968, p. 156.

[3] Ibid., p. 169.

[4] Kenneth Waltz, "Theory of International Politics", New York: McGraw Hill Publishing Company, 1979, p. 79.

指间接吸引其他国家自愿与己合作,从而实现自己希望达成的目标的权力。"① 他指出:"今天实力的界定不再强调军事力量和征服。技术、教育和经济增长等因素在国际权力中正变得日益重要。"② 普林斯顿大学教授罗伯特·基欧汉(Robert O. Keohane)和约瑟夫·奈从软权力角度,论述了小国在信息时代可以具有更大影响力。他们认为:"行为权力和资源权力是权力的两大来源,通过研究可以发现它们的区别。传统上常常是把资源权力看得很重,而使行为权力受到轻视。信息革命改变着这一权力结构。"③ 他们指出:"什么国家会在未来世界格局中居于主导地位呢?这取决于两大因素:一是该国能引领全球化;二是该国拥有信息权力的优势,这样该国的软权力就会强过其他国家。"④ 软权力概念把权力相当于强制力的传统狭隘观念冲破,为研究国际关系及其中的政治权力指出了一条新的思路。在和平与发展成为时代主题的 21 世纪,国际政治中软权力的作用与硬权力相比较,前者的作用在上升,有着较大软权力的小国能在地区甚至全球事务中发挥远比其本身硬权力要大的作用。缺乏巨大经济实力和强大军事实力的小国,也可以靠自己卓越的软实力去"四两拨千斤",取得"以小制大"的效果。

而且,信息技术和人工智能的发展进一步提升了小国的影响力。"信息权力"这一概念是约瑟夫·奈和威廉·欧文斯在 1996 年提出的:"在科学技术迅猛发展的当今世界,经济全球化趋势带来的一个重大影响是,信息成为国际关系的核心权力,信息权力成为软权力的核心。这两大变化正在深刻影响世界事务的革新。"⑤ 近年来,以人工智能、清洁能源及生物技术为主的第四次工业革命迅猛发展。人工智能不仅将深刻、全面地影响人类社会的生产、工作和生活,而且将改变传统的国际地缘政治。拥有人工智能技术及

---

① Joseph Nye, "Soft Power", Foreign Policy, Fall 1990, p. 22.

② Ibid., p. 26.

③ Joseph Nye and Robert O. Keohane, "America's Information Age", Foreign Affairs, March – April 1996, p. 128.

④ Ibid., p. 160.

⑤ Joseph Nye and William Owens, "America's Information Edge", Foreign Affairs, March – April 1996, p. 28.

其应用优势的国家，能够在国际战略竞争中占据有利地位。拥有人工智能技术及其应用先进性的小国将与大国分享影响力。

其二，小国通过提供国际公共产品参与全球治理。冷战结束后，小国对与它们国家切身利益密切相关的全球治理和世界和平非常关心，积极参与全球治理的行动。例如，近几年来气候变化是全球气候治理议程中最引人瞩目的问题之一，欧盟中的北欧国家在参与全球气候治理方面发挥了积极作用。另外，它们也积极为维护世界和平做出贡献。正如杰尼·A. K. 海（Jeanne A. K. Hey）指出的那样，小国倾向于在低政治领域参与世界事务，注重通过国际法和国际规则、多边合作机制来保障安全。当面临多个国家争夺或需要自己"站队"时，小国通常会选择中立或依靠大国，通过合作或牺牲部分利益的方式避免冲突。① 发达国家中的小国积极参与全球治理和维护世界和平，它们采取的主要手段是提供国际公共产品。例如，"国际全面禁止杀伤性地雷大会"于1997年9月在挪威首都奥斯陆举行。在这个大会上，近90个国家的代表在紧张激烈的谈判后，通过了意义深远的《禁止使用、储存、生产和转让杀伤人员地雷及销毁此种武器公约》。挪威在该协议达成的过程中发挥了重要作用。

其三，发挥制度性权力影响力和结构性权力影响力。小国发挥国际作用的主要路径，是发挥制度性权力影响力和结构性权力影响力。例如，欧盟是有许多小国作为成员国的超国家组织。东盟是东南亚区域合作组织，它是由中小国家组成的，以经济、安全、政治一体化为目标。小国在这两个组织和其他类似组织中可以发挥制度性权力影响力和结构性权力影响力。

制度性权力是国际制度赋予国家行为体的权力，也指通过正式的或非正式的制度实现对另一方的影响。罗伯特·帕特曼（Robert G. Patman）指出："由于缺乏足够的实力和外交资源，小国对外部环境更为敏感，多边合作组织成为小国弥补实力差距维护安全利益的低成本外交策略。国际规范和国际

---

① Jeanne A. K. Hey, "Small States in World Politics: Explaining Foreign Policy Behavior", Boulder: Lynne Rienner Publishers, 2003, pp. 14、85.

规则可以约束国家的行为,特别是大国的行为,从而减少大国对小国的控制。"① 联合国就为小国获得制度性权力提供了舞台。有学者就此指出:"联合国提供了得天独厚的国际舞台来为小国获取制度性权力,因为它是当代最具普遍性、权威性、代表性的全球政府间多边合作机制。这与传统国际权力政治格局中小国只有从属地位和边缘属性完全不同。小国由于在联合国体系内有固定席位资格,也有投票权赋予的权力基础,还可以参与议题和议事日程的设置与选择,因此小国可以在联合国框架内与大国据理力争和讨价还价,迫使大国改变其行为和做法。它们这样做也是因为与大国相互之间的不对称相互依存,虽然它们物质性权力不足。"② 由此可见,小国可以充分运用有利于自己的制度性权力,不再成为强国所掌握的制度性权力的支配对象,从而发挥制度性权力影响力。

结构性权力是指行为者一方构造与其他方直接的结构性关系的能力。小国拥有的结构性权力,主要产生于地区安全互动基础上形成的地区安全结构中。小国参与地区安全互动开始于冷战结束后。英国学者巴里·布赞等认为:"在地区层面,现代大国与小国关系的演变可以分为三个阶段:第一阶段是在第二次世界大战之前,殖民国家与殖民地的关系是那个时期大国与小国关系的绝大多数情况,它们之间没有什么地区安全互动。第二阶段是在冷战时期,所有地区的安全结构都被嵌在世界两极对抗格局之中,地区小国很难有结构性权力。第三阶段是在冷战结束后的当今世界,地区安全结构有了比较独立的地位。小国对于地区安全事务的发言权扩大了,在地区安全体系中起的作用也增大了,这样小国有更多的机会获得结构性权力。"③ 冷战结束后,由于国际安全结构的变化,小国在地区安全体系中获得了更多的与大

---

① Robert G. Patman, "Alliance and Small Powers", New York: Columbia University Press, 1968, p.57.

② 王剑峰:《小国在联合国中的制度性权力探析》,《国际关系研究》2018 年第 3 期。

③ Barry Buzan and Ole Waver, "Regions and Powers: The Structure of International Security", Cambridge: Cambridge University Press, 2003, p.14.

国讨价还价的机会。[①] 因此，研究地区安全结构，不能只把大国因素和大国战略作为唯一的考量，必须重视"小国变量"，而这一变量一般是由小国推行的安全战略、坚持的安全诉求和小国与大国之间的安全关系所构成的。[②]

可见，与传统的小国国际作用理论不同，在以和平与发展为主题的时代，重构后的小国国际作用理论凸显出和平性、独立性、合作性、制度性和提供国际公共产品。这一视角也是观察中丹全面战略伙伴关系发展的主要维度。

## 二、中丹全面战略伙伴关系的演进

中丹全面战略伙伴关系的建立与深化是一个两国共同利益不断拓展、合作意愿不断增强的过程。双方政府在这一过程中高度重视双边关系的发展，积极推动两国合作。

（一）中丹全面战略伙伴关系的基础与建立（从两国交往至2008年）

中丹全面战略伙伴关系的基础是大小国家一律平等，也与丹麦虽小但经济基础强并发挥超过其硬实力的外交作用分不开。丹麦王国（The Kingdom of Denmark）位于欧洲北部，南同德国接壤，西濒北海，北与挪威、瑞典隔海相望。

丹麦是发达的西方工业国家，人均国内生产总值居世界前列，在世界经济论坛2019年全球竞争力报告中列第10位。2019年，丹麦国内生产总值约3475亿美元，人均国内生产总值约6万美元。自然资源贫乏，除石油和天然气外，其他矿藏很少。石油探明剩余可采储量为11.6亿桶，居世界第

---

① Ashok Kapur, "Regional Security Structures in Asia", New York：Routledge Curzon, 2003, p. 6.

② 陈旭：《国际关系中的小国权力论析》，《太平洋学报》2014年第10期。

38 位。天然气探明剩余可采储量为 1010 亿立方米，居世界第 54 位。探明褐煤储量 9000 万立方米。森林覆盖面积 48.6 万公顷，覆盖率约 11.4%。北海和波罗的海为近海重要渔场。

工业在国民经济中占重要地位，但近年来工业在国民经济中比重逐渐下降，工业总产值约占国内生产总值的 14%。主要工业部门有食品加工、机械制造、石油开采、造船、水泥、电子、化工、冶金、医药、纺织、家具、烟草、造纸和印刷设备等。产品 60% 以上供出口，约占出口总额的 70%。船用主机、水泥设备、助听器、酶制剂和人造胰岛素等产品享誉世界。企业以中小型为主。

外贸是丹麦的经济命脉。主要原料靠进口，产品销售依赖国际市场。政府制定优惠政策，鼓励产品出口。同 100 多个国家和地区有贸易往来，1987 年以来一直保持较大顺差。主要进口产品为运输设备、电信产品、纸张、原油、煤炭、钢铁、机械和饲料等。主要出口产品为乳制品、肉、鱼、家具、医药、电子产品、仪表、船舶、纺织品和服装等。

丹麦在两次世界大战中均宣布中立。1940 年 4 月至 1945 年 5 月被纳粹德国占领。1949 年加入北约，1973 年加入欧共体。丹麦积极参与地区和全球事务，努力发挥自身影响力。视联合国、欧盟和北约为其外交三大支柱，视美国为最重要战略盟友，视北约为其安全保障，积极拓展以北欧合作为基础的环波罗的海合作。重视应对全球化挑战，强调发展对中国、印度、巴西等新兴国家关系。积极推行"绿色外交"，支持气候变化《巴黎协定》。重视对外发展援助，强调以外援促进人权与民主。

中丹友好交往源远流长。1674 年，丹麦国王克里斯钦五世致函康熙皇帝请求建立通商通航关系，丹麦商船"福尔图那"号经过两年航行到达中国福州，掀开了两国 340 年友好交往的第一页。100 年前《安徒生童话》被介绍到中国，经过郑振铎、叶君健、任溶溶和林桦等人的介绍和翻译，《安徒生童话》为一代代的中国孩子带来了无穷欢乐，中国的儿童文学就是在对安徒生作品的翻译和介绍中萌发和成长起来的。100 年来，《安徒生童话》已经成为连接中丹两国人民的纽带，《安徒生童话》表达了爱、欢乐与悲伤、尊重与同情、正义与人类尊严，这种人道主义精神超越国界，是人类共同的主题。

丹麦的贝恩哈尔·辛德贝格出生于丹麦第二大城市奥胡斯，南京大屠杀期间他受雇于南京一家丹麦和德国合资的江南水泥厂，辛德贝格和另一名德国雇员在水泥厂创建难民区和简易医院，救助保护了数以万计的中国难民。为阻止日本军人进入，他们在厂区周围插满丹麦和德国国旗。辛德贝格向南京安全区主席拉贝和南京安全区国际委员会秘书斯迈思递交了他所记录的日本军人在南京大屠杀的资料，还陪同国际红十字会南京委员会主席马吉牧师对日军的暴行进行了考察和拍摄。三个月后，在日军的压力下，辛德贝格被解除职务送回欧洲。他曾在日内瓦等地放映他所拍摄的纪录片，揭露日军暴行。

在当代，丹麦等北欧国家不希望依赖超级大国维护自身利益，而是寻求实行有一定独立性的外交政策。从重构后的小国国际作用理论来说，这是由于丹麦等北欧国家在一定硬实力基础上其软实力有较大幅度提升的原故，这使得它们不需要完全以国际体系主导大国马首是瞻，而是可以根据自身的利益需求发展与中国的关系。丹麦是继瑞典之后第二个同新中国建交的西方国家。

20世纪50年代末、60年代初，中美关系仍然处于断绝状态，而中苏关系恶化，中国在国际学术交流上处于被动。1962年丹麦物理学家、诺贝尔物理学奖获得者奥格·玻尔教授访华，达成了中国和丹麦进行长期学术交流和合作的协议。1963年中国派物理学家杨福家、张礼赴丹麦哥本哈根理论物理研究所进行学术交流，打破了中国在国际学术交流上的孤立状态，促进了中国物理学界与国际物理学界的交往。

1978年12月中国改革开放后，中丹两国政治关系、经济合作、人文交流发展很快。1979年9月，丹麦女王玛格丽特二世对中国的首次正式友好访问正值中国改革开放之初，是中国1978年实行改革开放后首位到访的西方国家元首，具有特殊的时代背景和深远的历史意义。1995年中国国务院总理李鹏访问丹麦。2008年丹麦首相拉斯穆森访华，两国宣布建立全面战略伙伴关系。丹麦是迄今唯一与中国建立全面战略伙伴关系的北欧国家。

(二) 中丹全面战略伙伴关系的发展 (2008年至今)

自中丹2008年10月建立全面战略伙伴关系以来，两国政治、经济、文化关系加速发展。2012年中国国家主席胡锦涛访问丹麦，中丹关系迈入全面发展的新阶段。2013年中丹共同参与了销毁叙利亚化学武器的运输和护航。2013年双边贸易额达到90.9亿美元，较10年前增长近4倍。丹麦对华出口增幅超过16%。中国对丹麦的投资起步虽晚但发展迅猛，2013年累计达到6891万美元，仅2013年就增长164%。中国已成为丹麦在亚洲最大的贸易伙伴和海外第二大投资目的地国。中国正处于新型工业化、信息化、城镇化、农业现代化深入发展的重要时期，丹麦在这些领域具备丰富的经验和技术优势，双方在贸易、投资、农业、医疗卫生、食品安全、节能环保等领域的合作逐步拓展。

2014年4月，时隔35年，丹麦女王第二次访华，开创了四个先例。第一，打破了丹麦君主一生对一个国家只访问一次的先例。除了邻国挪威和瑞典，其他国家女王一生中只访问一次。第二，规模之大前所未有。女王出访时一般只有外交部长随行，而这次除了外交部长，随行的还有3位部长、5位副部长，此外还有来自110家丹麦公司的代表。第三，行程密集前所未有。74岁高龄的女王5天内访问北京、南京、苏州、嘉兴和上海5个城市，除与中国领导人会晤外还安排了近20项活动。在北京妇女儿童博物馆，丹麦女王与中国国家主席习近平的夫人彭丽媛为80名在场的两国孩子朗读了安徒生童话《丑小鸭》片段，在孩子们面前，女王更像是一位和蔼可亲的老奶奶。第四，女王参观南京大屠杀纪念馆，成为第一位参观该馆的在任外国元首。她神色凝重手捧一束盛开的黄玫瑰，体现了人道主义精神，向世人宣示爱、和平、正义和人类尊严。女王抵达南京时表示，大屠杀遇难者纪念馆记录了77年前在这个美丽城市发生的最黑暗的一段历史。我们无法改变残酷的历史，但是我们可以从中学到经验和教训。今天纪念他（辛德贝格），不但要回顾过去，还要面向未来。尽管丹麦外交大臣称此次访问大屠杀纪念馆不是政治性的。但作为一国元首，女王的参观是对中国在二战立场的声援和支持，也是在向全世界揭露和声讨日本法西斯的罪行。丹麦人民也是法西斯入侵者的受害者，中丹人民都经历过屈辱和苦难，也都为自己的祖国浴血奋战。丹麦人曾帮助国内98%的犹太人逃脱纳粹魔爪，犹太人在上海得到中国人的帮助，辛德贝格在南京救助中国人，所有这一切都闪耀着人道主义的光芒。

2014年6月，中共中央政治局常委、中央书记处书记刘云山应丹麦政府邀请，对丹麦进行正式访问，在哥本哈根分别会见了时任丹麦首相托宁-施密特、议长吕克托夫特、公主贝内迪克特、经济内政大臣韦斯塔格等。他表示希望双方以此为契机，积极拓展贸易、投资、农业、创新研发、医疗卫生、食品安全、节能环保等领域合作，扩大人文交流，特别是青年学生交流，推动中丹全面战略伙伴关系再上新台阶。

2019年丹麦对中国出口大幅增长。丹麦统计局数据显示，2019年1—10月，中丹双边贸易额达107.4亿美元，同比增长11.8%。其中，丹方进口63.5亿美元，增长4.7%；丹方出口43.9亿美元，增长24.1%。2019年丹麦进出口总额约为2200亿美元，同比增长2.3%。

即使在新冠肺炎疫情中，中丹双边贸易额2020年1—4月同比大幅增长。丹麦统计局数据显示，2020年1—4月中丹双边贸易额为42.9亿美元，同比增长10.8%。其中，丹方进口22.8亿美元，下降2.2%；丹方出口20.1亿美元，增长30.4%。其中，中丹4月份双边贸易额为10亿美元，同比增长11%。其中，丹方进口4.9亿美元，下降1.2%；丹方出口5.1亿美元，增长25.8%。

中丹关系并非永远阳光灿烂。2009年5月丹麦首相拉斯穆森、外交大臣默勒不顾中方多次交涉，执意会见达赖。中国政府强烈抗议，暂时中止了两国高层交往。直到当年12月丹麦政府发表声明反对西藏独立，并承诺再次会见达赖之前会考虑北京的反应之后，中国政府才恢复与丹方的交往。

2020年1月27日，丹麦媒体《日德兰邮报》借新冠肺炎疫情刊登"辱华"漫画，严重伤害中国人民感情。但该媒体拒绝对此事道歉，狡辩说该漫画并无"贬损或嘲笑的意图"。丹麦首相梅特·弗雷德里克森（Mette Frederiksen）则以"言论自由是丹麦传统"为由，为《日德兰邮报》的行为进行辩解。针对此事，我驻丹麦大使发表严正声明表示强烈愤慨，严正要求《日德兰邮报》和漫画作者深刻反省，向全体中国人民公开道歉。尽管有这些曲折，但中丹全面战略伙伴关系仍在向前发展。

## 三、重构后的小国国际作用理论下丹麦国际作用的新特点

在和平与发展的时代主题下，小国国际作用的理论进行了重构和发展。在此背景下，丹麦等北欧国家的国际作用呈现出新的特点和新的表现形式。

（一）丹麦等北欧国家利用软权力提高其国际影响力

本文从政治地理意义使用北欧这个名词。北欧包括丹麦、芬兰、瑞典、挪威、冰岛5个国家，它们都是北欧理事会成员国。北欧国家是发达国家，它们的经济发展水平在世界上位于最高之列，人口密度在欧洲则相对较低。挪威、丹麦、冰岛等国的人均国民生产总值高居世界前列。从人口来说，这5个国家可以算是中小国家。但它们又都是具有较大软权力的小国，在国际事务中发挥着超过其本身硬权力的作用。

北欧是世界上最重视教育的地区，也非常重视科技发展和技术革新，以科技推动发展。该地区的公众整体素质很高。北欧5国科技水平先进，在全球科研和制造业创新中，瑞典、芬兰、丹麦、挪威分别排第三、第七、第八、第十九名，是高度工业化的市场经济体。[1] 这种科技、教育和工业实力，使它们具有较大的软权力在某些国际事务中执行较为独立的外交政策，发挥着超过自身硬实力的影响。芬兰利用其永久中立国的地位，成为一些重大国际活动的举办地，发挥了搭台作用，为国际和平与安全做出了一定贡献，也提升了自身的国际地位。例如，《赫尔辛基最后文件》是1975年7—

---

[1] 世界知识产权组织（WIPO）、美国康奈尔大学、欧洲工商管理学院和2018年全球创新指数知识伙伴：《全球创新指数（GII）发布》，https://baijiahao.baidu.com/s?id=1605675218228474747（上网时间：2020年1月19日）。

8月在芬兰首都赫尔辛基举行的欧洲安全与合作会议上达成的。美国、加拿大和30多个欧洲国家的国家元首、政府首脑签署了该文件。[1] 该文件有助于冷战时期欧洲的和平和稳定。又如,俄罗斯总统普京2018年7月与美国总统特朗普在赫尔辛基进行了会晤。这是特朗普当选美国总统后举行的首次美俄正式峰会。[2] 北欧其他国家也扮演过类似的角色。

北欧国家在信息技术和人工智能发展方面处于世界比较前列的位置,这使得它们在国际事务中也发挥着重要作用。目前,在世界5G排名前十的企业中,华为和中兴公司分列第一和第三,芬兰的诺基亚和瑞典的爱立信分列第四和第五。为了夺取华为的5G领先地位,美国正在考虑各种方法,包括获得爱立信和诺基亚的控股权。2020年2月,美国司法部长威廉·巴尔(William Barr)表示:"美国及其盟国应考虑采取非常不同寻常的举措——获得芬兰诺基亚和瑞典爱立信的控股权,用以抗衡中国华为在下一代5G无线技术领域的主导地位。"[3] 这从一定程度上反映出芬兰的诺基亚和瑞典的爱立信在5G领域有着相当重要的作用。

瑞典、芬兰、挪威、冰岛和丹麦5个北欧国家努力强化在5G领域中的合作,试图在欧盟甚至世界争取领先地位。2018年5月,5个北欧国家的总理(首相)签署了一份合作信函。在该文件中,5国承诺:"5G部署需要大量投资以及适当的监管框架。我们作为北欧各国的领导人,有一个共同的愿景,就是要把北欧建成世界上最一体化的5G地区,也是第一个5G地区。从政治上来说,我们将致力于为5G和数字化在公共领域的推广和繁荣创造良好的条件。鼓励北欧国家之间通过更密切的合作推动5G的普及,将优先安排为本地区5G的投资。我们希望创造出一个共同的北欧

---

[1] 引自李道刚、喻锋:《欧安会/欧安组织框架下的人权与安全——基于〈赫尔辛基最后文件〉的法理分析》,《法学家》2008年第5期。

[2] 《美国总统特朗普会晤俄罗斯总统普京》,https://baijiahao.baidu.com/s?id=1606153990707648950&wfr=spider&for=pc,(上网时间:2020年1月20日)。

[3] 《为对抗华为 美司法部长建议投资爱立信和诺基亚》,https://www.sohu.com/a/371185175_234937(上网时间:2020年2月8日)。

5G 空间。"① 可见，一旦北欧成为欧盟内部第一个也是最一体化的 5G 地区，将对欧盟的政治和经济产生重要影响。

北欧国家在 5G 技术及其应用方面的迅速发展，使它们在人工智能（artificial intelligence，AI）领域也获得长足发展，从而使这些国家在全球和国际事务中有更大的话语权。北欧目前是欧盟中人均人工智能企业数量最多的地区，瑞典、丹麦和芬兰均处于前列。北欧国家对人工智能在国家层面的使用方式不一样，但都主要以人工智能为手段来推动发展经济，很少触及在军事领域的使用。同时，北欧国家拥有完善的教育体系，加上政府的大力推动，北欧地区未来人工智能的发展具有较大潜力。人工智能是第四次工业革命的主要引领性技术之一，北欧国家人工智能技术和产业的迅速发展和应用，将进一步提升其硬权力和软权力以及国际影响力。

（二）丹麦等北欧国家通过提供国际公共产品参与全球治理

丹麦等北欧国家通常通过提供国际公共产品，如对外援助、提出新的治理理念、参与国际维和等，参与全球治理。

丹麦积极参与地区和全球事务，努力发挥自身影响力。它视联合国、欧盟和北约为其外交的三大支柱，视美国为最重要的战略盟友，视北约为其安全保障，积极拓展以北欧合作为基础的环波罗的海合作。丹麦重视应对全球化带来的挑战，强调与中国、印度、巴西等新兴国家发展各领域特别是经贸领域的关系，积极推行"气候外交"，重视对外发展援助。②

瑞典奉行"小国大外交"策略，支持经济全球化，倡导多边主义和自由贸易，反对保护主义、民粹主义。瑞典积极参与联合国事务，推动联合国改革，重视提升联合国等国际组织的作用。它关注国际热点问题，希望通过提供发展援助、参与国际维和等方式发挥影响。它积极参与欧盟事务，支持

---

① 《5 个北欧国家签署合作，共同致力引领欧洲的 5G 发展》，https://www.m.elecfans.com/article/638591.html（上网时间：2020 年 2 月 8 日）。

② 《丹麦国家概况》，https://www.fmprc.gov.cn/web/gjhdq_676201/gj_676203/oz_678770/1206_679062/1206x0_679064/（上网时间：2020 年 2 月 16 日）。

欧洲一体化,是欧盟成员国和北约"增强合作伙伴"关系国。近年来,它更加重视发展同新兴国家的关系。[①] 瑞典还是 21 世纪以来在发达国家中对发展中国家提供援助最多的国家之一。从 1975 年开始,其每年的援助额占国民总收入的比率超过了联合国所要求的 0.7% 的目标,2009 年则达到了 1.12%,在经济合作与发展组织属下的发展援助委员会（Development Assistance Committee, DAC）成员中排名第一。[②] 瑞典在对外援助方面的诸多做法和行为,使其成为国际发展援助的典范。

挪威参与发展援助历史悠久,在发展援助委员会成员中占有重要地位。挪威是经合组织（OECD）中三个满足援助开支占国民总收入 1% 的国家之一（其他两个是瑞典和卢森堡）。挪威重视增加对脆弱国家的援助,外援优先考虑人道主义援助、教育和保健等。挪威政府认为,向世界最脆弱国家提供援助对帮助最穷的人是至关重要的,对于国际安全稳定也是至关重要的。[③]

冰岛虽未加入欧盟,但系欧洲自由贸易联盟及申根区成员,在欧洲经济区框架下积极与欧盟开展合作,与北欧国家保持传统密切关系,积极参与国际事务。[④]

丹麦等北欧五国的新能源和环保产业发展迅速,环保技术发达。这使它们在一些全球问题,如全球气候变化上有底气和能力发挥一定的引领作用。2017 年 6 月,美国总统特朗普宣布美国将退出《巴黎协定》。北欧国家包括芬兰、挪威、瑞典、冰岛和丹麦对此非常不满。2019 年 1 月,它们在芬兰首都赫尔辛基签署联合声明,宣布努力达成将全球升温控制在 1.5 摄氏度以

---

① 《瑞典国家概况》,https://www.fmprc.gov.cn/web/gjhdq_676201/gj_676203/oz_678770/1206_679594/1206x0_679596/（上网时间：2020 年 2 月 16 日）。

② 黄梅波、朱丹丹：《瑞典的对外援助及其管理》,《国际经济合作》,2011 年第 5 期。

③ 黄梅波、陈岳：《挪威对外援助政策及管理机制》,《国际经济合作》,2011 年第 6 期。

④ 《冰岛国家概况》,https://www.fmprc.gov.cn/web/gjhdq_676201/gj_676203/oz_678770/1206_678964/1206x0_678966/（上网时间：2020 年 2 月 16 日）。

内的目标。为此它们将加强合作以提升应对气候变化的力度,更快实现"碳中和"。碳中和是指通过计算二氧化碳的排放总量,然后通过植树等方式把这些排放量吸收掉,以达到环保的目的。这一重大目标是:推动全球经济绿色转型,共同努力开发有效的和具有全球影响的各种零排放技术,在这一进程中让工业和企业发挥主导作用。① 北欧五国在声明中还表示随时准备展示应对气候变化的强大领导力,这种展示包括在国家、区域和全球层面,特别是要深化在气候行动方面的合作。②

(三)丹麦等北欧国家发挥独特的制度性权力影响力和结构性权力影响力

冷战结束后,特别是进入21世纪以来,丹麦等北欧国家在国际事务中发挥了独特的制度性权力影响力和结构性权力影响力。其中包括通过加强次地区合作。

丹麦等北欧国家制度性权力影响力的发挥主要体现在如下几个方面:

其一,利用联合国气候大会,推动《巴黎协定》的制定和实行。丹麦等北欧五国为2015年12月在巴黎气候变化大会上通过《巴黎协定》做出了努力。丹麦等北欧五国领导人与世界160多个国家领导人一起,于2016年4月在纽约联合国总部共同签署了这一协定。丹麦等北欧国家也是最早批准《巴黎协定》的发达国家之列。

其二,充分利用北欧部长理事会和北欧理事会加强相互间合作。丹麦等北欧五国都是北欧部长理事会和北欧理事会成员国。近年来,它们注重加强在这两个机制中的协调与合作。北欧部长理事会于1971年诞生,它是由北欧国家组成的、以合作为宗旨的政府间论坛。北欧理事会亦称"北欧委员会",是北欧五国的议会间组织,也是五国政府的协商和咨询机构。其宗旨

---

① 《北欧五国签署气候声明加快实现"碳中和"》,《人民日报》2019年1月28日,第16版。

② 同上。

是：讨论有关北欧各国的共同利益问题，探讨合作途径，向北欧部长理事会和北欧各国政府提出建议并促进建议的实现，以加强和扩大北欧各国间的合作。北欧理事会和北欧部长理事会是北欧五国可在次地区行使有利于己的制度性权力的平台。例如，北欧理事会于2017年11月通过决议，在北欧地区采用共同电子身份证系统。北欧电子身份证是北欧五国通用的，也得到北欧五国的相互认可。北欧五国公民可用北欧电子身份证在跨国工作、开设银行账户、留学时验证身份。

其三，丹麦等北欧国家正作为一个整体加强与地中海沿岸国家的合作。北欧部长理事会于2018年5月发表《北欧—地中海地区人工智能宣言》，该宣言的政策目标是："开发和促进对人工智能的运用，以更好地为人类服务。"北欧各国旨在就技能开发、数据访问、标准和原则展开合作，确保人工智能在欧洲数字单一市场中的作用，避免不必要监管，并通过北欧部长理事会促进合作。[①] 同时，北欧国家的人工智能产业生态系统在启动方式、规模等方面具有较大相似性。它们都通过私营创新机构、高校等科研单位、公共组织与政府相互合作的方式，推动产业在技术、人才与资金的全方位发展。可见，产业生态系统的相似性使北欧各国具有较大合作面。

丹麦等北欧国家结构性权力影响力的发挥主要体现在如下两方面：

一方面，在"北欧防务合作联盟"框架内加强沟通协调。"北欧防务合作联盟"于2009年成立，最初只是北欧诸国之间就防务与安全政策问题进行对话的论坛性机构，成员国包括北欧五国。后来逐步发展为北欧的国与国之间军事交流、合作与互动的联盟组织。早在2007年，瑞典、挪威和丹麦三个北欧国家就试图寻求扩大未来防务合作的可能性，以最大限度利用资源和提高效率。2014年10月，挪威防务与安全专家索尔瓦尔德·斯托尔腾伯格（Solwald Stoltenberg）提出了"北欧防务与安全委员会"的概念，主张其职责是确定并推进具体的合作进程，为北欧防务合作制订出详细的方案。2015年，瑞典提出"2020年北欧防务合作联盟远景规划路线图"，提出由两三个有实力的国家牵头的重点军工合作项目，是防务合作的基础以及提高

---

[①] 引自《政策简报·北欧地区》，《人工智能半月刊》2018年第20期。

联合防务能力的保障。瑞典还建议：强化北欧地区的海空合作，改良早期预警系统；组建模块化的"北欧—波罗的海战斗群"；将网络空间防御作为北欧国家安全合作中的重要一面。① 在2015年3月举行的"北欧防务合作联盟"会议上，国防装备合作协议是会议取得的最重要成果，瑞典、挪威、冰岛、芬兰和丹麦五国国防部长签署了该协议。协议规定，北欧国家将加强在武器采购、军演等方面的合作；五国扩大跨境培训、共享军事基础设施，建立联合监测北欧领空的机制，以应对俄罗斯空军。② 该计划实施后，北欧各国之间的联合防务提升到了前所未有的高水平。

另一方面，在北欧国家内部加强双边安全沟通协调。例如，除参与多边合作以外，瑞典和芬兰正在强化两国海空军力量之间的联系，加强两国防务合作，以便形成能灵活应对各种情况的联合军事力量。两国于2015年2月共同提出报告，建议深化双边军事技术合作，包括两国在陆军、空军、海军、通信、人员管理和后勤等方面密切合作。它们计划建立可涵盖战略、政治及实战层级的情报交换系统，强化两军互信基础和工作沟通，双边规划未来军事合作必须包括危机管理行动计划、预备役部队、管理运营、后勤支援等；如有必要，两军可进行联合战略规划。③

## 四、深化中丹全面战略伙伴关系的可行路径

当今世界正处于百年未有的大变局中。根据重构后的小国国际作用理论，丹麦等北欧国家国际作用呈现出新特点，这使得中国深化中丹全面战略伙伴关系面临难得的历史机遇，同时也面临不少挑战。

深化中丹全面战略伙伴关系面临的机遇，主要有如下几个方面：

---

① 肇启笠：《北欧强化防务提防俄罗斯》，《中国国防报》，2015年2月17日，第3版。
② 田聿：《芬瑞组建军事同盟防俄》，《中国国防报》，2015年8月11日，第3版。
③ 同上。

（一）丹麦等北欧国家推行一定独立性的和平外交或平衡外交，有利于深化中丹全面战略伙伴关系

在最早承认新中国的西方国家中，就包括丹麦、瑞典、芬兰和挪威等。与新中国建交的第一批西方国家中也包括它们。中国改革开放以来，特别是进入21世纪以来，中国与北欧国家逐渐建立和发展伙伴关系。中国与丹麦2008年10月建立全面战略伙伴关系。这是中国与北欧国家建立的第一对双边伙伴关系，两国在经济、政治、科技、教育、文化等领域的合作富有成果并获得长足发展。中国和芬兰2017年4月发表联合声明，宣布共同建立中芬面向未来的新型合作伙伴关系。中芬面向未来的新型合作伙伴关系，是中国与欧盟全面战略伙伴关系的补充。以此为基础，双方共同致力于构建中欧和平、增长、改革、文明四大伙伴关系，支持在条件成熟时启动中欧自由贸易协定联合可行性研究，支持《中欧双边投资协定》谈判及中欧人员往来和移民领域对话进程，推动落实《中欧合作2020战略规划》。[1]

中国提出的"一带一路"倡议，得到了丹麦等北欧国家的认可和积极参与。2017年5月，丹麦、芬兰、瑞典等北欧国家的高级别代表参加了首届"一带一路"国际合作高峰论坛，中国和北欧国家的经贸关系进入新的更快发展阶段。2015年4月，丹麦、芬兰、挪威、瑞典、冰岛先后成为亚投行创始成员国。2017年以来，中国与北欧国家高层互访明显增多，双边关系定位不断提升。2017年11月，中国与北欧间首趟中欧班列——芬兰科沃拉至西安线正式通车，[2] 现在已经形成常态化对开班列。班列的开通不仅有助于"中国制造"走向北欧，以及芬兰等国的优质产品更便捷地进入中国市场，而且也极大地提升了中国与北欧互联互通的水平。

---

[1] 《中国与芬兰发表关于建立和推进面向未来的新型合作伙伴关系的联合声明》，http://www.chinanews.com/gn/2017/04-05/8191991.shtml（上网时间：2020年2月18日）。

[2] 《中欧班列（科沃拉—西安）开行》，《西安晚报》2017年11月14日，第5版。

## （二）丹麦等北欧国家对外关系的和平性与合作性，有利于实现中国与北欧国家关系的合作共赢

中国坚持走和平发展、合作共赢的道路。丹麦等北欧五国作为中小国家也主张和平与合作。它们顺应世界和平发展的潮流，希望与其他国家包括中国实现合作共赢。

一方面，有利于促进双方的经贸合作。改革开放以来，中国与北欧国家高层互访日趋频繁，有力地促进了双边经贸合作机制的建立。20世纪70年代末以来，中国先后与瑞典、芬兰、丹麦、挪威签署政府间贸易协定以及经济、工业和科学技术合作协定，建立了双边混合委员会机制，并定期开展经贸领域的交流与磋商。

在欧洲，北欧国家最早与中国开始自贸协定谈判。相继承认中国市场经济地位的冰岛（2005年）和挪威（2007年）是欧洲国家中最早与我国分别开启建立自贸区可行性研究的国家。2006年、2008年，中国和冰岛、挪威先后启动双边自贸协定谈判。2013年4月，中国与冰岛签署两国自由贸易协定。

丹麦等北欧国家还率先与中国开启投资保护协定谈判，并成为较早向中国提供政府贷款的发达国家，从而推动了北欧先进技术和企业进入中国市场。1982年，中国和瑞典签署两国投资保护协定，这是中国与其他国家签署的首个投资保护协定。此后，中芬、中挪、中丹、中冰先后签署双边投资保护协定。

总的看来，中国与丹麦等北欧国家贸易规模稳定，互补特征明显。从进出口商品构成来看，双方互补性很强。中国与丹麦等北欧国家双向投资日趋活跃，投资领域日益多元。丹麦等北欧国家对华投资项目的质量和强度普遍较高。经贸合作成为中国与北欧国家伙伴关系的最重要支柱。

另一方面，有利于双方在北极事务上的合作。中国和芬兰决定加强两国在北极地质学、北极海洋产业、海洋与极地科学研究、海上安全、旅游业、环保技术和航运等领域的科技和经济合作。2012年8月，中国第五次北极科考队乘坐"雪龙"号极地科考船，抵达冰岛首都雷克雅未克。时任冰岛

总统接见了中国科考队。这也是中国北极科考队首次正式访问北极国家。[①] 2013年12月,中国—北欧北极研究中心成立,签署了《中国—北欧北极研究中心合作协议》。该中心致力于中国与北欧国家在北极事务方面的协调合作,促进北极的可持续发展,增进各国对北极及其导致的全球影响的理解和认识。[②] 中冰联合极光观测台主体建筑结构于2016年10月封顶,并于2017年10月正式投入使用。位于瑞典基律纳的中国遥感卫星地面站北极接收站,历经两年建设,于2016年12月投入试运行。[③]

(三) 与丹麦等北欧国家的科技合作有利于促进中国科技实力的进一步提升

科技对于国家权力增长和国际体系的影响,被国际关系学者重视和强调。北欧国家在许多科技方面对中国具有一定的优势,但它们也对中国的大市场有需要,有利用它们的科技优势发展与中国合作的内在需求。与此同时,在实现现代化的道路上,我国需要发展与北欧国家的科技合作,把中国的潜在大市场转变为现实大市场。这使双方具有合作发展的内在需求和共同利益。改革开放以来,中国与北欧国家的科技合作日益密切。丹麦等北欧国家一直是中国对外引进技术的主要来源地之一。截至2018年年底,丹麦等北欧国家对中国投资金额累计达113.4亿美元,北欧国家也从中国获得103.8亿美元的投资。双方投资结构日趋均衡。[④] 近年来,中国与北欧国家的创新研发合作也取得积极进展,在新一代移动通信技术、智能交通、城市

---

[①] 《中国"雪龙"号科考船首次访问北极国家冰岛》,http://www.china.com.cn/newphoto/2012-08/17/content_26263124.htm (上网时间:2020年2月18日)。

[②] 《中国—北欧北极研究中心成立 召开首次成员机构会议》,http://www.gov.cn/govweb/gzdt/2013-12/12/content_2546677.htm (上网时间:2020年2月18日)。

[③] 《中国遥感卫星地面站北极站投入试运行 为我国首个海外陆地卫星接收站》,《中国科学报》2016年12月16日,第1版。

[④] 晏澜菲:《中国与北欧三国共挖投资新机遇》,http://www.comnews.cn/article/ibdnews/201909/20190900019124.shtml (上网时间:2020年2月18日)。

可持续发展、节能环保、新能源、农业、林业、有色金属、地热、海洋与极地等领域尤为突出。① 北欧国家也允许中国的华为技术有限公司在它们国内发展业务。

深化中丹全面战略伙伴关系面临的挑战，主要有如下两方面：

其一，当前世界单边主义和贸易保护主义进一步抬头，中国与丹麦等北欧国家经贸关系发展的外部环境中负面因素增加。美国特朗普政府推行"美国优先"的国家安全战略，多次威胁要退出世界贸易组织，还企图分裂欧盟。美国挑起与中国的贸易摩擦，使世界生产链遭到破坏。这些都对中国与丹麦等北欧国家经贸关系的发展造成负面影响。

其二，美国企图在信息技术和人工智能等高科技领域对中国进行打压，使得中国和丹麦等北欧国家的科技合作受到挑战。《美国国家安全战略报告（2017年）》列出的美国主要战略竞争者，包括俄罗斯和中国。美国还要求其他国家包括欧洲国家不能使用华为公司的技术。特朗普政府还表示，不会与采用中国华为公司技术及设备系统的国家合作。② 2019年4月，美国国务卿迈克·蓬佩奥在北约外长会议上，再度向北约成员国喊话，要求它们认真应对5G网络安全方面的议题，应对来自中国的挑战。③ 这一切，都使得中国和丹麦等北欧国家的科技合作受到挑战。

总的来说，深化中丹全面战略伙伴关系，面临的机遇要远大于挑战，我们要抓住机遇，克服挑战，使中丹全面战略伙伴关系上一个新台阶。

基于构建"中国—北欧命运共同体"的目标，借鉴重构后的小国国际作用理论，深化中丹全面战略伙伴关系，可以从如下几个方面入手：

第一，在相关国际组织中以及相关倡议方面加强合作。在和平与发展为主题的时代，小国发挥国际作用的主要路径是发挥制度性权力影响力和结构

---

① 安宁：《改革开放四十年来中国与北欧国家的经贸关系》，《国际贸易》2018年第10期。

② 门洪华主编：《中国战略报告》（第7辑），上海：格致出版社，2020年版，第233页。

③ 刘平：《"盟主"美国喊话盟友"应对中国挑战"》，《中国青年报》2019年4月10日，第4版。

性权力影响力。中国与丹麦等北欧国家首先应该加强在联合国的合作，在诸如气候变化等涉及人类命运的一系列重大事项方面加强沟通与合作。中国还应该欢迎作为亚投行创始成员国的丹麦等北欧国家，在亚投行发挥积极作用，加强双方在"一带一路"倡议和"冰上丝绸之路"倡议方面的国际合作，推进亚欧互联互通，加强双方在北极地区的各方面合作。

第二，在维护多边主义和全球治理方面加强协调与合作。小国发挥国际作用的主要手段是提供国际公共产品，参与全球治理。长期以来，丹麦等北欧国家与中国同为经济全球化和国际多边贸易体制的坚定捍卫者，一贯反对贸易保护主义，支持自由贸易。它们均为世贸组织成员，在经济全球化和贸易便利化中既是推动者和受益者，也是坚定的维护者。中国与丹麦等北欧国家双方要共同支持经济全球化的良性发展，坚定维护国际多边贸易体制。双方应该拓展合作和加强协调，反对单边主义和贸易保护主义，旗帜鲜明地维护开放、包容、透明、非歧视和以规则为基础的国际多边贸易体制，以实际行动提升贸易投资自由化和便利化水平。双方应深化在贸易与环境、贸易便利化和贸易发展等议题上的沟通。在实施好现有的中国和冰岛自贸协定基础上进一步升级这一协定，推动中国和挪威早日完成自由贸易协定谈判，使自由贸易成果尽早惠及双方人民和企业。

第三，在人工智能和信息技术领域相互合作、交流互补，实现互利共赢。在以和平与发展为主题的时代，小国特别重视发展信息产业，这是它们提升硬权力和软权力的捷径。丹麦等北欧国家已经认识到，信息技术和人工智能的发展可以进一步提升它们的影响力，因此更加重视发展人工智能和信息技术。当前，以人工智能和信息技术为代表的第四次科技革命迅猛发展，国家之间高科技竞争日趋激烈。丹麦等北欧国家在信息技术产业包括5G技术的发展中具有一定优势，它们致力于共同引领欧洲信息技术和人工智能的发展。中国在信息技术和人工智能发展的某些方面处于世界前列。双方在这些领域有利益交汇点，应该加强合作。双方还可以在第三国拓展信息技术和人工智能的项目合作。

# 中国与（中）东欧国家关系70年发展

## ——从同志到构建战略伙伴关系

高晓川[*]

**[内容提要]** 中国与东欧国家间传统友谊深厚，70年关系的发展经历了波折，也经受住了国际风云变化的考验。冷战时期，受到中苏关系变化的直接影响，中国与多数东欧国家关系发展的自主性弱并经历了从友好、疏远到恢复正常的波折，在约20年中体现出志同道异的兄弟国家关系特点。冷战后，中东欧国家走上了回归欧洲的历史之路，中国尊重中东欧国家根据本国国情选择的社会制度和发展道路，中国与其关系转变为不同制度与价值观基础上的国家关系。中国与中东欧国家关系发展在具有自主性的同时，也由于中东欧国家先后入盟而使其与中欧关系相融合。为促进欧亚大陆两个重要的转型和新兴经济体之间的互利共赢合作，2012年建立的中国—中东欧合作标志着双方关系发展进入以构建战略伙伴关系为目标的历史新阶段，这一新型跨区域多边合作机制推动着中国与中东欧国家间各层级和各领域的务实合作不断提质升级，并在促进中欧关系全面和均衡发展中日益发挥创新性和建设性作用。

**[关键词]** 中国　（中）东欧　关系波折　自主性　战略伙伴关系

---

[*] 高晓川，华东师范大学中东欧研究中心研究员。本文系外交部2017年中国—中东欧国家关系研究基金项目"中国—中东欧合作的成果、问题与前景"（项目编号：KT201707）的阶段性成果。

中东欧地区聚集了欧洲大多数的小民族，其经济和社会发展轨迹有别于西欧，也比西欧地区经历了更多历史风雨的吹打。中东欧历史哲学包含了历史、民族、文化、宗教等多方面内容，其历史发展轨迹中的一个显著特点是受大国力量控制出现的钟摆效应。20世纪90年代起，中东欧国家走上回归欧洲之路。从中欧、东欧到中东欧本身也蕴含着这一地区历史与地缘关系演变的内在特点。①

# 一、冷战时期中国与东欧国家关系发展呈现波动性

新中国甫自成立就得到东欧国家的支持与承认，东欧国家都是首批与新中国通过换文建交的国家。② 冷战时期，中国与东欧国家关系发展的自主性弱，并主要受到中苏、中美大国关系互动下中国外交从"一边倒""一条线"到独立自主政策演变的影响。中国与多数东欧国家关系发展经历了相似的轨迹，也出现一定的波折，即10年友好合作，20年疏远恶化，10年恢复正常。20世纪50年代，中国与东欧国家保持了友好合作的关系，60年代

---

① 现在的中东欧地区在19世纪时最早被称为中欧。二战后欧洲分裂格局形成，中欧一词逐渐被富于政治色彩的东欧所替代，西方国家通过东欧的新标签包容了所有被纳入东方集团的地区。中东欧（CEE, Central and Eastern Europe）是冷战后出现的概念，主要指冷战时期社会主义集团中的东欧国家，它淡化了东欧原有的政治色彩，突出了地域和文化色彩。

② 1949年10月4—7日，中国先后与保加利亚（4日）、罗马尼亚（6日）、捷克斯洛伐克（6日）、匈牙利（6日）、波兰（7日）建立外交关系，10月27日与民主德国建交，11月23日与阿尔巴尼亚建交。这些国家都是共产党执政，理念一致，与新中国不存在政治上的障碍，也没有其他利益纠葛，建交时未经谈判，只是通过双方政府间的公文往来，彼此承认，在宣布承认的同时，即确定建立了外交关系。参见马宝奉：《新中国建交内情三——与东欧七国建交》，《人民日报》（海外版），2014年8月23日。

初至80年代初，中国与东欧五国（保加利亚、匈牙利、捷克、波兰、民主德国）关系出现了20年的疏远和恶化，80年代初后双边关系逐步恢复和正常。在1958—1978年的20年间，中南化敌为友；在1960—1978年，中阿保持了18年"天涯若比邻"的亲密盟友关系。罗马尼亚是唯一对华关系发展保持了一定稳定性的国家。在冷战时期的约20年中，中国与东欧国家间虽有相同制度和价值观基础，但对社会主义的认识和发展道路存在不同看法，志同道异。

（一）20世纪50年代中国与东欧国家的友好合作

自新中国成立至20世纪60年代初，中国一直把"在无产阶级国际主义的原则下发展同社会主义阵营各国之间的友好互助合作关系"作为对外政策总路线三项内容之第一项。[①] 毛泽东曾指出，巩固同苏联的团结，巩固同一切社会主义国家的团结是中国的基本利益所在。[②] 中国与东欧国家友好合作关系顺利发展，领导人互访频繁，在政治、经济、军事、文化诸领域的合作不断加强，在国际事务和反帝斗争中密切配合行动，1957—1959年是中国与东欧社会主义国家的团结与友好合作的鼎盛时期。[③] 中国与一些东欧国家先后签订友好合作条约：1955年12月，中国与民主德国签订友好合作条约；1957年3月，中捷签订友好合作条约；1959年5月，中匈签订友好合作条约。东欧国家对中国工业化建设给予了积极援助，1956年毛泽东在会见保加利亚部长会议主席于哥夫率领的代表团时曾说，我们经济不发达，向兄弟国家要的多，给兄弟国家的太少。[④] 这一时期，中国与东欧国家先后签

---

① 周恩来总理1964年12月21日在第三届全国人民代表大会第一次会议上的政府工作报告。
② 毛泽东：《关于正确处理人民内部矛盾的问题》，《人民日报》，1957年6月19日。
③ 王泰平：《中华人民共和国外交史》（第二卷），北京：世界知识出版社，1998年版，第283页。
④ 裴坚章：《中华人民共和国外交史》（第一卷），北京：世界知识出版社，1998年版，第46页。

订了长期贸易协定以及科技合作与文化合作协定。

20世纪50年代是中国与东欧国家经贸合作的高峰期。中国主要出口农副产品、矿产品和轻工产品,东欧国家出口以成套设备、机械、钢材、轮船、火车车厢、化工产品等为主。1958年,中国与东欧国家贸易额达到了建交后最高水平,以苏联卢布(旧)计算分别为:中德近10亿、中捷8亿多、中波5亿多、中匈2.51亿、中罗2.03亿、中保6400万。① 民主德国和捷克斯洛伐克都是苏东集团中的工业强国,机械、化工、汽车、军工产品等是其传统优势工业,其中捷克斯洛伐克承担着苏东集团中对外经济援助与合作的主要任务,因此在中捷关系发展的过程中,经贸合作起到了举足轻重的作用。据档案文献记载,20世纪50年代捷克斯洛伐克单独或与其他社会主义国家共同在华援建82家企业,有3000余名捷专家来华工作。② 1956年4月,中国利用捷方赠送的600余台农机在河北沧州建立"中捷友谊农场",同时捷克斯洛伐克维纳日采农场(Vinarice)也更名为"捷中友谊农场"。1959年底,捷克斯洛伐克把科沃斯维特机床厂(Kovosvit)更名为"捷中友谊机械厂",以帮助中方发展机床制造工业,中方于1960年5月举行了沈阳第二机床厂更名为"中捷友谊机械厂"的典礼仪式。中波在航运方面的合作也引人注目。1951年6月,中波轮船股份公司建立(对外称"中波海运公司"),成为"新中国第一家中外合资企业"。③ 1953年,中捷开展航运合作,1959年4月,两国在捷成立合营轮船公司。在美国对台湾海峡实行封锁禁运的情况下,两个合营航运公司对中国的经济建设、对中国与东欧国家的贸易航运发挥了积极的作用。④

---

① 王泰平:《中华人民共和国外交史》(第二卷),北京:世界知识出版社,1998年版,第292页。

② http://digitalarchive.wilsoncenter.org/document/114816

③ 中波轮船股份公司:《中波轮船股份公司发展史(1951~2011)》,上海古籍出版社,2011年版,第6页。

④ 王泰平:《中华人民共和国外交史》(第二卷),北京:世界知识出版社,1998年版,第293页。

## （二）20世纪60—70年代中国与东欧国家关系疏远与恶化

1956年苏共二十大后，中共与苏共在意识形态和对外政策上出现分歧。1960年6月，在布加勒斯特会议上中苏分歧进一步暴露。中苏分歧出现后，东欧五国①先后站到苏联一边，五国共产党（工人党）是苏共对中共在意识形态问题上进行论战的主要依靠力量，这样形成了社会主义阵营的分裂态势，并导致中国与其国家关系在1960—1964年出现裂痕，其中中国与捷、保和民主德国关系恶化较快。1961年11月，捷共中央机关报《红色权利报》发表总理西罗基在捷共中央全会上的讲话，其中包括指责中共在苏共二十二大后"更加深了个人崇拜"等言论，这是东欧国家中第一个公开指责中共的事件。②1965年，中共首次明确指出东欧国家推行"修正主义"路线。五国共产党认为中共实行"教条主义""宗派主义"。此后，中共与东欧五国共产党的关系逐步疏远和恶化，中共不认为这些东欧国家是社会主义国家，党际关系的变化和政策分歧也影响到国家关系。除了少量贸易外，中国与东欧五国基本中断交往与合作。双方之间的分歧源于中苏矛盾，中国与东欧五国间不存在核心利益的冲突矛盾，因此在一些国际事务中双方仍能够相互支持。1968年8月，中国反对苏联入侵捷克斯洛伐克。东欧国家则在中国常驻联合国席位以及台湾问题上给予中国大力支持。中美建交之际，波兰也以中美关系撮合者的角色发挥了非常重要的作用。

与上述五国的情况不同，中国与罗马尼亚、阿尔巴尼亚、南斯拉夫关系经历了不同的发展过程。尽管中罗在对外政策问题上的认识和主张也有一定差异，但在反对苏联大国主义方面有共同点，并能相互尊重、求同存异，因此保持和发展了两国友好合作关系的稳定性。到20世纪70年代后期，罗马尼亚成为社会主义集团中与中国关系最紧密的友好国家。在中苏分歧出现后，阿尔巴尼亚劳动党站在中国一边，在1960年11月举行的共产党和工人

---

① 捷克斯洛伐克、保加利亚、民主德国、波兰、匈牙利。
② 王泰平：《中华人民共和国外交史》（第二卷），北京：世界知识出版社，1998年版，第305页。

党莫斯科会议上,阿劳动党领导人在发言中不仅批判苏共的理论和政策,而且认为苏共对中共的指责不正确。自此,中阿两党在反苏斗争中走到一起,中共把阿劳动党视为"真正的革命的马克思主义政党",两国关系不断加强并形成了"天涯若比邻"的友谊和团结。进入20世纪70年代后,两国关系发生了始料不及的实质性变化,1978年中国停止对阿援助,两国关系破裂。① 在苏东国家中,南斯拉夫与中国建交最晚。② 伍修权指出,中南关系的发展,从一开始就受到国际国内形势,特别是苏南关系的影响和制约。③ 1958—1978年间,中南关系发展经历了20年化敌为友的曲折过程。1958年,在对南共联盟的批判中,中共中断了与南共的党际关系。1976年"文革"结束后,中国逐步调整对南政策。1977年8月底9月初,铁托访华并与中国党和国家领导人就两党和两国关系深入交换意见,双方就恢复两党关系达成原则协议。④ 1978年6月,中共中央在致南共联盟第十一次代表大会贺电中赞扬南共"把马克思主义的普遍真理用于南斯拉夫的具体实践","建立了适合本国国情的社会主义自治制度"。⑤

---

① 据统计,1954—1978年6月,中国对阿尔巴尼亚援款总额100多亿元人民币,中国先后派出专家6000名。见王泰平:《中华人民共和国外交史》(第三卷),北京:世界知识出版社,1999年版,第271—272页。

② 1949年10月1日中华人民共和国宣告成立,南斯拉夫政府于5日发表声明予以承认。当时考虑到欧洲各国共产党和工人党关于南斯拉夫的决议以及苏南关系,中国没有立即同南建交,后经协商,中南两国政府决定以1955年1月2日为两国建交日。

③ 伍修权:《伍修权回忆录》,北京:中国青年出版社,2009年版,第230页。

④ 值得一提的是,1978年3月,中联部副部长李一氓率团访问南斯拉夫,全面考察其政治经济制度,代表团在给中央的访问报告中肯定了南斯拉夫是社会主义国家,南共联盟是社会主义政党。见朱良:《对外工作回忆与思考》,北京:当代世界出版社,2012年版,第8—9页。

⑤ 王泰平:《中华人民共和国外交史》(第三卷),北京:世界知识出版社,1999年版,第273页。

(三) 20 世纪 80 年代恢复与正常化

1978 年 12 月，党的十一届三中全会提出把全党工作重点转移到社会主义现代化上来。在对外政策上，提出了外交为经济建设服务的方针，这为中国与东欧国家关系的缓和和恢复奠定了政策基础。1982 年，中共十二大提出了坚持独立自主的外交政策和处理兄弟党关系的四项基本原则。1983 年 6 月的《国务院政府工作报告》指出，中国同东欧各国的关系是可以继续改善的。[1] 1983 年 7 月起，中共按照实事求是原则逐步承认东欧五国是社会主义国家，经过了 20 年的疏远和恶化，社会主义国家开始恢复了友好关系，其基础不再是国际主义，而是和平共处五项原则。[2] 中国与东欧五国关系解冻的破冰之旅始于 1983 年 5 月中国外交部副部长钱其琛与外交部苏欧司司长马叙生对东欧五国进行的"非正式"访问。[3] 在访问中，中方强调双方搁置分歧和争议，寻找共同点，为双边关系的发展创造新机遇。东欧五国把中国与其的接触视为中国对苏东集团采取差异化政策的表现。1983 年 6 月，捷外交部的一份政策报告认为，中方的一系列访问（包括 1983 年 5 月中共领导人访问罗马尼亚和南斯拉夫）证明中国在采取差异化政策恢复与欧洲社会主义国家的关系，中国打算通过与欧洲社会主义国家建立特殊关系来消弱其与苏联的关系。[4] 当时在匈外交部的档案文件也曾出现同样的意思。

中国与东欧五国关系的恢复和发展同中苏关系正常化进程既是一致，也

---

[1] http://www.gov.cn/test/2006-02/16/content_200823.htm.

[2] 朱良：《对外工作回忆与思考》，北京：当代世界出版社，2012 年版，第 96 页。

[3] 钱其琛副外长访问了东德、波兰和匈牙利，马叙生司长访问了保加利亚和捷克斯洛伐克，出访均以视察使馆工作为由进行，在中苏关系解冻初期也可见这种方式。1982 年 3 月，苏联领导人勃列日涅夫发表愿意改善对华关系的塔什干讲话后，中国外交部苏欧司司长以视察使馆工作名义前往莫斯科开启了中苏关系正常化磋商的序幕，由此可见 20 世纪 80 年代初中国与苏东国家关系解冻时的特殊环境。

[4] The National Archive of the Czech Republic Gustáv Husák Office – The International Department PRC, box No. 347.

是相互促进的，相比中苏关系中存在的三大障碍，中国与东欧国家关系中不存在机制性障碍，因此双边关系恢复和发展更快更顺利。其主要体现在两方面：一是政治高层互访加强，双边关系逐步实现正常化。1984—1987年间，先后有捷、波、匈、保、民主德国党和国家领导人访华，中国党政领导人先后访问了东欧五国。1986年10月，昂纳克访华时，中国重申对东欧国家的三个尊重：充分尊重东欧社会主义国家根据自己的实际情况所制定的国内政策；充分尊重它们根据本国的利益所奉行的对外政策；处理双边关系时，充分尊重它们发展对华关系时的考虑和采取的具体措施。这是中国与东欧国家的一项根本方针。[①] 二是在中国城市改革启动以及东欧国家经济增长缓慢的背景下，双方都有通过扩大经贸与技术合作来推动国内改革和促进经济增长的实际需要。中国领导人较早提出引进和利用东欧国家技术加快国内企业技术改造的必要性。1983年6月，邓小平谈到国内老企业技术改造可以通过与东欧国家发展关系来解决，他们好多东西比起西方更接近我们。[②] 同年7月，邓小平又指出同东欧国家合作也有文章可做。[③] 1984年5月，中国《国务院政府工作报告》指出，中国同罗马尼亚、南斯拉夫的友好合作关系具有坚实的基础，我们将继续发展同它们的全面合作。我国同东欧其他社会主义国家发展友好关系，也有广阔的前景。我们愿意为进一步增进同它们的经济技术合作和友好往来，作出积极的努力。[④] 报告既对中国与东欧国家关系发展进行了整体评估，同时也突出了加强经济技术合作的新目标。

在中国与东欧五国党政关系解冻和恢复之际，双方的经济与技术合作逐步展开。在20世纪80年代初，中国的城市改革开始试水，在探索改革的方向和企业技改过程中，中国出现了学习东欧国家经济改革、管理经验以及引进技术的热潮。首先，东欧经济学家们向他们的中国同行论证了中央计划体

---

① 《人民日报》，1986年10月25日。

② 中共中央文献研究室：《邓小平年谱1975—1997》（下），北京：中央文献出版社，2004年版，第911—912页。

③ 同上，第921页。

④ http://www.china.com.cn/policy/txt/2008 - 03/19/content_ 13026524_ 5. htm.

制紊乱的内在根由是体制问题,而不是政策失误。① 1985 年,包括匈牙利学者科尔奈(János Kornai)在内的三名东欧学者受邀参加了在中国改革进程中起到了重要思想启蒙作用的"巴山轮会议",② 吴敬琏指出,科尔奈的短缺经济学理论为中国经济学的发展和中国改革的推进提供了重要的思想养分。③ 其次,东欧国家企业以各种方式(提供设备、技术转让、合作生产、合资经营等)参与中国企业的技改和生产合作项目。东欧国家不仅有适合中方需求的产品和技术,而且其在性价比上较欧美发达国家更具优势。正是在这种背景下,从中国城市改革元年 1984 年起,曾援助中国工业化建设的东欧国家企业再次参与到中国企业技改的热潮中,这不仅有力地推动了双边经济技术合作,而且也成为中国与东欧五国关系恢复和发展的重要突破口。这一年,中国派出多个重要的经贸代表团相继访问了东欧五国,取得了经济上和政治上的积极成果。④ 同时,中国与这些国家分别签订经济技术合作协定,并签署成立双边"经济、贸易、科技合作委员会"的协议。⑤ 与此同时,匈牙利、捷克斯洛伐克、波兰和民主德国等国主管工贸的副总理率团相

---

① 吴敬琏:《比较》(第三十八辑),北京:中信出版社,2002 年版,第 7 页。

② 1985 年 9 月,由国家体改委提议、国务院批准召开的宏观经济管理国际研讨会在长江巴山轮上举行,故也被称为"巴山轮会议"。此次会议是一次从计划经济向市场经济转型的重要会议。会议共邀请美国、英国、法国、西德、日本以及波兰、匈牙利和南斯拉夫等国经济学家参会。科尔奈的短缺经济学理论不仅是研讨会的主要议题,最终也为中国取消指令性计划经济提供了重要的理论基础。1986 年,经济日报出版社出版了会议论文集《宏观经济的管理和改革——宏观经济管理国际讨论会言论选编》。

③ [匈]雅诺什·科尔奈:《思想的力量》,上海人民出版社,2013 年版,序言。

④ 值得一提的是,最早是在 1984 年 3—4 月,国家经委副主任朱镕基率中国经济代表团访问东欧五国,代表团参观了 40 个城市的 70 个企业,商定老厂改造和技贸结合项目 79 项。参见《中国与东欧国家经济技术合作前景广阔——本刊记者访问中国经济代表团团长朱镕基》,《企业管理》1984 年第 7 期。

⑤ 这些协定与协议分别在 1984 年 6 月国务委员陈慕华访问匈、波、捷以及 9 月访问南、保和东德期间签署。1984 年 12 月,国务委员兼国家计委主任宋平率经济贸易代表团访问匈、捷和东德。1985 年 11 月,宋平率团访问了波、保。

继访华,并受到中国领导人的会见,说明中方对恢复和发展与东欧国家关系的高度重视。过去20年中国与东欧五国关系僵局的坚冰开始消融,曾经的老朋友再次聚首合作。1988年3月,中国《国务院政府工作报告》指出,近几年来,我们同欧洲社会主义国家的关系有了很大发展。我们同罗马尼亚、南斯拉夫保持着全面的友好合作关系。我们同波兰、德意志民主共和国、捷克斯洛伐克、匈牙利、保加利亚等国家实现了关系正常化。[1]

## 二、冷战后中国与中东欧国家关系进入基于自主性基础上的过渡调整阶段

20世纪90年代是中国外交承上启下的一个关键时期,冷战的结束既给中国外交带来了严峻的挑战,也提供了不可多得的发展机遇。在外交政策上,中国高举和平、发展、合作的旗帜,奉行独立自主的和平外交政策,在探索发展与美国、俄罗斯等大国关系的同时,努力与周边国家和其他地区国家建立良好的合作伙伴关系。[2] 冷战结束和苏联解体后,中东欧地区出现一批新独立国家,[3] 它们先后开始了经济转轨和回归欧洲的历史进程。中国与中东欧国家关系从以相同社会制度和价值观念为基础的双边关系转变为不同社会制度和价值观国家之间的新型双边关系。[4] 双边关系在具有自主性的同

---

[1] http://www.gov.cn/premier/2006-02/16/content_200865.htm.

[2] 黄庆、王巧荣:《中华人民共和国外交史(1949—2012)》,北京:当代中国出版社,2016年版,第240页。

[3] 在苏联和南联盟解体后,中东欧地区出现了一批新独立国家。1991年9月,中国先后与同爱沙尼亚(11日)、拉脱维亚(12日)、立陶宛(14日)签署建交公报。1992年4月27日,中国与斯洛文尼亚建交,同年5月13日,中国与克罗地亚建交。1993年10月12日,中国与马其顿建交。1995年4月3日,中国同波黑建交。2006年7月6日,中国与黑山建交。

[4] 朱晓中:《冷战后中国与中东欧国家关系》,《俄罗斯学刊》2012年第1期。

时，也开始在新机制基础上磨合发展，并随着中东欧国家入盟而开始与中欧关系相融合，中国中东欧关系中特殊的外延性使其具有了在欧盟与民族国家两个层面上运行的特殊性。

20世纪90年代初以来，经济社会转型是中东欧国家的重要历史进程。经历了大致10年的经济社会转型，多数国家被纳入以德国为主的欧洲经济圈。1999年和2004年，首批中东欧国家分别实现了"进约入盟"的目标战略，[①] 这标志着战后欧亚大陆地缘政治结构中出现的重大变化。在这一过程中，在构建欧洲大西洋主义的目标引导下，中东欧国家把强化与欧美的经贸和防务合作作为外交的优先方向，对外政策中突出民主价值观，尤其是一些国家的政党在人权、涉台、涉藏等问题上对中国屡次发难，严重影响了中国与一些国家关系的正常发展。在经贸合作中，中国与中东国家原有的易货贸易改为现汇贸易，同时西欧国家通过资本和产业转移强化了与中东欧国家的经济与产业融合，这些都导致了中国与中东欧国家贸易在短期内出现了急剧下滑，到20世纪90年代中开始逐步恢复。这一时期，中国对欧外交的重点集中在西欧大国，受到内外部政治、经济因素变化的多重影响，中东欧国家在中国对外关系中曾一度处于相对边缘化的地位，高层交往明显减少，中国与中东欧国家关系开始在新轨道上磨合发展。

中国与中东欧国家关系中不存在根本利益冲突和悬而未决的问题，继续推动双边关系发展符合双方利益。中国尊重中东欧国家的道路选择，并超越社会制度、意识形态的差异，积极推动与中东欧国家关系的正常发展。双方开始通过对话弥合在政治层面上的分歧，同时把强化经贸合作作为发展双边关系的重要支撑点。1994年，国务院总理李鹏访问罗马尼亚时提出中国对中东欧国家政策的四项基本原则：尊重各国人民的选择，不干涉他国的内部事务；发展传统友谊，和平友好相处；加强互利合作，共同发展繁荣；支持和平解决争端，促进地区稳定。1995年7月，国家主席江泽民访问匈牙利

---

① 1999年3月，波、匈、捷三国成为北约成员国；2004年3月，波罗的海三国、斯洛伐克、斯洛文尼亚、罗马尼亚和保加利亚7国加入北约。在这两轮东扩中，北约吸收了中东欧地区10个国家。2004年5月，波兰、匈牙利、捷克、斯洛伐克、斯洛文尼亚、爱沙尼亚、拉脱维亚、立陶宛等中东欧8国首批加入欧盟。

时重申了这些基本原则("布达佩斯原则")。这些原则得到了中东欧国家的赞同,这为中国与中东欧国家在新环境的关系发展奠定了政治基础。

在双边经贸关系中,中东欧国家企业私有化以及对华贸易方式的的改变导致双边贸易额大幅下降,经过双方的共同努力,双边贸易在短期内走出低谷,并逐年回升,尤其是中国对中东欧国家出口保持了较强劲的增长势头。据统计,2000年中国同中东欧国家进出口贸易达30.9亿美元,较1991年的8.97亿美元增长了3.4倍。[1] 进入21世纪以后,中东欧国家的对外政策逐步走向成熟,主要反映在以下几个方面:其一,从一边倒的"向西靠"回归到注重平衡发展的对外战略,即在优先发展与美欧关系的同时,越来越看重发展与包括中国在内的其他国家的关系;其二,在经济全球化进一步深化和中国经济飞速发展的时代背景下,中东欧国家重视加强与中国的经贸合作与双向投资。同时,中国也愈加重视欧洲一体化发展对中欧关系发展与合作带来的机遇,这可从中国政府在2003年发表第一份对欧盟政策文件中可以看出。

2004年5月中东欧八国首批入盟,[2] 这不仅是中国与中东欧国家关系发展中的一次重要转折点,也标志着中国与中东欧国家关系开始与中欧关系相融合。入盟后的中东欧国家对华关系中具有了民族国家和欧盟成员国层面的双重意义,因此中国与中东欧国家关系在中欧关系发展中具有特殊的政治经济学内涵。中欧关系是在中国与欧盟成员国关系的基础上构建的,成员国是欧盟对外关系的支撑点。欧盟倡导的多样性集中体现在中东欧地区,从多样性和一致性的辩证关系看,多样性是一致性的基础,一致性是多样性的政策目标。中国把发展与中东欧国家关系作为推动中欧关系发展的有机组成。欧盟东扩后,欧盟内部不同力量和利益体进一步分化组合,不仅新老成员间有差距和利益分歧,而且新入盟国家在欧盟内也未形成统一的利益集团。客观情况是各成员国利益差距时有扩大,协调不易,因时因事形成不同组合,多轨多元发展的趋势渐显。欧盟成员国经济发展的差异性及其在一体化中存在

---

[1] 王屏:《21世纪中国与中东欧国家经贸合作》,《俄罗斯东欧中亚研究》,2007年第2期。

[2] 2007年保加利亚和罗马尼亚入盟,2013年克罗地亚入盟。

的内部矛盾决定了成员国在对华贸易问题上的摩擦程度往往不同。实践也证明，一些中东欧国家在有关欧盟涉华贸易政策上曾多次反对欧委会出台对华不利的议案。在2005—2007年间，在中欧纺织品和鞋类贸易问题上，由于经济发展水平不一、竞争优势不同，欧盟成员国之间明显分成两个阵营，荷兰、丹麦、瑞典和芬兰为代表的开放派与法国、意大利和西班牙为代表的保守派之间立场迥异。新成员中捷克、斯洛伐克、匈牙利站在开放派一边。对于欧盟纺织品反倾销议案，虽然捷国内部分生产商赞同欧盟议案，但捷克工贸部曾明确表示，欧盟国家应当通过积极的政策调整鼓励其同类企业专攻设计、材料研发等高附加值产业链，而把加工产业链转移到第三国。这正是中国与中东欧国家关系发展对于中欧关系具有的外延效应的体现。

2004年6月，中国国家领导人访问波、匈、罗三国。在访问罗马尼亚期间，中国领导人提出了新形势下发展与中东欧国家关系的四点新建议：强调双方加强友好往来，增强政治互信；支持对方的重大政治关切；强化经贸合作和鼓励双向投资；加强国际合作，共同应对挑战。这是中国与中东欧国家关系发展的"布加勒斯特原则"。其中，双边合作的内容首次涉及国际领域，这也是中国对中东欧国家发挥积极国际影响力的肯定。表明中国注意到中东欧国家加入欧盟后将在中欧关系中发挥重要作用，因此有必要同中东欧国家加强政治对话与合作。[1] 新原则拓宽了中国同中东欧国家合作与交流的领域和层次，大大提升了双边关系的水平。中国与一些中东欧国家提出了建立双边友好合作伙伴关系的目标，其中包括：2004年中波、中匈建立友好合作伙伴关系，中罗建立全面友好合作伙伴关系；2005年中克建立全面合作伙伴关系；2009和2011年中塞、中波分别建立战略伙伴关系。此外，2007年中国和马其顿发表关于深化互利合作关系的联合声明，2009年中阿发表关于深化传统友好关系的联合声明。中东欧国家在中国对外关系中一度被边缘化的状态开始有所改变。虽然，中国和中东欧国家之间战略关联性仍不强，彼此都不在对方外交政策中占据核心地位，但双方都认识到加强跨区域层面合作的重要性，尤其是把加强经贸合作作为优先。2004年底，波兰政府的《波兰对非盟发展中国家战略文件》把中国作为其在亚太地区外交

---

[1] 朱晓中：《冷战后中国与中东欧国家关系》，《俄罗斯学刊》2012年第1期。

的优先国家。① 2005 年 6 月，捷克工贸部制定的《捷克对华贸易战略规划》指出，作为正在崛起中的经济大国，中国的全球性影响来源于其地缘政治地位及不断增强的经济实力。该规划指出，捷克企业要重新找回在中国市场失去的份额，这有利于缓解捷克对欧盟市场出口的过度依赖，实现出口市场结构多元化的长远目标。② 2008 年欧债危机使得中东欧国家愈加重视拓展多元化贸易关系的重要性，把中国作为亚洲地区最重要的经贸合作伙伴，通过积极扩大对华出口和吸引中国企业投资来强化双边经贸关系，成为了其发展对华务实合作的优先方向。2010 年，匈牙利提出了旨在加强与包括中国在内的东方国家经贸合作的向东开放战略。

## 三、"16 + 1" 合作与中国—中东欧国家构建战略伙伴关系的历史新阶段

2012 年 4 月，旨在加强互利共赢、务实合作的 "16 + 1" 合作机制的建立，在推动中国与中东欧国家关系发展中具有里程碑意义。③ 中东欧是"一带一路"沿线重要地区，其在欧亚互联互通和中欧产能融合中具有区位、产业结构和市场延伸的特殊优势。"16 + 1" 以强化欧亚大陆两个重要的转型和新兴经济体之间的合作为目标，其在新型国际关系理论层面上的意义在于构建了大国与中小国家平等合作、互利共赢发展的新模式，这是中国倡导的开放、包容新型国际关系的积极实践。它不仅成为强化中国与中东欧国家关系发展的有力支撑点，也树立了大国与中小国家跨区域合作的典范，它为

---

① Rudolf Furst and Filip Tesar (eds): China's Comeback in Former Eastern Europe: No Longer Comrades, Not yet Strategic Partners, Institute of International Realtions Prague (IIR), 2013, p. 27.

② Hospodářské Noviny, dne 9. 10. 2005.

③ 2019 年 4 月，在克罗地亚召开第八次中国—中东欧国家领导人峰会上，希腊正式加入中国—中东欧合作机制，"16 + 1" 合作升级为 "17 + 1" 合作。

促进中国中东欧国家关系发展与合作提供了机制化平台,双方不仅可以规划(中期)合作目标,也可以定期交流合作构想,探讨共同关系的问题,寻找合作共赢点并实施具体合作项目。[①] 该机制加强了中国与中东欧国家间的战略关联性,它标志着中国与中东欧国家关系发展进入全面提升和发展的历史新阶段。

合作机制以加强欧亚大陆两个跨区域间的合作为目标,但同时它又具有超越跨区域间合作范畴的特点。在合作机制框架下,双方构建了 37 项多层级、多领域的交流与合作平台,形成了纵向的政府、地方、企业、社会组织间,以及横向的金融、产能、基础设施、旅游、文教等各行业领域间日渐成熟的合作与交流机制。合作机制下的政策沟通与对话有力推动了多双边合作的发展,它为中国与中东欧国家各领域的合作规划了战略目标,形成了中国与中东欧国家间全方位、宽领域、多层次的合作格局。中东欧国家与中国都签署了"一带一路"合作备忘录,其中匈牙利是第一个与中国签署合作备忘录的欧洲国家。经过 8 年的发展,中国—中东欧合作机制建设已经走在了"一带一路"沿线国家前列,中国—中东欧国家在基础设施建设、金融、产业园区、农业和人文领域的合作不断取得丰硕成果,尤其是一些基础设施合作项目以及中欧班列成为了中欧间互联互通的新亮点。在双方共同努力下,近年来中国与中东欧国家间的贸易额及双向投资增长迅速。2011 年,中国同中东欧国家的进出口贸易为 529 亿美元,2019 年 1—9 月达到 707.2 亿美元,全年有望超过 900 亿美元。在贸易额迅速增长的同时,贸易结构也不断优化,目前机电和高新技术产品占贸易总额的比重超过六成。截至 2019 年,中国在中东欧国家的投资超过 100 亿美元,中东欧国家在华投资约 15 亿美元,双向投资主要集中在产能、化工、金融、医药和汽配等行业领域。近年来,随着双边经贸合作的快速发展,中国与中东欧国家间的金融合作步入快车道,中国已与匈牙利、阿尔巴尼亚和塞尔维亚签订本币互换协议,在货币直接交易、人民币清算银行和人民币跨境支付系统等方面开展合作,中国—中东欧金融合作平台也愈加完善。中国工商银行、中国银行、中国建设银行

---

① 黄平、刘作奎等著:《中国—中东欧国家(16+1)合作五年成就报告:2012—2017 年》,北京:社会科学文献出版社,2017 年版,第 1 页。

和中国交通银行在波兰、捷克、匈牙利、塞尔维亚和罗马尼亚等国设立9家分支机构。中欧班列的开通凸显了地处欧亚大陆腹地的中东欧地区交通枢纽的重要性，2013年开通的成都至罗兹的蓉欧班列已成为开行频次最高的班列。据估计，2016年1/3的中欧班列在罗兹卸货。[①] 中欧班列在一定程度上加强了中国与以波兰为代表的中东欧国家在欧亚互联互通中的战略关联性。地方合作成为推动中国与中东欧国家关系发展的新动力，"16+1"机制下设立了中国—中东欧国家地方省州长联合会，旨在引导和支持中国和中东欧国家地方间开展各领域交流与合作，促进融合发展与共同繁荣。地方务实合作日益成为推动中国与中东欧国家关系发展的新增长点，中国国内不同地区的区域合作定位得到强化，初步形成了华东（沪甬）、华北（京津冀）、环渤海（山东）和华西（成渝）联动引领的格局。宁波和辽宁先后建立了中国—中东欧国家经贸合作示范区，成都与罗兹的友好合作关系树立了深化地方合作的积极典范。中国—中东欧国家间人文交流日趋活跃，中国在中东欧国家建立了5个中医中心、3所文化中心。2015年以来，中国与中东欧国家间开通6条直航航线，双向旅游人数从2012年不到30万人次增加到2019年超过百万人次，一些中东欧国家成为中国（大陆）游客的热门海外目的地。2011年，赴克罗地亚的中国（大陆）游客为2.3万人次，[②] 2019年达到近25万人次，增长愈10倍。[③]

在"16+1"合作机制建立前，中国与中东欧国家的双边政治关系大都停留在"友好合作伙伴"的普通关系层面上。2014年后，中国与部分中东

---

[①] T. Kaminski," What are the factors behind the successful EU – China cooperation on the subnational level? Case of study of the Lodzkie region in Poland", Asia Europe Journal, no. 17, 2019, p. 228.

[②] Rudolf Furst and Filip Tesar (eds): China's Comeback in Former Eastern Europe: No Longer Comrades, Not yet Strategic Partners, Institute of International Realtions Prague (IIR), 2013, p. 159.

[③] 2019年，赴捷中国（大陆）游客达到62万人次。参见：https://www.ceskenoviny.cz/zpravy/podle – czechtourismu – muze – epidemie – posilit – domaci – cestovni – ruch/1846268.

欧国家的双边关系获得了进一步提升：2014年中保建立全面友好合作伙伴关系；2016年中塞和中波建立了全面战略伙伴关系，中捷建立战略伙伴关系；2017年中匈建立全面战略伙伴关系；2019年7月中保建立战略伙伴关系。① 2019年希腊的加入使得"16+1"合作升级为"17+1"合作，其意义主要体现在三个方面：一是合作机制的升级打通了中国与欧洲波罗的海、亚得里亚海和黑海之间国家的全域合作格局，可充分发挥这一地区、尤其是希腊在中欧互联互通中具有的陆海联通的地域优势。二是说明了合作机制的开放性和包容性特点，同时也是中国—中东欧合作产生积极外溢效果的体现。与该地区其他国家不同的是，希腊是经合组织（OECD）创始成员国，并于1981年加入欧共体。作为东南欧最大的经济体，在合作机制下希腊不仅可更好发挥自身产业结构与海陆枢纽的优势，也有助于缓和中东欧16国对华经贸合作中存在的北重南轻的不平衡局面，② 并有利于合作机制在更大的平台上推动和深化中欧关系发展与合作。三是赋予了合作机制在促进东西文明交融中的特殊作用。希腊和中国都是文明古国，双方最早的交往可追溯至希腊的亚历山大时代和中国的北魏与隋唐时期，在1600余年后，欧亚大陆东西方文明的两个代表国家再次聚首在"17+1"合作机制下。

在亚欧大陆，地缘因素决定了中东欧未来仍将是大国利益交织与竞争的核心区之一。多数中东欧国家的双重性认同使得中国与中东欧国家关系的内涵得到延伸，并与中欧关系发展相交织，同时中东欧国家之间经济社会发展差异性也很大，这使得"17+1"合作内含两组结构性矛盾关系：一是区域整体性与国家特殊性矛盾；二是内部性与外部性矛盾。这是合作机制内在的结构性特点，也是不断推进合作发展面临的主要问题。前者具有长期性的静态特点，后者会随着中东欧地区地缘政治因素的变化而变化，具有动态特点。从前者看，中东欧虽具有地域上的整体性，但次区域及国家间的差异性

---

① 2019年加入"16+1"合作的希腊在2006年与中国建立了"全面战略伙伴关系"。

② 在"16+1"合作中，中国与中东欧国家贸易投资合作中不平衡的结构性特点突出，V4国家（波兰、匈牙利、捷克、斯洛伐克）对华贸易额超过中东欧国家对华贸易额的70%，中国企业在中东欧国家绝大部分的存量投资集中在V4国家。

明显，有较发达工业经济体与欠发达农业经济体、欧盟经济体与非欧盟经济体、欧元区国家与非欧元区国家，最富裕国家与最落后国家的人均收入差距近10倍。在机制框架内，中东欧国家经济社会发展的差异性和多样性增加了提升中国与中东欧经贸合作水平的现实难度。中东欧国家情况不同，诉求各异，对机制的评估与希冀存在差异。这需要以促进普遍性原则和利益为指导，在尊重差异性与不平衡性的基础上，确定中国与中东欧不同次区域经济体和国家合作的重点与优先方。从后者看，中东欧17国中有12国是欧盟成员，已逐步走出危机的欧盟在对"17+1"合作持异议的同时，也试图采取实质性动作来冲淡该合作，主要手段是通过政策约束和资本整合来规范中东欧国家，如欧盟对匈塞铁路进行调查。2018年9月，欧委会出台的欧亚互联互通战略文件表明，欧盟以其强调的互联互通高标准来对冲"一带一路"倡议积累的国际合作经验与模式。同时，美国开始强化与中东欧国家的关系互动，并借助能源外交新工具和新设巴尔干事务特使介入中东欧地区重点国家，凸显其在欧亚大陆心脏地带的利益与影响。美国宣扬的"中国威胁论"在部分中东欧国家中得到回应，自2018年底以来，一些国家对中资进入其战略性行业采取收紧政策，尤其是出现了不利于中企参与能源、5G建设的利益集团与舆论环境。从中长期角度看，深化"17+1"合作所面临的结构性制约因素会越来越明显。这需要中国与中东欧国家本着加强务实合作的初心，不断扩大彼此间的利益交汇与合作领域，夯实经贸与投资合作的基石，一国一策，精准合作，增强合作机制发展的内生动力，不断发挥其创新性和建设性作用。

## 四、结论

经历了70年历史风雨的吹打，中国与中东欧国家关系经受住了国际风云变化的考验，双边关系演变的主要轨迹是不断发展和提升，并建立了跨区域的合作机制。20世纪50年代，东欧国家通过援建对新中国工业化建设起到了重要作用；到20世纪80年代，东欧国家改革经验对中国的改革开放提供了有价值的借鉴,东欧国家企业通过经贸和科技合作参与到中国企业的技术改造和城市改革中。对冷战时期双边关系的评价,中国领导人有两点总结:一是"一风吹向前看";[①] 二是"承担相当的责任"。[②] 这一总结说明中方对双边关系中的问题采取了历史的和客观的态度。[③]

历史的发展总有其内在关联性。中国—中东欧合作机制的建立既源于中波轮船公司、中捷友谊农场等历史见证的传统友谊;同时,它又超越了传统友谊,在新的框架下奠定了中国与中东欧国家间互利、共赢合作关系的新起点。中国—中东欧合作是推动构建新型国际关系和共同构建人类命运共同体的积极实践,共商、共建、共享的全球治理观在合作中得到了落实,它为跨区域国际合作与发展贡献了中国方案。2019年4月召开的第八次中国—中东欧国家领导人峰会上,中国国务院总理李克强指出"17+1"合作是全球化背景下跨区域多边合作的一个代表。合作机制内含的整体性与特殊性矛盾、内部性与外部性矛盾将是长期性的挑战。"路漫漫其修远兮",对中国与中东欧国家关系的发展既要有充足的信心,更要走深耕细挖的务实合作路径,充分发挥合作潜力,拓展合作空间,"一步一个脚印推进实施,一点一滴抓出成果",同时关注和解决合作中出现的各种新问题,以此推动中国—中东欧合作不断迈上新台阶,并为中欧关系的全面均衡发展注入新动力。

---

① 1982年4月,邓小平会见罗马尼亚领导人时,就党际关系中的历史问题,他指出现在采取向前看的态度,过去的事情一风吹。中共中央文献研究室编:《邓小平年谱1975—1997》(下),北京:中央文献出版社,2004年版,第815页。

② 1987年4月,邓小平会见捷克总理什特劳加尔时指出,在我们同东欧各国各党的关系这个问题上面,我们有相当的责任。我们在相当一个时期,对东欧各国党所处的特殊环境理解不够。外交部政策研究室:《中国外交概览》,北京:世界知识出版社,1988年版,第235页。

③ 1958年开始的大跃进和人民公社化等"左"的政策直接影响到中共对国际共运政策及对社会主义国家关系的看法。1983年11月,邓小平会见澳大利亚共产党(马列)主席时所说,我们的真正错误是根据中国自己的经验和实践来判断和评论国际共运的是非,因此有些东西不符合唯物主义和辩证法的原则。参见中共中央文献研究室编:《邓小平年谱1975—1997(下)》,北京:中央文献出版社,2004年版,第944页。

# 学术动态

# 欧洲议会选举与民粹主义新动向

2019年4月26日，由上海欧洲学会和上海国际问题研究院联合主办的"欧洲议会选举与民粹主义新动向"研讨会在上海国际问题研究院举行。会议就民粹主义的理论，欧洲各次区域、主要国家民粹主义现象和民粹政党的总体表现、政策主张、产生原因和社会根源，欧洲民粹主义现象及政党对2019年欧洲议会选举的影响，欧洲民粹主义对欧洲一体化发展及中欧关系的影响等进行了深入研讨。来自上海欧洲学会、上海国际问题研究院、中国国际问题研究院、中国现代国际关系研究院、北京师范大学、复旦大学、同济大学、山西大学、上海市委党校等学术机构的20余位专家学者参加会议。

上海国际问题研究院欧洲中心主任张迎红研究员主持会议开幕式。上海国际问题研究院院长陈东晓在致辞中欢迎各位老师、专家参加此次研讨会。他认为结合即将到来的欧洲议会选举，探讨民粹主义新动向及其对未来欧洲议会选举，乃至欧洲的整个政治、社会版图产生的影响具有极其重要的意义。目前民粹主义动向呈现出三个新特点。第一，民粹主义已不局限于欧洲，在全球范围都有一定的弥散与扩张，局部地区甚至出现了联动现象。第二，对当前世界政治冲击最大的右翼民粹主义，显然是这一波民粹主义现象中的佼佼者，其中也涌现出很多领军人物，这应是我们关注的重点。第三，无论在欧洲、美国、拉美乃至其他一些地方，民粹主义政治背后的强人复兴现象十分显著。此次会议旨在讨论这些现象及其背后的复杂原因，同时进一步预测出发展趋势以及对世界政治的重大影响。中国国际问题研究院欧洲研究所所长崔洪建在致辞中认为，习近平主席多次提及"百年未有之大变局"，而对我们产生直接影响的就是政治变局，这也为弄清各个国家中所存在的不同表现形态的民粹主义指明了方向。其次，民粹主义在欧洲的代表人群有三个显著特征。第一是感到不满意,这主要指对自己的生活状况及所谓的基本权益的不满意,例如法国的"黄马甲"运动。第二是感到不安全。这主要是由欧洲移民、难民、竞争力下降等问题而引起的一种不安。第三是没有明确的经济、政治或者社会倾向,但表现出的就是一种不高兴。很多在一些城乡结合部的年轻人,尤其是在欧洲发达国家,没有明确的诉求,就是要发泄情绪。这三部分人群构成了现在代表欧洲民粹主义的一个基本人群。在这样背景下,面对一个政治格局发生巨大变化的欧洲,如何应对显得非常重要。希望此次会议能够为解决问题提出一些很好的可行建议。

一

上海国际问题研究院欧洲中心副主任龙静博士主持了"民粹主义与政治分析"议题环节的发言讨论。

复旦大学国际关系与公共事务学院的包刚升副教授围绕"民粹主义:真与伪"指出了现今民粹主义概念紊乱、随意滥用的乱象。他认为,这些主张反映了西方世界经过三四十年长期缓慢的变化之后,所面临的这样一个新局面。它有三个主要特征:一是全球化带来的经济冲击,包括产业转移和贫富分化;二是全球化带来的人口流动,国内社会族群宗教多元主义的兴起;三是冷战结束后,国际体系中出现的三个新挑战——文明的冲突、意识形态和政治制度的冲突,以及可能的全球权势转移。这些现象的背后,不是民粹主义的崛起,而是现实主义的回归,以及这种现实主义跟大众政治的联姻。

北京师范大学马克思主义学院张伟博士借鉴政党分析的框架,从"领袖、组织、价值"三个维度,对民粹主义进行了梳理。他认为,法国"国民联盟"的兴起同样具有这些特征。第一个是威权领袖。民粹主义突出了强人政治和政党的塑造力。一个强有力的威权领导,主要是克服他们党内的派系化倾向,协调党内不同的意见和派系,使他们的组织能更好地凝聚在一起。第二个是极化组织。"国民联盟"是一个金字塔形的集权模式。第三个是民粹主义价值。组织在将国民的价值转换为其他工具的过程中，会把民意中的理想诉求逐渐吸纳并转化为其潜在的选票。

## 二

中国社科院俄罗斯中亚东欧研究所朱晓中研究员主持了"各国民粹主义新动向"议题环节的发言讨论。

中国国际问题研究院欧洲研究所助理研究员吴妍就"德国民粹与主流政党的博弈"分析了目前德国选择党与德国主流政治抗衡中的三个优势与四个劣势。三个优势包括：鲜明的政策主张极具煽动性；运用新媒体优势进行针对性宣传；借助能源转型所带来的失业风险成为突破口。四个劣势为：议题创新有限；议题发挥空间有限；自身发展中的不断分裂；因缺乏其他党派支持而导致的孤立无援。同时她还预测了选择党未来会向主流政党靠拢，不排除此后参与组阁的可能。另外，随着难民问题的重要性逐渐下降，加之反欧盟的议题又不能产生足够共鸣，选择党就此走向分裂甚至衰败的可能性也很大。

上海国际问题研究院国际战略研究所助理研究员宋卿以法国"黄马甲运动"为例剖析了法国民粹主义发展现状。他认为，"黄马甲"运动从原本单一、行为理性的抗议活动转变为目标泛化、政治化的反政治、反体制的运动，其实质反映了法国社会精英阶层与大众阶层难以弥合的鸿沟，这也是法国目前代议制失灵窘境的具体表现。一方面奥朗德在位时取消双重职位制的决定，导致民众的诉求缺少了沟通的渠道。另外一方面，马克龙所在的前进党缺乏足以制衡爱丽舍宫的政治力量。但同时，他强调法国民粹主义的代表"国民联盟"由于受到财政亏空、内部党派斗争的诸多因素干扰不会坐大，法国政治终将回到主流精英执政的时代。

中国现代国际研究院欧洲研究所副研究员杨芳围绕"民粹主义与英国脱欧：精英与民粹主义的持久战"展开发言。她强调，英国脱欧过程中的反复，其实质就是民粹主义与精英的较量，而英国全民公投决定脱欧就是民粹主义的胜利。他们主要发起、推动并最终影响了公投的结果。与此同时，英国独立党更是在政治上取得了一定的突破，他们改变了主流政治的议题和议程，使得部分主流政治精英更加"民粹化"。

上海国际问题研究院外交政策研究所助理研究员楼项飞围绕"西班牙民粹主义政党对该国政治生态和内外政策的影响"题目，认为西班牙民粹主义政党的兴起将对该国政治生态和内外政策形成巨大的影响。左、右翼民粹主义政党将会成为社工党和人民党等传统大党拉拢的对象，成为新政府实际构成的关键因素之一，这必然使得政府在施政中融入更多的民粹主义色彩。这些民粹主义政党之所以能赢得民众的支持，主要源于其主张迎合了对于传统政党面对经济挑战和社会变革不力的不满心理，成为了在经济或社会危机面前，国民宣泄焦虑情绪的"代表"。

## 三

上海欧洲学会秘书长杨海峰博士主持了"民粹主义与欧洲政治和欧洲议会"议题环节的发言讨论。

同济大学马克思主义学院杨云珍副教授认为，当今欧洲随着民粹主义的不断兴起，传统主流政党生态正面临着深刻的调整与变迁。具体表现在：第一，以社会民主党为代表的传统主流政党实力大为削弱。第二，政党政治发展进一步两极化、碎片化，而由此导致的社会民意分歧加大。第三，作为民众与政府之间的政党，其桥梁的作用也受到广泛质疑。对主流政党的不信任，恐惧的政治情感与文化在德国蔓延。第四，随着民粹主义的上升，使传统的建立在政党纲领基础上的竞争性选举，被具体的"议题政治"所取代。第五，民粹主义本身成为政党竞争的新话题。第六，欧盟成为民粹主义政党指责与批评的对象，成为各成员国国内选举层面中重要的议题。这使得2019年欧洲议会选举将会成为一次真正意义上的跨国选举。

中国国际问题研究院欧洲研究所助理研究员张蓓就"英国脱欧的民粹主义因素与欧洲议会选举前景"发表了看法。她认为，英国选择了脱欧，但推进过程十分艰难,这表明民粹主义的主张想最终成为现实并未轻而易举。主要因为民粹主义观点"人民意志压倒一切"正受到很大的挑战。更重要的是一系列民粹派幻象出现了破裂。脱欧派关于"一个真正的伟大的全球的英国""重新发现自己一个伟大的全球的贸易国家"的政治愿景与现状相距甚远,而这根本原因在于英国并未找到自己的定位。

中国国际问题研究院欧洲研究所助理研究员范郑杰就"法国政党政治格局未来走向"按可能性的大小提出了三种假设:第一是目前形成领先的两个政党确立两党对立的格局,并且趋于稳定;第二是传统政党支持重新上升,形成多足鼎立的格局;第三是新政党迅速崛起,冲击现在前进党和国民联盟的地位。

# 四

上海国际问题研究院世界政党与政治研究中心主任桑玉成教授主持了"民粹主义与欧洲政治和欧洲议会"议题环节的发言讨论。

上海市委党校科社教研室殷亚天博士从民粹主义思潮角度发表了看法。他认为,只要存在一个民主国家,民粹主义就会一直存在;民粹主义以公共的利益、国家或者民主的安全为口实,实际只是为了满足一己之利;民粹主义正在重塑一批新精英;民粹主义并不可怕,有时甚至是一种进步的力量,同时也可能会成为一种可怕的政治力量。

山西大学政治与公共管理学院姬文刚副教授介绍了中东欧民粹主义政党的政策主张及对华影响。他认为中东欧民粹主义政党具备5个共有的特征:修订代议制规则;既反难民又反移民;司法和媒体改革;强调基督教欧洲的一元性;传播欧洲怀疑主义。他强调应在以下三方面引起重视:首先是要客观评价中东欧民粹主义政党,与民粹主义政党的交往要区别对待,把握好尺度;其次是要警惕中东欧民粹主义给中欧关系可能带来的负面影响;最后是不可混淆民粹主义的学术和政治语境。

中国社会科学院俄罗斯东欧中亚研究所朱晓中研究员对民粹主义在中东

欧的发展进行了分析。他认为中东欧民粹主义源于民众对欧盟发展模式的失望，人们认为西欧的模式不再应该成为中东欧国家发展模式的基本标准。中东欧地区的民粹主义具有一些共同特征：在外部提倡主权主义和民族主义，在内部实行家长制、多数主义和反民主和法治观念，挑战转型时期的"自由主义共识"。同时，中东欧民粹主义有四大功能：第一，它是一些政党渴望改善其政治地位和争取进入联合政府的一种动员战术；第二，它是一些政党试图影响欧洲的的意识形态；第三，它是一种公共政治文化，是公众的排外、超级民族主义、敌视市场经济与资本主义或反民主的情绪的集中体现；第四，它是公众对加入欧盟后能否获得较好生活的一种实用主义考量工具。

会议闭幕式由张迎红研究员主持。桑玉成教授在总结中提出了三点建议。一是要跳出思维定势，多从不同角度来看问题。二是要借助相对主义的观点去看问题，不能以非对即错的简单标准进行判断。三是要用发展眼光看问题。崔洪建所长从输入与输出的角度对民粹主义进行了总结。他强调，如果将民粹主义的主张、现象、运动比喻成输入部分，那么其对外政策和对外关系的影响，可能就是输出部分，而这更应该引起我们足够重视。第一，以国家主义替代自由主义。假设民粹主义成为一种政治主张并直接作用在对外关系上，那么国家主义将代替当前的所谓自由主义的国际关系准则，这直接影响到贸易、投资以及现在越来越泛化的安全。第二，以单边主义代替多边主义。民粹主义的政府或者政策，为了达到及时获利、强调自己所代表的民众利益的目的，是否会采取更多的单边行为，甚至直接以最后通牒或者讹诈的外交来代替之前所秉持的协作、谈判。第三，对财富重新分配。现今欧洲民粹主义主张财富的重新分配，在国内的层面是这样，在国际的层面也将要求进行财富的重新分配。如果再要求财富的重新分配，直接受害者就是中国。在一定程度上，欧洲现在跟我国提出所谓对等、公平的要求，实际上就是要求中国把过去在全球化中获得的利益重新吐出来，如果任由这种财富重新分配的思维从国内上升到国际上，对我们也是更大的挑战。

# 新形势下的欧洲与中欧关系

2019年11月2日，由上海欧洲学会和同济大学德国研究中心、马克思主义学院、政治与国际关系学院欧洲研究中心共同主办的"新形势下的欧洲与中欧关系"学术研讨会在同济大学召开。本次会议也是上海市社会科学界联合会第13届"学会学术活动月"活动之一。来自京沪两地近40名专家学者及相关人士参加了此次会议。

同济大学政治与国际关系学院副院长、德国研究中心主任、上海欧洲学会副会长郑春荣教授和上海欧洲学会秘书长杨海峰博士代表主办方分别致辞。研讨会围绕欧洲议会选举后欧盟的发展走向、新时期欧盟对华战略调整与中欧关系发展前景、英国脱欧与中英中欧关系、中欧美三边关系四个主题进行了交流讨论。

## 一

上海欧洲学会监事曹子衡主持研讨会分议题"欧洲议会选举后欧盟的发展走向"议题环节的发言与讨论。同济大学德国研究中心主任郑春荣教授、中国人民大学国际关系学院房乐宪教授、上海交通大学国际与公共事务学院李明明副教授和同济大学马克思主义学院杨云珍副教授就这一分议题发言。

郑春荣探讨了法国总统马克龙上台后法德轴心没有重启的原因、法德轴心发挥作用的条件以及新的欧委会领导下欧元体系、庇护体系改革的现实情况。他强调从深化一体化、政治危机管理和多边机制管理的几个维度进行观察。但在欧盟理事会内部，各国有着不同的偏好并组建了围绕议题形成的联盟。同时，法德领导人之间也具有不同的政治策略。一方面，德国国内组阁进程的阻挠，使默克尔政府在欧法德轴心中能发挥的作用受到束缚。另一方面，法国总统马克龙强调欧元区改革与避难体系改革，他认为应当增强欧盟对外边境与管理局的角色，同时在法国国内收紧移民和难民。此外在共同安全与防卫领域永久结构性合作方面，德法还是存在一定分歧。总体来看，法德轴心在有些问题上达成了妥协，但在另一些问题上还没有能够真正妥协。马克龙会借着拉拢欧盟委员会去推动欧盟朝着他所希望的方向走，但是国内的实力也有限，这也是他的短板。德国有时候并没有发挥正能量的作用，有时候更多扮演的是一个阻扰的角色，导致其他国家的追随意愿有所下降。

房乐宪从文本解读角度对欧盟"全球战略"进行分析，关注欧盟全球战略的自我定位和十大优先议程。"全球战略"提出了欧盟当前面临威胁，国际政治经济秩序受到一定程度的侵犯，单极国际体系逐渐过渡到碎片化的国际体系结构，不确定性和脆弱性不断增强。今天的欧盟似乎也出现了一种某种程度的政治焦虑，其所一直引以为傲的自由、民主受到了挑战。

李明明强调，"多速欧洲"和"差异性一体化"是欧洲研究的新领域。"多速欧洲"和"差异性一体化"是一体化正向和倒退相反的趋势。欧洲一体化未来前景存在5种选项，包括维持现状、倒退到单一市场、多速欧洲、议题领域合作或迈向全面合作。欧洲一体化理论新功能主义突出一体化伴随着职能转移和"外溢"效应。从多速欧洲到差异性一体化的概念演变，都是欧盟成员国的利益在起核心作用。

杨云珍表示，欧盟正受到内外部民粹主义的冲击。2016年特朗普胜选后，民粹主义对欧洲造成的挑战更加明显。从2008年的金融危机，2015年的难民危机，还有之后的乌克兰危机、2016年英国脱欧，民粹主义在欧洲甚嚣尘上。学者们对与民粹主义有两个层面的理解：一是作为意识形态的民粹主义，社会分裂为腐败的精英与正直的人民，没有人替他们发声，而民粹主义领导超然于民主制度之外；二是作为政治策略的民粹主义，传统的代议制度是有中介组织的，民众和政府通过政党、组织的桥梁作用来实现的。民粹主义领导人在动员民众的过程中，对某些议题进行安全化操作，民粹主义在强调自己民族国家的身份的时候，也触动了欧盟民主与法治的价值观。

中国现代国际关系研究院副院长冯仲平研究员作了点评。他提出，一方面，经济因素是欧盟面临的诸多危机背后深层次的原因。另一方面，国际力量此消彼长、新兴经济体的成长，对欧洲带来的冲击也很大，与此同时欧洲的相对影响力也下降。此外，法德现在的作用已经不足以推动欧洲一体化往前走了，能够稳定住欧洲一体化的成果已经实属不易。

## 二

复旦大学欧洲问题研究中心荣誉主任戴炳然教授主持了"新时期欧盟对华战略调整与中欧关系发展前景"议题环节。中国国际问题研究院欧盟研究所主任崔洪建研究员、复旦大学国际关系与公共事务学院潘忠岐教授、同济大学政治与国际关系学院外交学系副主任吕蕊副教授、华东理工大学欧洲研究所所长杨逢珉教授和同济大学政治与国际关系学院宋黎磊副教授作主题发言。

崔洪建围绕"政党国际层面""政治政策""政治变化"三个层面，阐述了如何看待欧洲、认识欧洲，找到中欧关系新定位。他认为要理解中欧关系就要理解欧洲，如果真把他当伙伴就要理解他在做什么事。欧盟其实也在讲"四个意识"。第一，对外投资不能只看钱，要有政治观，需要明白钱是从哪儿来，会不会产生政治影响。第二，欧盟要顾全大局，其他成员国也要顾全大局。第三，欧盟也有核心意识，如法德轴心。第四，欧盟希望成员国要向欧盟层面看齐。所以如果站在这个角度上，从这些观念出发对欧盟的理解就会避免很多误区。这样在制定政策的时候会显得更平和，或者说显得更可执行、可操作。

潘忠岐提出，现在中欧相互认知的落差在加大。在 2003 年，中国觉得欧洲是很好的力量，欧洲也看重中国。当前美国对中国发动贸易战，美国同时对欧盟也发动贸易战。从常识来看，中欧之间有共同利益对付美国的贸易战，或者说是美国对国际规则体系的背叛。但是有些欧洲人并不觉得中国是一个国际规则的支持者，他们甚至跟美国一样，认为中国是 WTO 等国际规则的破坏者。

吕蕊认为，系统性竞争最早由德国企业家联合会提出来，其表明这个立场，是因为中欧在经济层面的竞争对他们的利益构成威胁，引起他们的不满。此外，中欧"17＋1"合作的现状就反映出，欧盟很难在中国问题上成为一个统一的联合的欧盟。中欧两种模式之间的竞争会长期存在，因为中国这个模式是不管欧盟认不认同，中国是有很大竞争力的，取得了很多成就，像华为、美的，等等。

杨逢珉强调，中欧之间没有严重的政治障碍。第一，从地缘政治角度，中欧双方相隔遥远，彼此都不是对方的威胁。同时欧洲也不再是这个世界的霸主，经过两次世界大战，它丧失了世界霸主的意愿，目前它面临诸多问题，如民粹主义、安全挑战，等等。第二，中欧双方有很多共识，如全球治理和共同应对人类的共同挑战等。第三，中欧经济的互补性高。同时，中欧之间也存在潜在的 5 个不利因素。一是一度对华不怎么友好的新任欧盟主席。二是中国经济快速增长，对欧盟造成巨大冲击。三是双方在战略发展上也有冲突。四是制度的差异，中欧双方在价值观上有明显的差异，如果真碰到站队的时候，欧洲可能会站到美国那边去。五是中欧经贸存在竞争性。

宋黎磊提出，欧盟理事会 2018 年 10 月批准了欧盟的互联互通战略。一方面，欧洲主权国家想要避免在国际事务中被边缘化，要成为积极的参与者和塑造者。在欧亚互联互通的进程中，欧盟试图获得更多的影响力，扮演引领者而不是旁观者。另一方面，欧盟更多的是利用自己在发展援助项目支持方面的一些长处，来重新塑造它在欧盟周边乃至到亚太整个的软实力与影响力，重建自己的国际形象。

中国社会科学院欧洲研究所副所长田德文研究员作了点评。他认为，中国改革开放之后，国力快速增长。在 1978 年的时候，中国的 GDP 总量相当于意大利，一个欧洲中等国家。40 年之后，现在中国的 GDP 总量已经相当于德国、法国、英国、意大利、荷兰、瑞典、西班牙 7 个国家的总合。从未来看，中欧关系会朝哪个方面发展取决于两个方面：一个方面是欧洲会有什么变化？然后会做出怎么样的战略安排选择？另外一个当然是中国的变化。

## 三

中国社会科学院欧洲研究所《欧洲研究》编辑部主任宋晓敏主持"英国脱欧与中英、中欧关系"议题环节。英国基尔大学副校长、比较政治学教授卢瑟（Kurt Richard Luther）、上海社会科学院世界经济研究所伍贻康研究员、中国社会科学院欧洲研究所副所长田德文研究员和上海国际问题研究院院长助理、全球治理研究所所长张海冰研究员作主题发言。

卢瑟教授认为，50年来从未看到英国的政治像现在这样难以预料。总的来说可以归结为两个方面：一个是目标；一个是进程。实际上在英国脱欧公投之前，令人难以置信的是英国并没有一个切实的计划。在公投之后，在英国国内无论是脱欧这一派，还是相关政治谱系内，人们几乎没有什么共识。第二，脱欧过程也出现了非常严重的错误。在2017年大选的时候，尽管没有目标，但是当时的首相特雷莎·梅还是启动了为期两年的脱欧进程。另外一个非常严重的缺点是缺乏透明度，英国的民众得不到充分的信息，所以意识不到脱欧会多么艰难，很容易就将各种事情都仓促做起来了。英国脱欧对英国经济的不确定性特别大，相关的各种变化很多；对于社会层面来说，脱欧将带来空前的极其强烈的影响，造成英国国内政治特别是政党体系的不稳定；英国作为美国和欧盟之间的桥梁地位将受到影响，美国也会持续向英国施压，要求进一步开放市场，并且设置了最低限制。

伍贻康指出，脱欧对英国或整个欧盟的发展，是至关重要的一件大事。而这件大事在当时如此草率地进行，可以用大败笔和得不偿失来总结。现任首相约翰逊推崇的无协议脱欧，将会对英国国内的经济、社会、民生造成极大的影响。现在看来这件事是苦酒或者说是苦果，这是英国的政治技术精英自己酿造的。英国的政治体系可能会因此进一步走向多元化、碎片化。政治是绝对严肃的事情，不要把政治当成儿戏甚至是豪赌。另外，从长远看，英国即使最终脱欧成功，其前途也是更加渺茫、更加不确定。因为英国将要与所有的国家重新谈判。原来的欧盟贸易政策现在变成了英国的对外贸易协定，这都要谈判，特别是和最主要的几个国家谈判，而这些国家也会乘机在其中榨取更多的利益。

田德文提出中英能不能够延续"黄金时代"的问题。中英黄金时代是2015年最早是由卡梅伦首先提出来，然后在国家主席习近平访问英国的时候双方在"面向21世纪的全球全面战略伙伴关系"中正式发布。中方为何如此重视英国？最主要原因是寻找一个对欧工作的突破口，英国作为欧洲成员国有其独特性。其次还有一个合作的因素，从中国的国家利益考虑，其实不希望英国跟美国走得太近，这也是外交层面的一种考虑。最后就是一些务实合作，中国最需要的是英国的金融，在这个领域中国人民币要国际化，要"走出去"，要靠英国。从另外一方面来说，英国为什么要提这个黄金时代？第一是务实，减少欧盟对于美国的依赖性，是把中国作为另一个篮子，可以分一些鸡蛋在里面。第二是现在世界上面任何一个国家想要谋求发展，离开中国是不行的。

张海冰分析了英国的全球政策或者理念以及中英合作未来前景。特雷莎·梅构建全球英国是为了构建一个全球性的大国，使英国摆脱欧洲，获得国际上更大的外交空间和机遇。英国已经发生了改变，已经走在脱欧的路上，正在重新界定它的外交关系，对中英关系也正在重新界定，这对塑造中英关系是一个非常难得的窗口期。英国可能会采取更加明显的平衡外交的战略举措。首先，中国加强与欧盟的合作，要与英国构建一个非常积极的关系。其次，中国要从一个新兴大国向全球性大国转型，能够获得国际社会的认可，并且在新一轮全球治理的规则和体系重构中能够有一席之地，或者让中国的方案，包括"一带一路"、人类命运共同体等获得更多的国际认可，也需要像英国这样在全球的规则制定话语上面很强的国家支持。

上海国际问题研究院全球治理研究所叶江研究员做了点评。他认为，一方面从39名越南偷渡者不幸遇难的事件来看，英国在某种意义上至少还是富裕的国家，是个发达的国家，尽管因为脱欧的不确定对它的经济造成了一些影响，但从整体来说，它的经济还是增长的，并且在这样一种乱哄哄的局面下，英国并没有倒下，依然是一个大国，它的整个政治制度应该是很稳固的议会民主制。另一方面，英国如果脱欧成功，将会以一种实际上是英国特色的自由与民主主义相互结合的形式重新出现，这在今天西方社会是一个非常明显的趋势。通过这样的方式，英国在一定程度上倒是解决了之前在全球化过程中，对整个社会的不平衡或者因为全球化的发展而导致社会一定程度上撕裂的一种修补。这同样也是解决英国在整个全球化不断深化的过程当中所面临的一系列挑战的一种方式和方法，当然也是为了更好解决英国未来发展的一种手段。

## 四

上海欧洲学会秘书长杨海峰主持"中欧美三边关系"议题环节。中国现代国际关系研究院副院长冯仲平研究员、上海国际问题研究院全球治理研究所叶江研究员、上海对外经贸大学"一带一路"国家经贸关系高等研究院副院长尚宇红教授和上海外国语大学欧盟研究中心常务副主任、上海欧洲学会学术研究部副主任忻华副教授作了主题发言。

冯仲平分别从四个领域分析了现阶段的欧洲外交政策，尤其是对华政策在多大程度上受到美国的影响。第一个是人权、价值观。在西方的语境下，以及自由、民主、价值观问题上，欧洲和美国是高度一致的。第二个是经济领域，欧美一直是竞争加合作。但是长期以来这种竞争是有限度的，是有天花板的。美国一旦拿安全来威胁的时候，欧洲最后迫不得已要让步和妥协，以利益换安全。第三个是安全领域，以5G为例，现在欧洲人不会接受美国的那一套，他们会找一个能说得过去的说法，技术要安全，然后还要用中国的5G。第四个是外交领域，欧洲的对华政策更加与美国拉开了距离。欧洲的对华新政策、新文件、新认知，主要还是出于欧洲对自身利益的研判。中欧关系最大最深刻的一个变化，就是欧洲不愿意或者难以轻易在中美之间选边站。

叶江表示，特朗普上台以后美欧之间的对立如此之严重，特朗普甚至说欧盟就是敌人。但是欧盟反过来并没有因此把美国视为敌人，而是说这是假新闻，轻轻放下了。为什么会出现这个情况？第一个方面，美国在很大程度上认为当前的形势下，一个强大的欧洲对美国的国家利益是不利的。也就是说只要欧洲推进一体化，欧盟不断做大、做强，美国是坚决不允许的。第二个方面，美国的经济力量相对下降，同时又不愿意承担更多的防务义务，但又要处于领导地位。在这样的情况下，必须要欧洲人做出更多的贡献。第三个方面，英国脱欧和整个欧洲的形势，与特朗普的上台是有联系的，或者在一定程度上和全球性的民粹主义、民族主义的兴起是有联系的。

尚宇红分别从四个方面介绍了目前中国对欧投资的情况。第一是中国在全球各洲的投资。虽然中国对欧洲的投资总量不是很大，但是增长趋势非常明显。尤其是因为中美贸易摩擦，在美国对华战略调整背景下，中欧关系在未来会进入快速增长的阶段。虽然欧洲很多国家对中国不是很满意，但是出于利益的角度考虑，仍然会有更多的国家追随中国。第二是对欧洲的投资情况。从单体国家来看，中国在欧洲的投资具有很大的非对称性。更多的投资从额度上来讲，主要是集中在英国、荷兰和卢森堡、俄罗斯，这些国家相对整个欧盟来说，投资环境比较宽松或者具有投资便利。第三是中国各省份在中东欧每个国家的投资都有显著偏好上的不同。第四是在中美贸易竞争的背景下，尤其是在"一带一路"背景下，中国对美国的经济关系会部分向欧洲发生转移，欧洲的前景还是被看好的。

忻华认为，欧盟领导层对华政策的意向是重新认知、重新定位和重新构建新政策体系。欧盟现在对中国的重新定位，很大程度上工商界等利益集团的推动作用是非常重要的。欧盟一直对于中欧的战略合作伙伴关系给予比较多的正面讲述，现在欧盟越来越强调中欧关系的竞争性和对抗性，甚至主要强调对抗性。欧盟认为中国不是市场经济，不是发展中国家。此外就是重新构建，欧盟要构建具有复合性的对华防御政策体系，这个体系不再是过去单纯的贸易保护体系，也不是单纯的投资审查，而是要把贸易、投资、产业、技术、技术转让、知识产权保护这些合在一起，形成一个新的、复合型的防御政策体系。

中国国际问题研究院欧盟研究所主任崔洪建做了点评。他认为，以前搞中东欧合作的时候，中国是有底气的，我们能够保持高速增长，可以持续地去投入。但是现在是否要换一个角度来看？应该重新在中国可能进行经济增长模式调整或者长期低速增长的背景下去看这个时候怎么制定中东欧政策，如何思考中欧关系。欧洲在面对中国时，它一直在模仿美国，但是好在现在欧洲还愿意谈判，而且欧洲人的做法相对来说比较温和，跟美国不一样。

郑春荣教授最后作会议总结发言，他对来自京沪两地的各位专家表示感谢，并对研讨会未来能以"新形势下的欧洲与中欧关系"作为固定主题持续举办提出希冀，认为本次研讨会取得了圆满成功。

# 上海欧洲学会 2019 年年会暨"新形势下欧盟面临的新挑战"学术研讨会综述

2019 年 12 月 14 日,上海欧洲学会 2019 年年会暨"新形势下欧盟面临的新挑战"学术研讨会在华东理工大学召开。本次会议由上海欧洲学会主办,华东理工大学商学院及欧洲研究所承办。

上海欧洲学会副会长、华东理工大学欧洲研究所所长杨逢珉教授主持年会开幕式。上海欧洲学会会长徐明棋在书面致辞中对广大会员积极参加学会组织的各项学术和交流活动,给予学会理事会和秘书处工作极大的支持,使 2019 年成为学会成果丰硕的一年表示感谢。他指出上海欧洲学会作为承载学术交流使命的学术共同体,在学术思想的迸发与观点的碰撞上做出了自己的贡献。学会顾问、名誉会长伍贻康表示,在英国议会下院换届选举以及欧盟主要机构领导班子更新的大背景下,欧洲的形势突出在"新"字上,会有"新"的挑战不断出现,比如欧盟今后到底怎么对待美国对它的态度。华东理工大学商学院院长马铁驹教授对学会年会的召开表示热烈祝贺。随后,学会会员们分别听取并审议通过了学会秘书长杨海峰和监事曹子衡所做的工作报告。

在学术研讨会上,来自上海各高校、研究机构的专家、学者们约 60 人围绕欧盟的重新定位与调整、欧盟主要国家的战略决策以及中欧关系发展等议题展开了交流与讨论。

## 一

上海欧洲学会副会长、同济大学政治与国际关系学院副院长郑春荣教授主持了研讨会第一环节的发言。

复旦大学国际关系与公共事务学院院长助理张骥副教授在题为"欧盟在百年未有之大变局中的定位与选择"发言中认为，当今世界的变局集中体现在权力结构、秩序结构以及观念结构的变化。在权力层面，以中国为代表的发展中国家群体性崛起，美国霸权力量下降，欧盟整体实力也有所下降。欧盟内部的大国权力和规范性权力都在下降。德法力量对比发生变化，法国在新一届欧委会的组成上起到了很重要的作用。欧洲一体化对中东欧国家的吸引力和影响力在下降。在秩序层面，中欧之间有一个基础性的共识，即在全球贸易中坚持多边主义，而这是美国和中国分歧最大的地方。中欧可以在国际制度供给方面开展合作，但双方在未来的国际秩序构建上到底是伙伴还是竞争者，仍然需要进一步研究。观念结构在东升西降的情况下，反映为民粹主义的兴起以及自由主义意识形态受到的挑战。欧洲在力量下降的情况下，可能会在意识形态领域具有一种更强的进攻性。

同济大学马克思主义学院副教授、德国研究中心研究员杨云珍在题为"1989—2019 柏林墙倒塌 30 年后欧洲的经验教训"发言中认为，柏林墙倒塌及新欧洲国家民主转型 30 年之后，新欧洲出现了民主倒退的现象，老欧洲国家的民主制度受到了民粹主义的深刻侵蚀。欧洲内部各国之间以及一国内部的贫富分野距离都在拉大，与全球化有关的社会和经济变化导致了对民主政治制度的信任危机。未来跨大西洋关系可能还会出现疏离，欧洲在不放弃美国这一传统盟友的前提下，将寻求更独立的外交政策。中国要避免和欧洲出现冲突的态势，同时在经济领域加大合作。

上海社会科学院国际问题研究所崔宏伟研究员在题为"'战略自主'与欧盟政策调整"的发言中指出，可以从安全防务、经济主权、外交政策独立性和政治目标需求这四个方面理解欧盟的"战略自主"。她认为"战略自主"会在新一届欧委会的政策议程与政策方式调整中发挥指导作用。欧洲一体化分权趋势未止、法德轴心长期调整甚至分裂、安全自主建设目标不明确以及美国战略压力增大等都将成为欧盟实施"地缘政治"政策调整和追求"战略自主"的挑战。中欧之间的竞争性可能还会持续上升，数字与技术标准的竞争将成为焦点之一。中欧需要在全球治理等方面保持良性互动，扩大合作领域。

华东理工大学商学院欧洲研究所孙定东副教授在题为"'容克计划'与'一带一路'倡议对接及其区域经济一体化意义"的发言中认为，中欧间已有的坚实合作基础，"一带一路"倡议给欧盟带来更多投资贸易机会，可缓解欧洲投资不足，"容克计划"赋予中国对欧投资的制度性渠道等，都促成了"容克计划"与"一带一路"倡议的战略契合。交通基础设施、电力能源、数字基础设施成为双方战略对接的三大领域。"容克计划"和"一带一路"倡议对接中产生的基础设施建设、以"项目"为核心、公私合营模式（PPP）等实践特点，对区域经济一体化具有重要的理论意义。

伍贻康研究员在点评中指出，欧盟在当前内外形势下，今后怎么走、朝什么方向走是至关重要的问题。欧洲一体化一直存在深化与扩大的矛盾。扩大走得太快，消化工作没有做好，带来很多副作用和后遗症。两德统一后也存在难以真正融合的问题。上海欧洲学会名誉会长戴炳然教授认为，两德原来差距太大，统一后带来了很多难题。柏林墙倒了，自由、民主、繁荣等依然缺位，东西差别依然存在。但可以肯定的是，柏林墙倒塌、两德统一是个好事，我们应该看到发展与改善。

上海欧洲学会副会长、华东师范大学国际关系与地区发展研究院院长刘军教授在点评中指出，欧盟可能只有相对性的"战略自主"，谈论欧盟真正意义上的"战略自主"现在来讲还为时尚早。上海外国语大学德语系主任陈壮鹰教授提出，需要注意德国领土上还有美国驻军以及德国产品大量出口中东欧市场这些问题。

## 二

上海市俄罗斯东欧中亚学会副会长兼秘书长、同济大学政治与国际关系学院杨烨教授主持了研讨会第二环节的发言。

郑春荣教授在题为"德国与欧盟5G政策走向及其影响"的发言中指出,德国国内有人以5G网络的风险没有办法从技术上进行控制,而必须进行政治评估为理由,要把中国华为彻底挡在德国的5G网络之外。基民盟莱比锡党代会上的决议规定,参与德国5G网络建设必须达到相应的安全性与可靠性要求,相关供应商不能造成任何不符合规定的既成事实。欧盟委员会也已计划年底之前出台5G网络安全管理工具箱的政策建议。上述情况反映出默克尔的掌控力有限、影响力在走弱,欧盟层面的审查框架虽然只具有禁令限制,但是它可能会有延伸效应,促使各成员国加强共同行动。我们需要警惕华为事件对整个中德、中欧关系的溢出效应,以及进一步炒作中欧战略展望中讲到的制度对抗。

同济大学德国问题研究所陈弢副研究员在题为"德国'多边主义者联盟'计划评析"的发言中指出,由西方阵营里建制派的知识精英和前官员提出来的多边主义者联盟构想,主要是以意识形态划线,希望把所谓的西欧、北美以及东亚国家的民主国家联合在一起,发挥德国全球影响力,维护多边国际机制和开放的世界经济秩序,推动自由民主制度的存续和扩张。多边主义者联盟的内层由所谓的理想主义合作伙伴组成,包括法国、加拿大和日本这三个最核心的国家,外层则主要从实用主义出发。多边主义者联盟针对的是民粹主义和威权主义国家。多边主义者联盟存在的问题很多,包括没有严密的组织和章程、道德上的虚伪性、前景不被看好等。

上海外国语大学法语系讲师薛晟在题为"法国退休制度改革会带来些什么"的发言中指出,法国在2010年进行了一次普通退休制度的改革,但现在马克龙进行退休制度改革的时机并不好。此次改革希望改变以往的现收现付制,虽然会解决政府的注资压力,但其负面效应就是会颠覆一直以来法国退休制度所依赖的代际互助关系，迫使老百姓更加关注自己，造成公众政策的个人化。面对罢工游行，处于无人可用状态的马克龙进退维谷。在一个为选举而组成的政党当中，如果接连遭遇失败会带来极大的影响。马克龙想要当欧洲的领导人，必须先要解决国内的问题，如果国内问题都没办法解决，如何能够胜任欧洲的领导人。

上海欧洲学会副会长、上海国际问题研究院叶江研究员在题为"英国2019大选后的脱欧前景分析"的发言中认为，英国议会肯定能够通过决议确定2020年1月31日以前进行脱欧。保守党在大选中的选举战略正确，能够抓住脱欧这个英国当前最主要的问题，而英国民众现在对脱欧的支持又非常明显。此次大选又被称为脱欧公投的第二版或者升级版。保守党取得了得票率46%、议席365席的大胜，同时约翰逊增强了其作为首相的合法性。保守党和约翰逊对苏格兰是否可以进行公投具有决定权。

戴炳然教授在点评中认为，5G问题被严重政治化和意识形态化。他还认为英国脱欧对欧盟已经不会产生新的影响，但对英国的政治经济影响值得进一步研究。上海社科院图书馆馆长钱运春研究员在点评中认为，法国的社会保障制度是逐步形成的，具有很强的历史背景，现在的问题是其为什么不能适应历史发展，没有形成灵活化、个体化的后工业时代社会保障形式。

# 三

上海欧洲学会监事曹子衡主持了研讨会第三环节的发言。上海欧洲学会副秘书长、上海对外经贸大学中东欧研究中心主任尚宇红教授在题为"2008年以来欧盟贸易网络的变迁——兼谈欧盟的经济一体化进程"的发言中认为，在2008—2018年间欧盟贸易网络总体上讲没有本质的改变，但欧盟内部贸易联系有继续弱化的趋势，更加依赖外部市场需求。欧盟内部贸易网络去中心化特征明显，向更均衡方向发展。英、意、法在欧盟贸易网络的影响力明显下降，中心地位受到了挑战，其中英国更加突出。更多的欧盟国家倾向向外发展贸易关系，不过也有中东欧等国家更加倾向欧盟内部贸易。

在欧盟对大国经贸关系里，中欧贸易得到了最大幅度的强化，即将超过欧美贸易。在欧盟的全球贸易份额不断下降的情况下，中欧贸易对欧盟具有重要的影响力。

上海对外经贸大学国际经贸学院副院长高运胜教授在题为"垂直专业化分工缩小了中欧制成品贸易差额吗"的发言中认为，世界各国间跨国贸易量飞速发展的重要原因则是来自全球生产网络下的垂直专业化分工，当前贸易急剧衰退也与垂直专业化分工带来经济周期波动息息相关。中东欧拥有相对低廉的劳动力成本，进入的成本也较低，随着"一带一路"倡议和中国与中东欧国家间"17+1"合作的不断推进，中国企业对中东欧国家的投资增长迅速。中国通过在中东欧建立境外经贸合作园区等方式，通过加工组装等方式出口欧盟，甚至返回中国市场。中国可以进一步分析中国制成品在欧盟市场的竞争性与互补性，实施针对性扩大出口欧盟的策略，提升贸易多元化水平，并通过对欧盟投资提升逆向技术溢出效应。

华东理工大学商学院郭毅教授在题为"中国、欧洲和世界：新经济和老产业融合中的问题和挑战"的发言中认为，中国政府的2025产业发展规划，显示了中国谋求未来国际产业竞争力的导向和意图。但中国产业的技术开发和转化根基薄弱，中国工业制成品和设施的制造必须依靠全球化经济的支撑，比如来自德日等工业先进国技术和产品。反全球化和孤立政策以及美欧澳右翼政党上台执政，越来越不利于中国依赖原有的全球化格局。一个有助于摆脱困境、令人鼓舞的前景可能来自新经济。不过新经济主要起到赋能和强化经营效率的作用，不能取代传统产业。

上海外国语大学英语学院文学系主任陈琦副教授在题为"'后脱欧'时代中英关系发展的机遇与挑战"的发言中认为，英国在二战之后一直陷入一种迷茫，在作为中等国家的英国如何继续发挥一流的国际影响力，以及英国有没有必要争夺所谓的国际话语权或者国际影响力这两个问题上没有达成内部共识。中英关系在脱欧之后该怎么走？英国对中英经贸合作的成长性抱有期待，但又因一些敏感问题导致中英政治互信受损。脱欧其实给中英关系注入了新的活力，中国应该更加积极主动地创造话语权和议程制定权，应该有更强的自信和能力引导中英关系的发展。

上海对外经贸大学经贸学院教授张永安在点评中指出，贸易是两国关系的压舱石，离开贸易谈两个国家关系的走向是不正确的。贸易关系很重要的一点就在于平衡就是健康。欧盟内部统一大市场的吸引力发生了分化，老成员更多关注全球市场份额问题，而新成员则非常依赖统一大市场。"17＋1"合作机制以及"一带一路"倡议的顺利推进要看能否给中东欧国家带来经济利益。上海市国际关系学会秘书长方晓在点评中提出，欧洲在数字经济领域具有比较坚实的基础，德国、意大利等国也具有比较领先的装备生产技术，中欧在这些方面开展务实合作的潜力巨大。伍贻康研究员认为英国脱欧后将面临诸多复杂问题，包括如何处理北爱尔兰边界问题，以及英欧、英中、英美关系，上述各方不会在谈判中对英国轻易让步。

# "新形势下欧盟面临的新挑战"
# 第十届上海欧洲研究青年论坛综述

2019年12月14日上午，上海欧洲学会"新形势下欧盟面临的新挑战"第十届上海欧洲研究青年论坛在华东理工大学召开。上海欧洲学会秘书长杨海峰博士主持开幕式并宣读了会长徐明棋的书面致辞，他对踊跃参加论坛的广大青年学者、长期关注和支持青年学者发展的学界前辈，以及热情承办此次论坛的华东理工大学欧洲研究所表示衷心感谢。上海欧洲学会副会长、华东理工大学欧洲研究所所长杨逢珉教授在致辞中表示，上海地区的欧洲问题研究将有力促进中国对中欧以及国际前沿问题的有益探索。华东理工大学商学院孙定东副教授、复旦大学国际关系与公共事务学院院长助理张骥副教授分别主持论坛交流，来自华东师范大学、同济大学、复旦大学、上海外国语大学、上海国际问题研究院、华东理工大学的12位青年学者和学生围绕欧洲一体化走向、欧盟面临的重要议题及其政策主张、法德领导力与战略取向、中欧关系等作主题发言。上海欧洲学会名誉会长戴炳然教授、上海对外经贸大学经贸学院张永安教授、华东师范大学国际关系与地区发展研究院院长刘军教授、上海国际问题研究院叶江研究员作专家点评。上海欧洲学会顾问、名誉会长伍贻康对此次青年论坛进行了总结，他认为这次论坛来自上海各大院校的青年才俊济济一堂，各自发表了对于欧洲研究的最新成果，充分展现了上海欧洲学界新生力量的勃勃生机。

华东师范大学国际关系和地区发展研究院博士生曹亮发言的主题是"欧盟的内部分化和对欧盟未来走向的影响"。通过对欧盟在安全问题、美国因素、内部经济情况以及对俄、对华政策上分歧的宏观分析，他认为欧盟内部的分化只是延续了之前的问题，不会造成欧盟的解体。德法轴心间的分歧会减弱欧盟内部的凝聚力，限制其在国际舞台上的话语权和影响力，导致将来在与美俄的博弈中处于较弱势的地位。

同济大学德国研究中心博士生张凌萱根据合作霸权和合作领导的理论框架讨论了法德领导力。在处理欧债危机时，法德两国表现出了良好的领导力，通过财政契约促成了欧元区国家一体化的进程，但在随后的欧元区改革议题上却是失败的。法国犹如一个光杆司令，有心无力。德国虽有能力，但并没有心思去推进。这主要有三点原因：第一是两国内部都有自身考虑，并且立场与侧重点都不相同；第二是两国都被欧盟内的其他事务牵扯其中；第三是欧盟其他国家也存在着有意不追随的现象。

华东师范大学国际关系和地区发展研究院博士生王功发言的主题是"从技术官僚到政治官僚：欧洲中央银行政治化研究"。在欧债危机之后，欧洲央行正在从一个刻意孤立、高度独立以及隐蔽的技术官僚机构转变为强大的政治角色。欧洲央行的政治化通过两种途径对欧洲一体化起到了促进作用。第一是法律，如政策工具箱、一系列的常规与非常规的政策；第二是危机，在应对欧洲困境时，欧洲央行是处于领导的地位。从长期来看，未来欧洲央行将承担起恢复市场信心、复苏市场经济，以及促进一体化不断深入的重要责任。

复旦大学国际关系与公共事务学院博士生姚乐探讨了"去一体化背景下的欧洲防务一体化"问题。在当前欧洲一体化进程严重受阻，并且"去一体化"的影响力逐渐增强的背景下，欧盟防务安全一体化的进程却有了一个非常明显的加速，取得了很多历史性的突破。这其中可能存在的动因包括以下四个方面：第一是整个欧洲对安全的认知和定义发生了变化。欧盟开始强调对自身的安全保护，尤其强调有原则的务实主义；第二是欧洲不同步的一体化模式给了不同成员国体现各自国家偏好的空间，而且也允许了不同类型的领导人在统一框架下共存的可能性，这反而推进了防务一体化的发展；第三是在欧盟层面"用更少的钱办更多的事"成了很多国家开展合作的新模式；第四是在务实主义导向之下，庞大的专家技术网络起到了推动作用。

华东师范大学国际关系和地区发展研究院博士生黄郑亮介绍了欧盟人工智能的发展。从总体来看，欧盟的第一个优势在于创造了为人工智能培育和发展的环境,第二个优势在于欧盟走了一条发展与治理并行的道路。欧盟在发展人工智能的过程中,特别注意把自身长期所秉持的价值观,包括开放、保护、多元并行等融入人工智能发展中。此外,欧盟发展的劣势主要集中在技术方面,算力的落后以及因数据保护无法提供足够的算法动力文本。

上海外国语大学国际关系与公共事务学院硕士生江思佳发言的主题是"欧洲在全球环境谈判中的一致性思考"。一致性是欧盟在全球环境谈判中的重要因素。影响一致性的因素主要包括成员国的立场、欧盟层面行为体的推进以及欧盟外部环境的限制作用。通过对哥本哈根气候大会的实例分析,可以看到欧洲议会和欧盟理事会可以通过相互促进使得欧盟在政策领导决策上更有抱负。当外部的谈判环境变得不利时,由于拒绝协定的政治成本增加,成员国会倾向于形成统一立场进行发声,此时欧盟就被赋予了潜在的自主权,促成谈判桌上协定的最终达成。

上海国际问题研究院硕士生王琨围绕"欧洲右翼民粹主义政党对欧盟难民政策的影响"发言。她认为右翼民粹主义政党就是在基于身份认同的基础上,强调维护平民利益和民族利益同时又反精英、反权威的政党。右翼民粹主义政党在难民问题上起到了一定的作用,它促使欧盟不断完善自身的避难体系,比如引入对边界临时管控、加快难民遣返和转移措施等。右翼民粹主义政党对未来欧洲一体化影响主要有三个方面:第一是削弱欧洲"多元一体"的传统价值观;第二是降低欧盟的行政效率;第三是政治和意识形态的碎片化。

上海外国语大学欧盟研究中心硕士生钱蔚玲发言的主题是"当前难民问题在新形势影响下的欧盟难民政策发展探析"。新一届欧盟领导层将受到极右翼民粹势力的巨大压力,在接下来的难民问题上会趋于保守,进一步收缩难民政策。总的来说,欧盟未来的难民政策有三个走向。第一是欧盟会加强与外部国家在边境安全、难民接纳遣返、海上安置等方面的合作;第二是欧盟会致力于成员国之间的边境管辖、执法等方面的协作;第三是欧盟会计划改革难民和移民的接受制度,如在2020年出台新的移民和难民协定,对《都柏林协定》进行全面改革等,以此细化成员国责任分担,会增加难民接受额度的分配。

复旦大学国际关系与公共事务学院博士生孙贝芸围绕"欧洲议题在法国的政治化及其影响"发表了自己的看法。她认为政治化可以从三个方面进行考察。第一是议题的显著性；第二是相关辩论的参与者范围扩大；第三是参与者之间产生对立立场并形成一个强大的反对阵营。就法国来看，从最初的"舒曼计划"、《罗马条约》到欧洲货币体系的建立，其在一体化进程中发挥着重要作用。在整个过程中，欧洲对法国的影响也在逐渐深化。从1992年以来，欧洲议题在法国的政治化并不是精英共识到大众冲突，更准确的是从精英共识到低强度的精英冲突，再到2017年的高强度精英冲突。对欧洲政策的不满进而引发对欧盟政治性质本身的辩论和对欧盟政治合法性、民主赤字等议题的讨论，这些问题已经在法国国内有所表现。

华东师范大学国际关系和地区发展研究院博士生苟利武发言的主题是"拉脱维亚族群结构变迁与'非公民'问题的形成"。1940年拉脱维亚被并入苏联后，大量非拉脱维亚人的迁入对拉脱维亚的族群结构造成了巨大改变。1991年8月22日拉脱维亚独立后推出了严苛的国籍法，这直接造成了70多万俄罗斯人成为了"非公民"。如今拉脱维亚政府面对这些"非公民"采取了三种对策：第一是加强了波罗的海国家的联合；第二是依赖于北约；第三是欢迎侨民回归本国。

同济大学德国研究中心的博士生倪晓姗发表了对"德国安全和防务政策新动向"的看法。2014年的《慕尼黑共识》和2016年的《安全白皮书》都表明了德国正在向积极有为的安全政策靠拢，以谋求在国际政策中承担更多的责任。德国新任国防部长安妮格雷特·克兰普—卡伦鲍尔认为，首先德国应该明确对自身利益安全的态度；其次是承担共同的欧洲安全，并且在德法双马并行的过程中，德国更应该充当领导作用；最后在英国是否脱欧的议题上，她提出了第三种模式，即在安全问题上由德国、法国、英国作为欧洲的领导力量进行处理。

华东理工大学应用经济博士生程凯发言的主题是"容克计划与中国机遇"。欧盟委员会主席容克上台后，提出了"容克优先计划"。其核心包括：第一，建立种子基金，主要目的是首先经过公有的160亿欧元长期投资，以及中小企业的50亿欧元投资，共同撬动750亿欧元的投资；第二，在项目筛选上有明显的优先投资,这样能够快速促进欧洲经济增长和社会发展的投资项目;第三,消除投资障碍,改善欧洲的投资环境;第四,消除欧洲各国经济部门之间的管制壁垒,实现要素的完全自由流动。"容克计划"对中国经济增长模式转型的启示主要有:提高投资质量、投资规模以及推动经济可持续发展;推动财政金融体系体制改革,改善投资环境;促进服务业部门的投资和中小企业的发展。

上海欧洲学会名誉会长戴炳然教授点评指出,过去中国对于欧洲一体化有可能期待过高,现在首先必须定位清晰、目标清晰。其次,在讨论欧洲一体化时,必须理清欧盟内部各成员国的利益共同点和分歧,从短期来分析它当前面临的问题,从长期来判断未来的趋势。

上海对外经贸大学张永安教授在点评中提出"我们怎么看待欧洲一体化"的问题。欧洲联合需要一个能凝聚各国的东西,那就是经济合作。对国别和欧洲一体化研究,应当注意经济利益是国家间关系的凝聚力。研究问题必须抓住出发点和归结点。围绕着国家利益、国家政策的制定然后去出谋划策。

华东师范大学国际关系与地区发展研究院院长刘军教授在点评环节中指出,此次青年论坛的发言内容涵盖了欧洲的政治、经济、社会、安全问题,谈的都非常具体,可以欣喜地看到上海欧洲研究后继有人。他建议在硕士生、博士生阶段可以不要谈很大的问题,从一些小问题入手研究,同时也应注意欧洲研究的最终落脚点还是要回到中国。

上海国际问题研究院全球治理研究所叶江研究员在点评中指出,首先在一定意义上,上海研究欧洲的年轻学生实际上已经感受到了或者抓住了今天欧洲发展的方向,他们对于欧洲一体化的理解包括对欧洲的理解已经在不断深化。其次,这种深化不仅体现在选题上,更包括了对选题内容的思考。他们的研究路径、研究内容、研究方法都非常独到。最后,年轻人研究的方法也在不断更新,有些虽然抓住的并不是欧盟主流方向上的问题,但又显示出了主流发展的方向,这都说明了上海研究欧洲的青年学者前途无量。

上海欧洲学会顾问、名誉会长伍贻康对青年论坛进行了总结发言。他指出,一方面时代在发展,社会在进步,欧洲研究人员也一定会有新陈代谢。

今天欧洲学会的队伍可以说大有希望、后继有人，这让人精神振奋。另一方面，上海对前沿问题的研究还需要加强，写系统性、理论性文章还要进一步努力，这是一个攀高峰的问题。有三点建议供参考：第一是找准题目的切入点；第二是对争论内容要把分歧讲透、抓准；第三是加强问题意识和对争论性问题的挖掘。

# 欧盟专业委员会成立暨疫情下的欧洲经济和中欧经济关系研讨会

2020年5月8日，适逢中欧建交45周年和《舒曼宣言》发表70周年之际，上海欧洲学会举办了"欧盟专业委员会成立暨疫情下的欧洲经济和中欧经济关系研讨会"。与会专家认为，遭受新冠肺炎疫情重创的欧盟面临复苏经济的现实挑战以及财富再分配加剧、地区差距加大等更多深层次问题。中欧关系同样面临新的挑战，但通过主动作为，可以把握与创造更多提升双边关系的机遇。

## 一、对欧洲经济复苏不用过分悲观，但潜在问题让人担忧

上海欧洲学会会长徐明棋研究员认为，多家国际组织展望2020年世界经济将出现大幅度负增长，欧洲主要国家的负增长更将达到7%左右，这是比较严峻的经济形势。之所以出现这种情况，一方面是"封城锁国"等举措对实体经济带来的冲击；另一方面则是预期带来的担忧，恐慌情绪对投资、贸易都带来严重影响。但目前来看，整体经济应该不会出现两到三年的长时间收缩。欧美在疫情达到高峰后已经开始启动各种"解封"政策。欧美经济复苏难度不小，但也不用过分悲观。

不过现在还有两大让人担忧的问题：一是欧美在危机后都采取了超历史的财政刺激政策，无限量的量化宽松会产生"道德风险"和金融泡

沫，进而导致财富的再分配效应，这些对经济长期健康发展都不利。在此背景下，欧美国家的民族主义和民粹主义会进一步滋长，将矛头转向海外。二是全球治理机制失灵，在抗击疫情和推动国际贸易和投资方面作用不彰。全球治理陷入困境，相互指责和对抗更加严重，这对世界经济发展不利。

复旦大学欧洲问题研究中心主任、上海欧洲学会副会长丁纯教授指出，疫情对欧洲经济造成了重大影响。第一季度欧元区经济负增长3.8%，欧盟经济负增长3.5%，据预测第二季度欧盟的负增长会在5%—12%，全年负增长会在7.4%。从宏观来看，财政赤字将会达到7%，累计公共债务将会上升100%。从微观来看，娱乐业、酒店业、旅游业以及航空业将会受到最大冲击，相关汽车支柱产业也会受到不小冲击。在此情况下，欧盟成员国采取了多种举措维护经济活动和社会民生。不过，"新冠债券"发行的层层阻力再次暴露了欧盟内部的道德风险、南北差距、统一财政的分歧等问题。欧洲各国短期面临着复工复产和防疫的权衡问题，长期则是公共债务迅速上升以及相关产业链的问题。随着经济问题凸显，南北差异扩大，区域性差异加剧，欧盟地缘政治委员会将会采取哪些措施进行应对，值得进一步关注。

上海欧洲学会前会长伍贻康教授认为，借助疫情危机欧盟如能趁势加强团结、深化内部结构机制改革，在尊重成员国主权基础上进一步推进欧盟一体化进程，抓准方向，在共识基础上使一体化向前推进是有可能的。欧盟历史证明，一体化往往是在危机中向前推进。

上海社科院助理研究员、上海欧洲学会欧盟专业委员会主任助理姜云飞博士认为，新冠肺炎疫情一方面放大了美欧之间的经济矛盾，如疫情期间的医疗物资争夺、禁止向对方出口医疗物资、争夺疫苗开发的技术公司等；另一方面，随着疫情的逐渐缓解，美欧之间的贸易谈判将再次回到政府的优先事项中。2020年5月5日，美英贸易谈判已经率先恢复启动。不过，美欧经贸关系中仍然存在农产品补贴、汽车关税等诸多分歧。这些问题并未因疫情降低协商与解决难度，一些问题的难度更是有所上升。

## 二、疫情危机蕴含中欧发展潜力，应该加强与欧洲国家的经济联系

华东理工大学欧洲研究所所长、上海欧洲学会欧盟专业委员会主任杨逢珉教授认为，中欧贸易中的困难能否解决，要看全球供应链是否会发生大的变化：第一，受疫情冲击，欧洲不少国家加强了对进口的管控，采用了严格的检验检疫措施，同时试图将更多的工作机会留给本国人员，以维持就业的稳定。第二，日韩是中国对欧出口产品的零部件供应国，日韩经济复苏与否影响中国对欧出口。所以，需要减轻欧盟成员国受疫情的冲击程度，尽可能帮助欧盟。我们还应该稳定跨国公司在华企业的生产，帮助其克服复工之初所面临的问题，同时进一步大幅度改善营商环境，使外资感受到中国市场的强大发展潜力。

上海对外经贸大学中东欧研究中心主任、上海欧洲学会副秘书长尚宇红教授指出，新冠肺炎疫情在全球的蔓延对中国和中东欧国家的正常合作交流产生了不利影响。受此影响2020年中国—中东欧国家关系中最为重要的"17+1"合作机制领导人峰会未能如期进行，在宁波召开的每年一度的中东欧进口商品博览会同样推迟。中国—中东欧国家双边贸易受疫情影响出现不可避免的下降，而且主要是中国对中东欧国家出口的下降，但也包含了增进双方在彼此市场中的份额机会。在国际贸易普遍下降的疫情时期，中国—中东欧国家双边贸易相对于其他国家和地区，相对市场份额还会有所提高，特别是在中东欧国家日渐形成的进口中国、出口欧洲的贸易网络中，其对中国进口的依赖性将会进一步得到强化。

上海国际问题研究院院长助理、上海欧洲学会欧盟专业委员会副主任张海冰研究员认为，新冠肺炎疫情对世界经济和全球治理的影响深刻复杂，也对城市发展治理带来挑战。我们应该在此背景下看上海未来的发展，思考如何加强与欧洲国家的经济联系，更好借鉴欧洲城市的经验，丰富上海城市的发展底蕴，实现多元、弹性、包容和可持续的城市发展。比如，芬兰疫情之

下其医疗物资的相对充分储备显示了优势,其医疗保障的水平和平等性值得学习和借鉴。上海自贸区引进的上海阿特蒙医院也为开展中德医疗合作探索了一个新的途径。总的来说,未来上海发展的创新需求上升,欧洲城市的多元创新经验值得关注;未来上海城市发展的安全需求上升,欧洲城市的前沿治理经验值得学习;未来城市的综合治理能力需求上升,欧洲先行的城市经济生态治理经验值得借鉴。

# 当前英国外交与中英关系

2020年6月10日，上海欧洲学会举办"当前英国外交与中英关系"座谈会。

## 一、贸易逆差可能恶化，经济民族主义思潮抬头

上海社会科学院世界经济研究所姜云飞博士指出，英国同主要经济体之间的经济联系显著。英国自脱欧公投后由于英镑的贬值而吸引了大量投资，据2019年安永发布的报告，英国于2018年成为最具有吸引力的投资目的地。2019年英国科技领域吸引的风险投资总额仅次于美国和中国。金融科技、人工智能、深科技以及清洁能源是英国表现最好的行业。不过，尽管英国拥有具有竞争力的服务业，但其国际贸易已经连续20年处于逆差状态。在新冠肺炎疫情冲击下，各国国际贸易都受到强烈冲击，英国的逆差状态可能进一步恶化。

上海外国语大学欧盟研究中心常务副主任忻华副教授认为，首先当前英国国内出现了一股"经济民族主义"思潮。英国战略研究界感到英国对欧洲单一市场不能再抱有幻想，需要更多地发展本土市场和开拓亚太等全球其他地区的市场，这样的观点与"摆脱对中国的产业链依赖"的呼声结合在一起，就形成了当前的"经济民族主义"思潮。其次，英国一些人认为当前大国权力斗争的地缘政治正在回归国际舞台，中美战略对抗已成为塑造世

界格局的重要现象,认为英国需要借重"英美特殊关系"。再次,英国仍然希望自己在美国和欧洲大陆之间发挥桥梁与纽带的作用。有人提出,英国凭着"英美特殊关系"可以在美欧之间进行斡旋,借此提升英国在欧洲地区事务中的位置,使美国、欧洲和德国都重视英国。

## 二、走向21世纪的"三环外交"

上海欧洲学会前会长伍贻康研究员回顾了英国的外交历史,认为当前英国的自我定位与其客观地位存在差距,存在自不量力或者心有余而力不足的情况。英国加入欧盟一波三折,加入后难以成为操盘手和轴心,其脱欧既有偶然性也有必然性。如果英国无协议脱欧,其经济和国际地位必将大为下降。其"全球英国"战略从某种角度又回到了"三环外交",中、俄在其中的地位不是很突出。

复旦大学历史系朱联璧副教授指出,英国保守党政府近期支持率下滑显著。从英国2015年大选以来,保守党政府长期处于"竞选状态",主攻舆论宣传,而缺乏治理对策,以至于面对脱欧、抗疫与对华关系等问题时宣传先行,行动滞后,导致疫情暴发后民意支持率波动剧烈,英国放弃欧盟,难免需要回到英国加入欧共体之前的外交策略上,即全方位加强和前英帝国控制地区的联系,如加强和美国各方面的联系,加强和英联邦国家和地区之间的联系,可以将之解读为21世纪的"三环外交"。

## 三、"全球英国"战略需要中国

上海国际问题研究院叶江研究员指出,做出脱欧决定后的英国提出了"全球英国"的战略定位,必然要把中英关系放在一个重要的地位,中英不太可能脱钩。中英互有所需,双边关系的改善与发展需要找到抓手。从中国商务部发布的贸易数据看，2019年的中英贸易额接近700亿英镑，比欧英、美英的贸易额少，但远超日英的300多亿英镑。另外，2019年对华投资国中英国排第二位。这些都说明中英具有较为紧密的经贸关系。不过，也有一些对中英关系不利的因素，比如英国社会和舆论对华不是很友好、英美特殊关系以及相关的联盟关系等。

上海外国语大学英语学院陈琦副教授认为，脱欧后的英国与特朗普政府的美国，在对外战略、对华战略目标上存在显著差异。英国作为中等强国有其自身的国家利益，在对华关系的定位上与美国存在重大区别。英国将中国视为实现脱欧后"全球英国"战略的重要一环、经济贸易重要的增长点。中英关系发展平稳，甚至有助于撬动中欧、中美关系的转圜。然而，2020年3月以来，随着新冠肺炎疫情在英国失控，英国政府在其防疫措施备受国内批评的情况下，英国方面开始出现"调整"中英关系、"降低对华产业链依赖"等所谓"反思"的声音。在过去的两个月内，英国反华人员表现活跃，以往零星的发声演变成团队化并试图夺取政府对华政策制定主导权。可以说中英关系目前面临着挑战，正处在一个十字路口。但是明显的事实是，"全球英国"战略要最终落地，发展积极的中英关系必不可少，一个稳定的中英关系符合两国人民的利益。

上海国际问题研究院欧洲研究中心副主任龙静博士认为，新冠肺炎疫情严重干扰了英国的外交议程。首先，英国与世界上其他经济体开展谈判的进程因疫情受阻。英国将加入"全面与进步跨太平洋伙伴关系协定"作为经济外交的首要任务之一。英国希望能够开展自贸协定谈判的主要经济体包括美国、中国、日本、澳大利亚等，但美国严重的疫情发展导致谈判延期。英国希望通过与其他经济体达成协议来施压欧盟的路径也难以奏效。其次，疫情导致贸易保护主义和经济民族主义势头更加强劲，国际合作陷入困境，不利于英国"拥抱全球化"战略的推进。再次，英国内部在对华态度方面出现了重新评估、再做定位、急需调整的呼声，这对约翰逊政府既往的对华政策构成了巨大的压力，英国"后疫情时代"的对华政策尚处于举棋不定的观望中。

# 转型中的欧盟及其对中欧关系的影响

当前，国际格局处于深刻变革之中。2020年7月1日，德国接替克罗地亚成为新任欧盟轮值主席国。德国接棒后的欧盟面临哪些机遇与挑战？德国将如何引领中德、中欧关系向前发展？这是学界亟须关注的重要问题。在此背景下，同济大学德国研究中心联合上海欧洲学会，于2020年7月22日举办"转型中的欧盟及其对中欧关系的影响"研讨会。会议围绕以下两个主要议题展开学术研讨：1. 欧盟结构转型的特征及挑战；2. 中欧关系动态及推动中欧合作发展的路径。来自同济大学、复旦大学、上海外国语大学、上海欧洲学会、上海国际问题研究院等高校和科研机构的20余位专家学者莅临会议。会议由同济大学政治与国际关系学院副院长、德国研究中心主任郑春荣教授主持。

上海欧洲学会会长、上海社会科学院世界经济研究所研究员徐明棋致欢迎辞。他代表活动主办方向莅临本次会议的学界同仁表示热烈欢迎，对同济大学德国研究中心对此次活动的支持表示感谢。他说，疫情冲击之下的全球地缘政治格局正在经历关键的变动，欧洲的转型及其未来发展还存在诸多不确定性，这对传统认知和判断带来挑战。在全球化低潮、逆全球化抬头的背景之下，中欧关系正变得愈加重要。欧洲内外部的冲突、矛盾及其应对也为欧洲研究学界提出了新的问题。期待本次活动能够促成研究成果，为中欧关系的健康发展发出上海学界的声音。

会议研讨分为上、下半场进行，分别由同济大学德国研究中心副主任胡春春副教授和上海欧洲学会监事曹子衡主持。

上海欧洲学会会长、上海社会科学院世界经济研究所研究员徐明棋做"欧盟对华政策的变化与内在矛盾"主题报告。徐明棋指出，当前欧盟的转型主要表现在两方面：一是强化凝聚力，遏制民粹主义势头；二是针对欧洲一体化凝聚共识，重塑跨大西洋关系以及应对新兴国家的崛起。他强调，欧盟对华政策发生一系列重要变化，体现出摇摆性与矛盾性，具体表现为：一是认知层面对中国增加负面评价、强化否定姿态，呈现出原有的积极性评价和日益增长的负面评价共存的矛盾局面；二是各国利益诉求的差异导致欧盟内部对华政策的分歧日益扩大；三是欧盟成员国领导人在对华政策方面存在代际差异；四是欧盟内部机构对华政策存在矛盾；五是在宏观表态和具体实践层面表现出的合作—对抗态度差异。他表示，中欧战略伙伴关系的长远健康发展需要积极的战略引导。

复旦大学欧洲问题研究中心主任丁纯教授做"关于新时期欧洲一体化与中欧关系的一些思考"主题报告。丁纯指出，疫情对欧盟的影响主要表现在以下几个方面：一是冲击的规模空前；二是内外矛盾凸显；三是危机与机遇并存；四是逐渐形成共识。他认为，总体而言，疫情的冲击在客观上将对欧洲一体化进程发挥积极推动作用。在中欧关系方面，丁纯强调我们对欧方的经贸诉求，以约翰逊、马克龙为代表的欧洲新生代领导人带来的新思维、理念的差异，中国对于次区域关系的处理，以及中欧相互认同的下降需要认真观察，高度重视，谨慎处理当前中欧关系发展面临的关键问题。

上海国际问题研究院欧洲研究中心叶江研究员做"中欧对'伙伴'定义的异同与中欧关系未来前景"主题报告。他认为，中欧双方对全面战略伙伴关系的认知存在明显差异，产生这一差异的外部环境是当今世界正在进入政治决定经济的时期，同时现实主义的理念在欧盟的对华政策的制定过程中占主导。叶江指出，观念建构的差异将会对中欧关系的后续发展产生关键影响。

同济大学政治与国际关系学院副院长、德国研究中心主任郑春荣教授做"欧洲绿色新政的内涵、挑战与前景"主题报告。他指出，欧洲绿色新政是综合性极强的一揽子举措，经济增长是核心目标，同时涉及了诸多社会属性，兼备欧洲和全球的视角，彼此之间相互关联和影响。具体措施方面，包括制定气候法、推动经济各部门脱碳转型、发展循环经济、推动可持续的食品及农业政策、引入公正过渡机制、动员公众广泛参与、积极开展绿色外交等。但绿色新政的实际效果取决于其能否获得政策优先地位和资金支持，以及欧盟机构在协调、执行过程中的权能。他认为，中欧关系将经历"绿色化"——双方在绿色领域有诸多潜在的合作议题。但同时，双方在环境、气候、运输等领域的标准差异将成为双边关系的一大挑战。

上海国际问题研究院欧洲研究中心主任张迎红研究员做"欧盟构建欧亚互联互通的政策走向"主题报告，对20世纪90年代以来欧盟在发展"亚洲运输走廊"方面的一系列项目背景、内容做了介绍。她认为，走廊地区的交通运输主要存在跨境衔接、自由化程度低以及黑海和里海的连接等难题。张迎红表示，走廊项目的部分措施对于中欧班列和新亚欧大陆桥的建设有着诸多借鉴意义。

上海外国语大学欧盟研究中心常务副主任忻华副教授做"当前欧盟新领导层的对外经济竞争战略及其对中欧关系的影响"主题报告。他表示，新上台的欧盟新领导层针对经济层面表现出了强烈的焦虑，竞争成为了各个经济体之间的关注焦点。具体来说，以冯德莱恩为首的欧盟领导层有以下三个推动欧盟决策变化的主要关注点：一是对外经济竞争力；二是经济转型中的标准、规则和政策制定的话语权；三是经济对外依存当中的主动性和灵活度。忻华认为，总体来看，欧盟更多地将其与主要经济体之间的关系视为竞争关系。政策目标可以概括为对标中美、赶超美国，具体的政策架构可分为进取性和防御性政策体系。在中欧关系方面，他强调，新一届欧盟委员会对于欧盟经济主权和技术主权的强化，后续可能对中国与"17+1"国家的交往造成负面影响，中欧关系中的对抗性和竞争性将日益凸显。

同济大学政治与国际关系学院欧洲研究中心副主任宋黎磊教授做"欧洲政治碎片化视角下的中东欧政治版图与'17+1'合作"主题报告。她指出，中东欧地区的政治碎片化主要有以下三个特征：一是更多的小党和"政治素人"进入议会并获得话语权；二是左翼政党生存空间受到挤压；三是民粹主义政党势力扩大。她建议，中方应当在以下四个方面做好应对：一是对其政党格局及对华态度进行细分、加强研判，区分民粹主义政党和极右翼政党；二是密切关注中东欧内部政党政治斗争对中国—中东欧关系的潜在冲击；三是密切关注中东欧政党和政治领导人的快速更迭及其影响；四是增强对中东欧"政治素人"和青年政治家的沟通了解。

上海欧洲学会秘书长杨海峰做"欧盟危机管理体系与能力的发展变化"

主题报告。他指出，欧盟在安全防务领域的危机管理体系由 20 世纪末至今经历了三个阶段。从功能来看，力求体现灵敏性、周期性和全面性三个特点。由于受英国脱欧、新冠肺炎疫情等影响，欧盟危机管理能力的发展受到一定阻碍。杨海峰认为，中欧可以在经济领域之外开展第三方合作，如在危机管理和维和等方面的对非合作。

复旦大学国际关系与公共事务学院院长助理、外交学系系主任张骥副教授做"中欧在变局中的战略定位"主题报告。他强调，中欧双方对于"战略伙伴关系"的认知和定位存在明显差异。在百年大变局下，中美战略竞争强化，美欧联盟体系的基础仍在但裂痕也在深化，美国对欧采取现实主义和自利的外交政策，并强化对盟国的外交控制，欧洲领导人开始强调"战略自主"的问题。在此局面之下，张骥认为，中欧在中美欧三角关系中找到自身的定位，对双方来说均是非常重要的问题。中国对中欧关系的定位超越了双边关系的范畴，具有全球战略意义。总体来看，中欧关系具有较强的可塑性，双方要有创新思维，要抓住机会。

同济大学政治与国际关系学院外交学系副系主任吕蕊副教授做"新冠疫情影响下的欧盟与世界格局走向及其对中欧关系的影响"主题报告。她表示，欧盟委员会在此次新冠肺炎疫情的应对方面主要有以下几方面举措：一是支持新冠疫苗的医学研发；二是向成员国提供医疗指导，成立专家小组向成员国提供一些管理措施和建议；三是协调跨境医疗援助；四是确保医疗设备和物资的供应；五是展开一些应对新冠肺炎疫情方面的国际合作。吕蕊强调，一方面，从整体上看，由于公共卫生是由各成员国负责，欧盟只起到补充、辅助作用，因此导致欧盟层面的统一应对较为迟滞。另一方面，欧盟对成员国的医疗物资储备状况不了解；同时，各成员国违背欧盟的原则，在疫情暴发之初"各扫门前雪"，缺乏统一调度与协调，客观上制约了欧盟在疫情应对方面的行动力，导致疫情在暴发初期未能得到有效遏制。

同济大学马克思主义学院杨云珍副教授做"英国脱欧之后的中英、中欧关系分析与展望"主题报告。她认为，中英双方在气候、经贸方面仍有诸多潜在合作的可能性，不会任由双边关系恶化，而人文交流有望在中英关系的后续发展中发挥重要作用。杨云珍指出，中英、中欧关系都是更广泛国际环境的一部分，随着中美冲突的加剧，未来中欧关系中的结构性问题会逐渐凸显。

上海国际问题研究院欧洲研究中心副主任龙静助理研究员做"欧盟外交政策新动向"主题报告。她指出，此次新冠肺炎疫情之前，欧盟对外战略已经处于转型过程当中，而疫情则起到了催化剂的作用。龙静认为，当前这一转型主要包括两个方面：一是思想理念和舆论上的充分准备；二是在财政、防务、经济等多领域的政策具化。本次疫情对欧盟对外政策的冲击表现在以下几个方面：一是既定议题搁置或延迟；二是周边地区传统与非传统风险与压力上升；三是大国关系的竞争性与对抗性凸显。从新近政策来看，欧盟将"抗疫援助"结合到其对非、对西巴尔干等地区的新战略中，更是在世界范围内寻求自身"引领者"地位。同时，欧盟对于价值观、法治原则和意识形态的强调也更加明显。

同济大学德国研究中心讲师朱宇方做"新冠肺炎疫情背景下欧盟经济复苏政策及德国角色"主题报告。她介绍，不久前进行的欧盟峰会持续了四天之久，焦点内容主要包括对于7500亿欧元资助计划的拨款比例以及欧盟多年度财政框架。同时，朱宇方认为，欧盟之所以走出共同负债的重要一步，是欧盟现实困境、德国国内执政联盟态度以及默克尔个人因素共同作用的结果，德国从拒绝到主动倡议，直至最终在欧盟层面推动协议达成，完成了一次重要的角色转变。

同济大学德国研究中心陈弢副研究员做"从德国视角看欧盟在亚洲自贸协定布局"主题报告。他表示，世贸组织多边谈判陷入停滞、贸易保护主义抬头以及美国对全球贸易的承诺减弱、区域性和双边性的贸易协定发展起来，这是欧盟和亚洲地区的自贸协定的大背景。陈弢指出，对于贸易协定，德国政治、经济、学术界三方主要有如下判断：一是以中国为中心到中国和亚洲国家之间的平衡；二是从单纯的追求经济利益到追寻价值观盟友和经济伙伴之间的平衡；三是从跟随美国到追寻亚洲的独立政策。

同济大学德国研究中心讲师俞宙明做"新冠肺炎疫情背景下的欧盟数据战略及中欧合作"主题报告。她表示，通过对《欧洲的数字未来》《欧洲数据战略》和《人工智能白皮书》三份官方战略文件的分析可以看出，当前欧盟数字战略主要包含以下三大目标：一是技术为人服务是以尊重欧洲价值观的方式掌握数字技术；二是建设数字经济，确保公平，确保其有竞争力；三是建设一个开放民主、可持续的社会，为数据发展提供一个可信赖的环境。其中的关键词是安全和隐私、共享和流通以及数据主权。俞宙明强调，三份文件的出台可以被视为欧洲面临来自内外部挑战而做出的一个理性选择，尤其是其在数字经济和人工智能方面与中美两国的巨大差距、美欧分歧以及"美国优先"背后的地缘政治风险，是这一系列文件出台的重要背景因素。此外，欧洲数字经济在疫情应对方面也暴露出基础设施薄弱、缺乏协调、对外国服务的依赖性等问题。俞宙明认为，虽然竞争和摩擦不可避免，但合作依然是中欧在数据领域的基调。

上海社会科学院国际问题研究所戴轶尘助理研究员做"中欧关系与上海城市外交"主题报告。她指出，城市中对外关系主体呈现多元性，对外交往内容广泛，形式多样。戴轶尘表示，从中欧关系来看，城镇化进程为中欧关系的发展提供了强劲动力，这一趋势预计仍将维持；从领域来看，城市发展和治理需求的拓展也为中欧双方开辟出数字化、文化产业、创新政策以及绿色经济等新的合作领域和空间；从合作层面来看，城市和地方合作为中欧间的实质性合作提供了抓手，已成为中欧关系中的重要议题。聚焦上海在中欧关系中的定位，她表示，上海的对欧合作空间主要集中在市场和能力方面，制度、科技创新和文化融合将是推动中欧友好合作与往来的有力抓手。

研讨会上，与会专家、学者还就欧盟对华政策、美欧竞争、中英关系、欧盟复兴基金、数字经济等话题进行了自由探讨。

活动尾声，同济大学政治与国际关系学院副院长、德国研究中心主任郑春荣教授致闭幕辞，对各位与会专家、学者的莅临以及上海欧洲学会和各界同仁的大力支持表示感谢。希望通过本次活动为上海地区的欧洲、德国研究学界搭建交流平台，聚合研究资源，助力推出高质量的咨政和科研成果，进而为中欧关系的健康发展提供有力支持。

# 历史交汇期的中欧俄关系

2020年9月16日，上海欧洲学会、上海市俄罗斯东欧中亚学会和上海市世界史学会在上海社科会堂联合主办"历史交汇期的中欧俄关系"跨学会学术研讨会。作为上海市社会科学联合会第14届（2020）"学会学术活动月"项目，本次研讨会得到了上海市社会科学界联合会的大力指导和支持，吸引了来自三个学会近30名专家学者的积极响应和参与。上海欧洲学会会长徐明棋、上海市俄罗斯东欧中亚学会会长范军、上海市世界史学会副会长余建华分别致辞和总结。上海欧洲学会顾问伍贻康教授、名誉会长戴炳然教授、监事曹子衡博士、秘书长杨海峰博士主持会议相关环节，华东理工大学欧洲研究所所长杨逢珉教授、上海市俄罗斯东欧中亚学会副会长兼秘书长杨烨教授作会议点评。

上海欧洲学会会长徐明棋在致辞中指出，中国一直奉行和平崛起，与世界各国共同推进人类命运共同体的建设，与以欧盟为代表的各个成员国之间推进各种各样的合作关系，来创造合作共赢的机会。最近习近平主席和欧盟主要领导人以及欧盟轮值主席国的德国领导人举行了视频峰会。习近平主席在会上进一步强调了中欧关系互利共赢的基础和发展方向，双方在很多领域仍然存在着非常宏大的合作空间，应该进一步从维护战后多边的和平的国际环境以及经济全球化带来的合作利益这样大的前提之下，来开展进一步的合作。美国特朗普政府现在采取的各种极端化、反全球化的利己主义、保护主义的措施，给当前的经济、贸易投资的环境带来巨大冲击，在此情况下中欧的合作就变得非常重要。欧方在会上强调了独立自主地开展与中国合作，推进多边主义，维护国际社会的安全、稳定、和平发展的意愿。此外，俄罗斯长期以来在美国的封锁遏制之下，其经济发展遭到了很大的困难，与欧洲的关系也受到美国的掣肘。中俄关系这几年发展总体比较顺利，需要思考的是如何能够进一步发展，以推动双边经贸关系进一步深入，更好地建立起给双方能带来更多经济合作利益的基本框架。

复旦大学欧洲问题研究中心主任丁纯教授在题为"欧洲新冠肺炎疫情及欧盟经济、社会领域的应对"的发言中认为，欧洲在抗击新冠肺炎疫情方面采取了不少有效举措。比如德国的病毒检测到位率非常高，而且除了专门的情况外，与中国一样是免费检测。德国的罗伯特·科赫研究所推出了非常好的App应用程序，能够让公众及时知晓周边染病情况。还比如对学校复学进行了细致的安排，65岁以上的教师只能管线上，线下由相对比较年轻的教师负责。当然另一方面，在疫情开始没多久，欧盟正式介入并同意成员国各自放松财政约束，甚至德国也反复讨论放弃非赤字财政问题后，形成了很大的财政赤字和公共债务，而这对以后是有隐患的。到现在我们还不知道欧盟承诺的投资有多少进入到了成员国，其中存在什么样的缺口。

上海市世界史学会副秘书长、复旦大学历史学系朱联璧副教授在题为"脱欧与脱英：两种民族主义的交汇"的发言中指出，我们研究现在的英国常常会提英联邦，但其实还有学者称其为第三英帝国。在引入了"无形帝国"这个概念后，英帝国实际上存有长期深远的控制，现在的英国还不能看成是帝国完全消退的时期，而可以把它划定成第三英帝国阶段。英国现在对中国香港问题的干涉，其实还是帝国心态的表现。有英国学者还提出了一个内部殖民的概念。其实苏格兰、爱尔兰、威尔士是英格兰最早的殖民地。英格兰先发展了这些殖民地，再往外建立了一个更大的帝国。如果结合起来看英帝国发展的历史，英格兰向威尔士、苏格兰、爱尔兰的扩张，包括不断建立正式的统治，其实与其帝国发展有非常密切的关系，是同一套逻辑在运作。现在英国脱欧、苏格兰等脱英，是两种民族主义的交汇，反映了帝国逻辑面临的挑战。

上海国际问题研究院欧洲研究中心叶江研究员在题为"美国大选与美欧关系未来两种走向"的发言中认为，如果特朗普再次赢得美国大选，美欧关系可能会维持目前这种分化同盟的状况，甚至这种分化的同盟还会继续往前发展。这个同盟现在已经分化的比较厉害，一方可以指责同盟内的另一方是敌人。如果拜登赢得大选，肯定会将这种分化同盟回归为价值观同盟。

无论哪种结果，从实际的利益和根本的价值观看，还有从全球目前的发展趋势来看，在看得见的未来，美欧跨大西洋同盟关系不会终结，但是它的发展方向应该会有所改变。

　　复旦大学国际关系与公共事务学院院长助理、外交学系系主任张骥副教授在题为"中美战略竞争背景下的中欧关系"发言中提到习近平主席从6月22日到9月15日，在不到三个月的时间第二次与欧盟领导人举行会晤，这在中欧关系史甚至在中国外交史上是很少见的。习近平主席提出中欧应该是和平共处、开放合作、多边主义、对话协商的关系。在中美战略竞争背景下，我们要牢牢把握中欧关系发展中的机遇，同时也要客观认识到中欧战略接近的有限性。欧洲的安全还在依赖美国，这一点到目前为止没有根本性的变化。美欧安全联盟存在费用分担等方面的分歧，但是在安全上这种整体的依存关系实际上依然存在，这是它们成为联盟的一个基础。美欧在意识形态领域仍然存在着高度的共识。当然美欧在多边主义问题上是有分歧的。欧洲人对特朗普对欧洲采取现实主义、施加压力的态度存有不满，对特朗普不断地强化要求欧洲盟国在外交和战略上跟他保持一致也不满意。此外，美国大选会对中欧关系产生很大影响。中欧关系的发展应该抓住美国大选之前的窗口期，年内完成中欧投资协定的谈判。

　　同济大学德国研究中心主任郑春荣教授在题为"从历史视角看当前欧（德）俄关系的走向及影响"发言中指出，西欧对俄罗斯的感知总体上在恐俄和亲俄这两个维度之间转换。欧洲对俄罗斯的关系里面有接触促改变，或者是以商促变这样一种具有重要地位的思想。虽然普京领导下的俄罗斯的发展并不是西方所希望看到的方向，但是总体上西方尤其是德国没有完全放弃要俄罗斯实现转型、将其融入欧洲的想法。两德统一以后，德俄和欧俄关系一度升温，大家至少从言词上成为了战略伙伴。但到乌克兰危机爆发以后，双边关系急转直下，传统的地缘政治冲突回归，欧俄关系当中的对抗性明显增强。到特朗普上台后，德国与欧洲又觉得在全球治理这些问题上仍然需要俄罗斯，所以欧俄、德俄的合作需求又有所上升。欧俄关系中存在几个重要的因素。一是欧洲在对俄关系中如何平衡价值导向和现实利益导向的争论。二是不对称的经贸关系哪怕在危机时代也是稳定双边关系的关键点。三是德法对于俄罗斯的立场存有分歧。

上海国际问题研究院俄罗斯中亚研究中心主任强晓云副研究员在题为"俄欧关系背景下的中俄欧合作"发言中认为，在俄罗斯看来欧洲是西方的一部分，欧美意识形态的一致性奠定了大西洋同盟关系的基础。欧洲现在的主要问题是把自己的外交决策权交给了美国，欧洲大陆的安全也是靠着美国领导下的北约。不过普京也好，俄罗斯的政治精英也好，根深蒂固地认为俄罗斯是偏欧洲的欧亚国家，俄罗斯是欧洲不可分割的一部分。欧盟是俄罗斯最重要的经贸和外交伙伴。俄欧关系的进展，不管是好转还是恶化，很大程度上取决于美欧关系的状况。当美欧关系牢不可破的时候，俄欧关系则未必那么好。当美欧关系不是那么紧密的时候，俄罗斯又觉得可以在俄欧关系上有所作为。在中美竞争的背景下，欧俄是一个中间地带，是中国可以进行合作的地带。中、欧、俄三边合作应该有一定空间。需要注意的是，如果欧洲把对俄罗斯的负面看法与中国捆绑起来，对于中欧合作来说可能会成为一种负担。

上海市世界史学会副会长、上海社科院国际问题研究所副所长余建华研究员在题为"中东乱局演进下的中欧俄三边及互动"发言中指出，中东地区没有大国，但一定有大国在左右它。美国虽然从中东实行战略收缩，但依然是该地区事务的主导者。欧盟对中东的作用存在两个明显的内部牵制，一个是金融危机等各种危机，还有一个是越来越不能够发出统一的声音。俄罗斯直到普京上台之后才开始重返中东。2015年普京出兵叙利亚是俄罗斯重返中东的一个更明显标志。中国在中东从原来的总体超脱，变得越来越有所作为。我们的中东外交体现在有原则、有重点、有选择，也包括我们的"三不"政策：不寻求势力范围、不填补真空、不搞代理人。同时我们通过"一带一路"建设在中东积极作为。中东今天处于一个转型动荡期，在中东一系列问题上，中欧俄三方的立场有共同点，但也有不同点。比如在巴勒斯坦问题上，三方都反对美国偏袒以色列，主张执行联合国的协议；在伊朗问题上，三方都反对美国退出伊核协议，但是欧盟还是在配合或者屈从于美国，而俄罗斯对伊朗的支持又与其他两方有所不同。

上海国际问题研究院欧洲研究中心副主任龙静博士在题为"俄欧关系对中国—中东欧关系的影响"发言中认为，从2011年开始到2014年乌克兰危机的爆发，可以作为观察俄欧关系对中国—中东欧关系影响的第一个时间段。从这个时间段开始,中国和中东欧国家正式开启了要发展政治关系、激活经贸关系的意愿。如果把这个时间段做一个概括的话,俄欧关系和中国—中东欧国家的关系在此期间是彼此独立、互不干扰的。第二个时间段从2014年克里米亚事件发生到2017年第一届"一带一路"高峰论坛举办。克里米亚事件对于俄欧关系来说是一个非常重要的转折点,使得中东欧国家对俄罗斯的疑虑和恐惧再次上升。中东欧国家在安全上追随和依赖北约的战略选择得到了强化。这一阶段中国和中东欧国家的政治关系不断提升,但是疑华、恐华的情绪开始酝酿。第三个时间段从2017年夏天开始至今。这个时期美国在满足中东欧国家需要的时候,也把自己的安全观贩卖或者渗透到中东欧国家当中。俄欧关系在美国的干预之下,向着难以调和的方向发展。"中国威胁论"已经开始干扰多个中东欧国家的决策。

上海市俄罗斯东欧中亚学会会长范军在总结中指出,所谓历史交汇期就是历史处在十字路口和不确定时期,有多种可能的发展方向。现在还不确定各个国家选择最后会形成怎样一种合力和方向。对于中国来说,我们不会接受冷战和意识形态划线这些概念,我们选择的主题是古今中西或者说是"百年未有之大变局"。

# 打造中欧绿色与数字合作伙伴关系：路径与前景

2020年11月7日，"打造中欧绿色与数字合作伙伴关系：路径与前景"学术研讨会在上海成功举办。本次会议由中国德国友好协会、上海欧洲学会、同济大学德国研究中心、同济大学中德人文交流研究中心联合主办。来自商务部、外交部、财政部、生态环境部等国家部委和中国社会科学院、中国国际问题研究院、中国现代国际关系研究院、上海国际问题研究院、上海社会科学院、上海外国语大学、复旦大学、华东师范大学、同济大学、上海欧洲学会等高校、科研单位的60余位专家学者和部分企业代表参会。此次研讨会是在中欧领导人2020年9月决定建立环境与气候高层对话和数字领域高层对话，打造中欧绿色合作伙伴、数字合作伙伴关系的背景下召开的。如何有效落实中欧领导人会晤成果，切实推进中欧绿色、数字合作伙伴关系向前发展，进而为百年变局之下的中欧关系保驾护航，是学界亟须关注和探讨的问题。

## 一

会议开幕式由同济大学德国研究中心主任郑春荣教授主持。中国驻德国原大使、中德友好协会会长、同济大学名誉教授史明德，同济大学常务副校长伍江教授、上海欧洲学会会长徐明棋研究员代表主办方致辞。

史明德在致辞中，首先对莅临本次会议的各位专家、学者、企业代表表示热烈欢迎。随后，他对当前中美、中欧关系进行了对比分析，指出中欧关系的重要性，并表示进一步发展中欧关系需要尽可能地做大合作蛋糕，不断开辟新的合作领域，求同存异、妥善处理彼此分歧。在绿色、数字合作方面，他建议，应当做好顶层设计，同时充分评估合作中的潜在困难与风险。最后，史明德期冀各部委单位能够对学界给予更多指导，促进学界更好地对接国家战略需要，产出优质的科研、咨政成果。

同济大学常务副校长伍江教授在致辞中感谢各部委单位、兄弟高校和科研机构代表莅临会议，并介绍了同济大学在绿色和数字领域的科学研究与国际合作情况。伍江表示，同济大学德国研究中心在科研、教学、咨政、国际交流等方面取得了丰富成果，学校将继续积极支持德国研究中心将对德、对欧研究拓展到中欧绿色和数字合作领域。同时，同济大学将一如既往地支持包括德国研究中心在内的各智库的工作，期待在各部委单位和兄弟机构的支持下，在推动学科发展的同时，积极发挥高校对于国家经济社会发展的智力支撑作用，期待本次会议能为推动"后疫情时代"及"十四五"时期的中欧合作贡献真知灼见。

上海欧洲学会会长徐明棋研究员在致辞中向莅临本次会议的领导、专家和学者表示欢迎。他指出，在当前中美关系紧张的背景之下，中欧合作正变得愈加重要。因此，中欧之间需要进一步拓展合作基础。徐明棋指出，习近平主席强调中欧双方是当前"百年未有之大变局"背景下维护、稳定现有国际秩序的两支重要力量，这是当前强化中欧合作的一个重要出发点，中欧在绿色经济和数字经济领域合作空间巨大。期待本次会议研讨能激发出思想火花，推动中欧合作释放更大能量。

## 二

商务部欧洲司司长翟谦、外交部欧洲司参赞林航和财政部国际经济关系司处长胡汉宁作为部委代表发表演讲。

商务部欧洲司司长翟谦从历史、国际格局演变、中美战略博弈、欧洲自身发展及其对华认知和中国自身发展的角度对中欧关系进行了梳理，指出从中国未来的长远发展来看，欧盟依然将是我国对外经贸领域非常重要的合作伙伴。他随后分享了本届进博会的一些情况，指出我们虽然面临严峻挑战，但欧洲企业踊跃参展，中欧经济联系密切，合作前景广阔。他表示中欧在数字和绿色伙伴关系方面存在非常有利的合作条件，但我们也需要防范一些规制与壁垒等方面的风险。在当前中欧关系面临更加复杂、严峻形势的背景之下，双方在绿色、数字合作方面还需要寻找新的突破口、增加新的功能、打造新的合作亮点。演讲尾声，翟谦对同济大学提供此次交流、研讨的平台表示感谢。他表示，愿意在未来与各位专家、学者和研究机构加强合作，也期待各位专家学者更多地为中欧关系、中欧经贸合作贡献智慧。

外交部欧洲司参赞林航在演讲中，首先对中欧关系45年的发展历程进行了回顾。她指出45年来中欧双方抓住总体稳定的大局，在世界多极化中及时准确定位中欧关系，推动中欧对话合作不断提质升级。中欧关系历久弥新，主要源自于中欧双方的信心和定力、实力和规模、创新和开放。林航认为，打造中欧绿色与数字合作伙伴关系应遵循以下三条原则：1. 求同存异，扩大理念的交集，加强沟通对话；2. 互利共赢，加强利益的惠及；3. 实事求是，妥善处理合理的关切。林航表示，绿色、数字合作伙伴关系的打造是中欧关系的创举，双方有望以此为契机，开启中欧关系的历史新篇章，为世界的发展繁荣贡献中欧的智慧。她期望与会专家学者加强与欧洲各层面的沟通与接触，多提供政策建议，为打造中欧绿色和数字伙伴关系、促进中欧关系高质量发展积极建言献策。

财政部国际经济关系司处长胡汉宁在演讲中就财政部对欧工作情况进行了介绍，并总结了当前中欧经济关系的特点，指出当前欧洲对华心态发生深入调整，欧洲对华经贸诉求有所提升，但合作仍然是基本面主旋律，中欧财经经济合作的空间仍然很大。对于如何打造好中欧绿色、数字合作伙伴关系，胡汉宁表示，可以归纳为"一""二""三"，即"一个声道"，强化交流沟通合作的方式方法；"两个融合"，中国的两个循环和欧盟的两个战略相结合，实现内循环、外循环与绿色战略、数字战略的融合；"三个渠道"指联通政府、智库和企业三个渠道。胡汉宁期待能进一步有效统筹政府、企业和智库各方力量，提高对外财经工作的主动性和有效性，希望与包括同济大学在内的各个研究机构建立更密切的合作关系，推动对未来 5 年国际财经合作领域重点、热点问题的前瞻性研究。

## 三

会议围绕"中欧关系的中长期发展前景""中欧绿色合作伙伴关系的机遇与挑战"和"中欧数字合作伙伴关系的机遇与挑战"三个主题单元进行了深入研讨。

第一单元的主题为"中欧关系的中长期发展前景"，由同济大学德国研究中心伍慧萍教授主持，上海外国语大学党委书记姜锋首先从社会交往和话语沟通视角对智库与学者提出了期望，并指出在中欧关系中要先"把我们中国的事情说清楚"。其后，中国现代国际关系研究院副院长冯仲平研究员、中国国际问题研究院欧洲所所长崔洪建研究员、上海欧洲学会会长徐明棋研究员、中国社会科学院欧洲研究所副所长陈新研究员先后就"欧洲的战略前景与选择""战略视野中的中欧关系前景""'后疫情时代'中欧关系发展前景""复杂系统演进中的中欧经贸关系"做主题发言。冯仲平指出，欧洲过去 10 年陷入到一种战略焦虑之中。这期间，西方主导的国际秩序受到了挑战、欧洲一体化遭遇到了更大的阻力、盟国体系严重受到削弱、中美发生对抗，这四大挑战导致了欧洲的焦虑和反思。我们只有把欧洲面临的战略挑战和选择的复杂性看准了，才能在中欧有共同利益的方面推进更好的合作。崔洪建认为，现在世界各主要力量正在逐渐进入一个充分的战略博弈时代。欧洲力图继续保持在一些关键领域上的竞争力优势，同时要保持它的经济结构、生活方式以及对外事务的影响力。现在的中欧关系已经呈现出多边联动的特征，我们可以采取"拉单子"的合作方式，同时中欧间的合作可以向第三方拓展。徐明棋指出，新冠肺炎疫情对整个欧盟的经济产生了非常严重的负面冲击。欧洲内部原来的矛盾以及民粹主义情绪、对一体化的反思以及对外力的重新评估等，在这样的大背景下都会加剧演变。欧洲对中国处在重新判断、重新认知的过程中。但中欧关系仍然存在友好发展的基础,双方应该加强合作对话。陈新提到,中欧经贸关系已经从简单的贸易关系演变成复杂的大经贸关系,具体体现在贸易额大幅增加、子系统的丰富拓展了贸易维度、欧盟成员国的扩大增强了内部的异质性,以及由双边经贸关系发展到多边模式。其中,构建绿色伙伴和加强数字经济合作成为中欧网络化经贸关系重要的突破口。

第二单元的主题为"中欧绿色合作伙伴关系的机遇与挑战",由同济大学德国研究中心、中德人文交流研究中心副主任胡春春主持。生态环境部环境与经济政策研究中心国际环境政策研究所所长、正高级工程师李丽平、华东师范大学国际关系与地区发展研究院余南平教授、同济大学德国研究中心伍慧萍教授、复旦大学国际关系与公共事务学院薄燕教授、上海国际问题研究院公共政策所所长于宏源研究员分别就"中欧环境合作:现状与展望""中欧绿色数字产业链供应链合作的机遇与挑战""欧洲绿色新政及中欧合作""中欧绿色伙伴关系框架下气候合作的机遇与挑战"和"碳循环经济的中欧多边合作的挑战和机遇"做主题发言。余南平认为,中欧在以数字为连接的绿色等产业链合作中,欧洲所强调的经济主权或成挑战。伍慧萍指出,尽管欧洲的绿色新政面临调度资金以及成员国立场差异的难题,中欧合作机遇仍不小,中欧在经济社会发展的规划方面形成了战略共识,同时中欧在全球治理中拥有合作动力和经验优势。薄燕从绿色合作的气候合作维度出发,展望了中欧的绿色合作。她表示中欧在气候合作中已经形成很好的理念基础、制度基础和合作基础,双方作为全球气候治理体系的关键参与者,共同出台了一系列宣言和声明以及项目,今后要加强多主体、多层次、多形式的气候合作内容。于宏源表示,欧洲在绿色等领域有很多领先的概念,而中国也有更多的思考和设计。

第三单元的主题为"中欧数字合作伙伴关系的机遇与挑战",由上海欧洲学会秘书长杨海峰主持。复旦大学欧洲问题研究中心主任丁纯教授、同济大学德国研究中心主任郑春荣教授、中国社会科学院西班牙研究中心主任张敏研究员、上海国际问题研究院网络空间国际治理研究中心秘书长鲁传颖研究员、同济大学政治与国际关系学院外交学系宋黎磊教授分别就"中欧高新技术合作的机遇与挑战""欧盟网络安全战略及中欧合作""欧洲数字化发展战略及中欧合作新机遇""中欧数字合作面临的机遇与挑战"和"中东欧地区的数字化进程与中国—中东欧合作"做主题发言。丁纯指出，欧盟先后推出了"塑造欧洲数字未来"和数据战略等；国家层面上德英法则推出了数字化的发展战略。欧盟面临美国的诱压和威胁，同时欧盟也在谋求"超国家"层面的技术主权。近几年中欧间开展了不同层级和不同方面的对话和会议。中欧在数字技术的应用场景上互补性强，同时双方也可进一步挖掘数字经济潜力和维护监管秩序。郑春荣指出，中国在2014年制定的第二份对欧盟政策文件中明确表达了构建和平、安全开放和合作的网络空间等目标。有鉴于此，中欧可以通过网络空间小组推进协商制定网络空间的国际规则，以"一带一路"倡议和"欧亚互联互通战略"对接为契机等，实现网络空间的保护合作。张敏介绍称，欧盟目前通过6个指标评估欧盟国家的数字化程度，并在多领域实现了数字化，制定了一系列规则规定。欧盟早在新一轮数字化技术创新中采取更明显的保护主义政策，技术主权也成为其对外开放的新壁垒。鲁传颖认为，与规则、技术等相比，欧洲在数字应用层面相对滞后。宋黎磊提到根据欧盟指标，爱沙尼亚等一些国家数字化程度比较高。

在随后的大会讨论环节，与会人员围绕中欧数字经济发展对比、量子计算、德国和欧盟产业政策等话题进行了热烈研讨。

## 四

会议尾声，史明德代表会议主办方致闭幕辞。他表示，本次活动是一次具有前瞻性的跨部门、跨学科、跨区域学术研讨会。他说，在中欧双方刚刚达成共识，建立中欧绿色、数字合作伙伴关系的背景之下，同济大学德国研究中心、同济大学中德人文交流研究中心、上海欧洲学会和中国德国友好协会携手举办此次活动，以期为双方领导人共识的落地献计献策，具有重要意义。史明德希望学界同仁能进一步强化问题意识，以结果为导向，在各部委单位的支持之下，努力产出更多、更具决策咨询价值的成果。

# 上海欧洲学会 2020 年年会暨"变局中的欧洲与中欧关系"学术研讨会综述

2020 年 12 月 19 日下午，上海欧洲学会 2020 年年会暨"变局中的欧洲与中欧关系"学术研讨会在上海国际问题研究院举行。上海欧洲学会副秘书长、上海国际问题研究院欧洲研究中心主任张迎红主持年会开幕式，上海欧洲学会学会会长徐明棋、上海国际问题研究院院长陈东晓致辞，意大利经济发展部前副部长、宁波诺丁汉大学教授米凯莱·杰拉奇（Michele Geraci）做"美国大选后的中欧经济关系和地缘新政"主旨演讲。学会会员们听取并审议通过了秘书长杨海峰和监事曹子衡所做的工作报告。上海欧洲学会副会长、同济大学德国研究中心主任郑春荣和上海市俄罗斯东欧中亚学会会长范军主持了学术研讨会，伍贻康、戴炳然等 50 多位专家学者围绕新冠肺炎疫情对欧洲的冲击、欧洲一体化与战略自主的进展及其面临的挑战、中美欧三方关系的最新发展，以及中欧关系的未来走向等展开了热烈的讨论。徐明棋对会议进行了总结。本次会议由上海欧洲学会主办，上海国研院承办。

上海欧洲学会会长徐明棋研究员在致辞中谈到，2020 年世界的格局，无论是政治还是经济等都发生了重大的变化，最明显的外部冲击就是新冠肺炎疫情，新冠肺炎疫情带来了很多国际关系、世界经济层面新的冲击，导致世界格局发生了重大的变化。中欧关系在这样的进程当中，在政治、经济各层面也都经历了新的考验，发生了一些可以说对未来的发展有着重要影响的变化。在这样的大背景之下，中欧投资协定经过 7 年艰苦的谈判，在双方政治领导人的推动之下，决定要在 2020 年底之前达成协议。尽管中欧投资协定不是我们的终极目标，但它是一个重要的象征，是顺应历史发展趋势的一个正确的基础。《中欧双边投资协定》签署之后，双方将启动双边的自由贸易协定（FTA）谈判。可以看到，中国在对外开放上的步伐迈得越来越大。中欧关系未来合作的内容应该会进一步扩大，但是各个方面也都存在着一些不同层面的差异性判断，挑战也是非常尖锐的。

上海国际问题研究院院长陈东晓研究员在致辞中认为，2020年是一个具有特殊意义、甚至可以称为历史分水岭的年份，今后将会逐步展现它的很多重要历史意义。我们看到了国际力量格局、国际规则、大国关系之变。在有限的全球化、更加紧密的区域化和更加充分的本地化背景下，如何看待欧洲内部的社会凝聚和裂变分化？在国际力量东升西降加速变化、西强东弱的现实格局下，怎样研判欧洲"战略自主"的实施，如何看待跨大西洋关系的变与不变，以及如何看待中美欧三边关系？这些都是值得研究的问题和探讨的话题。

米凯莱·杰拉奇（Michele Geraci）教授在演讲中指出，美国大选之后，拜登代表的左翼上台，中美之间的经贸关系问题可能会变成一个意识形态的问题。同时，现在是一个很有意思的时期，中国更加开放、更加趋向于以市场为导向，而不是以计划为导向；而2020年的危机让我们看到，西方其实更多地是以国家为导向，而不再是更多地以市场为导向。这意味着中国在接近西方国家的同时，可能西方国家也在接近中国。历史也许会有重复，我们看到40年前几乎在同一时间里面，中国、英国、美国在贸易和经济方面不约而同地进行了改革。相似的事情今天也在发生，我们可以看到在绿色经济领域，中国、欧洲和美国这三个主要政治体都越来越多地采用绿色经济的发展方式，也出现了推动绿色经济发展的政治意愿，同时相互之间是可以合作的。

复旦大学欧洲问题研究中心主任丁纯教授在题为"新冠肺炎疫情下的欧盟经济与中欧经贸关系"的发言中认为，由于受疫情影响，欧洲的贸易持续萎缩、就业形势在慢慢恶化、物价继续通缩，财政赤字和债务方面存在很大隐患，整个经济复苏的路还非常长。中欧双边投资额呈现明显滑落，但面向未来，双方都期待着一份"圣诞礼物"——投资协定。从1985年以后，中欧之间没有大的框架协定，《中欧双边投资协定》将是中国和大经济体间的第一个投资协定。短期来看，中国在金融服务业市场准入方面做出较大让步；但从长期看，中国实际上争取了非常强的战略主动权。

华东理工大学欧洲研究所所长杨逢珉教授在题为"中欧经贸合作现状及建议"的发言中提到，2019年中欧双边进出口贸易额为7000多亿美元，同比增长了3.39%，比中美贸易额要高。2020年及未来一段时间，疫情和英国脱欧都会继续对中欧经贸关系产生影响。在新冠肺炎疫情蔓延、国际经济形势低迷、贸易保护主义抬头、国际投资大幅萎缩的大背景下，中欧投资协定谈判能有效推动中欧进一步加深双边经贸合作，促使中欧全面战略伙伴关系更上一个台阶。谈判的核心内容主要包括投资保护、市场准入、投资监管、可持续运营发展四个方面，特别是引入了"准入前国民待遇和负面清单"的管理体制之后，中国将更为国际化。

同济大学德国研究中心副主任胡春春副教授在题为"对中西/欧新冠肺炎疫情'口罩叙事'的反思"的发言中指出，美国以这次疫情作为标志，把一个科学问题和公共卫生问题严重地意识形态化，引起了美国社会的一场撕裂性的文化战争。德国基本上接受科学主义的话语，即口罩在防止病毒的传播上能够起多大的作用并不是一个很大的议题。不过德国把口罩作为了一个国内政治话语，在不同的政党的支持者当中对于戴口罩的接受程度明显不同。同时，西方国家经常以过去一二百年的历史不断确认自己的认同，但其实西方国家在过去100多年以来也经历过很大的变化。

复旦大学国际问题研究院中欧关系研究中心副主任简军波副研究员在题为"大变局下的中欧关系——认知差异、关系错位及其可能的调整：以西巴尔干地区为例"的发言中认为，中欧之间存在着多重的认知差异，中国强调求同存异的认知，欧盟主要的话语还是强调差异。我们应该既要求同存异，又要化异为同。对于结构性差异，需要进行不断的沟通去弥合争论之差异。对于功能性的差异，可以通过谈判和协调进行改变。

上海海关学院《海关与经贸研究》赵世璐编辑在题为"《英日全面经济伙伴关系协定》初步研究"的发言中指出，《英日协定》从谈判到达成协议只花了94天的时间，其为英国日后加入CPTPP奠定了一定的基础。《英日协定》一共有24个章节，既以欧日协定为基础，又增加了17个新的条款，主要分布于电子商务、知识产权、标准这些方面。《英日协定》给双方带来的好处：一是优惠待遇能够延续；二是贸易和投资可以继续加强；三是对于宏观经济和溢出效应有明显的增强。

上海国际问题研究院欧洲研究中心叶江研究员在题为"民族主义与欧洲一体化"的发言中谈到，已经去世的安东尼·史密斯教授曾指出，如果仔细研究民族主义的历史、现实和未来，就会发现欧洲一体化的发展，并不是像我们通常理解的那样，在其中民族主义最终就消散了，而是民族主义在整个欧洲一体化的过程中会起着非常重要的作用，甚至会使得欧洲一体化出现反复。确实今天欧洲的民族主义在用民粹的民族主义这样一种非常特殊的形式不断地复兴，对欧洲一体化形成巨大的冲击。欧洲不可能成为以民族主义为基本前提的民族国家。

同济大学德国研究中心伍慧萍教授在题为"德国对华政策的调整动向"的发言中认为，中德已经建立了全方位战略合作伙伴关系，经贸合作对双方都非常有利。默克尔可以说是西方国家主要领导人当中最了解中国的领导人，但目前德国对华政策改变了一贯延续、稳定的基调，正在经历比较大的调整。一个方向是在投资并购方面比以前更加严格，第二个方向是更加强调价值观，第三个方向是采取更加统一的对华政策，最后一个是随着美国外交战略逐渐转向印太，德国也推出了自己的印太方针。其原因一方面是德国的中国观发生了很大的变化，另一方面是德国的全球战略正在逐步经历调整。

上海外国语大学德语系王志强教授在题为"德法对新跨大西洋关系的立场分析"的发言中提到，德国主张依托跨大西洋联盟保障它的安全，而法国主张北约框架下欧洲主导的安全体系，或者说是欧洲安全独立防务机制这么一种"战略自主"的安全路线。在美国大选之后，德、法外长于2020年11月16日在德国《时代》和《华盛顿时报》上共同撰文，寻求建立凸显平等地位的"新跨大西洋联盟"。一方面德法依然把美欧关系看成是天然的关系，另一方面在对华政策上有别于美国单一的政策定位，德法及欧盟对中国具有伙伴、竞争和制度性对手三种维度的战略定位。

上海外国语大学欧盟研究中心执行主任忻华研究员在题为"当前美国与欧盟战略竞合关系的最新态势"的发言中认为，欧委会2020年12月2日推出美欧跨大西洋关系新议程的文件，但这只是欧洲方面一厢情愿的想法，美欧跨大西洋关系不可能回到过去。美欧战略竞争主要体现在经济领域而非安全战略领域，双方在数字信息平台以及相关的产业政策上开展竞争，在贸易与投资层面的对抗难以消除，在对国际金融体系的控制上进行争夺。另一方面，美欧之间的战略合作也在开展，比如在双边经济关系、规则制定与技术管制、大国地缘政治竞争等领域。

复旦大学国际关系与公共事务学院院长助理张骥研究员在题为"中美战略竞争格局下的中美欧新三角关系"的发言中强调，在不同的国际政治格局下，法国独立性的表现是不一样的。法国的独立外交虽然强调国家独立主权，但这样的独立是在联盟条件下的独立。法国的独立要依靠欧盟来实现，而且法国对欧盟独立性的牵引是有限的。法国讲的战略自主政策在主要针对美国的同时，也有针对中国的一面。欧盟的"战略自主"有其有限性。

# "变局中的欧洲与中欧关系"第十一届
# 上海欧洲研究青年论坛综述

2020年12月19日上午,上海欧洲学会"变局中的欧洲与中欧关系"第11届上海欧洲研究青年论坛在上海国际问题研究院召开。学会秘书长杨海峰博士主持开幕式。会长徐明棋教授做开幕式致辞,对踊跃参加论坛的广大青年学者、长期关注和支持青年学者发展的学界前辈,以及热情承办此次论坛的上海国际问题研究院表示衷心感谢。上海欧洲学会长期以来重视促进和培养青年学者,致力于为他们搭建交流和提升的平台。近年来大国博弈加剧,中欧关系不仅对双边发展具有重要影响,而且对全球格局演变、遏制单边主义、维护保护和平、促进全球治理完善以及营造中国全面崛起、实现"两个一百年"的战略目标的外部环境都非常重要。上海国际问题研究院欧洲研究中心主任张迎红在致辞中表示,青年论坛对于研究欧洲的青年是一个非常好的平台,上海欧洲学会汇聚了欧洲研究领域的人气、才气、慧气,希望更多的上海欧洲研究者们能借助这个平台,走向北京、走向欧洲、走向世界。上海国际问题研究院欧洲研究中心副主任龙静、复旦大学国际关系与公共事务学院院长助理张骥分别主持论坛交流,来自复旦大学、上海交通大学、华东师范大学、同济大学、上海外国语大学、上海理工大学、上海杉达学院、南开大学的10位青年学者和学生围绕安全和国防政策、民粹政党、欧盟战略自主、中波关系等做主题发言。上海欧洲学会顾问、前会长伍贻康和上海欧洲学会名誉会长戴炳然教授做专家点评。上海欧洲学会会长徐明棋对青年论坛进行了总结发言。

上海理工大学外语学院区域与国别研究中心讲师倪晓姗发表了对"新背景下的德国安全和国防政策新动向"的看法。德国正在用一种更务实以及一种网络化的视角和态度,在构建安全和新国防政策。新冠肺炎疫情暴露了国际供应链的脆弱性,德国降低的是对外依赖,并非仅仅是对华依赖,因为这不仅针对中国,也针对美国。从整体看,德国对华策略会有调整,但不会有根本性变化。首先,德国具有出口导向的经济特征,虽然对华存在着意识形态的温和施压,但经贸态度仍非常积极。其次,经济脱钩弊大于利,全球对华依赖其实被夸大,一旦中国也将价值链回迁,对于其他国家将是更沉重的打击。最后,德国商界认为,欧洲并没有进入所谓的"后疫情时期",当前的欧洲是希望与中国共同应对疫情并赢取胜利果实。

华东师范大学国际关系与地区发展研究院博士生史永康分享了"法国当代俗世性的多样性和马克龙的俗世性观"。法国目前存在多种俗世性的模式,并非单一的共和主义模式。在一个世纪里,法国的俗世性从作为左派的武器逐渐过渡到了右派。从长时段来看,法国最主要的俗世性模式是以高卢至上型模式,而不是包容分离型模式。目前,马克龙的俗世性正经历着一种转变,师从于保罗·利科的经历,使马克龙早期具有包容分离型及开放型俗世性的特点,不过目前从《巩固共和国原则法案》来看,体现的是他向萨科齐型或高卢至上型的转变。

南开大学外国语学院意大利语系讲师石豆发言的主题是"新冠肺炎疫情冲击下的意大利民粹政党新动态"。2020年新冠肺炎疫情无疑成为影响意大利政局的最大变量。短期来看,疫情没有击溃现任意大利政府,但其执政根基仍然不稳。由民主党和"五星运动"组成的执政党联盟整体处于较稳定的状态。在反对派方面,联盟党的实力在疫情期间有一定削弱,但另一极右翼政党意大利兄弟党的支持率逆势走强,这使得整个中右阵营依旧强势。此外,已通过的《议员削减法案》和即将重新修订的《选举法》为意大利今后政局走势增添了不确定因素。

同济大学德国研究中心博士后玄理发言的主题是"欧洲右翼民粹主义政党的环境政治观"。右翼民粹主义政党的环境政治观的内涵可以总结成气候怀疑主义与环境民粹主义的结合。根据怀疑主义的不同,可以把气候怀疑主义分成气候否定主义与气候保守主义。气候保守主义一方面认为自己国家没有必要对气候变化采取防护的措施,另一方面采取环境民族主义,其实质就是认为本国的自然环境和能源的多样性需要珍惜和保护。右翼民粹主义政党采取这种环境政治观出于三点原因：一是意识形态的解释路径，这是右翼民族主义和民粹主义的结合；二是民族主义科学观的问题；三是议题显示度的路径。气候问题是欧洲的新战场，可以吸引更多民众的关注。

上海外国语大学国际关系与公共事务学院硕士生江思佳探讨了"欧盟对外环境议题谈判中的成员国内部协调机制"问题。欧盟从内部环境政策的制定，到政策的执行和监管，形成了一套成熟的立法制度。欧盟在对外环境议题谈判中的协调机制主要有四方面表现：一是现任轮值主席国，辅以欧盟委员会和下届轮值主席国"三驾马车"的制度安排；二是"双重代表制"和"领导国家制"的制度安排；三是国际谈判间的现场协调安排；四是灵活区别的责任分配。欧盟在总体上有能力实现短期的目标，通过通报谈判进程、倾听各方意见，进而达成内部一致，推动欧盟在谈判桌上的同一发声。在谈判结束后，欧盟对多边环境协议的内容会进行义务分配，只有当各成员国均同意时，协议才能有效执行。

复旦大学国际关系与公共事务学院研究生纪昊楠发言的题目是"欧盟'战略自主'概念解读：语境、演变与争议"。"战略自主"是欧盟长期的大战略，目前已从防务领域扩大到其他多个领域。从大国关系的视角，"战略自主"意味着欧盟作为世界主要政治力量的独立性。从欧洲一体化的视角，"战略自主"意味着欧洲一体化的目标状态，这也是欧盟外交与安全政策的一个重要目标。欧盟的"战略自主"在成员国、政府和学界存在着不同的解读，应当采用语境主义的方法，关注每一次"战略自主"概念出现时所处的政治现实和话语环境。

上海外国语大学俄罗斯东欧中亚学院讲师费正健围绕"西巴尔干国家入欧进程中的语言政策与潜在冲突"发言。当下巴尔干地区的冲突，第一是科索沃问题，其实质是阿族和塞族之间的冲突，双方追求的是独立基础。南塞浦路斯或加泰罗尼亚将有可能成为科索沃问题的解决模板；第二是马其顿与保加利亚的冲突，双方基于语言问题和历史问题的矛盾，逐步演化成了民族认同的分歧，至今仍无法解决；第三是波黑的统一能否长久坚持，也应是重点关注的问题。

华东师范大学国际关系与地区发展研究院中东欧研究中心博士生王弘毅发言的主题是"总统大选后波兰的内政外交走向及对中波关系的影响"。总统大选后，波兰国内政党极化加剧，社会更趋保守。一个党所代表的外交或社会趋向，与该党的执政思想根基密不可分。法律公正党的胜利有三点原因：第一是基督教民族主义，也可概言之为文化保护主义；第二是右翼民粹主义，反精英，反多元；第三是民族保守主义。反俄、疑欧、恐德、亲美以及种族身份的单一性等多方面因素影响着波兰未来的外交趋向。美国是中波关系的重要影响因素，随着拜登上台后积极修复与西欧主要大国的同盟关系，美国对中东欧的重视程度会相对减轻，中波关系或将向好发展。

上海交通大学凯原法学院博士生王达坡介绍了欧盟另类投资基金单一护照制度。欧盟每一种基金都有相应的护照制度，另类投资基金受《另类投资基金经理人指令》（AIFDM）监管。基金经理人向母国监管部门申请交易资格获批后，后者会将通知文件传送给欧盟其他成员国的监管部门，方便经理人在欧盟市场里自由流动。这一大胆方式也产生了很多问题，引起了各成员国的不满，主要表现在：第一，对于来自非欧盟国家的基金经理人，该制度的延伸适用进程已经停滞；第二，护照在使用过程中，受到来自欧盟很多地方监管主义的阻力；第三，收费标准没有统一，不同国家间相差悬殊；第四，在欧盟层面，缺乏一种有效的整体审查监管机制。

上海杉达学院副教授、商务学院院长助理金缀桥运用实证的方法介绍了"中国高科技产品出口中东欧主要市场比较优势的动态演进"。中国高技术产品出口中东欧前三大市场（捷克、匈牙利和波兰）的比较优势具有较强的流动性，整体不稳定，不过小部分弱比较优势的产品，具有较强的稳定性。由于高技术产业的发展，需要与相关行业的配套依托为支持，若未来国际贸易保护和投资限制的趋势日益强化，中国高技术产品出口的难度必然加大，面对的挑战也会更多。要充分认识到高产品的比较优势，要认识到高技术产品出口是一场具有长期性和艰巨性的工作。如何建立"一带一路"国家间的合作，筑建共赢的平台，会对向中东欧主要国家出口高技术产品具有重要作用。

上海欧洲学会顾问、前会长伍贻康在点评中指出，写学术文章必须抓住前沿、热点、要害，做学术报告同样需要问题意识。在严格的时间范围内，如何平衡好系统阐述与独到见解，重点突出自己的亮点或者普遍关心的热点，是欧洲研究领域青年学者们必须考虑的问题。

上海欧洲学会名誉会长戴炳然教授在点评中指出，欧盟的"战略自主"是在疫情的背景下被赋予了新的观念、新的要求，欧盟当前对自身的定位是需要密切注意，而且是一个值得深入研究的问题；语言的差异对执行欧盟一体化的影响是一个很有特色的小众选题；中波关系起步较早，但近年来双方无论在政治关系、经济关系上都没有较大热点，如何找到关键点、打开关键点，可以是接下来研究的方向。

上海欧洲学会会长徐明棋对青年论坛进行了总结发言。他指出，一方面，青年学者在研究的选题以及研究水平上都有大幅的提升，透过欧洲的很多现象看本质的能力这几年有了显著的进步。期望年轻学者能够在信息数据丰富、研究手段不断进步的大背景下，在欧洲研究领域做出更好的成果、更多的贡献。另一方面，需要与国外接轨，将研究成果逐步融入到欧洲主流媒体中，能够把国内的学术观点介绍到欧洲去。疫情总会过去，国际交流尤其是与欧洲学者的交流将会更频繁地展开，希望年轻的学者要更多地参与到各种学术交流活动当中。